亚运会舞象英雄谱

周晓朴 刘锦祺 马天越 编著

经济管理出版社

ECONOMY & MANAGEMENT PUBLISHING HOUSE

前　言

第十六届亚洲运动会于 2010 年 11 月 12 日在广州开幕，象棋首次被纳入竞赛项目，成为象棋发展史上的一个里程碑。亚运会象棋比赛设男女个人两枚金牌，共吸引了来自 10 个国家和地区的 26 名男女棋手参赛。其中男子 18 人，实行 7 轮积分制；女子 8 人，实行 7 轮单循环制。

参赛的男子棋手 18 人：中国吕钦与洪智，越南阮成保与赖理兄，中华台北吴贵临与马仲威，中国香港赵汝权与陈振杰，中国澳门李锦欢与郭裕隆，新加坡吴宗翰，日本所司和晴，马来西亚黄运兴与黎金福，菲律宾蔡世和与洪家川，柬埔寨赖才与邱亮。

女子棋手 8 人：中国唐丹与王琳娜，中华台北高懿屏与彭柔安，越南吴兰香与黄氏海平，日本池田彩歌，中国香港林嘉欣。

经过 6 天的激烈角逐，男子组中国洪智夺得冠军，越南阮成保、中国吕钦分列第 2、3 名。女子组中国唐丹荣膺女子组冠军，中国王琳娜、中华台北高懿屏分列第 2、3 名。

回顾比赛进程，中国女子棋手的优势很大，然而男子组却遇到很大的冲击。在以往的亚洲及世界象棋锦标赛上，中国棋手参赛必然会包揽冠、亚军，比赛毫无悬念。近年随着海外棋手水平的提高，特别是越南军团的不断冲击，这一局面已经多次被打破，中国队的领先优势渐渐缩小，这对于象棋的发展来说是一个可喜的进步。

作者在编写完本书的时候，听闻下一届亚运会上，象棋没能入选竞技项目，这也说明了象棋和其他运动项目的普及差距。这届亚运会象棋比赛既成为象棋史上的一个里程碑，也成为象棋史上的一个风向标。但愿在这次亚运会的东风吹动下，象棋能够更多地为人们所接受，成为更普及的运动项目，在不久的将来，象棋能够再次入选亚运会。

作者编写这部对局集时，曾经考虑过一个问题，海外棋手和我们内地棋手的差距还是比较明显的，如果出现了一边倒的对局，是不是对读者来说很不负责呢？就这个问题作者请教了他的老师霍文会。老师当即回答：不会。他说，棋谱不仅承载着象棋发展的文化，更是初、中级棋手学习的工具。特级大师之间的对局是不可多得的教材，而特级大师们与水平差距大一点的棋手的对局，反倒有更多的可学习之处，犹如指导棋一般，从中更能体会到棋的韵味与得失。

老师的话对作者是很大的鼓励。作者为了忠实记录这一棋坛盛会，把全书分为两篇，上篇是亚运会选拔赛的对局（男子为全部对局，女子为对局精选），下篇是亚运会的全记录。本书的另两位作者周晓朴老师和马天越老师恰好都是本届亚运会的执法裁判员。这两位老师的加入，为本书信息把握、对局评注的质量上了一道"双保险"。

值得一提的是，韦登连（网名东江小娇）为本书亚运会部分撰写综述，让读者朋友在学习棋谱的同时，了解到赛事的进程，为本书增色不少。

此外网络象棋高手"布局圣手"徐伟康也撰写了部分评注。

本书再次得到经济管理出版社郝光明老师的大力支持，以及张中元、李晓春、李志刚、宋玉彬的帮助，在此深表谢意。

由于时间匆忙，加之水平有限，如有错漏之处还请广大读者朋友指正，先致谢意。

刘锦祺

2011 年 4 月 10 日于锦州

目　录

上篇　亚运会资格选拔赛对局讲解

赛事综述 …………………………………………………………… 1

亚运会选拔赛对局解析 ………………………………………… 11
　男子组对局 ……………………………………………………… 11
　第一轮　2010 年 3 月 10 日于上海 ………………………… 11
　　第 1 局　洪智 胜 汪洋 …………………………………… 11
　　第 2 局　赵鑫鑫 和 蒋川 ………………………………… 14
　　第 3 局　许银川 胜 吕钦 ………………………………… 19
　　第 4 局　谢靖 和 赵国荣 ………………………………… 23
　第二轮　2010 年 3 月 11 日于上海 ………………………… 27
　　第 5 局　吕钦 和 汪洋 …………………………………… 27
　　第 6 局　赵国荣 和 赵鑫鑫 ……………………………… 29
　　第 7 局　许银川 胜 谢靖 ………………………………… 33
　　第 8 局　蒋川 和 洪智 …………………………………… 36
　第三轮　2010 年 3 月 11 日于上海 ………………………… 40
　　第 9 局　洪智 胜 赵国荣 ………………………………… 40
　　第 10 局　汪洋 负 蒋川 …………………………………… 42
　　第 11 局　谢靖 和 吕钦 …………………………………… 45
　　第 12 局　赵鑫鑫 和 许银川 ……………………………… 46
　第四轮　2010 年 3 月 11 日于上海 ………………………… 49

第 13 局　吕钦 负 蒋川 ……………………………………… 49

第 14 局　赵国荣 和 汪洋 ……………………………………… 53

第 15 局　许银川 和 洪智 ……………………………………… 56

第 16 局　谢靖 和 赵鑫鑫 ……………………………………… 58

第五轮　2010 年 3 月 12 日于上海 ……………………………… 61

第 17 局　洪智 和 谢靖 ……………………………………… 61

第 18 局　蒋川 和 赵国荣 …………………………………… 63

第 19 局　汪洋 和 许银川 …………………………………… 66

第 20 局　赵鑫鑫 负 吕钦 …………………………………… 68

第六轮　2010 年 3 月 12 日于上海 ……………………………… 72

第 21 局　吕钦 和 赵国荣 …………………………………… 72

第 22 局　谢靖 和 汪洋 ……………………………………… 74

第 23 局　许银川 和 蒋川 …………………………………… 76

第 24 局　赵鑫鑫 负 洪智 …………………………………… 78

第七轮　2010 年 3 月 13 日于上海 ……………………………… 82

第 25 局　洪智 胜 吕钦 ……………………………………… 82

第 26 局　蒋川 胜 谢靖 ……………………………………… 84

第 27 局　汪洋 和 赵鑫鑫 …………………………………… 86

第 28 局　赵国荣 和 许银川 ………………………………… 88

女子组对局精选 ………………………………………………… 90

第 1 局　陈丽淳 负 王琳娜 ………………………………… 90

第 2 局　胡明 负 唐丹 ……………………………………… 93

第 3 局　伍霞 和 张国凤 …………………………………… 96

第 4 局　党国蕾 和 赵冠芳 ………………………………… 98

第 5 局　党国蕾 负 胡明 …………………………………… 100

第 6 局　赵冠芳 和 张国凤 ………………………………… 103

第 7 局　张国凤 负 王琳娜 ………………………………… 107

第 8 局　唐丹 胜 张国凤 …………………………………… 108

第 9 局　胡明 负 陈丽淳 …………………………………… 111

第 10 局　伍霞 负 唐丹 ……………………………………… 113

第 11 局 陈丽淳 胜 伍霞 …………………………… 116

第 12 局 赵冠芳 负 唐丹 ……………………………… 120

第 13 局 胡明 和 张国凤 ……………………………… 123

第 14 局 王琳娜 和 胡明 ……………………………… 125

第 15 局 张国凤 胜 陈丽淳 ………………………… 126

下篇 亚运会对局讲解

赛事综述 ………………………………………………… 130

第十六届亚洲运动会象棋赛对局 …………………… 142

　男子比赛 ……………………………………………… 142

　第一轮 2010 年 11 月 13 日于广州 ………………… 142

　　第 1 局 菲律宾洪家川 胜 中国澳门郭裕隆 ……… 142

　　第 2 局 新加坡吴宗翰 胜 日本所司和晴 ………… 144

　　第 3 局 越南阮成保 胜 柬埔寨邱亮 ……………… 146

　　第 4 局 中国香港赵汝权 负 中国吕钦 …………… 148

　　第 5 局 中华台北马仲威 负 中国洪智 …………… 153

　　第 6 局 越南赖理兄 胜 马来西亚黄运兴 ………… 156

　　第 7 局 中华台北吴贵临 胜 马来西亚黎金福 …… 157

　　第 8 局 中国香港陈振杰 胜 菲律宾蔡世和 ……… 162

　　第 9 局 中国澳门李锦欢 胜 柬埔寨赖才 ………… 165

　第二轮 2010 年 11 月 14 日于广州 ………………… 168

　　第 10 局 柬埔寨邱亮 负 中华台北马仲威 ……… 168

　　第 11 局 菲律宾洪家川 负 越南阮成保 ………… 169

　　第 12 局 马来西亚黄运兴 胜 中国澳门郭裕隆 … 172

　　第 13 局 菲律宾蔡世和 负 马来西亚黎金福 …… 173

　　第 14 局 柬埔寨赖才 负 中国香港赵汝权 ……… 176

　　第 15 局 日本所司和晴 负 中国香港陈振杰 …… 178

　　第 16 局 越南赖理兄 和 中华台北吴贵临 ……… 182

第 17 局　中国吕钦 和 新加坡吴宗翰 ……………………… 184

第 18 局　中国洪智 胜 中国澳门李锦欢 ………………… 186

第三轮　2010 年 11 月 15 日于广州 ……………………… 190

第 19 局　中华台北吴贵临 和 中国吕钦 ……………… 190

第 20 局　中国香港赵汝权 和 中华台北马仲威 …………… 191

第 21 局　中国澳门郭裕隆 和 柬埔寨邱亮 ……………… 192

第 22 局　柬埔寨赖才 和 日本所司和晴 ………………… 193

第 23 局　越南阮成保 胜 越南赖理兄 …………………… 196

第 24 局　新加坡吴宗翰 和 菲律宾洪家川 ……………… 199

第 25 局　中国香港陈振杰 负 中国洪智 ………………… 202

第 26 局　中国澳门李锦欢 胜 菲律宾蔡世和 …………… 205

第 27 局　马来西亚黎金福 负 马来西亚黄运兴 ………… 208

第四轮　2010 年 11 月 16 日于广州 ……………………… 212

第 28 局　菲律宾蔡世和 胜 柬埔寨邱亮 ………………… 212

第 29 局　马来西亚黄运兴 和 新加坡吴宗翰 …………… 214

第 30 局　马来西亚黎金福 和 柬埔寨赖才 ……………… 217

第 31 局　日本所司和晴 胜 中国澳门郭裕隆 …………… 219

第 32 局　越南赖理兄 和 中国香港赵汝权 ……………… 222

第 33 局　中国洪智 胜 越南阮成保 ……………………… 223

第 34 局　中国吕钦 胜 中国澳门李锦欢 ………………… 227

第 35 局　中国香港陈振杰 负 中华台北吴贵临 ………… 229

第 36 局　中华台北马仲威 胜 菲律宾洪家川 …………… 231

第五轮　2010 年 11 月 17 日于广州 ……………………… 234

第 37 局　菲律宾洪家川 负 越南赖理兄 ………………… 234

第 38 局　柬埔寨邱亮 负 柬埔寨赖才 …………………… 235

第 39 局　日本所司和晴 负 马来西亚黎金福 …………… 237

第 40 局　新加坡吴宗翰 胜 中华台北马仲威 …………… 239

第 41 局　越南阮成保 和 中国吕钦 ……………………… 242

第 42 局　中国澳门郭裕隆 胜 菲律宾蔡世和 …………… 244

第 43 局　中国澳门李锦欢 和 中国香港陈振杰 ………… 246

第 44 局　中国香港赵汝权 胜 马来西亚黄运兴 ················ 248

第 45 局　中华台北吴贵临 和 中国洪智 ···················· 250

第六轮　2010 年 11 月 18 日于广州 ···················· 252

第 46 局　菲律宾蔡世和 胜 日本所司和晴 ·················· 252

第 47 局　柬埔寨赖才 负 中国澳门郭裕隆 ················· 254

第 48 局　柬埔寨邱亮 胜 菲律宾洪家川 ··················· 258

第 49 局　马来西亚黄运兴 负 中国澳门李锦欢 ·············· 262

第 50 局　越南阮成保 胜 中华台北吴贵临 ················· 265

第 51 局　中国洪智 胜 新加坡吴宗翰 ···················· 267

第 52 局　中国吕钦 和 越南赖理兄 ······················ 269

第 53 局　中华台北马仲威 和 中国香港陈振杰 ·············· 272

第 54 局　马来西亚黎金福 负 中国香港赵汝权 ·············· 275

第七轮　2010 年 11 月 19 日于广州 ···················· 279

第 55 局　澳门郭裕隆 负 中华台北马仲威 ················· 279

第 56 局　菲律宾蔡世和 负 马来西亚黄运兴 ··············· 282

第 57 局　菲律宾洪家川 负 柬埔寨赖才 ·················· 284

第 58 局　日本所司和晴 和 柬埔寨邱亮 ·················· 287

第 59 局　中国香港陈振杰 和 马来西亚黎金福 ·············· 289

第 60 局　中国香港赵汝权 负 越南阮成保 ················· 291

第 61 局　越南赖理兄 胜 中国澳门李锦欢 ················· 294

第 62 局　中国吕钦 胜 中国洪智 ······················· 296

第 63 局　中华台北吴贵临 胜 新加坡吴宗翰 ··············· 299

女子比赛 ····································· 303

第一轮　2010 年 11 月 13 日于广州 ···················· 303

第 1 局　越南黄氏海平 负 中国王琳娜 ··················· 303

第 2 局　中国唐丹 胜 越南吴兰香 ······················ 306

第 3 局　中华台北高懿屏 胜 中国香港林嘉欣 ·············· 308

第 4 局　中华台北彭柔安 胜 日本池田彩歌 ··············· 311

第二轮　2010 年 11 月 14 日于广州 ···················· 315

第 5 局　越南吴兰香 胜 越南黄氏海平 ··················· 315

第 6 局　中国王琳娜 胜 中华台北彭柔安 ……………… 316

第 7 局　中华台北高懿屏 负 中国唐丹 ………………… 318

第 8 局　中国香港林嘉欣 胜 日本池田彩歌 …………… 320

第三轮　2010 年 11 月 15 日于广州 ………………… 323

第 9 局　日本池田彩歌 负 中国王琳娜 ………………… 323

第 10 局　越南黄氏海平 负 中华台北高懿屏 ………… 325

第 11 局　中国唐丹 胜 中国香港林嘉欣 ……………… 327

第 12 局　中华台北彭柔安 负 越南吴兰香 …………… 330

第四轮　2010 年 11 月 16 日于广州 ………………… 332

第 13 局　越南吴兰香 胜 日本池田彩歌 ……………… 332

第 14 局　中国唐丹 胜 越南黄氏海平 ………………… 334

第 15 局　中国香港林嘉欣 负 中国王琳娜 …………… 336

第 16 局　中华台北高懿屏 胜 中华台北彭柔安 ……… 339

第五轮　2010 年 11 月 17 日于广州 ………………… 341

第 17 局　日本池田彩歌 负 中华台北高懿屏 ………… 341

第 18 局　越南黄氏海平 和 中国香港林嘉欣 ………… 342

第 19 局　中国王琳娜 胜 越南吴兰香 ………………… 345

第 20 局　中华台北彭柔安 负 中国唐丹 ……………… 348

第六轮　2010 年 11 月 18 日于广州 ………………… 351

第 21 局　越南黄氏海平 胜 中华台北彭柔安 ………… 351

第 22 局　中国唐丹 胜 日本池田彩歌 ………………… 353

第 23 局　中国香港林嘉欣 负 越南吴兰香 …………… 355

第 24 局　中华台北高懿屏 和 中国王琳娜 …………… 358

第七轮　2010 年 11 月 19 日于广州 ………………… 362

第 25 局　日本池田彩歌 负 越南黄氏海平 …………… 362

第 26 局　越南吴兰香 和 中华台北高懿屏 …………… 364

第 27 局　中国王琳娜 负 中国唐丹 …………………… 366

第 28 局　中华台北彭柔安 负 中国香港林嘉欣 ……… 368

上篇　亚运会资格选拔赛对局讲解

赛事综述

引　子

　　2010年11月12日在广州举办的第十六届亚运会，首次将棋类作为正式的比赛项目，象棋、围棋、国际象棋都作为正式比赛项目首次参赛。

　　本次亚运会象棋比赛设两个小项，即男子个人赛和女子个人赛。每支参赛队最多只能派出男女棋手各2名参赛，为了公平选出第十六届亚运会中国象棋队的参赛棋手，中国象棋协会于2010年3月在上海举办了本次选拔赛。

　　亚运会中国象棋队选拔赛的男女棋手由当时全国象棋等级分最新排名榜前8名组成，男子前8名棋手依次为：北京蒋川、广东许银川、浙江赵鑫鑫、广东吕钦、湖北汪洋、黑龙江赵国荣、湖北洪智、上海谢靖；女子前8名棋手依次为：黑龙江王琳娜、北京唐丹、云南赵冠芳、河北尤颖钦、河北胡明、广东陈丽淳、江苏张国凤、黑龙江郭莉萍（具体等级分排名见下表）。其中女队河北尤颖钦与黑龙江郭莉萍因故缺席，由云南党国蕾与江苏伍霞替补。赛事男女队皆8人七轮单循环，赛程安排为10～12日每天的8:30、

15:00 各一轮，13 日 8:30 一轮，用时每方 60 分钟，每步加 30 秒。因本次选拔赛与以往不同，为了让棋手更早进入临阵状态，比赛采用亚洲象棋规则。

男子等级分排名表

序号	姓名	单位	现等级分	称　号	K 值
1	蒋川	北京	2685	大师	10
2	许银川	广东	2668	特级大师	10
3	赵鑫鑫	浙江	2624	特级大师	10
4	吕钦	广东	2622	特级大师	10
5	汪洋	湖北	2622	大师	10
6	赵国荣	黑龙江	2609	特级大师	10
7	洪智	湖北	2596	特级大师	10
8	谢靖	上海	2575	特级大师	10

女子等级分排名表

序号	姓名	单位	现等级分	称　号	K 值
1	王琳娜	黑龙江	2471	特级大师	15
2	唐丹	北京	2439	特级大师	15
3	赵冠芳	云南	2427	特级大师	15
4	尤颖钦	河北	2416	特级大师	15
5	胡明	河北	2375	特级太师	15
6	陈丽淳	广东	2374	特级大师	15
7	张国凤	江苏	2367	特级大师	15
8	郭莉萍	黑龙江	2347	特级大师	15
9	党国蕾	云南	2339	特级大师	15
10	伍霞	江苏	2332	特级大师	15

根据竞赛总则，在此次选拔赛中获得女子组第一、第二名的棋

手，将取得第十六届亚运会中国象棋队的正式参赛资格。值得一提的是，男子选拔赛并非像女子选拔赛一样以获得比赛前两名的棋手入选亚运会中国队参赛阵容，而是只以第一名入选，官方保留了一个机动名额，外界将其称为"外卡"。但实际上，男子的另外一个入选名额也是在参赛的 8 名棋手中产生，之所以留下这么大的"悬念"，就是因为广州在争取象棋成为本届亚运会比赛项目上付出了很大的努力，又是亚运会举办城市，这样可以确保广东至少能有一名男棋手参加广州亚运会象棋比赛。由此可见中国象棋协会的良苦用心。

第一回　洪智许银川首战告捷
老冠军不敌新科状元

3 月 10 日，2010 年第十六届亚洲运动会中国国家象棋队选拔赛第一轮在上海仁和宾馆开战。在首轮的比赛中，两场内战格外引人注目：

第 1 台上演一场岭南双雄会——许银川对阵吕钦。由于中国象棋协会在男子组采用了"外卡"规定，这就意味着"岭南双雄"只有其中一人出战广州亚运会，这样，其中一个出线名额实际上等于是"岭南双雄"之间的竞争，两人之战当然就是焦点中的焦点了。

这盘棋双方以五七炮进三兵对屏风马开局，中局阶段吕钦利用许银川帅位不安的弱点弃子抢攻，弈得气势如虹，无奈许银川防守稳健，吕钦的攻势是只开花不结果。防住了吕钦的大攻势以后，许银川利用多子之利积极组织反击，最终形成红车马炮双兵单缺相对车马双卒单缺象的局面，吕钦投子认负。

第四台洪智与汪洋之战，吸引很多人的眼球。熟知 2005 年全国象棋锦标赛（个人）的棋友们还能记得，当年汪洋个人赛最后一轮前积 7 分（小分 61 分）领跑群雄，最后一轮与汪洋对阵的正是当时代表重庆队的洪智。这盘棋两人大斗中炮对后补列炮，最终洪智捷足先登，不仅粉碎了汪洋的冠军梦，而且成就了洪智的第一冠。旧账咱们暂且不表，单说这盘棋，洪智以仙人指路开局，汪洋思索再三，没有走常见的卒底炮变化，而是选择了飞右象。以飞象应仙人指路，讲究"以静制动，随机应变"，往往会有持久而深刻的斗争过程。汪洋显然准备同洪智斗一盘"功力棋"。这盘棋双方下得非常胶着，洪智自始保持小先手，汪洋与其苦苦缠斗，第 27 回合，洪智利用汪洋急于简化局势的心理，巧妙运子，扩大先手方优势，双方大战 31 个回合，洪智取胜。

第二台、第三台的两盘棋则是波澜不惊，上海谢靖先和黑龙江赵国荣，浙江赵鑫鑫先和北京蒋川。

女子组比赛中，河北胡明是多届的老冠军，1986 年首夺全国个人赛冠军时年仅 15 岁，是中国象棋史上最年轻的女子冠军，而后在 1990～1994 年取得五连冠，创造了女子象棋史的胡明时代。近年来担任河北棋院院长以后，参赛不多。在 2008 年首届世界智力运动会象棋女子团体赛上，胡明与唐丹、张国凤组成的中国队不负众望，获得冠军。

唐丹是新生代女子棋手的代表，2007 年 17 岁的唐丹首次加冕全国个人赛冠军。两位全国冠军分别代表 70 后和 90 后两代棋手。这盘棋胡明执红，双方由进马对挺兵转为顺炮直车双正马对横车进 3 卒的阵型。双方苦战 44 个回合，唐丹取胜。

其他几盘对局的结果为广东陈丽淳负黑龙江王琳娜，江苏伍霞和张国凤，云南党国蕾和赵冠芳。

第二回　许银川匹马领先
王琳娜一枝独秀

这次亚运会选拔赛棋手实力非常接近，而赛程安排得又非常紧凑，这对棋手的技术、心理、体能是一个全面的综合考验。

3 月 10 日下午举行的第二轮比赛中，许银川对谢靖，这盘棋双方以右过宫炮对左中炮布阵。开局阶段谢靖在第 11 回合祭出新着，许银川应对得当，谢靖的新招反被许银川利用，至第 15 回合许银川大占优势。经过几次中局转换以后，双方形成车双兵仕相全对车双士的例胜残局，许银川最终取得胜利。

洪智与蒋川之战，双方大斗中炮直横车对屏风马两头蛇，双方行棋都非常谨慎，局面较为平稳，最终双方弈和。此外，黑龙江赵国荣和浙江赵鑫鑫，广东吕钦和湖北汪洋。

这样，许银川积 4 分在男子组中匹马领先，洪智积 3 分紧随其后，蒋川、赵国荣、赵鑫鑫积 2 分，谢靖、吕钦、汪洋积 1 分。

"象棋女一人"王琳娜也取得连胜，该轮王琳娜执先对垒伍霞左仙人指路对兵局、转兵底炮黑还左中炮局。中盘红方出着积极有力，攻击犀利精准，不但连续摧毁黑棋双象一士，并且把黑将打上三楼，红方则一鼓作气，七路兵渡河与车双炮配合发起总攻，黑方已然无法防御。最终弈至第 47 回合，伍霞超时告负，王琳娜得胜。

唐丹对陈丽淳的这盘棋是本轮的另一个焦点之战。唐丹虽然对阵其他女棋手时，多占主动，但是广东小将陈丽淳却是她的一个苦主。笔者查找两人以往交锋的战绩，唐丹先手对陈丽淳此前共下过四盘棋，唐丹取得了一胜一和两负的成绩，处于下风。这盘棋陈丽淳以反宫马应战唐丹的五八炮，反宫马布局在近年大赛上出现的不多，显然这盘棋陈丽淳是做足了"家庭作业"，中局阶段双方兑掉双车，进入无车局的缠斗，陈丽淳利用边卒过河的优势，稳步推进，至第 53 回合形成马炮双卒士象全对马炮单缺相的局面，陈丽淳最终取胜。

其他两盘棋的结果为：云南党国蕾负河北胡明，云南赵冠芳和江苏张国凤。

这样，女子组中王琳娜积 4 分，唐丹、陈丽淳、胡明、赵冠芳、张国凤积 2 分，伍霞、党国蕾积 1 分。

第三回　洪天王力克东北虎
王琳娜豪取三连胜

3 月 11 日上午，2010 年第十六届亚洲运动会中国国家象棋队选拔赛第三轮在上海仁和宾馆进行。

本轮男子组第一台谢靖与吕钦激战成和，第二台赵鑫鑫与许银川也下成和棋，岭南双雄本轮比赛都没有取得突破，那么相对而言，吕钦的压力就显得更大一些。三轮比赛过后，许银川积5分，而吕钦仅积2分，在这场七轮制的比赛中，落后3分可谓差距巨大，看来吕特大要及时调整心态。

第三台洪智与赵国荣之战异常激烈。双方以仙人指路对卒底炮开局，洪智采用变化激烈的炮打中卒变例，取胜的决心跃然枰上。中局阶段，洪智不惜以弃相为代价，加快大子出动速度，利用赵国荣右翼车马缓出的弱点，挥师急进。最终洪特大车四平五弃车砍士表演妙杀。整盘棋只有24个回合，是一盘近年少见的短局。

第四台汪洋对蒋川之战中，双方同样以仙人指路对卒底炮开局。中局阶段蒋川着法凶悍，第16回合起弃子抢攻。汪洋大师不为所动，一手炮八进五，以攻对攻。双方你来我往，大打出手。第23回合时，汪洋本来有弃还一兵以求平稳的机会，但汪大师临场发力过猛，反被黑方利用。第25回合，蒋川马踏中相锁定胜局。

许银川、洪智同取三战二胜一和积5分领先。蒋川4分，赵鑫鑫3分，赵国荣、谢靖、吕钦2分，汪洋1分。

女子组的比赛中，黑龙江王琳娜后胜江苏张国凤，王琳娜三连胜积6分领跑，出线形势光明。江苏伍霞负北京唐丹，河北胡明和云南赵冠芳，广东陈丽淳和云南党国蕾，唐丹积4分，胡明、赵冠芳、陈丽淳积3分，张国凤、党国蕾积2分，伍霞积1分。

第四回　三强并列战事急
唐丹力胜张国凤

3月11日下午，本届赛事第四轮开赛，第一台吕钦对阵等级分第一的蒋川，此前吕特大积分落后，本轮执先对阵蒋川，形势严峻。这盘棋，吕钦也没有摆出一副死拼的架势，以起马开局，意在逐步进取。蒋川应以挺卒，双方开局攻守俱正，行棋至第9回合时，仍与双方在 2008 年眉山道泉茶叶杯全国明星赛上的布局相同，此时，蒋川率先变着，改象 7 进 5 为马 8 进 7，此变一出，吕钦临场好像准备不是很充分，频频长考。而后蒋川利用吕钦在第 18 回合炮七进四的随手棋，取得反先之势，黑方反先后，吕钦凭借良好的大局观和超强的自信心，一点点扳回劣势，行至第 42 回合时，吕钦急于兑马简化局势，结果交换以后，红马位置较差，被蒋川敏锐地抓到这一战机。双方战至第 44 回合，形成双炮马仕相全对双炮马卒士象全，黑棋中卒趁势渡河，并借 9 路底炮困住红二路底马之机，及时以一卒换双相，红城池大开，最终蒋川取胜。

　　第三台许银川执先对洪智这盘棋，双方以飞右相对左过宫炮开局。至第 13 回合，两人迅速兑光双车，进入平稳的无车局的争斗，最终双方大战 26 个回合，形成双炮马兵仕相全对双马炮卒士象全，两人握手言和。

　　其他两盘棋的比赛结果为：赵国荣和汪洋，谢靖和赵鑫鑫。

　　这样许银川、洪智、蒋川同为四战二胜二和各积 6 分领先，赵鑫鑫 4 分，赵国荣、谢靖 3 分，吕钦、汪洋 2 分。

　　女子组的比赛中，赵冠芳对阵王琳娜，赵冠芳以五九炮开局，王琳娜应以屏风马列阵，赵冠芳临场选择炮打边卒的变例，意在配合中炮造成多兵之势。王琳娜也是熟读兵书，利用 7 卒过河之利与红方缠斗，双方战至第 23 回合时，赵冠芳破掉黑方一士，形势看好。王琳娜则迅速回师加强防守，最终在王琳娜的严防死守下，赵冠芳终没能把优势扩大为胜势。双方握手言和。

　　本轮唐丹先手对阵"红颜杀手"张国凤，两人棋风有相似之处，都是中局力量强大，擅长乱战。唐丹以稳健的五六炮开局，意在保持小先手的情况下，待机而动。果然执黑的张国凤下得非常强硬，唐丹在第 16 回合等来机会，利用张国凤的一着随手棋——卒 5 进 1，扩大先手。最终取得胜利。

　　其他两台比赛结果为：胡明负陈丽淳，党国蕾和伍霞，

　　四轮过后王琳娜积 7 分领跑，唐丹 6 分，陈丽淳 5 分，赵冠芳积 4 分，胡明、党国蕾各积 3 分，张国凤、伍霞各积 2 分。

第五回　吕特大取得首胜
两女杰以和为贵

3月12日上午，2010年第十六届亚洲运动会中国国家象棋队选拔赛第五轮开赛。由于本轮比赛已经是倒数第三轮棋，积分领跑的棋手都不敢丝毫大意，本轮比赛也是开赛以来和棋最多的场次，许银川执黑弈和汪洋，洪智先手战和谢靖，蒋川先手战和赵国荣，唯一一盘分出胜负的是一对老冤家赵鑫鑫与吕钦之战。

赵鑫鑫与吕钦可谓是一对欢喜冤家。2007年全国个人赛上，赵鑫鑫最后一轮对阵吕钦，双方慢棋弈和，快棋战中，赵鑫鑫战胜吕钦，取得全国个人赛冠军；而在2008年的个人赛上，吕钦则在三、四名的决赛中战胜赵鑫鑫取得季军；在2010年的全国个人赛上，双方平分秋色，这是后话，咱们暂且不表。单说这盘棋，双方以仙人指路对卒底炮开局，赵鑫鑫在开局阶段走出一步错误的手顺（围棋用语，布局的次序），被吕钦利用，而后赵鑫鑫在中局时一味进攻，没注意到底线弱点，被吕钦进底车，劫得一相，至此红方门户大开，在吕钦一连串的攻击下，赵鑫鑫投子认负。

男子的积分情况为：许银川、洪智、蒋川同积7分继续领跑。谢靖、赵国荣、吕钦、赵鑫鑫4分，汪洋3分。

女子组积分前两名王琳娜与唐丹之战，双方以仙人指路对卒底炮开局，大战26个回合以后形成车三兵仕相全对车三卒士象全，双方握手言和。

其他三盘比赛，赵冠芳执黑取胜陈丽淳，张国凤先和党国蕾，伍霞先和胡明。

女子组积分情况为：王琳娜积8分继续居首，唐丹7分，赵冠芳6分，陈丽淳5分，党国蕾、胡明4分，张国凤、伍霞3分。

第六回　洪智积分反超
唐丹积分追平

　　3月12日下午，本次选拔进入倒数第二轮的争夺。男子组的8名选手中许银川压力最小，凭借领先吕钦3分的优势，一只脚已经踏进亚运会赛场，汪洋是最没有负担的，五轮过后，仅积3分已经提前被淘汰出局，而出线形势最为微妙的是蒋川和洪智之间，两人同积7分，注定要为这一个亚运会名额拼搏到底。

　　本轮许银川对阵蒋川。许银川以稳健的飞相局列阵，蒋川应以士角炮，这盘棋许银川只要守和则稳稳取得出线的机会，而蒋川则要取胜才有机会出线，虽然蒋川几次试图挑起战火，无奈落花有意，流水无情，许银川就是以稳为主，不为所动。双方中局几次兑子转换，最终形成双马炮双兵仕相全对双马炮双卒士象全残局，双方握手方言和。

　　蒋川弈和，洪智则尽显英雄本色，在后手与赵鑫鑫的对阵中，双方以飞相对过宫炮列阵，第15回合，洪智王炮齐发冷箭，飞炮打仕，取得优势。棋盘上子力逐渐减少，红残仕的弱点愈发明显与突出。在车马炮三兵单缺仕对车马炮3卒士象全局中，洪智紧盯对方缺仕弊端，集中火力展开打击，最终一举攻下赵鑫鑫王城。这样洪智积分首次反超许银川，取得领先地位。

　　其他两盘棋的结果是吕钦战平赵国荣，谢靖战平汪洋。

　　六轮过后积分形势为：洪智六战三胜三和积9分首度独自领先，许银川、蒋川积8分，吕钦、赵国荣、谢靖5分，赵鑫鑫、汪洋4分。

　　女子组的比赛情况为：党国蕾战平王琳娜，唐丹后手战胜赵冠芳，王琳娜、唐丹同积9分，陈丽淳先胜伍霞，陈丽淳7分，赵冠芳6分，胡明先和张国凤，党国蕾、胡明5分，张国凤4分，伍霞3分。

第七回　洪智王琳娜夺冠
三人行直通亚运

3月13日上午，第十六届亚洲运动会中国国家象棋队选拔赛在上海仁和宾馆进行最后一轮比赛。

男子组洪智与吕钦之战中，洪智先手战胜吕钦，积11分。许银川后手战和赵国荣积9分，蒋川虽然战胜了谢靖取得10分排名第二，但是按照比赛规程，男子组只有冠军才能参加亚运会，蒋川遗憾出局。汪洋与赵鑫鑫战和，这样男子组的最终排名依次为：洪智、蒋川、许银川、赵国荣、赵鑫鑫、谢靖、汪洋、吕钦。

女子组比赛中，唐丹和党国蕾，王琳娜和胡明，这样积分领先的唐丹与王琳娜同积10分，唯一分出胜负的一盘棋是张国凤先胜陈丽淳。另一盘棋的结果是伍霞和赵冠芳。

这样王琳娜凭借小分高的优势取得第一名，唐丹取得亚军，陈丽淳、赵冠芳、党国蕾、胡明、张国凤、伍霞分列第3～8名。

这里再给读者朋友回顾一下这三人的出线历程，让历史记住这一时刻吧。

洪智直通亚运历程：首轮执先胜湖北汪洋，次轮执黑平北京蒋川，第3轮执先胜黑龙江赵国荣，第4轮执黑平广东许银川，第5轮执先平上海谢靖，第6轮执黑胜浙江赵鑫鑫，第7轮执先胜广东吕钦。

王琳娜直通亚运历程：首轮执黑胜广东陈丽淳，次轮执先胜江苏伍霞，第3轮执黑胜黑龙江张国凤，第4轮执黑平云南赵冠芳，第5轮执先平唐丹，第6轮执黑平云南党国蕾，第7轮执先平河北胡明。

唐丹直通亚运历程：首轮执黑胜胡明，次轮执先负陈丽淳，第3轮执黑胜伍霞，第4轮执先胜张国凤，第5轮执黑平王琳娜，第6轮执黑胜赵冠芳，第7轮执先平党国蕾。

至此，比赛全部结束，洪智、王琳娜、唐丹直接代表中国国家象棋队参加第十六届亚运会，许银川则可凭借"外卡"参赛。

亚运会选拔赛对局解析

男子组对局

第一轮　2010年3月10日于上海

第1局　洪智 胜 汪洋

1. 兵七进一　象3进5

仙人指路是投石问路，飞象则是先巩固后防，以不变应万变，双方都在试投对方的动向，黑方飞右象是从20世纪二三十年代飞左象的着法转变过来的。

2. 炮八平五　……

红方立即架当头炮，是积极进攻的着法，红方架炮的方向有炮二平五和炮八平五两种下法。

2. ……　马8进7　　3. 马八进七　……

如马二进一，卒7进1，炮二平三，车9平8，车一平二，炮8进4，黑方满意。

3. ……　炮8平9

常见的下法是卒7进1活通马路，以下马二进一，马2进3，车九平八，车1平2，车一进一，车9进1，双方攻守复杂。实战中黑方放弃了挺卒活马的权利，平边炮意在加快左车的出动，尽快把强子投入到战斗中，也是可取的。

4. 马二进一　车9平8　　　　**5.** 车一平二　卒7进1

也可车8进5，相七进九，卒7进1，兵一进一，车8平9，车九平八，马2进4，各有千秋。

6. 兵一进一　炮9进3

进炮打兵控制红方七路马，如马2进3，车九平八，车1平2，车八进六，车8进6，炮二平三，车8进3，马一退二，炮2平1，车八平七，马7进6，马二进一，红方先手较大。

7. 车九进一　炮9退1　　　　**8.** 车九平三　马2进4

9. 兵三进一　车8进4

进车正确，不能让红方轻易突破巡河线。

10. 兵三进一　炮9平7　　　　**11.** 车三进三　车8进2

进车避开红马一进二的先手。

12. 仕四进五　……

如炮二平三，车8进3，马一退二，炮7进3，马二进三，卒3进1，车三平六，马4进6，大体均势。

12. ……　　　　　车1平3　　　　**13.** 车三平六　马4退2

退马出人意料，第一感觉可以走马4进6，炮五进四，士6进5，车六平二，车8退1，马一进二，马6进5，黑方可战。退马的好处在于黑方以退为进，可以再进马护住中卒。

14. 车六进四　马2进3　　　　**15.** 炮二平三　车8进3

16. 马一退二　马7进8　　　　**17.** 马七进六　士6进5

18. 马六进四　炮2平2　　　　**19.** 马四进三　炮7平5

兑炮希望能保留中卒，不如车3平2，以下红方大体有两种走法：①车六退四，炮7退1，车六平二，卒3进1，马二进一，炮7平8，车二平六，卒3进1，车六平七，马3进4，大体均势；②车六平七，车2进2，马三退五，马3进5，炮五进四，炮7进5，车七退二，卒9进1，黑可抗衡。

20. 马三进一　炮5进3　　　　**21.** 相三进五　象7进9

22. 炮三进四　卒5进1

进中卒准备盘活 3 路马，待机与 8 路马相互支援。

23. 炮三平二　　马 3 进 5

24. 马二进三（图 1）　……

红方更严厉的下法是兵七进一，以下黑方有两种应法：①象 5 进 3，车六平八，炮 2 平 1，兵九进一，捉死黑炮，红优；②炮 2 退 2，兵七进一，马 5 退 7，兵七平八，马 7 退 9，兵八进一，车 3 进 3，炮二平六，红优。

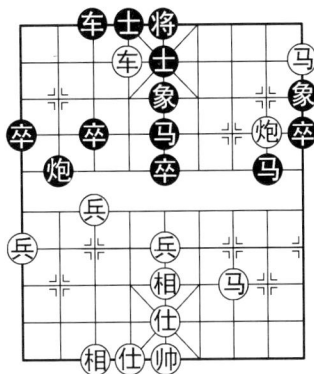

图 1

24. ……	车 3 进 2	**25.** 车六退二　炮 2 退 1
26. 车六退一　炮 2 退 2		**27.** 车六平五　炮 2 平 9

黑方急于简化局势，给了红方扩先的机会。应走马 5 进 7，马三进四，马 8 进 7，马一退三，后马进 6，马三退二，马 7 退 8，车五平二，马 6 进 7，帅五平四，象 5 退 7，黑方尚可周旋。

28. 车五进一　卒 3 进 1

速败，不如炮 9 平 6 较顽强。

29. 炮二平九　象 9 退 7

无奈，如士 5 退 6，兵七进一，车 3 进 2，车五进一，士 4 进 5，车五平八，红方大优。

30. 车五平二　马 8 进 7　　　**31.** 车二平三　……

也可先炮九平五，马 7 退 9，车二平三，象 7 进 9，车三平四，马 9 退 7，炮五退一，红方胜势。

31. ……　　马 7 退 6　　　**32.** 炮九平五　象 7 进 9

33. 炮五退一

红方伏有车三平四，再帅五平四的杀棋，黑方如想解杀，只有续走炮 9 平 6，车三平四，将 5 平 6，车四退一，红方得子胜定，黑方认负。

第 2 局　赵鑫鑫 和 蒋川

1. 炮二平五　马 8 进 7　　　　**2.** 马二进三　车 9 平 8

3. 兵七进一　卒 7 进 1　　　　**4.** 马八进七　马 2 进 3

5. 炮八进二　马 7 进 8

双方以中炮巡河炮对屏风马外马封车开局。黑进外马封车，是后手防御性布局系统中的重要变例，颇受后手棋的青睐，在近期很是流行。

6. 炮五平六　……

平炮准备调整阵型，虽然步数上有损失，但是阵型协调，可以保持小先手。如兵三进一，卒 7 进 1，炮八平三，车 1 进 1，下着车 1 平 7，黑有反先之势。

6. ……　　　象 7 进 5

黑飞左象，再伺机出左横车助战是近几年来兴起的走法。

7. 相三进五　……

飞右相是红方临场的一个改进，以往多相七进五，炮 2 退 1，马七进六，炮 2 平 7，马六进七，车 1 进 1，车一进一，红方稍好。

7. ……　　　车 1 进 1　　　　**8.** 马七进六　车 8 进 1

再起横车看似损失一手棋，其实不然，在这个阵型下，红方双车只能选择出横车，那么黑方双横车就显得很有预判性，伺机强行兑车抢先。

9. 车九进一　炮 2 进 2　　　　**10.** 车九平四　车 1 平 6

11. 车四进七　车 8 平 6　　　　**12.** 仕四进五　马 8 进 7

13. 炮六平七　炮 2 平 4　　　　**14.** 车一平二　炮 8 平 7

15. 车二进七　炮 4 退 2

如炮 7 退 2 暂避锋芒，以下兵七进一，卒 3 进 1，炮七进五，卒 3 进 1，相五进七，车 6 平 2，马六退七，车 2 平 3，炮七进二，象 5 退 3，大体均势。

16. 炮八进二　……

红方已经识破了黑方的意图，进炮这手棋走得强硬。

16. ……　　　马7进5　　　17. 相七进五　炮7进5

18. 炮八平五　士4进5

黑方得一象，但是左翼空虚。

19. 车二退一　炮7平3　　　20. 炮五平一　车6进4

不如车6进1稳健，以下马六退七，炮4进4，车二平七，炮4平3，车七平三，车6平8，黑车的位置更好一些。

21. 马六退七　炮4进4　　　22. 车二平七　炮4平3

23. 车七平六　……

不如车七平二先手更大，以下炮3平9，兵七进一，炮9进3，兵七进一，马3退4，兵七平八，红优。

23. ……　　　车6平8　　　24. 炮一平四　象3进1

25. 兵七进一　象1进3　　　26. 车六退三　马3进2

27. 炮四平五　象3退1

退象以后可以炮3退6，先留出位置。

28. 炮五退二　车8退2　　　29. 车六进二　马2退4

30. 兵　进　炮3退6　　　31. 炮五平八　炮3平4

32. 车六平五　象1退3　　　33. 兵一进一　车8进6

34. 仕五退四　车8退2

红方单相是一个弱点，退车提相，对红方有一定的牵制力。

35. 炮八退二　马4进3

进马强行交换，好棋。

36. 相五进七　车8平3　　　37. 炮八平九　车3退2

再得一相，黑方先手扩大。

38. 炮九进四　车3退2　　　39. 炮九退二　卒7进1

40. 炮九平六　车3进3　　　41. 炮六退二　炮4进3

42. 兵九进一　炮4平2　　　43. 炮六平八　炮2进3

44. 兵九进一　卒7进1

冲卒略急，可以考虑象5退7，兵五进一，车3进1，炮八退一，车3退2，炮八进一，车3平4，黑优。

45. 车五平六　卒 7 进 1　　　46. 兵五进一　车 3 进 1

47. 炮八退一　炮 2 平 9　　　48. 车六退二　炮 9 进 2

准备平车照将，抽吃红炮。

49. 炮八平六　……

平炮生根，稳健。也可炮八进八，象 3 进 1，车六平一，炮 9 平 1，车一平九，炮 1 平 2，车九平八，炮 2 退 8，车八进六，士 5 退 4，车八退五，红优。

49. ……　　　车 3 退 3　　　50. 仕四进五　炮 9 进 1

51. 车六平三　卒 7 平 8　　　52. 车三平二　卒 8 平 7

53. 车二进二　车 3 进 1　　　54. 兵五进一　炮 9 退 4

55. 车二退二　车 3 退 1　　　56. 车二平三　卒 7 平 8

57. 车三平五　炮 9 平 2　　　58. 车五平八　炮 2 平 5

59. 车八平五　炮 5 平 2　　　60. 炮六平八　车 3 平 1

吃掉红方边兵，双方势均力敌，大体均势。

61. 车五退一　车 1 进 4

62. 炮八进一　卒 8 进 1

63. 车五进二　炮 2 进 1

64. 车五退一　炮 2 退 1

65. 兵五进一　车 1 退 4（图 2）

可以考虑卒 8 平 7 更有力，以下车五进一，炮 2 进 1，仕五退四，卒 7 平 6，黑方略优。

66. 车五平八　炮 2 平 5

67. 车八平五　……

如随手支仕，车 1 平 9，黑方大优。

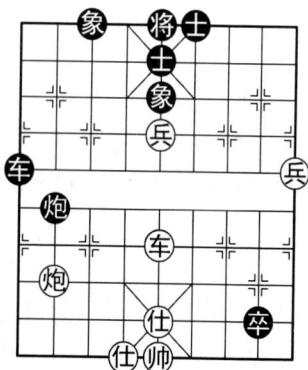

图 2

67. ……　　　炮 5 平 2　　　68. 车五平八　炮 2 平 5

69. 车八平五　炮 5 平 2　　　70. 车五平八　炮 2 平 5

71. 车八平五　炮 5 平 2　　　72. 兵一进一　卒 8 平 7

73. 炮八退一　卒 7 平 6　　　74. 仕五退四　车 1 平 6

75. 仕六进五　炮 2 平 8　　　76. 车五平二　炮 8 平 7

77. 车二平三　　炮 7 平 8　　　　**78.** 车三平二　　炮 8 平 5

79. 帅五平六　　车 6 平 4　　　　**80.** 炮八平六　　炮 5 平 7

81. 车二平三　　炮 7 平 8　　　　**82.** 车三平二　　炮 8 平 7

83. 车二平三　　炮 7 平 8　　　　**84.** 车三平二　　炮 8 平 7

85. 车二平三　　炮 7 平 8　　　　**86.** 炮六进一　　炮 8 进 4

87. 帅六进一　　炮 8 退 1　　　　**88.** 车三平二　　炮 8 平 7

89. 车二平三　　车 4 平 5　　　　**90.** 炮六平二　　车 5 退 1

缓着，应卒 6 平 5！帅六进一，车 5 平 8，炮二进一，卒 5 平 6，车三平七，炮 7 退 8，车七平六，车 8 平 5，车六平四，车 5 平 3，黑方大优。

91. 帅六进一　　象 5 退 7　　　　**92.** 炮二平五　　象 3 进 5

93. 车三平六　　士 5 进 4

不如炮 7 退 1，炮五进一，炮 7 退 6，帅六退一，士 5 进 4，仕五进六，炮 7 平 3，黑方大优。

94. 车六平三　　将 5 平 4　　　　**95.** 炮五进一　　炮 7 平 9

96. 车三平四　　卒 6 平 7　　　　**97.** 车四进六　　……

吃卒老练，红方尽量拆散黑方炮架，为残局做谋和准备。

97. ……　　　　将 4 进 1　　　　**98.** 车四退一　　将 4 退 1

99. 车四进一　　将 4 进 1　　　　**100.** 车四退六　　车 5 平 9

101. 炮五平六　　将 4 平 5　　　　**102.** 炮六平五　　将 5 平 4

103. 炮五平六　　将 4 平 5　　　　**104.** 炮六平五　　将 5 平 4

105. 炮五平六　　将 4 平 5　　　　**106.** 帅六平五　　车 9 平 5

107. 炮六平五　　炮 9 退 4　　　　**108.** 帅五平四　　车 5 进 2

109. 车四平三　　炮 9 平 6　　　　**110.** 车三进五　　将 5 退 1

111. 车三进一　　将 5 进 1　　　　**112.** 车三退六　　将 5 平 6

113. 炮五平八　　车 5 平 6　　　　**114.** 帅四平五　　卒 7 平 6

115. 炮八退二　　炮 6 平 8　　　　**116.** 车三平二　　炮 8 平 9

117. 车二平一　　炮 9 平 8　　　　**118.** 车一平二　　炮 8 平 9

119. 车二退二　　炮 9 平 6　　　　**120.** 车二进七　　将 6 退 1

121. 车二进一　　将 6 进 1　　　　**122.** 车二退一　　将 6 退 1

123. 车二进一　将6进1　　　124. 车二退一　将6退1
125. 车二退一　炮6退2　　　126. 帅五平六　象5进3
127. 帅六退一　士4退5　　　128. 车二进二　将6进1
129. 炮八进七　士5进4　　　130. 车二退一　将6退1
131. 车二进一　将6进1　　　132. 车二退一　将6退1
133. 车二进一　将6进1　　　134. 车二退一　将6退1
135. 车二退六　炮6进1　　　136. 炮八退六　将6平5
137. 车二平五　士4退5　　　138. 帅六退一　车6平4
139. 炮八平六　炮6平4　　　140. 帅六平五　炮4平8
141. 车五平二　炮8平9　　　142. 车二平一　炮9平8
143. 车一平二　炮8平9　　　144. 车二平一　炮9平8
145. 车一平二　炮8平9　　　146. 车二进四　炮9进6
147. 车二退六　炮9退6　　　148. 车二进六　炮9进6
149. 车二退六　炮9退6　　　150. 车二进三　车4平5
151. 帅五平六　士5退6　　　152. 车二平一　炮9平7
153. 车一平三　炮7平8　　　154. 车三平二　炮8平7
155. 车二平三　炮7平8　　　156. 车三平二　炮8平7
157. 车二平三　炮7平8　　　158. 车三平四　车5平2
159. 炮六平二　车2平4　　　160. 帅六平五　车4进3
161. 车四进三　炮8退1　　　162. 车四进一　炮8进1
163. 车四退一　炮8退1　　　164. 车四进一　炮8进1
165. 车四退一　炮8退1　　　166. 车四平五　将5平4
167. 车五退三　……

以上几个回合，红方应着顽强，打算利用《棋规》谋和，战术思想正确。黑方虽有很大的优势，但是士象不整，给了红方多次叫将、捉子的机会凑着数。

167. ……　　　将4进1　　　168. 车五进一　士6进5
169. 车五退一　炮8退2　　　170. 炮二进六　将4退1

就棋而言，黑方只一手炮8平5胜定。但根据比赛规则，双方60回合自然限着已尽，判和。

第3局　许银川 胜 吕钦

1. 炮二平五　马8进7　　　　**2.** 马二进三　车9平8

3. 车一平二　马2进3　　　　**4.** 兵三进一　卒3进1

屏风马的马前卒很重要，当对方挺起三兵时，黑方通常也会挺起3卒，不然以后双马不活，局面有潜在的弱点。

5. 马八进九　卒1进1　　　　**6.** 炮八平七　马3进2

7. 车九进一　象3进5

飞右象是相对激烈的选择，飞左象和兑边卒的变化则相对平稳一些。至此，双方形成五七炮进三兵对屏风马右象的流行变例。

8. 车二进六　车1进3

进车坚守卒林，以逸待劳。黑方也可以选择卒1进1兑卒，以下兵九进一，车1进5，车九平四，车1平7，马三进四，士4进5，马四进五，炮8平9，车二进三，马7退8，相三进一，车7进1，马五退六，马2进1，炮七平六，炮9平8，黑方足可抗衡。

9. 车九平六　炮8平9　　　**10.** 车二进二　……

红方选择兑车正着。如车二平三，炮9退1，兵五进一，炮9平7，车三平四，士6进5，兵五进一，车8进6，车四进二，炮7进4，红方难以控制局势。

10. ……　　　马7退8　　　**11.** 炮七退一　……

先退炮是稳扎稳打的下法，其优点是避开了黑方马2进1直接踩炮的先手，同时保留了马三进四和兵五进一两种进攻选择，着法灵活多变。此外还有直接走兵五进一或马三进四的攻法，另有复杂的攻防变化。相对而言，马三进四的应法是较为激烈的。列举一变：马三进四，马8进7，马四进三，炮9进4，马三进五，象7进5，车六进六，马7进6，车六平八，马2进1，双方互有顾忌。

11. ……　　　马8进7　　　**12.** 兵五进一　……

冲中兵是近期流行的走法，准备从中路打开缺口。另有马三进四，士6进5，马四进三，炮9进4，兵五进一，炮9平5，仕六进五，炮 5 平 7，马三退四，炮 7 进 2，车六进二，炮 7 平 3，马九退七，车 1 平 3，相七进九，炮 2 平 1，炮五平三，红方主动。

12. ……　　　士 6 进 5

补左士与补右士略有区别，通常认为走士 4 进 5 以后黑方右翼略显单薄。举一例：士 4 进 5，车六进三，卒 7 进 1，兵三进一，象 5 进 7，车六进一，象 7 退 5，兵七进一，马 2 退 3，车六退二，马 3 进 2，兵七进一，象 5 进 3，车六进二，象 7 进 5，马三进五，红方易走。

13. 车六进二　……

如马三进二，马 2 进 1，车六进二，车 1 平 2，马二进三，炮 9 退 1，炮七平二，炮 2 平 3，炮二进五，车 2 进 2，黑方可以抗衡。

13. ……　　　炮 2 平 4

黑方平士角炮，准备弃 3 路卒回马捉车，着法灵活，也是此局面下常见的进攻手段。

14. 马三进四　……

2007 年第六届嘉周杯象棋特级大师冠军赛上，柳大华对吕钦时柳特大曾走马三进二，卒 3 进 1，兵七进一，马 2 退 4，炮五平八，士 5 退 6，车六平五，车 1 平 2，炮八平三，卒 5 进 1，兵五进一，马 4 进 3，车五平七，马 3 退 5，炮七平五，士 6 进 5，红优。但是局后复盘，认为黑方不走士 6 进 5 改走炮 9 退 1 可以取得抗衡之势，因此本盘棋，许特大改走马三进四。

14. ……　　　卒 3 进 1

弃卒活通马路，借打车之势谋取中兵，这也是上一着棋的后续手段。

15. 兵七进一　马 2 退 4　　　**16.** 车六平四　……

以往出现过车六平八的走法，以下马 4 进 5，仕六进五，炮 9 退 1，炮五平二，卒 5 进 1，炮二进四，炮 4 进 1，炮二进二，炮 4 进 2，黑棋可战。

16. ……　　　马 4 进 5　　　**17.** 马四进三　……

着法积极。如仕四进五，黑方卒 5 进 1 或炮 9 退 1 都可下。

17. ……　　　马 5 进 4　　　**18.** 帅五进一　车 1 平 4

19. 兵七进一　……

1999 年个人赛上，徐天红对许银川时徐曾走炮七平六，马 4 退 3，马三进一，象 7 进 9，炮五进五，士 5 退 6，炮六进六，车 4 退 1，车四平七，象 9 退 7，车七进一，象 7 进 5，黑方可以抗衡，最终弈和。

19. ……　　　炮 9 平 8　　　**20.** 车四平二　马 4 进 3

黑方弃子抢攻，操之过急。可以考虑炮 8 退 2，兵七进一，车 4 进 2，兵七进一，炮 4 进 1，炮七平六，马 4 退 5，炮六进五，车 4 退 2，马九进七，马 5 进 3，车二平七，车 4 进 2，黑方可以抗衡。

21. 炮五平八　……

平炮叫杀，引离黑车，好棋。如车二进四，车 4 进 6，炮五平七，马 3 退 1，车二退五，车 4 平 6，相三进一，炮 4 平 1，前炮进二，车 6 平 2，兵七进一，车 2 退 3，帅五平四，炮 1 进 4，黑方有攻势。

21. ……　　　车 4 平 2　　　**22.** 炮八平三　……

平炮的后续手段。也可炮八退二，象 5 进 3，相三进五，炮 4 平 5，帅五平四，强行捉死黑马后，红方多子。

22. ……　　　炮 8 平 9　　　**23.** 相三进五　马 3 退 1

24. 帅五退一　炮 9 退 1　　　**25.** 炮七平三　炮 4 平 3

26. 兵七平六　……

如马九退七，炮 3 进 6，后炮平九，卒 5 进 1，马三退五，马 7 进 5，局势略有缓和。

26. ……　　　炮 3 进 5　　　**27.** 前炮平七　马 1 退 3

28. 车二平七　车 2 进 4

29. 相五退七　炮 9 平 7（图 3）

坏棋，可以考虑马 3 进 5，仕四进五，车 2 平 7，炮三平四，车 7 退 2，马三进五，象 7 进 5，兵六进一，卒 5 进 1，黑方可以抗衡。

30. 马三退二　马 7 进 6　　　**31.** 炮三进七　马 6 进 8

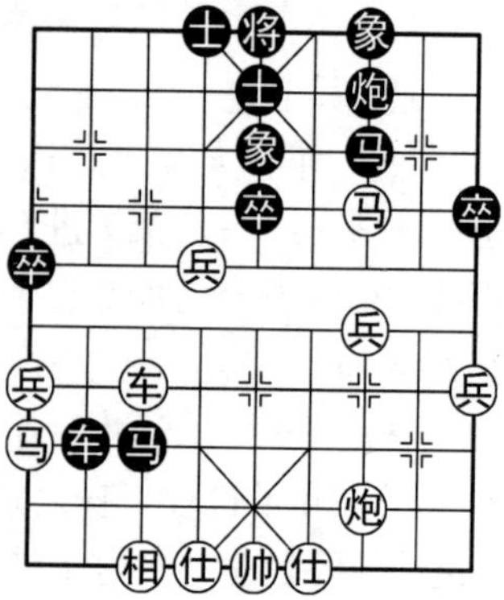

32. 车七平二　……

交换以后，红方子力灵活，略占优势。

32. ……　　　　马8退7

33. 车二退一　……

退车牵马控制局势，不给黑方车马脱身的机会。

33. ……　　　　卒5进1

34. 仕四进五　……

以上几个回合，充分体现了许氏风格，黑方车马受牵，不好脱身。

図3

34. ……　　　　卒5进1　　　　**35. 兵三进一**　　象5进7

如误走马7退9，炮三平二，象5进7，车二平四，伏有炮二退六得子的手段，黑方难应。

36. 炮三退三　象7进5　　　　**37. 炮三平九**　卒5平4

38. 兵九进一　马7进6　　　　**39. 兵六进一**　马6进4

40. 帅五平四　士5退6　　　　**41. 车二平六**　……

平车紧着，继续限制黑方子力活动范围。

41. ……　　　　士6进5

如士4进5，兵六进一，象5进3，兵六进一，马4退6，车六平四，马6进4，车四平五，卒4平3，炮九进四，红方大优。

42. 兵六平五　……

也可以兵六进一，士5进4，炮九平五，象5退7，炮五退三，车2退3，车六平七，红方得子。

42. ……　　　　象5退3　　　　**43. 车六平二**　马4退6

44. 炮九平五　将5平6　　　　**45. 兵九进一**　……

边兵渡河，如虎添翼，黑方已经很难抵抗。

45. ……　　　　车2退4

无奈，只好忍痛再弃一子，以延缓红方攻势。

46. 车二平七　车2平5　　　　**47. 车七平四**　卒4平5

48. 炮五平八　将 6 平 5　　　　**49.** 马九进七

红方得子占势，黑方投子认负。

第 4 局　谢靖 和 赵国荣

1. 兵七进一　炮 2 平 3　　　　**2.** 炮二平五　象 3 进 5

3. 马二进三　车 9 进 1　　　　**4.** 炮五进四　……

双方以仙人指路对卒底炮开局。红方炮击中卒是当前较为流行的下法，它的好处在于可先得实利，并可阻止黑方横车右移。炮打中卒与车一平二在实战中交替应用，都是红方流行的下法。

4. ……　　士 4 进 5　　　　**5.** 相七进五　马 2 进 4

6. 炮五退一　车 9 平 6　　　　**7.** 马八进六　车 1 平 2

8. 兵三进一　……

进三兵是红方当前局面下的官着。如车九平八，车 2 进 4，兵五进一，车 6 进 4，炮八进二，车 6 进 1，兵三进一，车 6 平 4，车一进一，炮 3 平 4，黑方先手。

8. ……　　车 2 进 1　　　　**9.** 兵五进　　车 6 进 5

当时黑方看似有车 6 进 7 抢先捉马的先手，实战中黑方为什么不走呢？因为红方可走仕六进五（车一进一，车 6 平 9，马三退一，炮 8 进 3，黑方大优），车 6 退 2，炮八平七，黑车无功而返，红优。

10. 车一进一　……

如车九平八，车 6 平 4，车一进一，车 4 退 1，炮八进二，车 4 进 1，炮八退二，车 4 退 1，双方对峙。

10. ……　　马 8 进 7　　　　**11.** 车九平八　车 6 平 1

12. 炮八平六　车 2 进 5　　　　**13.** 马六退八　车 1 平 2

14. 车一平二　……

不逃马，先平车捉炮，正着。如马八进七，黑方有卒 3 进 1 的先手。又如马八进六，马 7 进 5，车一平二，卒 7 进 1，黑方易走。

14. ……　　马 7 进 5　　　　**15.** 马八进六　卒 3 进 1

16. 炮五平四　马 4 进 3　　　　**17.** 炮六进四　马 5 进 4

18. 兵七进一　　炮 3 进 2

19. 马六进五　　炮 3 平 1（图 4）

此时黑方思索再三，决定弃子抢攻。如欲稳健，可炮 8 平 6，炮六平一，炮 3 平 1，炮一平七，马 4 退 3，车二平九，炮 1 进 2，马五退七，炮 1 退 2，局势较为平稳，显然赵国荣对本局有很强烈的争胜欲望。

20. 车二进六　　……

红方吃炮接受挑战。

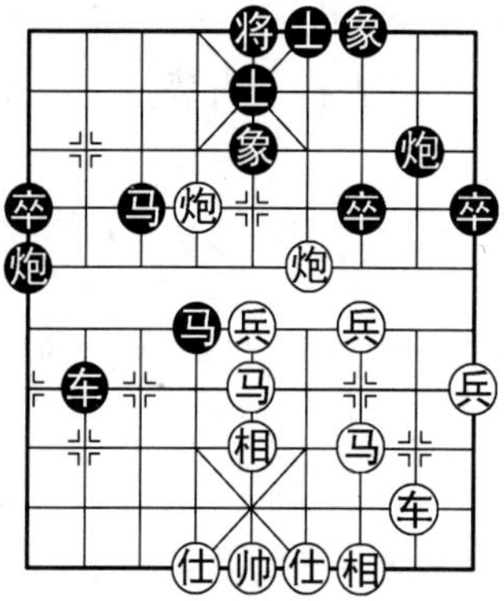

图 4

20. ……　　炮 1 进 5	**21.** 相五退七　　车 2 平 3
22. 车二退六　　车 3 进 3	**23.** 车二平八　　马 3 进 1
24. 帅五进一　　车 3 退 6	**25.** 炮六退一　　马 1 进 2
26. 炮四退一　　炮 1 退 1	**27.** 车八进一　　车 3 进 5
28. 帅五退一　　炮 1 进 1	**29.** 车八退二　　车 3 退 4
30. 炮四平六　　车 3 平 4	**31.** 帅五进一　　……

上帅好棋，黑方找不到好的攻击点。

31. ……　　车 4 进 1	**32.** 车八进三　　……

交换以后，局势平稳，红方多子的优势显现出来。

32. ……　　车 4 平 5	**33.** 相三进五　　炮 1 退 5
34. 马五进七　　炮 1 平 3	**35.** 车八平五　　车 5 平 4
36. 车五进三　　卒 7 进 1	**37.** 兵三进一　　象 5 进 7
38. 车五平一　　卒 1 进 1	**39.** 车一平九　　……

不如马七进九简明。以下炮 3 平 5，帅五平四，车 4 进 1，车一平四，车 4 平 7，马九退七，车 7 进 1，马七进五，红方胜势。

39. ……　　车 4 进 4	**40.** 马七进五　　象 7 进 5
41. 车九退一　　车 4 退 5	**42.** 车九进四　　炮 3 退 4
43. 马五退三　　炮 3 平 4	**44.** 后马进五　　车 4 平 2
45. 马五进七　　士 5 退 4	**46.** 兵一进一　　士 6 进 5
47. 兵一进一　　车 2 进 4	**48.** 帅五退一　　车 2 进 1

49. 帅五进一	车 2 退 1	**50.** 帅五退一	车 2 进 1
51. 帅五进一	车 2 平 6	**52.** 车九退三	将 5 平 6
53. 兵一平二	车 6 退 1	**54.** 帅五退一	车 6 进 1
55. 帅五进一	车 6 退 1	**56.** 帅五退一	炮 4 平 5
57. 马七进五	车 6 进 1	**58.** 帅五进一	车 6 退 1
59. 帅五退一	车 6 进 1	**60.** 帅五进一	车 6 退 1
61. 帅五退一	车 6 退 4	**62.** 车九平三	车 6 进 5
63. 帅五进一	车 6 退 1	**64.** 帅五退一	车 6 进 1
65. 帅五进一	车 6 退 1	**66.** 帅五退一	车 6 退 4
67. 马五进七	士 5 进 6	**68.** 马七进六	士 6 退 5
69. 车三平一	炮 5 平 4	**70.** 车一平八	将 6 平 5
71. 马六退八	车 6 平 4	**72.** 车八退四	车 4 进 5
73. 帅五进一	车 4 退 1	**74.** 帅五退一	车 4 进 1
75. 帅五进一	车 4 退 1	**76.** 帅五退一	车 4 平 8
77. 兵二平三 ……			

以上一段着法黑方防守严密，并且利用"60 回合自然限着"的规定，增加红方取胜难度。红方平兵吃象无奈之举，否则黑方可以利用棋规谋和。

77. ……	车 8 进 1	**78.** 帅五进一	车 8 退 1
79. 帅五退一	车 8 进 1	**80.** 帅五进一	车 8 退 1
81. 帅五退一	象 5 进 7	**82.** 车八进三	车 8 退 1
83. 帅五进一	车 8 退 1	**84.** 帅五退一	车 8 进 1
85. 帅五进一	象 7 退 5	**86.** 车八平五	车 8 退 1
87. 帅五退一	车 8 进 1	**88.** 帅五进一	车 8 退 1
89. 帅五退一	车 8 退 6	**90.** 马八进九	炮 4 进 1
91. 马九退七	车 8 进 7	**92.** 帅五进一	车 8 退 1
93. 帅五退一	车 8 进 1	**94.** 帅五进一	车 8 退 1
95. 帅五退一	车 8 平 3	**96.** 马七退九	车 3 退 6
97. 马九退八	车 3 进 2	**98.** 车五平七	象 5 进 3

兑车以后，形成双马相对炮单缺象的实战残局。我们知道，双

马单相例胜炮双士，此时，黑方多了一个单象，成为这局棋的不确定因素。红方如果能吃掉象，那么取胜就非常容易；如果黑方能保住单象，就有谋和的希望。黑方的单象就成为双方争夺的焦点。

99. 马三进四　将5平6　　　　**100.** 马八退七　象3退5

101. 马七进五　将6平5　　　　**102.** 相五退三　将5平4

103. 马五退七　将4平5　　　　**104.** 马七进八　将5平6

105. 马八进九　象5退7

象在底线，便于退炮保护，思路正确。

106. 马四退二　将6平5　　　　**107.** 马二进三　炮4退1

108. 马九进七　炮4进1　　　　**109.** 马七退八　将5平4

110. 马三退五　象7进5　　　　**111.** 马五进七　将4平5

112. 马七进八　炮4退1　　　　**113.** 帅五平四　象5退3

114. 前马退七　象3进5　　　　**115.** 马七进八　象5退3

116. 前马退七　象3进5　　　　**117.** 马七进八　象5退3

118. 后马进七　炮4进1　　　　**119.** 马八退七　士5进6

120. 后马进九　象3进1　　　　**121.** 相三进五　象1进3

122. 马九退八　将5平6　　　　**123.** 帅四平五　士6退5

124. 马七退九　炮4退1　　　　**125.** 马九退七　炮4平5

126. 马八进七　炮5平4　　　　**127.** 后马退五　炮4进1

128. 帅五进一　炮4退1　　　　**129.** 相五退七　炮4进1

130. 马五进三　将6平5　　　　**131.** 马七进九　象3退1

132. 马九退八　炮4平3　　　　**133.** 马三退五　将5平6

134. 马五退四　炮3进2　　　　**135.** 马四进六　炮3平7

136. 马六进五　炮7退2　　　　**137.** 马五进三　将6平5

138. 马八退六　象1退3　　　　**139.** 马六进四　将5平4

140. 马四退五　象3进5　　　　**141.** 马五进七　象5退3

142. 马三退二　士5进6　　　　**143.** 马七进八　将4进1

144. 马八退九　炮7平5　　　　**145.** 马二进一　将4退1

146. 马九进七　炮5平3

双方同意和棋。

第二轮 2010 年 3 月 11 日于上海

第 5 局 吕钦 和 汪洋

1. 炮二平五 马 8 进 7 **2.** 兵七进一 车 9 平 8

3. 马二进三 卒 7 进 1 **4.** 马八进七 马 2 进 3

5. 马七进六 ……

红方缓开右车，左马盘河，窥视黑方中路并兼袭 3 路，称为"先锋马"。至此双方形成中炮先锋马对屏风马左直车的布局阵势。

5. …… 象 3 进 5

上右象是较为稳健的应法，在实战中出现的频率很高。

6. 车九进一 ……

起横车配合河口马进攻黑方右翼，又可平四路通头，伺机攻黑方左马。红方另有炮八平七的下法，准备在左翼对黑方形成压力。

6. …… 士 4 进 5 **7.** 车一进一 车 1 平 4

8. 炮八进二 炮 8 进 3

进炮骑河，新着，伏有卒 7 进 1 强渡 7 卒的手段。以往曾出现过两种走法：①炮 2 进 2，马六进七，炮 8 进 1，马七退六，炮 2 平 5，马三退五，炮 5 进 3，相七进五，马 3 进 2，马五进七，马 2 进 4，马七进六，车 4 进 4，大体均势；②炮 8 进 5，马六进七，炮 8 平 5，相七进五，车 8 进 7，马三退五，马 7 进 6，炮八退二，车 8 退 4，马五进七，卒 5 进 1，兵七进一，象 5 进 3，前马退五，车 4 进 4，兵五进一，红先。

9. 炮五平六 车 4 平 3 **10.** 炮八退三 ……

退炮灵活，以后可平七或者平三对黑方保持压力。

10. …… 卒 7 进 1 **11.** 马六退五 卒 7 进 1

12. 马五进三 炮 2 进 4

此时黑方可以考虑先走车3平4捉炮，红方如车九进一，再走炮2进4。实战的次序欠佳，使红方多了一个补仕的选择。

13. 炮八平三　车3平4　　　　**14. 仕六进五　炮8进2**

15. 前马退五　马7进6　　　　**16. 车九平八　车4平2**

17. 车八进一　……

升车稳健，试探黑方应着，如车八平七，车2进4，炮六退二，车8进6，黑优。

17. ……　　　马6退4　　　　**18. 车八平七　车2进5**

19. 炮三平二　炮8平5

交换简化局势，也可考虑车8平9，马三进四，炮8平4，车七平六，马4进3，黑方主动。

20. 相三进五　卒5进1　　　　**21. 车七平八　……**

应炮六进二更有力，以下车2退5，炮六平二，车8平9，仕五退六，红方先手明显。

21. ……　　　卒5进1　　　　**22. 仕五退六　车2退5**

23. 炮二平五　……

平炮求稳。红方可以考虑炮二平八，以下炮2进2，车八进七，马3退2，车一平八，马2进1，车八进六，红优。

23. ……　　　车8进3

应车8进6更为积极，以下车一平四，车8平7，车四进五，炮2退3，炮五平三，马4进3，炮三进二，前马进4，车八平六，炮2平6，车六进四，炮6退1，兵五进一，车2进6，炮三平五，卒3进1，大体均势。

24. 炮五平八　炮2进2　　　　**25. 车八进七　马3退2**

26. 车一平八　马2进1　　　　**27. 车八进六　象5退3**

28. 车八退二　卒5进1　　　　**29. 马三进五　车8进3**

30. 马五进六　马4退6

31. 马六进四　车8平1（图5）

双方兑子转换以后，红方兵种齐全，位置灵活占据优势。黑方此时也可以考虑车8平6，以下马四退三，车6平1，车八平六，

象 3 进 5，炮六进一，马 1 退 2，炮六
平五，马 2 进 3，车六进一，马 6 进
7，车六平七，马 3 进 5，黑方可以
抗衡。

　32. 炮六进二　　象 7 进 5

　33. 炮六平五　　……

　如车八平六，车 1 退 2，车六进
一，车 1 平 5，炮六平四，车 5 平 6，
炮四平二，车 6 平 5，红方也没有突破
的手段。

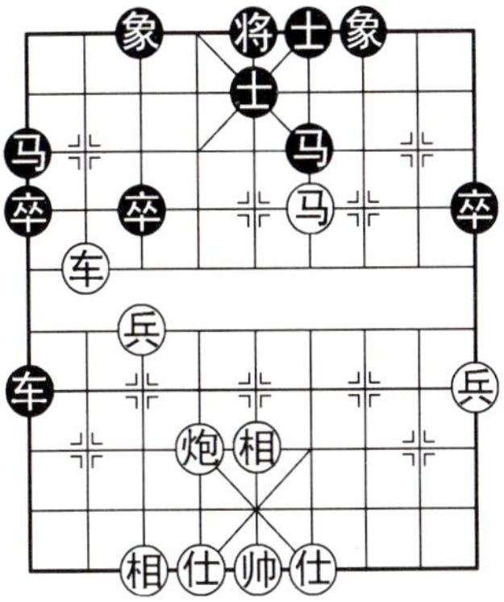

图 5

33. ……　　车 1 平 4	**34.** 兵一进一　　车 4 退 3
35. 车八平四　　马 6 进 8	**36.** 车四退一　　车 4 平 5
37. 车四退一　　马 1 退 3	**38.** 炮五平三　　马 8 进 7
39. 马四退三	

交换一炮以后，双方同意作和。

第 6 局　赵国荣 和 赵鑫鑫

1. 兵七进一　　炮 2 平 3	**2.** 炮二平五　　象 3 进 5

　3. 炮五进四　　……

双方以仙人指路对卒底炮开局，红方炮打中卒先得实利，不利
之处在于大子缓出。

3. ……　　士 4 进 5	**4.** 相七进五　　……

红方飞左相，非常稳健。

4. ……　　马 2 进 4	**5.** 炮五退一　　车 1 平 2

　6. 马八进六　　车 9 进 1

黑方起横车是抢攻的着法。如车 2 进 6 或马 8 进 7，红车一进
一，这样黑方就无法再起横车了。

　7. 马二进三　　车 9 平 6

黑方的攻防战略，以担子炮固守，以横直车抢占要点，从而控

制全局。以当前的形势来看，横车比直车快而有力。

8. 兵三进一　……

进三兵抢占河沿要道，实属必然。此时也有先出九路车的走法，演变如下：车九平八，车2进4，兵五进一，车6进4，炮八进二，车6进1，马六进五，炮3平2，兵七进一，车2退1，兵七平六，马8进9，炮八进三，车2进6，炮八平二，红方一车换双炮稍好。

8. ……　　　车2进4　　　　**9. 兵五进一　车6进5**

10. 车一进一　马8进7

黑跳正马工整，如车6平4，车九平八，炮3平4，炮八平九，车2退2，车八进七，马4进2，马六进五，马2进4，车一平八，红方弃掉底仕，强行将右车左移加强攻势。双方攻防复杂。

11. 车九平八　车6平1

平车吃兵先取得一定物质优势，不与红方过多纠缠。如马7进5，马六进五，卒7进1，车八进一，卒7进1，炮八进一，炮3平2，兵七进一，车2进1，炮八平四，炮2进6，马五退七，车2平5，兵七平六，炮2退8，炮四进五，士5进6，马三进五，红方先手。

12. 炮八平六　……

平六不如平七灵活，但平六的好处在于兑车以后，红马多了一个马八进七的选择，两者互有利弊。

12. ……　　　车2进5　　　　**13. 马六退八　车1平2**

14. 车一平二　……

出车要点，如马八进六，马7进5，马六进四，卒3进1，马三进二，卒3进1，相五进七，马5进3，相三进五，马4进3，黑先。

14. ……　　　炮8平9　　　　**15. 马八进六　卒3进1**

新着，以往曾出现马4进5的下法，以下炮六平七，车2平4，马六进五，车4退1，车二平九，车4平5，炮五平八，车5退1，炮八进四，车5平2，炮八平九，马5进4！黑方优势。

16. 兵七进一　马7进5　　　　　**17.** 炮六进四　车2退3

18. 炮六退一　车2进2

如马5进3，炮五平七，象5进3，马六进五，车2平5，炮六平五，炮9平5，车二平六，红方捉马先手，局势占优。

19. 马六进四　车2平4　　　　　**20.** 车二平八　马5进3

21. 炮五平七　车4退1　　　　　**22.** 炮七退一　马4进5

23. 马三进二　车4平8

24. 车八进五（图6）……

如兵三进一，马5进7，车八进二，马7退5，兵五进一，马5进3，马二进四，卒1进1，后马进三，炮3进3，相五进七，卒7进1，马三退四，车8进1，黑方先手。

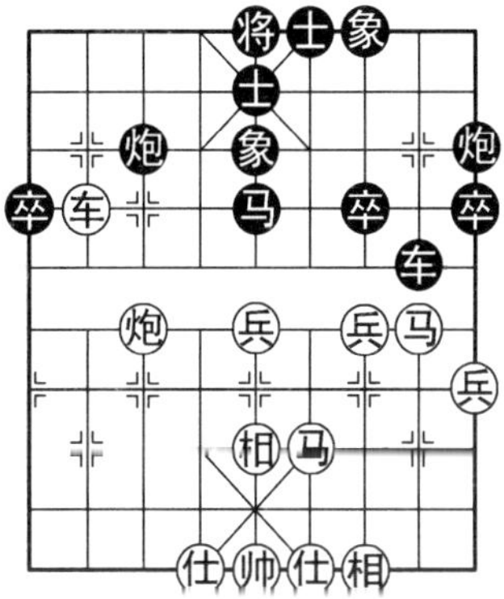

24. ……　　　　　马5进3

25. 兵三进一　车8平7

26. 马二进三　炮3进3

图6

27. 相五进七　炮9进4　　　　　**28.** 马三进四　马3退4

29. 车八平九　炮9平2　　　　　**30.** 车九退三　炮2退5

31. 前马退五　车7退1　　　　　**32.** 车九进三　……

如马五退四，车7平4，仕六进五，卒9进1，黑方在红方左翼易形成攻势。

32. ……　　　　　炮2进2　　　　　**33.** 马五进七　炮2进6

34. 仕六进五　车7平1　　　　　**35.** 马七退九　……

兑车以后，双方势均力敌，大体和势。

35. ……　　　　　炮2退6　　　　　**36.** 马四进六　象5退3

37. 相七退九　马4进6　　　　　**38.** 兵五进一　卒9进1

39. 相九退七　卒9进1　　　　　**40.** 相七进五　……

红方抓紧时间补好阵型上的弱点，稳健。

40. ……　　　　　卒9平8　　　　　**41.** 马九退八　马6进5

42. 马八进六　炮2平9　　　　　**43.** 后马进四　象3进5

44. 马六退五	炮9进2	**45.** 马四退三	卒8进1
46. 马三进四	卒8平7	**47.** 马五进七	象5进3
48. 马七退六	马5进3	**49.** 相五进七	象7进5
50. 兵五平六	炮9平7	**51.** 相七退五	炮7退4
52. 马六进七	将5平4	**53.** 兵六平五	士5进6
54. 兵五平六	炮7平2	**55.** 兵六平五	马3进1
56. 马四退六	卒7平6	**57.** 马六退八	……

退马好棋。至此，黑方卒虽然位置有利，但红方防守严密，黑方虽有优势，但要转为胜势却是很难。

57. ……	马1退2	**58.** 兵五平六	士6进5
59. 马八进九	炮2进3	**60.** 兵六进一	象3退1
61. 马九进八	马2进3	**62.** 马八退六	象1进3
63. 马六进四	卒6平5	**64.** 马四退五	象3退1
65. 马五进四	炮2进5	**66.** 马四退六	卒5平4
67. 马七退八	炮2退1	**68.** 兵六平五	象5进3
69. 马六进七	将4平5	**70.** 马七退六	炮2平4
71. 马六退四	卒4平3	**72.** 马八进七	……

红方利用双马灵活之利，在后方严防死守，黑方也找不到太多的进攻手段，双方进入相持阶段。

72. ……	马3进2	**73.** 仕五退六	炮4平3
74. 马四进六	卒3平4	**75.** 马七退八	卒4进1
76. 仕四进五	卒4平3	**77.** 马八进七	马2退4
78. 帅五平四	炮3进1	**79.** 帅四进一	炮3平7
80. 马七退五	……		

退马要着，如兵五平四，马4进2，马七退五，象1退3，相五进七，炮7退3，黑方攻势稍好。

80. ……	卒3平2

至此，双方均难进取，同意作和。

第7局　许银川 胜 谢靖

1. 炮二平六　……

许银川与谢靖交手次数不多。这盘棋许先手走过宫炮，意在打乱黑方的布局计划，取得出"棋"不意之效。

1. ……　　炮8平5　　2. 马二进三　马8进7

3. 相三进五　……

飞右相以后出贴帅车，是许银川喜欢的走法，它的好处在于红方以后可以补仕再出贴帅车，不过早与黑方形成过多的纠缠。

3. ……　　车9平8　　4. 仕四进五　车8进4

对弈至此，形成过宫炮缓开车对左中炮直车巡河的基本阵势。黑方另一路变化是马2进3，车一平四，车8进4，车四进七，马7退8（马3退5，车四进一，炮2退1，车四退四，马5进3，马八进九，红先），马八进九，卒3进1，黑方很有反弹力。

5. 车一平四　卒3进1　　6. 马八进九　马2进3

7. 炮八进四　马3进2

进马带有封车的意味。另有卒7进1不让红炮右移，打乱红方阵型的下法，举一例：卒7进1，炮八平七，车1平2，车九平八，炮2进5，双方对峙。

8. 炮八平三　象7进9　　9. 兵三进一　……

挺兵活马，消除阵型上的弱点。如车四进六，车8平5，兵三进一，车1进1〔炮2进1，车四进一，炮2平7，马三进四！（车四平三，炮7进4，炮六平三，红先），车5平8，兵三进一，车8平7，车四平三，红先〕，车四退二，士6进5，车九进一，卒1进1，黑方满意。

9. ……　　士4进5

补士定型过早，不如车1进1更为灵活。

10. 车四进四　卒1进1　　11. 兵七进一　……

兑七兵是近年流行的走法，另有车九进一，炮5平4，兵七进一，象3进5，兵七进一，车8平3，车九平七，车3进4，马九退七，红方略好。

11. ……　　　炮5平4

新着。就实战来讲，黑方平士角炮调整阵型无可厚非，但从全局来看，显然不如炮5平3更有针对性。举一例：炮5平3，马九退七，卒3进1，车四平七，炮3进6，车七退三，象3进5，车九进二，车8平6，大体均势。

12. 车九进一　　……

红方起横车加快大子出动速度，势在必行。

12. ……　　　象3进5　　**13. 兵七进一　车8平3**

14. 车九平七　车3进4　　**15. 马九退七　……**

兑车以后，从行棋效率和双方有效步数来看，红方大占优势。

15. ……　　　车1平3　　**16. 马七进九　车3进4**

17. 兵九进一　卒1进1　　**18. 车四平九　炮4平3**

平炮控制红方子力展开。

19. 马三进四　炮3退2　　**20. 车九进一　……**

进车牵制，稳健。也可马九进八，炮2进3，车九平八，车3平6，马四退三，炮3进2，炮六平九，炮3平1，车八平七，红优。

20. ……　　　炮2平1　　**21. 马四退六　车3平8**

22. 马九进七　车8进5

23. 仕五退四　马2进3

24. 车九进二　车8退6（图7）

坏棋。应马3进2，炮六退一，象9退7，车九平七，马7退9，仕六进五，车8退5，黑方尚可周旋。

25. 车九平五　……

此时红方面临两个选择：一是兵三进一保炮，以下变化大体是马3进2，仕六进五，马2退4，仕五进六，

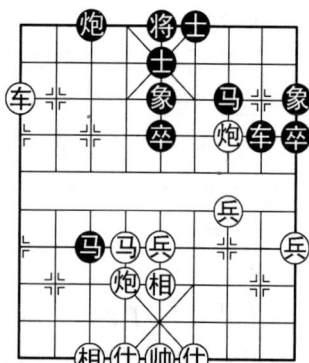

图7

象9退7，炮三进三！象5退7，车九平三，车8进3，马六进七，车8平5，仕六退五，红方占据优势，但若想取胜难度还是很大的；二是实战的车九平五弃子抢攻。

25．……	车8平7	26．车五平七	炮3平4
27．炮六进七	士5退4	28．车七退四	马7退8
29．车七进二	……		

进车好棋，控制对方巡河线。

29．……	士6进5	30．车七平四	车7平8
31．马六退八	马8进7	32．车四退二	卒5进1
33．马八进七	车8平5	34．车四平二	象9退7

上一手红方平车准备车二进四捉双，临场黑方选择了退象。如马7进6，车二进六，士5退6，车二退四，马6退7，车二进二，红方仍可捉双。

35．车二进四	车5退1	36．兵三进一	马7进5
37．车二进二	马5进3	38．车二平三	士5退6
39．仕六进五	……		

红方已大占优势，先补一手棋，巩固后防，不给对方以可乘之机，老练。

39．……	卒5进1	40．兵五进一	车5进3
41．兵三平四	车5退2	42．兵四平五	车5平6
43．车三退二	士4进5	44．兵五平六	马3退4
45．兵六进一	马4退6	46．仕五进六	士5退4
47．车三进一	马6进7	48．马七进五	马7退6
49．马五退三	车6平7		

兑车无奈。如车6进1，车三平一，马6进7，车一退二，马7进8，车一平二，马8进7，仕四进五，车6平7，兵一进一，士4进5，兵一进一，车7退2，车二平四，红方双兵过河，黑方也是难以抵抗。

50．车三平四	车7进2	51．车四退二	车7平4
52．车四平一	……		

吃到边卒以后，形成车双兵仕相全例胜车双士的残局，以下解说从略。

52. ……	士 4 进 5	**53.** 仕六退五	车 4 退 1
54. 兵一进一	车 4 进 1	**55.** 兵六平五	车 4 平 5
56. 兵五平四	车 5 平 6	**57.** 兵四平三	车 6 退 1
58. 车一退一	车 6 进 1	**59.** 相五退三	车 6 平 7
60. 兵三平二	车 7 平 8	**61.** 兵二平三	车 8 平 7
62. 兵三平二	车 7 平 8	**63.** 兵二平三	车 8 平 7
64. 兵三平二	车 7 平 5	**65.** 相七进五	车 5 平 4
66. 相三进一	车 4 平 5	**67.** 相一进三	车 5 进 1
68. 车一平三	车 5 退 3	**69.** 兵二平三	士 5 退 4
70. 兵一进一	士 6 进 5	**71.** 兵一平二	士 5 退 6
72. 兵二进一	士 6 进 5	**73.** 车三平四	车 5 进 3
74. 兵三平四	车 5 退 1	**75.** 兵二平三	车 5 退 3
76. 相五退三	车 5 进 3	**77.** 兵三进一	车 5 退 3
78. 兵三进一	车 5 平 9	**79.** 兵三平四	车 9 退 1
80. 仕五进四			

扬仕露帅，入局好棋。以下车 9 平 6，兵四进一，车 6 平 9，车四平二，红胜。

第 8 局　蒋川　和　洪智

1. 炮二平五	马 8 进 7	**2.** 马二进三	车 9 平 8
3. 车一平二	卒 7 进 1		

黑方抢挺 7 卒，有意避开近期流行的五七炮进三兵对屏风马的变化，是一种先入为主的下法。

4. 车二进六　……

右车过河积极。如兵七进一，炮 8 进 4，马八进七，象 3 进 5，红方先手不易展开。

4. ……	马 2 进 3	**5.** 马八进七	卒 3 进 1

6. 车九进一　炮2进1　　　　7. 车二退二　象3进5

8. 兵三进一　……

双方很快就形成了中炮直横车对屏风马两头蛇的阵势。红方此时另有兵七进一的下法，也是常见的选择。兵七进一，炮8进2，车九平六，士4进5，车六进七，车1平3，各有千秋。

8. ……　　炮2进1

升炮护卒是侧重防守的下法。

9. 兵七进一　炮8进2

形成四兵相见的局面。

10. 车九平六　士4进5　　　　11. 兵五进一　……

另一种攻法是马三进四，卒7进1，车二平三，卒3进1，车三进三（车六进五，卒3进1，马七退五，马7进6，车六平七，车1平3，黑方满意），炮8平3，马四进五，炮3进3，车三退三，马3进5，车三平七，马5进7，车七退二，车8进6，大体均势。

11. ……　　车1平3

出象位车，应法含蓄，如车1平4，车六进八，士5退4，马七进五，士6进5（炮8平9，车二进五，马7退8，兵一进一，炮9平8，兵三进一，炮2平7，马三进四，马8进7，马四进二，马7进8，兵七进一，象5进3，兵五进一，红大优），炮八平七，马3进4，兵三进一，马4进5，马三进五，炮2平7，炮七平六，红方主动。

12. 马七进五　马3进4　　　　13. 炮八平七　车3平4

14. 兵三进一　马4进5　　　　15. 车六进八　将5平4

16. 马三进五　炮2平7

双方以上几个回合可谓轻车熟路，双方按"谱"布阵，至此黑方取得抗衡之势。

17. 炮七平九　卒1进1　　　　18. 炮五退一　……

退炮好棋，既可以调整阵型，又保持对黑方中路的攻击力量。

18. ……　　炮8平9　　　　19. 车二进五　马7退8

20. 相七进五　马8进7　　　　21. 兵一进一　炮9平8

22. 兵七进一　炮 8 平 3　　　**23.** 马五进七　马 7 进 8

24. 兵五进一　……

也可炮九进三，炮 7 平 1，马七进九，马 8 进 7，马九退七，马 7 退 9，兵九进一，马 9 退 7，兵九进一，马 7 进 8，兵五进一，卒 5 进 1，马七进五，双方均势。

24. ……　　卒 5 进 1　　　**25.** 炮五进四　马 8 进 7

26. 马七进九　……

进炮踏兵，保持局势的复杂性。如炮五平九，炮 7 平 1，炮九进三，马 7 退 9，局势平稳。

26. ……　　马 7 退 9　　　**27.** 马九进七　炮 7 退 3

28. 炮九平六　马 9 退 7　　　**29.** 仕六进五　将 4 平 5

30. 兵九进一　马 7 进 6　　　**31.** 炮六退一　……

退炮稳健。如兵九进一，马 6 进 7，帅五平六，炮 3 平 4，马七退六，马 7 退 6，炮五退二，炮 7 进 2，仕五进四，炮 7 平 4，炮六进三，炮 4 进 2，交换以后黑方马炮卒对红方双炮兵，黑方兵种好，略优。

31. ……　　炮 3 平 4　　　**32.** 炮五退二　马 6 退 7

33. 兵九进一　炮 4 退 1　　　**34.** 兵九平八　卒 9 进 1

35. 炮六平九　马 7 进 6

36. 兵八平七（图 8）　……

平稳局面下，双方都不肯轻易和棋，大斗残局功力。红方平兵加快进攻节奏，如马七退六，炮 7 进 5，马六进四，炮 7 平 5，马四进六，士 5 进 4，马六进四，将 5 平 4，双方仍是和棋。

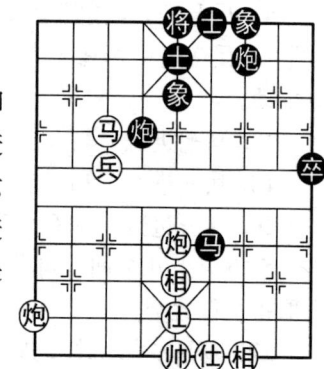

图 8

36. ……　　炮 4 进 3

37. 马七进九　卒 9 进 1

38. 兵七平六　炮 4 平 1　　　**39.** 仕五进四　卒 9 平 8

40. 相三进一　马 6 退 7　　　**41.** 相一进三　马 7 进 5

42. 炮九平五　……

准备前炮进四，象7进5，炮五进三偷吃黑马。

42. ……　　　马5退6　　　　**43.** 兵六平五　马6退4

44. 兵五平六　……

如兵五进一，马4进2，兵五进一，象7进5，马九退七，马2退3，马七退五，炮1退3，后炮平六，炮1平4，黑方可战。

44. ……　　　马4进2　　　　**45.** 马九退八　炮1退3

46. 兵六平五　炮7进3　　　　**47.** 马八退六　卒8平7

黑方一卒博双相，给红方阵型造成缺陷，以攻代守，有力。

48. 相五进三　马2进3　　　　**49.** 前炮平七　炮1进2

50. 马六进七　炮1平7　　　　**51.** 炮五进三　前炮平9

双方同意和棋。

第三轮　2010年3月11日于上海

第9局　洪智 胜 赵国荣

1. 兵七进一　炮2平3　　　　**2.** 炮二平五　象3进5
3. 炮五进四　……

双方以仙人指路对卒底炮开局，红方炮打中兵先得实惠，但是出子速度相对缓慢，可谓是利弊参半。

　　3. ……　　　士4进5　　　**4.** 车一进二　……

进车是近期流行的变化。红方另有相七进五的下法，以下马2进4，炮五退一，车1平2，马八进六，车9进1，马二进三，车9平6，兵三进一，车2进4，兵五进一，车6进5，车一进一，车6平4，双方对峙。

　　4. ……　　　马8进7　　　**5.** 炮五退一　卒3进1
　　6. 车一平六　卒3进1　　　**7.** 相七进五　……

从感觉来看，飞相虽然可以通过相五进七吃掉黑方过河卒，但是以后还要再走相七退五退回中路，节奏上有些缓慢。

　　7. ……　　　卒7进1

冲卒正着。如马2进1，马八进六，炮8平9，车九平八，车9平8，马二进三，车8进4，兵五进一，车8平6，车六进四，红方先手。

　　8. 马八进六　……

跳拐角马在棋型上略显别扭，但是可以加快左车的出动，可行之着。如马二进三，马7进6，红方还要走马八进六，以下车9平8，车九平八，炮8平7，车六进四，马6进7，炮八平九，车8进5，大体均势。

　　8. ……　　　车9平8　　　**9.** 马二进三　炮8进2

10. 兵五进一　……

挺中兵保持变化，如炮五平二，马 7 进 8，相五进七，马 8 进 7，以后黑方可通过马 2 进 1 把右车活通，大体均势。

10. ……　　车 8 进 3　　**11.** 车九平八　炮 8 进 1

进炮好棋，迫使红方进行交换，否则黑方有冲 7 卒的反击，红方不好应付。

12. 相五进七　……

飞相强硬，不怕黑方炮 8 平 3 吃相。

12. ……　　车 8 平 3

果然，黑方也没选择吃相，因为红方有马三进五的手段，以下前炮退 2，炮八平九，红优。

13. 马三进五　炮 3 进 3　　**14.** 炮八平七　炮 3 平 4

平肋炮不如炮 3 平 2 封车，以下马六进四，马 2 进 1，黑方局势开扬，满意。

15. 车八进八　马 7 进 6

进马略急，不如炮 8 退 4，红方大体有两种走法：①车八退五，炮 8 进 4，车六平二，马 2 进 4，马六进七，车 3 平 5，马七进八，车 1 平 3，马八退六，炮 8 平 4，仕六进五，马 7 进 6，大体均势；②车八退四，炮 8 进 4，马六进八，车 3 平 5，车八进四，炮 8 退 4，车八退三，炮 4 退 5，马八进七，马 7 进 6，车六进四，马 2 进 4，车六平五，马 4 进 5，大体均势。

16. 车六平四　马 6 进 5

17. 马六进五　炮 8 退 4

18. 车八退四　炮 8 进 4

19. 仕四进五　车 3 平 5

顽强，如马 2 进 4，车八进四，马 4 进 5，车四进六，红优。

20. 车八进四　车 5 平 3（图 9）

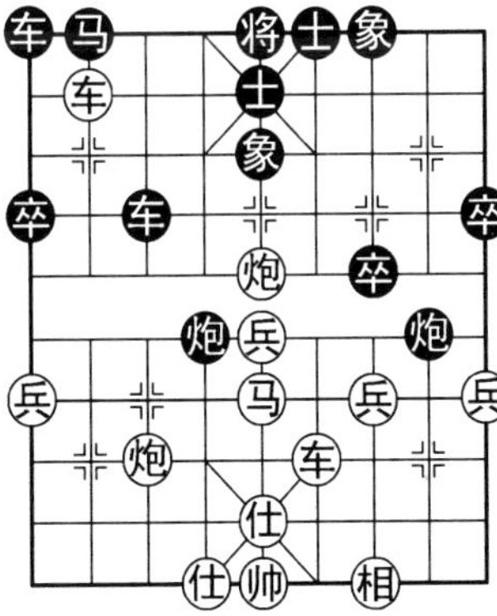

图 9

败着，还应考虑炮 8 退 4，车四进六，炮 4 退 4，炮七进七，车 1 进 1，

车八进一，炮 4 平 6，炮七退九，士 5 退 4，黑方尚可周旋。

21. 炮七平八　车 3 退 3　　　　**22.** 车四进六　车 3 平 4

23. 帅五平四　炮 8 退 5　　　　**24.** 车四平五

绝杀。

第 10 局　汪洋 负 蒋川

1. 兵七进一　炮 2 平 3　　　　**2.** 炮二平五　象 3 进 5

3. 马二进三　卒 3 进 1

1984 年，河北特级大师刘殿中在对阵柳大华时，创造性地走了车 9 进 1 进的变化，双方形成了车 9 进 1，车一平二，车 9 平 2，马八进七，马 2 进 4，炮八平九，马 8 进 9，车二进四，士 4 进 5 的变化，黑方颇具反弹力，它为日后卒底炮的发展开创了新思路。

4. 车一平二　卒 3 进 1　　　　**5.** 马八进九　车 9 进 1

6. 车九平八　……

先出右车是红方常见的选择，另有仕六进五的变化，以下车 9 平 4，炮五进四，士 4 进 5，炮五平一，马 8 进 9，车二进四，卒 7 进 1，车二平七，车 4 进 2，炮一退二，马 2 进 4，双方另有攻守。

6. ……　　　　车 9 平 4　　　　**7.** 炮五进四　士 4 进 5

8. 炮五平一　马 8 进 9

黑方进马挡炮，以防红方炮一进三底线骚扰的手段。黑方这步棋也可以考虑车 4 进 6 捉马，以下相三进五，卒 3 平 2，仕四进五，车 4 平 3，黑方足可以与红方抗衡。

9. 车二进四　卒 7 进 1

进 7 卒放弃 3 卒是较为平稳的下法。如卒 3 进 1，炮八平四，卒 3 平 4，炮四进六，车 4 进 3，车八进八，车 4 平 6，炮四平一，车 6 进 3，马三退一，车 6 平 3，相三进五，卒 4 平 5，双方对攻，变化激烈。

10. 车二平七　车 4 进 2　　　　**11.** 炮一退二　马 2 进 4

12. 仕六进五　……

补仕是红方早期的应法，近几年流行直接走相七进五，以下马9进8，兵三进一，卒7进1，车七平三，车1平2，炮八进三，车4进4，炮八平五，将5平4，黑方满意。

12. ……　　　车1平2　　　13. 相三进五　　……

飞相稳健。如兵九进一，马9进8，马九进八，炮3平2，炮一平二，炮8平7，炮八进五，车2进2，相七进五，马4进3，马八退七，车2进7，马七退八，炮7进4，黑方满意。

13. ……　　　马9进8

进马好棋。如车2进6，炮八平六以后，红方顺势兑车，稳占优势。

14. 炮一平二　　……

如兵三进一，马4进3，车七平四，卒7进1，车四平三，车4进5，炮八进五，将5平4，炮一平二，炮8平7，炮二退三，车4退3，车三平二，车4平8，马三进二，炮7平8，炮二进四，炮8进3，车八进六，马3进5，黑方可以抗衡。

14. ……　　　马4进3　　　15. 车七平五　　炮8进3

黑方另有车4进5的下法，以下炮八进五，车2平4，炮八进二，后车进3，炮八平九，将5平4，炮二进三，炮3平8，马九进七，前车平3，马七退九，马8进7，车五平二（马九退七，马7进9！黑速胜），马7进9，车二退二，马3进4，车八进九，将4进1，马九退七，马4进6！黑方可以先弃后取吃回红车，黑方易走。

16. 车五平二　　车4进5

进车凶悍。如马3进4，炮八进五，炮3进2，兵五进一，炮3平2，炮八平七，车2进3，马三进五，炮2平3，车八进六，车4平2，马五进七，红方先手。

17. 炮八进五　　……

红方面对黑方的弃子的强攻，也没有敢吃掉黑方弃马，先进炮打炮力求以攻对攻，争得先手。

17. ……　　　车2平4

平车紧着，把底线交给红方，这是一种拼命的打法。

18. 炮八进二 ……

红方还有一种下法：车二进一，以下马3进4，车八进二，象5进3，炮八进二，后车进3，炮八平九，马4进5，车八进七（车八平五，炮3平5打死红车），士5退4，马三退二，炮3平5，车八退八，士4进5，车八平六，车4进5，黑方攻势强烈。

18. ……　　后车进3

20. 马三退二 ……

如车二进一，马3进4，黑方优势。

20. ……　　马8退7

21. 车二平四　　卒7进1

22. 兵三进一　　马7进8

23. 车四进一（图10） ……

进车捉马坏棋，给了黑方利用的机会。不如兵三进一弃还三兵，以下象5进7（马8进7，炮九平四，马7进5，车八进九，将4进1，炮四平七，马5进7，马二进四，红方稍好），

19. 炮八平九　　将5平4

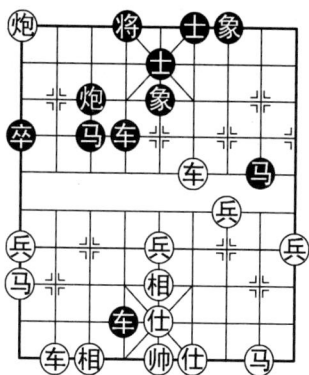

图10

炮九平四，将4平5，车四平五，将5平6，车五进四，炮3退2，车五平七，炮3平4，车八进六，红方一炮换双士有攻势。此时红方如车四退二，后车进1，兵三进一，后车平7，车八进九，将4进1，车八退一，将4退1，相五进七，马3进5，黑方易走。

23. ……　　马3进4　　　　**24. 车四平七　　后车退1**

退车稳健。另有马4进6的急攻着法，以下马二进四，马6进7，车七平四，后车平3，仕五进六，马8进7，仕四进五，炮3平2，车四退三，炮2进5，黑优。

25. 车七退四 ……

如车八进九，将4进1，车八退一，将4退1，车七退四，马4进5，车七平八，前车平2，车八退七，马5进7，马二进四，马8进7，仕五进六，车4进5，黑方胜势。

25. ……　　　马 4 进 5

进马踩相，黑方胜势。

26. 车七平六　　车 4 进 6　　　**27.** 仕五进四　　象 5 进 3

28. 仕四进五　　炮 3 平 5　　　**29.** 兵三进一　　马 8 进 9

黑胜。

第 11 局　谢靖 和 吕钦

1. 炮二平五　　马 8 进 7　　　**2.** 马二进三　　车 9 平 8

3. 车一平二　　马 2 进 3　　　**4.** 兵七进一　　卒 7 进 1

5. 车二进六　　炮 8 平 9　　　**6.** 车二平三　　炮 9 退 1

7. 马八进七　　士 4 进 5　　　**8.** 马七进六　　……

双方中炮过七兵过河车对屏风马平炮兑车开局。红方选择比较平稳的左马盘河变例。

8. ……　　　炮 9 平 7　　　**9.** 车三平四　　车 8 进 5

进车捉马正着。很多初学朋友对这手棋不太理解，简单讲下：此时红方河口马的位置很好，攻守两利，黑方只有驱马才能有效地展开子力布置。因此，整个局势的发展焦点都围绕红马展开。试想黑方如象 3 进 5，炮八平六，车 8 进 5，车九平八，车 8 平 4，车八进七，车 1 平 3，仕四进五，红优。又如黑方卒 7 进 1，兵三进一，炮 2 进 3，马六进七，炮 2 平 7，相三进一，车 1 平 2，车九平八，前炮进 1，炮八进五，红方仍持先手。

10. 炮八进二　　象 3 进 5　　　**11.** 炮五平六　　……

红方卸中炮改平六路，可使阵型保持理想的子力组合。

11. ……　　　卒 3 进 1

兑 3 卒及时，借机破坏红方河头阵地。

12. 兵三进一　　车 8 退 1

黑方退车正着。如车 8 平 7，相七进五，车 7 进 1，炮八退 1，打死黑车，红大优。

13. 兵七进一　　象 5 进 3　　　**14.** 炮八平七　　马 3 进 4

跃马踏车是先弃后取的巧妙手段，可争取局势平衡。

15. 炮六进三　卒 7 进 1　　　**16.** 炮六进三　……

红方弃还一子，吸引黑炮对红三路的控制。

16. ……　　　　炮 7 平 4

17. 炮七平三　车 8 平 7

18. 相七进五　炮 2 进 1（图 11）

也可炮 4 进 2，车四退二，象 7 进
5，车九平八，炮 2 平 4，双方均势。

19. 车四退二　炮 2 进 2

20. 马六进五　马 7 进 5

21. 车四平八　象 3 退 5

22. 仕六进五　马 5 进 3

也可先车 1 平 4，车九平六，马 5
进 3，与实战殊途同归。

图 11

23. 车九平六　车 1 平 4　　**24.** 马三进四　炮 4 平 1

25. 车六进九　士 5 退 4　　**26.** 兵九进一　炮 1 进 4

27. 马四进五

以下双方势必进行子力交换，简化局势以后，势均力敌。双方
同意作和。

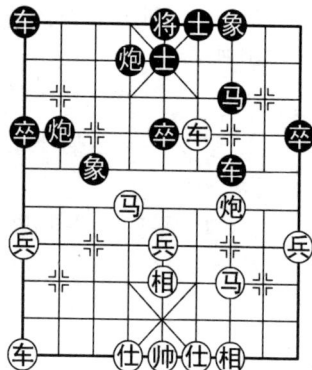

第 12 局　赵鑫鑫 和 许银川

1. 相三进五　炮 2 平 4

飞相对右士角炮开局，属柔性散手棋，得失常在细微之间，为
功力型棋手所喜爱。

2. 车九进一　……

红起横车，意在平肋牵制黑方士角炮，然后左马屯边，稳步
进取。

2. ……　　　　马 2 进 3

黑方右马正起，加强反击之势，是积极的着法。另有马 2 进

1、象7进5及炮8平5等多种选择，但从实战来看，均不如跳右马的效果好。

　　3.车九平六　马8进7　　　　**4.马八进九　车1平2**

出车自然。另有士6进5着法，相对而言比较含蓄。举一例：士6进5，兵三进一，车1平2，兵九进一，车2进4，车六进三，车2平6，马九进八，卒3进1，马二进三，象7进5，仕四进五，卒7进1，车一平四，车9平6，双方对峙。

　　5.兵九进一　车2进4　　　　**6.车六进三　车2平6**

　　7.马九进八　……

临场红方对行棋次序略加改动，以往多走马二进一，现在红方进左马窥视黑方7卒，有力。

　　7.……　　卒3进1　　　　**8.马二进一·士6进5**

如卒9进1，兵一进一，卒9进1，马一进二，车6退1，炮二平三，红先。

　　9.兵一进一　卒7进1　　　　**10.马一进二　……**

红方另有仕四进五的下法，以下象7进5，马一进二，炮8进5，马二进四，马7进6，车六平四，炮8平2，车四进　，车9平8，双方均势。

　　10.……　　　车6进4

如炮8进5，马二进四，马7进6，车六平四，炮8平2，车四进一，象3进5，车一平二，炮2退1，车二进四，炮2平5，仕六进五，炮5退2，马八进七，红先。

　　11.炮二进五　……

兑炮易简化局势，另有炮二平四的下法，以下炮8进2，马八进七，炮4平6，仕六进五，车6平8，兵七进一，炮6进1，兵七进一，炮6平8，马二退四，前炮平3，炮八平七，红先。

　　11.……　　　炮4平8　　　　**12.仕六进五　象7进5**

如马7进6，马二进四，车6退4，车一平二，炮8平7，兵三进一，象7进5，兵七进一，卒7进1，车六平三，炮7平6，兵七进一，车6平3，均势。

13. 炮八退一　车6退5　　　　14. 兵三进一　马7进6

15. 车六平四　卒7进1　　　　16. 车四平三　……

如相五进三，车9平6！马二退三，炮8平7，黑优。

16. ……　　　车6平8　　　　17. 马二退三　车9平7

18. 车三进五　象5退7　　　　19. 马三进四　……

进马略急，不如车一进三守着兵林线较为稳健。

19. ……　　　象7进5　　　　20. 车一平三　车8进2

21. 马八进六　卒5进1　　　　22. 马六进七　车8平6

23. 马七退五（图12）　……

如马七退九，车6平1，车三进
六，炮8进7，相五退三，马6进8，
车三退三，车1退2，车三平二，马8
退6，车二退三，马6进5，黑方多卒
占优。

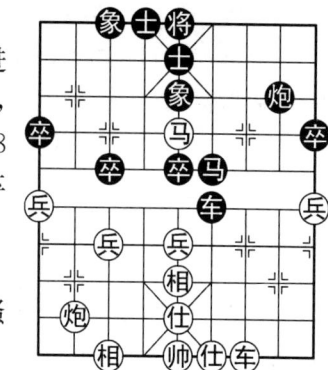

图12

23. ……　　　车6平2

平车捉炮正着，否则红方沉底骚
扰，黑棋很不舒服。

24. 炮八平六　车2平4

25. 马五进三　马6退7　　　　26. 车三进七　炮8进7

27. 车三退七　炮8退4　　　　28. 炮六退一　……

退炮稳健。如炮六进一，炮8平1，车三进六，炮1进1，兵
五进一，炮1进3，炮六退二，炮1平4，仕五退六，卒5进1，车
三平九，卒5进1，车九平一，卒5平4，红方将在下风中求和，
委屈。

28. ……　　　炮8平1　　　　29. 车三进六　炮1进1

30. 兵五进一　卒5进1　　　　31. 车三平九　炮1平2

32. 车九平一　车4进3　　　　33. 车一平八　炮2平1

34. 兵七进一　卒3进1　　　　35. 相五进七

双方同意作和。

第13局　吕钦 负 蒋川

1. 马八进七　……

吕钦特级大师选择先手起马，看来有意逐步进取。

1. ……　　卒3进1

以挺卒应对起马符合开局战理，是后手方最常见的选择。

2. 马二进三　……

先手方另一路常见的选择是先走兵三进一，避免黑方走成两头蛇阵型。

2. ……　　马2进3　　　**3.** 兵三进一　车1进1

起横车是一种积极的下法，可以根据红方出子动向采取针对性的措施，攻守两宜，灵活机动。

4. 炮二平一　……

平边炮加快右车的出动速度是红方的流行下法，红方另外还有车一进一和车九进一两种主要下法：①车一进一，车1平7，马三进四，炮8进3，马四退五，炮8退3，炮八平九，卒7进1，炮二平三，红先；②车九进一，象7进5，炮二平一，马8进7，车一平二，车9平8，车九平六，炮8进4，车六进五，车1平8，兵七进一，卒3进1，车六平七，炮2进4，车七退二，马3进4，黑方满意。

4. ……　　马8进7

如象7进5，车一平二，马8进6，黑方跳成拐角马，拐角马容易被红方攻击，黑方1路车也失去活力。

5. 车一平二　车9平8　　　**6.** 车二进六　……

进车必要，避免黑方炮8进4封车的同时，在黑方右翼展开进攻。红方另有炮八进四的下法，较车二进六而言，炮八进四的下法更注重两翼子力均衡发展。炮八进四，马 3 进 2，车九进一，车 1 平 3，炮八平三，卒 3 进 1，兵七进一，车 3 进 4，车二进四，象 7 进 5，相七进九，车 3 进 1，车九平六，车 3 退 2，车六进六，马 2 退 3，车六退一，红方先手。

　　6. ……　　　　炮 8 平 9　　　　　7. 车二进三　　马 7 退 8

　　8. 车九进一　　车 1 平 4

　　黑方另有车 1 平 6 的下法，以下车九平二，马 8 进 7，炮八进四，象 3 进 5，炮八平三，车 6 进 2，马三进二，炮 2 进 2，兵三进一，车 6 进 2，马二退三，车 6 退 2，双方对峙。

　　9. 相七进五　　　　……

　　在 2004 年将军杯全国象棋甲级联赛上，吕钦执红对蒋川时，吕走车九平四，以下马 8 进 7，相七进五，象 7 进 5，马三进二，炮 2 进 1，炮八平九，车 4 平 8，车四平八，炮 2 平 3，车八进五，炮 3 进 3，马二进三，炮 9 进 4，炮九进四，马 3 进 1，车八平九，车 8 进 3，红方先手不大，黑方可以抗衡。

　　9. ……　　　　马 8 进 7

　　2008 年眉山道泉茶叶杯全国象棋明星赛上，吕钦对阵蒋川时，蒋川当时应以象 7 进 5，以下车九平二，马 8 进 6，马三进四，车 4 进 4，车二平四，马 3 进 2，兵七进一，马 2 进 3，兵七进一，象 5 进 3，炮八退二，炮 9 平 3，炮八平七，红方稍好，最终吕钦取得胜利。

　　10. 车九平四　　　　……

　　如先走炮八退二，则车 4 进 3，炮八平七，马 3 进 2，车九平四，卒 7 进 1，车四进三，象 3 进 5，双方对峙。

　　10. ……　　　　象 7 进 5

　　如车 4 进 3，车四进七，卒 7 进 1，马三进四，车 4 平 5，马四进三，车 5 平 4，马三进一，象 7 进 9，黑方阵型松散，红先。

　　11. 炮八退二　　车 4 进 3

　　进车巡河准备活通马路，稳健。实战中也曾出现过炮 9 退 2 的下法，以下炮八平七，马3进2，兵七进一，卒3进1，炮七进四，炮9平7，马三进二，车4进5，大体均势。

12. 炮八平七　卒7进1　　13. 车四平八　……

平车捉炮，从节奏上感觉缓了一些，不如车四进三，卒7进1，车四平三，车4平7，车三进一，象5进7，兵七进一，卒3进1，炮七进四，马3进4，兑车以后，局势较为平稳。

13. ……　　　炮2进2

升炮巡河，先不开放2路线，改进之着。以往曾出现炮2平1的下法，以下车八进三，车4平6，马三进二，马3进4，兵三进一，车6平7，马二进一，马7进9，炮一进四，卒1进1，兵一进一，红方稍好。

14. 车八进三　……

红方终是要高车巡河的，此时可以看出，黑方等于多走了一着棋。

14. ……　　　卒7进1　　15. 车八平三　车4平7

16. 车三进一　炮2平7　　17. 兵七进一　卒3进1

18. 炮七进四　……

进炮打卒欠佳，黑卒是死卒无处可逃，因此没有必要急于吃卒，以至于放活黑马。此时红方可以考虑马三进四较好，控制黑方3路马的方向。

18. ……　　　马3进4　　19. 炮七平一　……

当前黑方子力活跃，红方兑炮希望简化局面。

19. ……　　　炮9平8　　20. 前炮平六　炮7进2

21. 炮一进四　马7进6　　22. 兵五进一　……

冲兵准备活马，紧要之着。

22. ……　　　炮7平3　　23. 炮六平七　马6进7

24. 炮一平九　马7退5　　25. 仕六进五　……

经过交换以后，黑方双马双炮灵活，足以补偿少一卒的损失。

25. ……　　　马5进7

进马有力，否则红方可以盘活双马。

26. 马七进五　马 4 进 6　　　　**27.** 炮九退二　马 6 进 4

28. 马五进六　炮 3 平 2　　　　**29.** 炮七退二　……

退炮稳健，如贪吃黑方中象改走炮九进五，马 4 进 3，帅五平六，炮 2 平 4，黑方可以从容组织起攻势，红方非常不利。

29. ……　　　　士 6 进 5　　　　**30.** 马三进五　炮 8 进 7

31. 相五进三　马 7 退 5

先退马压马，下一手再卒 5 进 1 次序正确。这手棋先卒 5 进 1，马五进四，红方可以从容应对。

32. 炮七平二　卒 5 进 1

红方防守严密，黑方也没有好的攻势，先进一步卒，以后伺机中卒过河参战。

33. 炮二退一　马 5 进 7　　　　**34.** 炮二平三　马 7 退 5

35. 炮三平二　马 5 进 7　　　　**36.** 炮二平三　马 7 退 5

37. 炮三平二　马 5 进 7　　　　**38.** 炮二平三　象 5 进 3

双方试探性走了几个回合，蒋川临场判断局面占优，所以抢先变着，飞象先控制红方肋马，看红方如何应对。

39. 马五进四　马 7 进 6

跳肋马，一步很出人意料的棋。正常感觉可以走马 7 进 8 或马 7 退 5，这样马路更通畅，但是蒋川选择跳肋马有什么作用呢？我们拭目以待。

40. 炮九平七　象 3 进 5

41. 炮七退二　炮 2 平 9

42. 马六退五（图 13）　……

败着。虽然兑掉一马可以简化局势，但是这样交换以后，黑卒少了一道屏障，黑方先手扩大。可以考虑炮七平一或者炮七平四，黑方也没有好的扩先手段。

42. ……　　　　马 6 退 5

43. 马四退五　卒 5 进 1

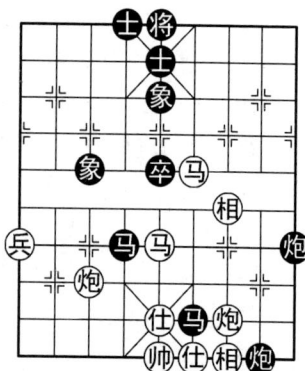

图 13

44. 马五退三　炮 9 平 1　　　　**45.** 炮三平二　炮 8 平 9

46. 炮二平一　……

平炮先困住黑方边炮，老练。如仕五进六，炮 1 进 1，炮二进三，炮 9 退 4，仕四进五，炮 1 退 4，黑方大优。

46. ……　　炮 1 进 1　　　　**47.** 炮七进一　卒 5 平 6

48. 马三进五　炮 1 退 4

退炮准备平中炮，黑方反击开始。

49. 相三退五　炮 1 平 5　　　　**50.** 马五退三　卒 6 平 5

51. 马三退二　……

如相五退七，卒 5 平 4，相七进五，士 5 进 6，炮一平四，卒 4 平 5，仕五进六，炮 5 进 4，黑方大优。

51. ……　　马 4 退 6　　　　**52.** 炮七退二　卒 5 进 1

53. 帅五平六　炮 5 平 8　　　　**54.** 炮七平九　士 5 进 4

支士准备退炮以后做炮架，黑方胜利在望。

55. 帅六进一　炮 8 退 2　　　　**56.** 帅六退一　象 5 退 3

57. 炮九平八　象 3 退 1　　　　**58.** 炮八平九　炮 8 平 4

59. 炮九平六　炮 4 平 7　　　　**60.** 炮六平九　卒 5 进 1

一卒换双相，撕破红方防御阵型，果断有力。

61. 相三进五　马 6 进 5　　　　**62.** 炮一平三　炮 7 平 4

63. 帅六平五　……

如炮九平六，马 5 进 7，炮六进七，马 7 退 9，黑方得子。

63. ……　　马 5 退 6　　　　**64.** 炮三平一　马 6 进 8

黑胜。

第 14 局　赵国荣 和 汪洋

1. 兵七进一　炮 2 平 3　　　　**2.** 炮二平五　象 3 进 5

3. 马八进九　……

双方以仙人指路对卒底炮开局，红方左马上边，以避免黑方强挺 3 卒的变化，是一种稳健的下法。

3.……　　　　车9进1

起横车准备过宫后在局部形成优势兵力。另有卒7进1的和马8进7的下法，均有不同攻防变化。举一例：卒7进1，马二进三，马8进7，车一平二，车9平8，车二进四，炮8平9，车二平六，双方攻守复杂。

4. 车九平八　……

先出左车是红方流行变化，另一有炮五进四阻止黑车过宫的下法，以下士4进5，马二进三，马2进4，炮五退一，车9平6，兵三进一，车1平2，车九平八，车2进4，兵五进一，车6进5，相三进五，马8进9，仕四进五，炮8平6，车一平二，卒9进1，双方对峙。

4.……　　　　车9平4　　　　5. 马二进三　士4进5

6. 仕六进五　……

补仕稳健，为仕角炮生根。另有车一平二的走法，以下车4进3，兵三进一，马2进4，马三进四，车4平6，炮八进二，马8进9，炮五平四，车6平5，兵五进一，车5平4，马四进三，炮8平6，大体均势。

6.……　　　　车4进3　　　　7. 炮八平六　马8进9

如马2进1，车一平二，卒1进1，兵五进一，马1进2，车八进三，卒1进1，兵九进一，炮3平2，兵五进一，车4平5，车八平五，车5进2，马三进五，马2进4，双方攻守另有侧重。

8. 车一平二　……

出车稳健。如炮五进四，卒9进1，兵一进一，马9进8，兵三进一，炮8平9，车八进八，炮9退1，车八退二，卒7进1，马三进四，车4平6，兵三进一，车6进1，兵三平二，马2进4，炮五退二，卒9进1，车一平二，车6进1，黑方易走。

8.……　　　　卒9进1　　　　9. 车二进六　马2进4

跳拐角马逼红方表态，走法强硬。另有炮8平7，炮五进四，卒1进1，兵五进一，马2进1，相三进五，车1平2，车八进九，马1退2，兵三进一的下法，演变下去，红方先手。

10. 炮六进六　……

交换简化局面，红方稳健的下法。如欲保持复杂变化，可走兵五进一，以下车4平8，车二退一，马9进8，车八进三，车1平2，车八平六，马4进2，兵三进一，红稍先，但局面复杂不易控制。

10. ……　　车4退3、

12. 炮五退二　炮8平7

13. 相三进五　车1平4（图14）

平车改进着法，如车4进3，炮五平四，车4退2，马九进七，车4平6，炮四退二，车6进2，马七进五，车6平5，车二退二，车1平4，炮四进五，车5平6，炮四平七，炮7平3，车八进六，红方先手。

11. 炮五进四　车4进2

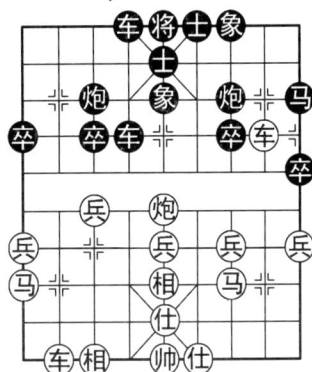

图14

14. 兵三进一　前车进1

进车准备兑卒，不让红方在卒林线获得太多的利益。

15. 车八进六　卒3进1

16. 车八平七　卒3进1

17. 车七退二　前车进1

18. 车七平六　车4进5

19. 马三进四　车4退2

黑方退车，再次守住卒林线，控制红马的路线，稳健之着。

20. 炮五平七　卒1进1

21. 车二退三　车4进2

22. 马四进五　车4进1

23. 马五进三　……

交换简明，双方通过兑子转换，局势趋于平稳。

23. ……　　炮3平7

24. 兵一进一　卒9进1

25. 炮七平一　车4平1

退仕调整阵型，稳健。

26. 仕五退六　……

26. ……　　卒1进1

27. 仕四进五

双方同意作和。

第15局　许银川 和 洪智

1. 相三进五　炮8平4

以过宫炮应飞相局是20世纪80年代流行起来的布局套路，黑方利用过宫炮在肋线的特点，对红方起到一定的牵制作用，伺机破坏红方的阵型。

2. 马二进三　……

跳右正马准备快速出动右车，是红方流行的下法。另有兵三进一，马8进7，炮二平四，车9平8，马二进三，马2进3，马八进七，卒3进1，炮八进四，马3进4，各有千秋。

2. ……　　马8进7　　　　3. 车一平二　卒7进1

黑方挺7卒，不仅可以压缩红方布局的选择，而且保持自己布局灵活多变的弹性，是经过实战证明了的比较有力的应着。黑方另有两种走法：①车9平8，炮二进四，卒7进1，炮二平三，红方先手；②马2进1，兵三进一，炮2平3，马八进九，车1平2，车九平八，车2进4，炮八平七，红方先手。

4. 兵七进一　炮2平3

平卒底炮牵制红方七路线，针对性较强。另外黑方还有车9进1高横车的下法，也颇为流行。

5. 炮二进二　……

右炮巡河是红方常见的选择。先不给左马定位，如马八进七，卒3进1，马七进八（车九平八，炮3退1，马七进六，卒3进1，相五进七，马2进3，炮八平七，马3进4，车八进五，炮3平8，炮二平一，炮8进3，车八进二，士6进5，黑方阵型稳固，满意），卒3进1，相五进七，炮3退1，炮二平一，车9进1，以后红方还要走一步相七退五还原，通常认为红方略亏。

5. ……　　马2进1　　　　6. 马八进七　象7进5

因为红方已经升起巡河炮，故黑方不宜再卒3进1，否则马七进六，卒3进1，炮二平一，象7进9（车9平8，车二进九，马7

退8，马六进五，黑中路受攻），炮一平七，车1平2，车九平八，车9进1，车二进六，红方先手。

7. 兵九进一　……

挺兵制马，以后准备边路兑兵出车。另有马七进八的下法，以下炮4进3，车九进一，炮3平4，马三退五，车9平8，马五进七，前炮平2，马七进八，士4进5，车九平六，红方稍好。

7. ……　　　车9平8　　8. 马七进八　……

跳外马是近期流行的走法。20世纪90年代起还曾流行仕六进五的下法，以下卒3进1，马七进八，卒3进1，相五进七，炮4进4，相七进五，炮4平7，车九平六，士6进5，炮二进二，车1进1，车六进五，卒7进1，相五进三，车8进2，黑方双车被封，红方双相位置欠佳，各有千秋。

8. ……　　　炮4进3　　9. 兵九进一　卒1进1

10. 车九进五　炮4平2　　11. 炮二平八　车8进9

12. 马三退二　马1退3　　13. 车九进四　马3退1

兑掉双车以后，局势平稳。

14. 兵三进一　卒7进1　　15. 前炮平三　卒3进1

16. 兵七进一　象5进3

双方再兑兵卒，局面也是波澜不惊，大体和势。

17. 马二进三　……

如炮三进二，则马1进3，马二进三，马3进5，马三进四，炮3退1，炮八进五，马5进7，马四进三，炮3平9，马三进五，象3进5，炮八平三，和棋。

17. ……　　　马1进3

18. 炮八退一（图15）　……

退炮准备伺机消灭黑方边卒，稳健。如仕四进五，马7进6，炮三平九，象3退5，炮九进二，卒9进1，马三进四，炮3平4，黑方子

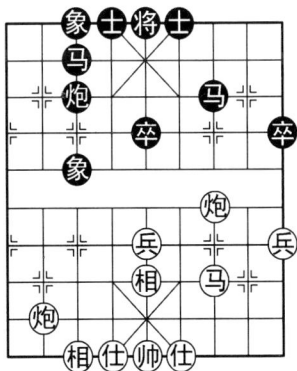

图 15

力灵活。

18. ……   炮 3 平 5   **19.** 炮三进二 ……

进炮压马，保持势均力敌的状态。

19. ……   炮 5 退 1   **20.** 炮八平一   炮 5 平 9

21. 炮三平二   炮 9 平 7   **22.** 马三进四   炮 7 平 9

23. 炮二进一   炮 9 进 5   **24.** 炮一进五   ……

双方如愿再次交换边兵（卒），都已经无力组织大的攻势。

24. ……   马 3 进 5   **25.** 仕四进五   炮 9 退 2

26. 兵五进一   士 6 进 5

双方同意作和。

第 16 局 谢靖 和 赵鑫鑫

1. 兵七进一   炮 2 平 3   **2.** 炮二平五   象 3 进 5

3. 马二进三   卒 3 进 1   **4.** 马八进九   卒 3 进 1

5. 车九平八   车 9 进 1

双方以仙人指路对卒底炮开局。黑方另有马 2 进 4 的走法，以下车一平二，士 4 进 5，炮八平六，马 4 进 3，炮五进四，卒 3 平 2，炮五退二，车 1 平 4，仕六进五，炮 3 平 2，车八平九，卒 2 进 1，相七进五，卒 2 进 1，车二进五，卒 2 平 1，车九平七，马 3 退 1，兵三进一，马 8 进 9，马三进四，红方弃子后有攻势。

6. 车一平二 ……

出右车是红方常见的变化。另有仕六进五的走法，以下车 9 平 4，炮五进四，士 4 进 5，炮五平一，马 8 进 9，兵一进一，车 4 进 4，兵一进一，炮 3 平 2，炮八平四，卒 3 平 2，车八平九，马 2 进 4，黑方可战。

6. ……   车 9 平 4   **7.** 仕六进五   车 4 进 2

黑方也可走车 4 进 4 护卒，以下红方有两种主要走法：①炮五进四，士 4 进 5，炮五平一，马 8 进 9，炮八平六，马 2 进 4，兵三进一，车 1 平 2，车八进九，马 4 退 2，相三进五，车 4 退 1，大体均势；②炮八平六，马2进1，炮五进四，士4进5，炮五平一，马8进9，兵三进一，车4平7，相三进五，车7平4，炮一退二，车1平2，车八进九，马1退2，炮一平七，马2进1，大体均势。

8. 炮八平六 ……

黑车已经护住卒林，红方平炮控制黑方的方向，正确。如车二进四，马2进4，炮八平六，车1平2，车八进九，马4退2，车二平七，卒7进1，兵九进一，炮8平7，马九进八，炮3退2，车七平二，炮7进4，相三进一，马8进7，黑方易走。

8. …… 马2进1

黑方如马2进4，则兵三进一，马8进9，车二进五，卒9进1，车二平四，炮8进2，炮六进六，车4退2，炮五进四，士4进5，车四平七，车4进2，车七进二，车4平5，车七退三，红方优。

9. 兵三进一 ……

挺兵活马好棋。如车二进四，车1平2，车八进九，马1退2，车二平七，马2进1，兵九进一，马1进3，车七平一，士4进5，马九进八，马3退2，车二平八，卒7进1，黑方反夺先手。

9. …… 马8进9

保持变化，如车1平2，双方兑车以后，局势较为平稳。

10. 马三进四 士4进5

补士新着，保留车1平4出肋车的机会。如卒9进1，车二进三，士4进5，兵五进一，红方先手。

11. 车二进五 卒9进1　　12. 车二平八 炮3平2

13. 前车平四 车4进2　　14. 车八进六 ……

进车占据要点，如马四进六，车1平3，红方无趣。

14. …… 炮2平3　　15. 炮五进四 车1平2

16. 车八进三（图16） ……

兑车简化局势，也可以考虑炮六平四，炮8退2，车八进三，马1退2，相七进五，马2进4，炮五退二，马4进5，车四平五，马5退7，车五平一，红方稍好，但是双方变化较为复杂。

16. ……　　　　马1退2

17. 相七进五　　炮3退2

18. 马四进六　　马2进3

19. 马六进七　　炮8平3

20. 车四平八　　……

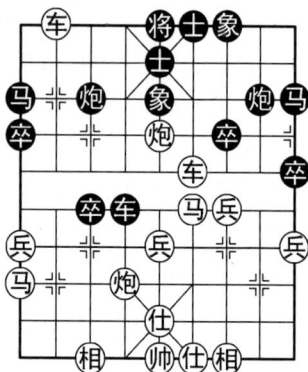

图16

双方再兑一子以后，红方左翼空虚，现在平车支援左翼，同时可以利用中炮对黑方形成必要的牵制。

20. ……　　　　车4退2

21. 炮五退二　　车4平3

22. 炮六平七　　卒3平4　　　23. 相五进七　　车3平5

24. 炮七进五　　卒4平5　　　25. 兵五进一　　车5进2

兑子简化局面，局势较为平稳，红方虽然可在黑方右翼取得一定攻势，但是左马位置欠佳，不能形成有力的支援，黑方可以抗衡。

26. 相七退五　　车5进1　　　27. 炮七平九　　炮3平4

28. 炮九进二　　……

如车八进四，炮4平3，炮九进二，士5退4，炮九平七，象5退3，车八平七，车5平1，马九进七，士6进5，车七退四，象7进5，车七进一，象5退7，黑方虽少一象，但红方也很难赢棋。

28. ……　　　　象5退3　　　29. 炮九平六

兑子以后，双方同意作和。

第五轮 2010年3月12日于上海

第17局 洪智 和 谢靖

1. 炮二平六 ······

过宫炮是一种颇有争议的古典式开局，以前是属于冷门布局，这些年富于探索精神的棋手勇闯禁区，过宫炮已经成为非常成熟的一种布局了。寓攻于守，意在稳步推进。

1. ······ 炮8平5 **2. 马二进三** 马8进7

3. 车一平二 ······

红出直车是常规着法，另有仕四进五和相三进五两种走法。给读者朋友们简析两种变化：①仕四进五，马2进3，车一平二，车9进1，车二进四，车9平4，马八进七，卒7进1，兵七进一，马7进6，炮八进二，马6进5，马三进五，炮5进4，炮六平五，炮5退2，黑方可以抗衡；②相三进五，马2进3，仕四进五，炮2平1，马八进九，车1平2，车九平八，车9平8，车一平四，车8进4，车四进六，炮5平4，车四平三，象3进5，炮八进四，卒3进1，兵九进一，炮1退1，兵三进一，炮1平7，车三平四，士4进5，双方对峙。

3. ······ 卒7进1

先挺卒制马，右翼按兵不动是黑方的一种战略选择。

4. 马八进七 马2进1

此时黑也可卒3进1制马，则炮八平九，炮2平4，车九平八，马2进3形成红方双车快出、黑方双马活跃的局面。

5. 车二进四 ······

巡河车攻守兼备，稳健之着。

5. ······ 车9平8 **6. 车二平六** ······

如接受兑车走车二进五，马7退8，兵七进一，马8进7，相七进五，炮2平3，马七进六，红方稍好。

6. ……　　　士6进5　　　　**7.** 兵七进一　炮5平6

8. 兵九进一　象7进5　　　　**9.** 车六平四　……

这一手平车显得过于迂回，导致了局势的透松。应该直接兵三进一活马，黑不能马7进6反击，否则红车六进一白过一兵。

9. ……　　　车1进1　　　　**10.** 炮八平九　车1平3

11. 车九平八　卒3进1　　　　**12.** 兵七进一　车3进3

如改走炮2平4控制更加有力，以下仕四进五，车3进3，马七进六，炮4进5，仕五进六，炮6退2，黑方满意。

13. 马七进六　车8进3

进车要着，否则被红方车六进二抢占要点，黑方卒林线失控，红优。又如黑方走车3进1似图牵制红方车马，红棋则可马六进五，车3平6，马五退四，红先。

14. 相七进五　炮2平4　　　　**15.** 炮六进五　炮6平4

16. 车八进六　卒1进1　　　　**17.** 炮九进三　……

棋谚曰："炮勿虚发"，洪天王这一手炮击边卒虽然得取了物质实惠，但是将3路马脱根的问题给暴露了出来，笔者认为此时红方其实已经没有优势可言。理智的下法应当走兵九进一，车3平1，炮九平七，车8进3，兵三进一，卒7进1，车四平三，车8退2，马三进四，红方稍好。

17. ……　　　车3平4　　　　**18.** 马六退七　车8进3

19. 兵三进一　车8平7

稍急，应先走车4平3，马三退五，卒7进1，车四平三，车8平6，黑方易走。

20. 马三退五　卒7进1　　　　**21.** 车四平三　车7退1

22. 相五进三　车4平3（图17）

这一手平车作用不大。积极的下法可改走车4进3，下一手马7进6以后伏有马6进4或马6进5的双重攻击手段。

23. 马七进八　炮4进3　　　　**24.** 相三退五　炮4平1

25. 炮九进一　炮 1 进 4

26. 相五退七　车 3 进 2

进车导致失去骑河线的控制，被红方借机马八进六先手踩车。应改走炮 1 退 3，红有窝心马的弱点，黑方占据一点儿优势。

27. 马八进六　车 3 退 2

28. 马六退四　车 3 进 1

29. 马四进五　马 1 退 3

可直接马 7 进 5，炮九平五，车 3

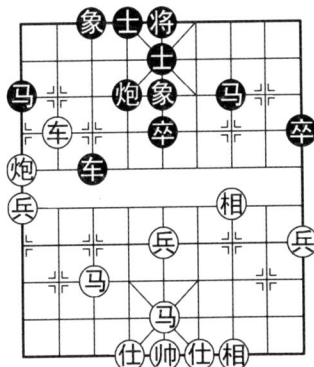

图 17

进 1，车八平九（兵五进一，马 1 进 3，马五进四，车 3 进 3，马四进三，车 3 退 5，仕六进五，车 3 平 7，车八平七，车 7 平 2，黑方易走），车 3 平 5，车九退六，车 5 退 3，车九进五，车 5 进 3，黑方易走。

30. 车八退六　马 7 进 5　　31. 车八平九　马 5 进 3

32. 相七进五　车 3 平 4　　33. 马九进七　……

跳出窝心马以后，局面弱点消除，红方满意。

33. ……　　车 4 进 2　　34. 马七进八　前马退 1

35. 车九进六　马 3 进 4　　36. 车九退一　车 4 退 2

37. 马八进六　车 4 进 1

和棋。

第 18 局　蒋川 和 赵国荣

1. 炮二平五　马 8 进 7　　2. 马二进三　车 9 平 8

3. 车一平二　马 2 进 3　　4. 马八进九　卒 7 进 1

5. 炮八平七　……

至此形成了五七炮不挺兵对屏风马进 7 卒的定式，这路开局在 2000 年初期曾流行一时。

5. ……　　车 1 平 2　　6. 车九平八　炮 8 进 4

此时黑方大致有炮2进4、炮2进2及炮8进4三种变化体系。从总体来看，炮2进2重于防守，炮2进4则双方变化激烈，炮8进4则攻守兼备。实战中赵国荣选择了炮8进4的下法。

7. 车八进六 ……

稳健的走法也可选择车八进四，争取兵三进一兑兵活马，降低黑左炮封车的效率。

7. ……　　　炮2平1　　　　**8. 车八平七　车2进2**

9. 兵五进一 ……

冲中兵是近年来盛行的走法，之前汪洋先手对阵蒋川的对局中也采用过这一变化。红方中兵直接在中路发起攻势，是较为积进的变化。另有车七退二，象3进5（马3进2，车七平八，马2退4，车八平六，马4进2，车六平八，马2退4，双方不变作和），兵三进一，马3进2，兵三进一，马2进1，车七平二，车8进5，马三进二，马1进3，车二进三，象5进7的走法，双方平稳，大体均势。

9. ……　　　象3进5　　　　**10. 兵五进一　士4进5**

面对红过河兵黑方选择了补厚中路。在2010年第4届全国体育大会上，陈翀对阵靳玉砚时，靳曾走卒5进1，以下兵三进一，卒7进1，马三进五，马3进5，炮五进三，卒7平6，马五进七，车8进4，炮五退四，士6进5，炮七平五，马5退3，车二进二，红方先手。因此，这盘棋赵国荣选择较为稳健的士4进5先补一手。

11. 兵五平六　马7进6　　　　**12. 炮七退一** ……

先行退炮实属必然，否则黑有马6进5踩双的手段。

12. ……　　　马6进4

如马6进7，炮五退一，卒1进1，兵六进一，马7退6，相三进五，马6进4，车七平九，马4进6，兵六平七，马3退2，马三进四，卒7进1，马四进六，红方先手。

13. 兵九进一 ……

如炮五平四，则卒5进1，仕四进五，卒5进1，炮四进四，车 8 进 3，兵九进一，卒 1 进 1，兵九进一，车 2 进 5，车七进一，炮 1 进 5，相七进九，车 8 平 6，车二进三，车 2 平 7，车二退三，车 7 平 1，黑方稍好。

13. …… **卒 5 进 1**

新着，以往曾出现过车 8 进 2 和炮 8 退 3 两种走法：①车 8 进 2，炮五平四，炮 8 退 3，炮四进四，炮 8 进 5，马三进五，马 4 进 6，炮七平六，车 8 进 3，仕四进五，车 8 平 5，车二进一，车 5 进 1，车二进三，红方先手；②炮 8 退 3，车七退二，马 4 进 5，相三进五，马 3 进 4，车二进四，车 2 进 1，车七平六，马 4 退 6，炮七平二，卒 5 进 1！炮二进五，马 6 进 5，炮二进二，马 5 进 6，帅五进一，炮 1 进 3，车六平八，炮 1 平 8，车八进二，车 8 进 1，大体均势。

14. 炮五退一 卒 1 进 1

强行弃卒好棋，伏有炮 1 进 5 交换红方边马后再车 2 进 5 的先手。

15. 兵九进一 车 2 进 5

16. 车七进一 炮 1 进 5

17. 相七进九 车 2 平 7

18. 兵六平五 炮 8 退 1

19. 炮五进三（图 18） **……**

进炮正确，如兵五平六，炮 8 平 5，炮五进六，象 7 进 5，车二进九，马 4 进 5，炮七平五，马 5 进 3，炮五平六，车 7 进 1，杀掉红炮之后仍伏有杀着，红方难应。

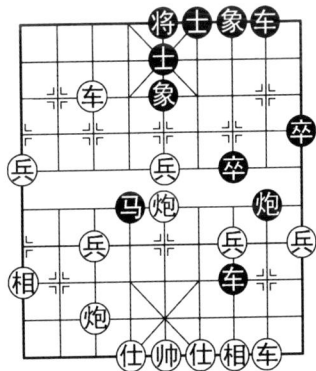

图 18

19. …… **马 4 进 5**

黑方进马先弃后取，简化局势。

20. 相三进五 车 7 平 5

黑方得回失子，局势趋向平稳。

21. 炮七平五 车 5 退 2

22. 兵五平六 炮 8 进 2

23. 相九退七 炮 8 平 7

24. 车二平三 炮 7 平 9

25. 炮五进一 ……

进炮软手，应兵六进一，以下车 8 进 7，车七退三，车 5 退 1，车七平六，车 8 平 3，兵六进一，士 5 进 4，车六进一，车 5 进 1，车六进二，士 6 进 5，车六平八，红方有较多的进取机会。

25. ……	车 8 进 7	26. 仕四进五	炮 9 平 5
27. 相七进五	车 5 平 4	28. 相五退七	车 4 退 1
29. 兵九进一	车 8 平 3	30. 兵三进一	卒 7 进 1
31. 车三进四	车 4 进 2		

双方议和。

第 19 局　汪洋 和 许银川

1. 兵七进一	炮 2 平 3	2. 炮二平五	象 3 进 5
3. 马二进三	卒 3 进 1		

黑方冲卒，大势所趋。实现卒底炮的战术意图，是与红方对抢先手的选择。

4. 马八进九　……

在 2010 年的全国个人赛上，刘强对阵党斐时，刘强走相七进九，卒 3 进 1，相九进七，车 9 进 1，炮五进四（势在必行，否则黑车过宫以后，红方边相将成为阵型中的弱点），士 4 进 5，车一平二，马 2 进 4，炮五退二，车 1 平 2，马八进六，车 9 平 6，车二进五，车 6 进 2，车二平六，马 4 进 3，相七退五，卒 7 进 1，黑方主动，最终于党斐获胜。红方这一新变从实战来看效果不佳，究其原因，开局阶段应该先出动大子为宜，红方在开局阶段连续走了相七进九、相九进七两步棋吃得黑方 3 卒，先手方效率不高，而且红方以后还要走一步相七退五还原或者相三进五支援七路高相，才能保证阵型完整，又要损失一步棋，所以新变的效率欠佳。

4. ……	卒 3 进 1	5. 车一平二	车 9 进 1
6. 车九平八	车 9 平 4	7. 炮五进四	士 4 进 5
8. 炮五平一	……		

打兵获取实惠。另外有一路不常见的走法是仕六进五，马 8 进

9，炮八平六　，车4进4，相三进五，卒9进1，车八进八，炮8平7，兵三进一，炮7退1，车八退一，炮7进1，车八进一，车4退4，车八退二，车4进3，各有千秋。

8. ……　　　马2进1　　　**9.** 仕六进五　　马8进9

10. 炮八平四　……

红方另有炮八平六的下法，以下卒7进1，车二进六，卒1进1，车八进三，车1平2，车八进六，马1退2，相三进五，炮8平7，炮一退二，车4进5，车二平七，卒3平4，黑方足可抗衡。

10. ……　　　车4进4

新着，以往曾走车4进3，相七进五，卒3平4，兵三进一，卒1进1，马三进四，车4平9，车二进六，炮8平6，兵一进一，车9进1，炮四进五，炮3平6，炮一平三，红方先手。

11. 相七进五　　炮8平7

12. 炮一退二　　车4平6

13. 马二退　　（图19）……

此时红方刻意先行回马，构思奇特。其目的应该是为了待黑车6进1以后可以车二进四高车抓死黑过河卒，红马顺势避开黑6路车的锋芒，这种走法应当是汪洋大师的"家庭作业"。

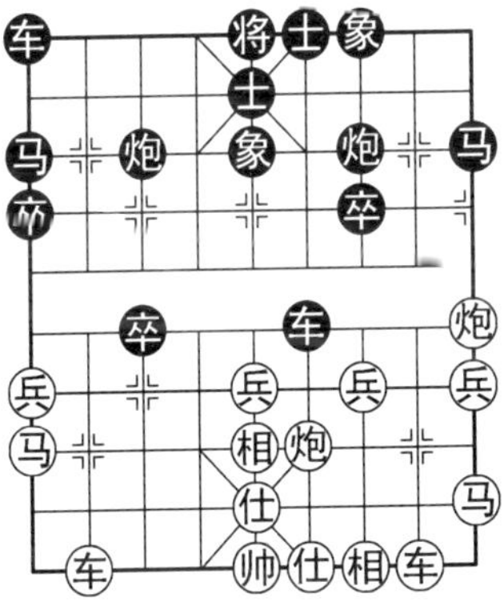

13. ……　　　车6进1

14. 车二进四　　车6平5

15. 车二平七　　车1平4

16. 车七退一　　车4进6

17. 车八进三　……

这一段在红方的兵行线的争夺尤其激烈，棋盘上的四个大车排成一行。

17. ……　　　车4平3　　　**18.** 车八平七　　车5平7

19. 炮一平三　　马9进8　　　**20.** 车七平三　　马8进7

21. 炮三进三　　炮3平7　　　**22.** 马九进七　……

经过一番战斗，红方双马炮双兵仕相全对黑方双马炮双卒士象

图 19

全进入残局，子力位置上黑方稍好，从局面来看和棋的机会较大。

22. ……　　　　马1进3　　　　**23.** 炮四平三　炮7平9

24. 马一进二　卒7进1　　　　**25.** 炮三平四

双方和棋。

第20局　赵鑫鑫 负 吕钦

1. 兵七进一　炮2平3　　　　**2.** 炮二平五　象3进5

3. 仕六进五　……

补仕待机，以静制动是近年来较为流行的变化之一。这路变化兴起于20世纪80年代后期，其寓攻于守的战术构思，深为功力型棋手所喜爱。

3. ……　　　　马8进7

这里棋友们要注意是的，黑方不能走车9进1，因为红方已经补左仕，面对黑方的横车可从容走炮八平六，黑方肋车的效率较差。举一例：车9进1，炮八平六，车9平4，马八进七，马8进7，马二进三，红方两翼子力舒展，前景乐观。

4. 马二进三　车9平8　　　　**5.** 车一平二　……

在这种局面下，通常认为应走兵三进一，挺兵活马，这是类似局面下不可忽视的重要步骤。现在红方反其道而行之，抢先出动左车，难道赵鑫鑫对这个局面有了新见解？

5. ……　　　　炮8进4　　　　**6.** 兵三进一　……

必走之着，否则被黑方卒7进1以后，红方右翼压力更大。

6. ……　　　　炮8平7　　　　**7.** 马八进七　……

红方上马，开通左翼子力。如炮八平六，车1进1，马八进七，炮3进3，炮五平四，车1平4，车九平八，马2进3，相七进五，车8进9，马三退二，炮3进1，黑方易走。

7. ……　　　　炮3进3

进炮打兵，先得实惠的同时，为右马留出空间。如果黑棋追求稳健、一板一眼的下法，可能会选择车1进1，这样红方可以从容走马七进八，以下双方的变化大致为，马2进1，相三进一，车8进9，马三退二，车1平4，马八进九，炮3进3，炮八进五，车4进1，车九平八，红方先手。

8. 马七进六 ……

如马七进八，马2进3，炮五平七，车8进9，马三退二，卒3进1，相七进五，炮3进1，车九平六，士4进5，黑方满意。

8. …… 炮3平7 **9. 相三进一 车8进9**

10. 马三退二 卒7进1

挺卒活马，避开红方马六进四的先手，但是右翼的车马显得有些难以协调。

11. 车九平八 卒3进1

冲卒要着，避开红方炮八进一的手段，如马2进4（马2进3，炮五平七，象5进3，炮八进一，前炮平2，车八进三，炮7平8，马六退四，炮8退4，车八进四，无论黑方走车1平3或是马3退5，红方都有马四进三的先手，红方主动），炮八进一，前炮进2，炮五平六，马4进2，马六退五，前炮平9，相一进三，红方得子占优。

12. 马二进四 前炮平8 **13. 炮八进一 ……**

进炮交换走得比较合理，既亮出了八路车，对黑方右翼的车马有所牵制，又迫使黑7路炮被动地躲让一手。

13. …… 炮8平2 **14. 车八进三 炮7平8**

15. 炮五平三 卒7进1 **16. 炮三进五 炮8平4**

17. 车八进一 炮4平3 **18. 车八进四 ……**

进车抢占大场，也可相一进三，马2进4，相三退五，炮3进1，大体均势。

18. …… 炮3平6 **19. 炮三平四 ……**

红方这一手走得比较积极，如相一进三去卒，士4进5，将来必然可以退炮打走红车。

19. …… 士4进5 **20. 炮四退一 将5平4**

吕特大一着出将构思匪夷所思，准备掩护2路马拐角而上，其实这手棋可以考虑卒7平8，保留过河卒较好。以下马四进三，炮6进1，马三进二，卒3进1，黑方略优。

21. 马四进二　……

进马踩卒欲速则不达，应相一进三，马2进4，兵五进一，车1平2，车八平七，炮6进1，帅五平六，红方主动。

21. ……　　马2进4

放弃7卒，显得过于保守，可以卒7平8，马二进四，卒8进1，马四进二，马2进4，黑方优势明显。

22. 帅五平六　……

出帅巧着。如马二进三，以下车1平2，车八进一，马4退2，炮四平九，卒3进1，炮九平一，卒3进1，炮一退二，炮6退3，相一退三，马2进3，大体均势。

22. ……　　士5进4　　　23. 马二进三　车1平2

24. 车八平九　……

临场红方对形势判断有误，没意识到底线的弱点。应车八进一接受兑车，双方平稳。

24. ……　　车2进9　　　25. 车九退二　炮6进3

26. 帅六平五　车2平3　　　27. 仕五退六　炮6平1

28. 车九平五　车3平2　　　29. 炮四退一　……

软着。应车五平七，炮1平3，车七平六，炮3进1，帅五进一，士6进5，炮四平二，马4进2，炮二进三，象7进9，车六平一，红方有机会与黑方展开对攻。

29. ……　　车2退1　　　30. 仕六进五　车2进1

31. 仕五退六　车2退1　　　32. 炮四平六　……

红方在下风中主动求变，显得出人意料。

32. ……　　炮1进1　　　33. 仕六进五　车2进1

34. 炮六退五　卒3进1

黑3卒过河，优势扩大。

35. 车五退二　车2退4

36. 炮六进六（图20）　……

　　红方仍没有意识到自己的危险。此时应炮六进八，将4进1，仕五进四，车2进4，帅五进一，车2退1，帅五退一，卒3进1，车五平七，红方尚可周旋。

　　36. ……　　　　卒3平4

　　37. 车五进二　　车2进4

　　38. 仕五退六　　卒4进1

　　39. 帅五进一　　车2退1

　　40. 帅五进一　　炮1退2

　　41. 相一退三　　……

图 20

　　如车五平四，士6进5，相一退三，卒4平3，帅五平四，车2平7，马三进五，车7进1，帅四平五，车7退3，黑方大优。

　　41. ……　　　　卒4平3　　　　42. 帅五平四　　车2平7

　　43. 车五平四　　士6进5　　　　44. 炮六平九　　炮1平2

　　45. 车四平八　　……

　　假棋，导致白丢一子，应该马三进五逃马，战线较长。

　　45. ……　　　　卒3进1

　　再下红方如相三进五，车7退3! 白吃一马，至此红方投子认负，黑胜!

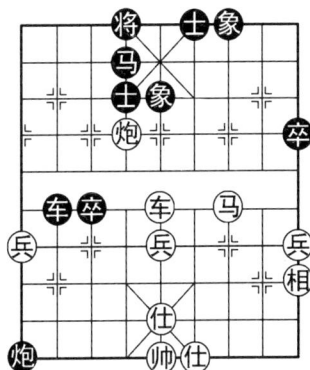

第六轮 2010年3月12日于上海

第21局 吕钦 和 赵国荣

1. 兵七进一　炮2平3　　　　**2.** 炮二平五　象3进5

3. 马八进九　……

双方以仙人指路对卒底炮开局。红方选择马八进九，避开了黑方卒3进1的变化。

3. ……　　　　车9进1　　**4.** 马二进三　车9平4

5. 车九平八　士4进5

补士巩固中防，稳健之着。

6. 车一平二　……

红方另有仕六进五的下法，以下车4进3，炮八平六，马2进1，炮五进四，卒1进1，车一平二，卒9进1，兵五进一，马8进9，车二进六，炮8平7，大体均势。

6. ……　　　　马8进9　　**7.** 兵三进一　……

进兵疏通马路，子力灵活。另外也有补士和打中兵的走法：①仕六进五，车4进3，炮八平六，卒9进1，车二进六，炮8平7，炮五进四，卒3进1，车二退二，车4退1，炮五退一，卒3进1，车二平七，马2进1，相三进五，马1进3，炮五平六，车4进1，车七进二，车1平3，双方均势；②炮五进四，车4进3，炮五平一，马2进4，炮八平四，炮8平7，仕四进五，卒7进1，相三进五，车4退1，炮一退二，车1平2，车八进九，马4退2，车二进二，车4平5，炮四退二，马2进4，双方对峙。

7. ……　　　　车4进3

巡河稳健。如马2进1，马三进四，车1平2，炮八进五，红方子力舒展，易走。

8. 马三进四　车4平6　　　　**9.** 炮八进二　马2进4

10. 炮五平四　车6平1

不如车6平5积极。试举一例：车6平5，兵五进一，车5平4，马四进三，炮8平6，马三进一，象7进9，车二进三，炮3平2，车八平九，车1平3，相七进五，卒3进1，兵七进一，车3进4，黑方主动。

11. 马四进三　……

踩兵过急，不如先走兵九进一把黑车先困在边路。举一例：兵九进一，前车进1，马九进七，前车进1，马四进六，炮8平6，炮四平六，炮3平4，车二进二，卒1进1，炮八进四，炮4进5，车二平六，卒1进1，炮八退二，红方先手。

11. ……　　　　炮8平6　　**12.** 马三进一　……

兑子过于稳健，红方几经辗转却兑掉黑方位置欠佳的边马，步数损失较大，应改走马三进二保持局势变化，寻求机会。试演一变，马三进二，前车进2，马二退四，炮3平6，车二进三，后车平2，相三进五，车1平4，炮四平三，车2进4，炮三进一，车4退2，车二进五，红方稍好。

12. ……　　　　象7进9

13. 相七进五（图21）　……

新着。以往多走相三进五，前车进2，车二进五，前车平4，炮八进四，卒1进1，车八进五，卒1进1，车二平六，车4退2，车八平六，马4进2，马九进七，红先。

13. ……　　　　前车进2

14. 车二进五　前车平4

可直接前车平5吃掉中兵，红方如车二平六，则车1平4，红无后续手段。

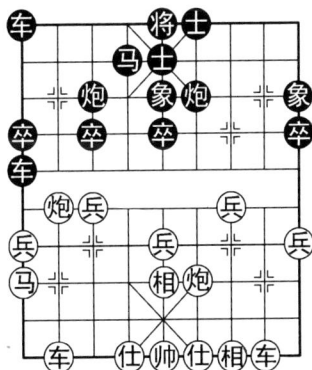

图21

15. 仕六进五　车1平2　　**16.** 炮八进二　炮3平1

还是应该吃掉红中兵，打通红方兵林线为宜。

17. 兵五进一　车2进2　　　**18.** 兵一进一　炮1进5

19. 炮四平九　炮6进3　　　**20.** 兵一进一　卒9进1

21. 车二平一　象9退7　　　**22.** 炮九平六　马4退2

23. 兵五进一　……

如炮六退二，马2进3，仕五进六，车4平3（车4进1，车一平四捉死黑炮），车一平四，炮6进1，兵三进一，车3平1（炮6平5，仕六退五，均势），仕六退五，炮6平2，炮六进三，炮2退2，车四平八，车1平4，均势。

23. ……　　卒5进1　　　**24.** 车一平五　马2进3

25. 炮六平七　车4平3　　　**26.** 炮七平六　车3平4

双方议和。

第22局　谢靖 和 汪洋

1. 兵七进一　炮2平3　　　**2.** 炮二平五　象3进5

3. 炮五进四　……

炮击中卒是近年来重新盛行的一种走法。这一手变化红方得取了一个中卒的实惠，并且下一手即可相七进五补厚中路，削弱黑方卒底炮的威力，但中炮虚发，黑方将来上马踩炮即是先手，红方在出子速度上容易落后，所以每一种走法往往都是各有利弊的。

3. ……　　士4进5　　　**4.** 相七进五　马2进4

5. 炮五退一　车1平2　　　**6.** 马八进六　车9进1

7. 马二进三　车9平6　　　**8.** 兵三进一　车2进4

9. 兵五进一　车6进5

此时另有车6进7的变例，以下仕六进五，车6退2，车一平二，马8进9，炮八平七，车6平4，马六进五，马4进2，车九平六，车4进3，仕五退六，炮3平4，车二进一，红方先手。

10. 车一进一　马8进7　　　**11.** 车九平八　车6平1

另有车6平4的下法，以下炮八平九，车2进5，马八退六，车4退1，车一平六，车4平5，炮五平二，车5退1，炮二退四，马4进5，马八进七，卒1进1，炮二平五，车5平2，马七进五，炮8进1，车六进四，车2平4，马五进六，红方先手。

12. 炮八平七　车2进5　　　**13.** 马六退八　车1平2

14. 马八进六　车2平4　　　**15.** 车一平二　……

红方平车抓炮有意将黑炮从8路线上驱走，另外也有直接马六进五的走法。

15. ……　　炮8平9　　　**16.** 马六进四　……

红方另一路走法是马六进五，炮3进3，车二平九，马7进5，车九进五，马4进2，车九平八，炮3进1，炮七进四，炮3平1，黑方易走。临场谢靖选择马六进四的变化，意在避开黑方炮3进3以后再炮3进1对红方双马的牵制。

16. ……　　炮3进3　　　**17.** 车二平九　炮3平2

18. 车九进五　马7进5　　　**19.** 仕六进五　马5进3

也可选择车4平7压马，限制红方子力展开。

20. 车九进三　炮2退5　　　**21.** 马三进二　炮9进4

22. 马二进二　炮2平4　　　**23.** 兵二进一　车4平6

黑方平车，为马3进4闪出位置。

24. 兵三平四　……

平兵好棋，黑不敢轻易车6退2去兵，否则炮七平六，马4进5，马四进三，踩炮并且伏有马三进二的凶着，红方胜势。

24. ……　　马3进5

如马4进5，马三进四塞象眼，马3进5进马踩兵势在必然，主要目的是为了将来留出马5进3的出路。

25. 马三退二　马5进6

26. 炮七平四　车6退1

27. 车九退六　炮9平4（图22）

平炮保持变化，如车6平8，车九平一，车8平6，兵四平三，车6平2，相五退七，车2平5，兵三平四，

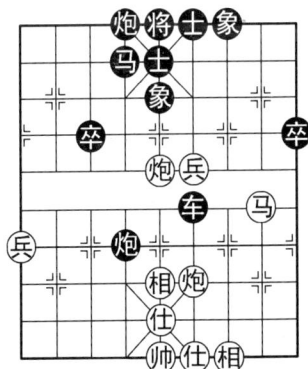

图22

车 5 平 6，炮四平九，车 6 退 1，炮九进七，马 4 退 2，车一平八，车 6 平 5，车八进六，卒 3 进 1，炮九平六，士 5 退 4，车八退五，和定。

28. 马二进一　车 6 退 1　　　　**29.** 炮五平九　马 4 进 2

30. 车九平六　车 6 平 1

经过一番交换后黑多一卒稍优。

31. 马一退二　马 2 进 3　　　　**32.** 车六平七　马 3 进 5

33. 车七平五　马 5 退 7　　　　**34.** 马二退四　马 7 进 8

35. 炮四退一

黑方好走，双方议和。

第 23 局　许银川 和 蒋川

1. 相三进五　……

许特大以飞相开局，意在拉长战线，与黑方较量一下中残局的功力。

1. ……　　　炮 2 平 4

以士角炮应飞相是后手方常见的走法。与过宫炮相比较，士角炮更为灵活，过宫炮则火力更为集中，但过宫炮较易形成子力拥塞的局面，两种走法各有长短。

2. 马八进七　……

红方先左正马准备布成屏风马的阵势，也是红方常见的变化。

2. ……　　　卒 3 进 1

挺卒制马，针锋相对之着。黑方另有两种走法：①马 2 进 1，车九平八，车 1 平 2，炮八进四，马 8 进 7，炮二进二，卒 7 进 1，炮二平八，车 2 平 1，马二进四，象 7 进 5，兵三进一，卒 7 进 1，兵七进一，车 1 进 1，后炮平三，车 1 平 6，车八进一，车 9 平 8，车一平二，车 6 进 3，双方均势；②马 2 进 3，车九平八，车 1 平 2，兵七进一，炮 8 平 5，马二进三，马 8 进 7，车一平二，车 2 进 6，兵三进一，卒 3 进 1，兵七进一，车 2 平 3，兵七进一，车 3 退

3，马七进八，红方稍好。

3. 兵三进一 ……

红挺三兵为右马开通道路，准备布成屏风马进三兵的稳健阵型。

3. …… 马2进3　　**4. 马二进三　车1平2**

5. 车九平八　马8进7　　**6. 马三进四** ……

进马控制河口，积极。也可仕四进五，炮8进4，兵七进一，卒3进1，相五进七，炮8平7，相七退五，车9平8，车一平二，车8进4，炮二进二，车2进6，马七进六，车2退3，车二进三，卒7进1，车二平三，车8进1，兵五进一，红方主动。

6. …… 车2进6　　**7. 炮八退一** ……

退炮，准备续走炮八平三威胁黑方7路线。

7. …… 象7进5　　**8. 炮二平四** ……

如炮八平三，车2进3，马七退八，士6进5，炮二平四，车9平8，马八进七，炮8平9，仕四进五，炮9退1，炮三进五，车8进4，车一平三，红方先手。

8. …… 士6进5　　**9. 车一平二　炮8平9**

10. 炮八平一　车2进3　　**11. 马七退八　炮9进4**

也可车9平8，以下车二进九，马7退8，炮一进五，马8进7，炮一平二，卒7进1，兵三进一，象5进7，马八进七，炮4平6，炮四进五，炮9平6，大体均势。

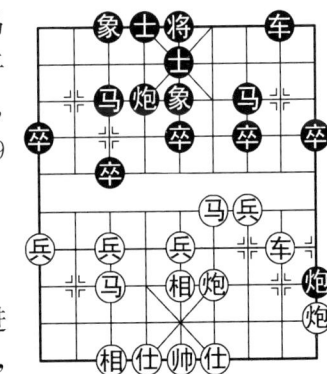

图23

12. 车二进三　炮9进1

13. 马八进七　车9平8（图23）

也可马3进2，兵七进一，卒3进1，相五进七，车9平8，车二进六，马7退8，相七退五，马8进7，均势。

14. 车二进六　马7退8　　**15. 炮一进五　马8进7**

16. 炮一退三 ……

退炮稳健。如炮一进三，卒 7 进 1，兵三进一，象 5 进 7，炮一退五，炮 4 平 6，炮四进五，士 5 进 6，相五退三，炮 9 平 8，红方无趣。

16. ……	卒 7 进 1	**17. 兵三进一**	象 5 进 7
18. 炮一进一	炮 4 平 6	**19. 炮四进五**	士 5 进 6
20. 相五退三	炮 9 退 1	**21. 兵七进一**	卒 3 进 1

兑兵简明。如象 7 退 5，兵七进一，象 5 进 3，马七进六，马 7 进 9，马六进五，马 3 进 5，马四进五，象 3 进 5，双方也是和棋。

22. 炮一平七	象 3 进 5	**23. 相七进五**	马 7 进 6
24. 炮七进二	象 5 进 3	**25. 仕六进五**	卒 1 进 1

双方同意和棋。

第 24 局　赵鑫鑫 负 洪智

1. 相三进五　炮 8 平 4

以左炮过宫应飞相局是后手方常见的走法。

2. 马二进三　马 8 进 7　　　3. 车一平二　车 9 平 8

黑方出左车是近期流行的下法，另有卒 7 进 1 的变化也颇为流行。以下兵七进一，马 2 进 1，马八进七，车 9 平 8，炮八平九，车 1 平 2，车九平八，炮 2 进 5，炮二进六，炮 4 进 5，相五退三，炮 4 退 3，相七进五，红方先手。

4. 炮二进四 ……

进炮封车着法有力。如马八进七，卒 3 进 1，炮八平九，马 2 进 3，车九平八，车 1 平 2，车八进六，炮 2 平 1，车八平七，车 2 进 2，兵七进一，卒 3 进 1，车七退二，象 3 进 5，黑方满意。

4. ……　　　卒 7 进 1　　　5. 兵七进一 ……

挺七兵避开黑方两头蛇的变化。如炮二平三，卒 3 进 1，炮八平七，马 2 进 3，兵三进一，卒 7 进 1，兵七进一，卒 7 进 1，兵七进一，卒 7 进 1，车二进九，马 7 退 8，车九进一，车 1 平 2，黑方易走。

5. ……　　　象3进5

飞象先不急于定位右马，是当前黑方的流行下法。另有一种走法是马2进1，以下马八进七，炮2平3，马七进八，炮4进3，马八进九，车1平2，炮八平九，炮3退1，车九进一，红方稍先。

6. 马八进七　　马2进3

如马2进4，车九进一，车1平3，车九平六，士4进5，车六进四，卒3进1，兵七进一，车3进4，车六平七，象5进3，炮二平三，象3退5，车二进九，马7退8，兵三进一，卒7进1，相五进三，炮2平1，马七进六，红方易走。

7. 车九进一　　……

正着。如炮二平七，车8进9，马三退二，士4进5，黑方阵型工整，反先。

7. ……　　　士4进5　　　8. 车九平六　　……

从近年的实战来看，红平车肋效率不高，不如炮二平三，车8进9，马二退二，车1平4，炮八平九，炮2进2，车九平六，炮4进4，车六平八，炮2平1，炮九进三，卒1进1，车八进六，车4进2，马七进八，黑方子力受制，红方先手。

8. ……　　　炮2退2　　　9. 炮二平三　　……

新着。以往多走炮二平七压制黑方右马，以下车8进9，马三退二，卒1进1，炮八进四，卒9进1，马二进四，卒1进1，兵九进一，车1进5，车六平九，车1进3，马七退九，炮4进4，马九进七，红方稍好。

9. ……　　　炮2平4　　　10. 车六平八　　车1平2

11. 炮八进六　　卒3进1　　　12. 兵七进一　　象5进3

13. 车八进五　　象3退5

14. 马七进八（图24）　　……

进马随手，导致局面被动。应车二进九，以下马7退8，车八平七（马七进八，后炮进9！仕四进五，前炮退1，马八进七，前炮平1，黑方略优），车2进1，车七进一，卒1进1，车七退一，

车 2 进 5，仕四进五，马 8 进 7，车七
退二，局势平稳。

14. ……　　　车 8 进 9

15. 马三退二　后炮进 9

进炮打仕，突发冷箭。

16. 马二进四　……

无奈。如帅五平六，马 3 进 4！红
方崩溃。

16. ……　　　前炮退 5

17. 车八平七　前炮平 6

18. 车七进一　车 2 进 1

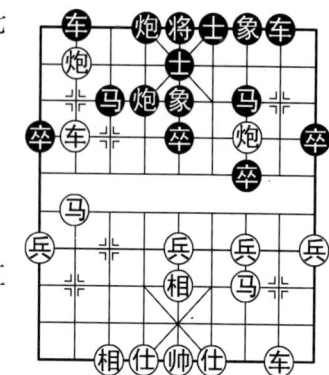

图 24

19. 马八进七　……

这手有自断后路的感觉，同样逃马不如马八进九，红方七路车
通畅，尚可坚持。

19. ……　　　车 2 进 3　　　**20.** 马四进六　炮 6 退 2

21. 马六进七　士 5 退 4　　　**22.** 前马退六　……

改走炮三进三打象为宜，以下象 5 退 7，车七平六，士 6 进 5，
车六退三，马 7 进 6（炮 6 平 3，后马进六，马 7 进 6，马六进七，
将 5 平 6，车六平五，红方可战），车六平二，红方简化局势后，
尚可与黑方周旋。

22. ……　　　车 2 平 4　　　**23.** 马六退七　象 5 进 3

24. 车七进一　卒 1 进 1

挺卒细腻，不让红炮左移，骚扰黑方右翼。

25. 车七平三　象 7 进 9　　　**26.** 炮三平二　士 6 进 5

27. 炮二进三　将 5 平 6　　　**28.** 后马进八　……

如车三平二，炮 4 平 3，炮二平一，车 4 进 2，车二进一，将 6
进 1，车二退五，车 4 平 3，后马退六，炮 6 平 5，黑方主动。

28. ……　　　车 4 平 6　　　**29.** 马八进七　炮 4 平 3

30. 仕四进五　车 6 退 1

退车好棋，红方如果不应，则车 6 平 8 捉炮，加强对红方子力
的封锁，红方局势更加艰难。如先炮二平一逃炮或车三平二保炮，

则可马 7 进 6 跃马强行进攻。

31. 车三平二　马 7 进 6 **32.** 前马退九　马 6 进 7

33. 车二退五　炮 6 平 7 **34.** 马九退八　炮 3 进 3

交换简明，同时造成红方中相高起，中路出现弱型。

35. 相五进七　卒 7 进 1 **36.** 马八进六　炮 7 平 5

平炮好棋，黑方敏锐地抓住了红方中路空虚的弱点。

37. 马六退七　卒 5 进 1 **38.** 车二进二　卒 5 进 1

黑方连挺中卒，贯彻中路突破的战术，攻击得紧凑有力，红方已经很难抵抗。

39. 车二平七　车 6 平 8 **40.** 车七平四　将 6 平 5

至此红方投子认负。如续走炮二平一，卒 5 平 6，车四平五，车 8 进 6，仕五退四，炮 5 平 6，车五平四，马 7 进 9，黑胜定。

第七轮 2010年3月13日于上海

第25局 洪智 胜 吕钦

1. 兵七进一　炮2平3　　　　**2.** 炮二平五　象3进5

3. 马八进九　……

双方以仙人指路对卒底炮开局，红方先跳边马可以降低卒底炮的反击效率。

3. ……　车9进1

起横车准备策应己方右翼。

4. 马二进三　……

另有炮五进四的下法也非常流行。如炮五进四，士4进5，马二进三，车9平6，车九平八，马2进4，炮五退二，卒3进1，兵七进一，车6进3，形成流行变化，黑方满意。

4. ……　车9平4　　　　**5.** 车九平八　士4进5

6. 车一平二　马8进9　　　　**7.** 兵三进一　……

挺兵活马，20世纪70年代出现的着法，是红方比较认可的选择。近年还流行仕六进五的下法，以下车4进3，炮八平六，卒9进1，车二进六，卒1进1，炮五进四，红方先手。

7. ……　车4进3

巡河车正着。如车4进4，炮八进二，车4平3，炮八平九，马2进1，炮五进四，红优。

8. 马三进四　车4平6　　　　**9.** 炮八进二　……

进炮是红方唯一的选择，是红方布局的一个支点。

9. ……　马2进4　　　　**10.** 炮五平四　车6平1

如车6平5，兵五进一，车5平4，马四进三，炮8平6，均势。

11. 马四进三　炮8平6

黑炮平 6 和平 7 的区别的在于如果平 7，红方必须兑马，给红马留下的空间较小，但是红方以后走相三进五以后，黑方 7 路炮有落空的感觉。实战中平仕角炮，相对稳健，但是给红马留出更多的选择。

12. 马三进二　……

保持变化。如马三进一，象 7 进 9，相七进五，前车进 2，车二进五，炮 3 平 2，车八平七，前车平 5，打通红方兵林线以后，黑方稍好。

12. ……　　前车进 2　　13. 马二退四　……

红方这样交换的好处在于把黑方子力从右翼调到左翼，可减轻己方左翼的压力。

13. ……　　炮 3 平 6　　14. 车二进三　后车平 2

15. 相三进五　车 1 平 4　　16. 炮四平三　车 2 进 4

2009 年个人赛汪洋对蒋川时，蒋走卒 9 进 1，以下炮八进二，将 5 平 4，车八进五，卒 3 进 1，兵七进一，车 4 退 3，炮八进二，马 4 进 2，兵七平六，车 4 退 2，车二进五，车 2 进 1，车二平四，马 9 进 7，兵三进一，象 5 进 7，炮三进四，马 2 进 1，车八平七，车 4 平 3，车七进三，车 2 平 3，双方激战成和。蒋进边卒的好处在于以后可以通过跳边马，为底象留出空间，缓解 7 路线的压力。

17. 炮三进一　车 4 退 2

顽强，准备平 7 兑炮。如车 4 平 8，车二平四，车 8 退 4，炮八退三，伏炮八平三"双杯献酒"的杀法，红方大优。

19. 马九进七　车 4 平 8（图 25）

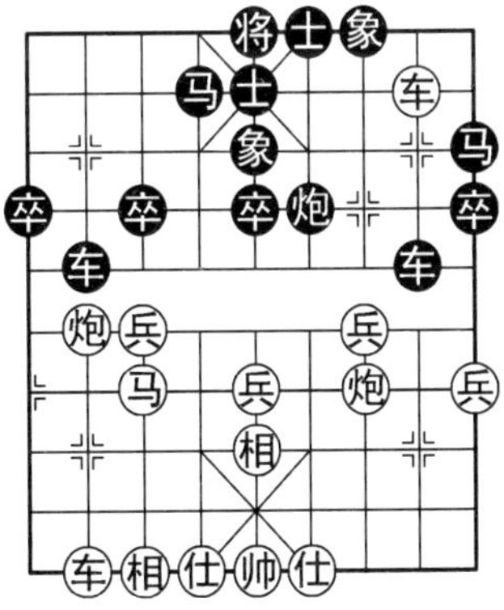

败着。应车 4 退 2，以下兵七进一，车 2 平 3，炮八进四，马 4 进 2，马七进五，车 3 平 4，仕四进五，炮 6 平 7，炮三平二，卒 5 进 1，炮二进四，炮 7 退 1，马五进三，后车退 1，

18. 车二进五　炮 6 进 1

图 25

马三进一（车二平四，将5平4，炮八进一，卒3进1，黑方可战），炮7平6，黑方可战。

20. 车二平四　　炮6平7　　　　**21.** 兵七进一　　车2平3

22. 炮八进四　　……

进炮好棋，准备以后平九再沉底炮，黑方阵型的弱点暴露明显。

22. ……　　　　车3平6　　　　**23.** 车四退三　　车8平6

24. 炮三进三　　马9进7　　　　**25.** 炮八平九　　士5进4

如车6平3，炮九进一，士5进4（车3进2，车八进九，再退六抽车黑车），马七进五，车3平6，车八进九，将5进1，车八退一，伏有炮九退一红方得子的手段。

26. 车八进八　　马4进6　　　　**27.** 马七进八

进马以后，黑方车双马都无法参与防守，红方三子归边攻势强大。黑方认负。

第26局　蒋川 胜 谢靖

1. 炮二平五　　马8进7　　　　**2.** 兵三进一　　……

先进三兵，避开黑方进7卒的下法，显然红方是有备而来。

2. ……　　　　车9平8　　　　**3.** 马二进三　　炮8平9

平炮以后形成中炮进三兵对三步虎的阵型。如黑方先走卒3进1，很可能形成五七炮进三兵屏风马的阵型，这是蒋川大师比较擅长的布局，因此，黑方平炮也是有意而为之。

4. 马八进七　　卒3进1　　　　**5.** 炮八进四　　……

红方进炮过河，可相机平七压马或平三打卒，积极。

5. ……　　　　马2进3　　　　**6.** 炮八平七　　车1平2

7. 车九平八　　象3进5　　　　**8.** 车八进六　　……

红方另有车八进四的下法，以下车8进4，车一平二，车8进5，马三退二，炮2平1，车八进五，马3退2，炮七平三，马2进3，马二进三，马3进4，炮三平九，马4进3，均势。

8. ……　　　　车8进8

如车8进4，车一平二，车8进5，马三退二，炮2平1，车八进三，马3退2，炮七平三，炮9进4，马二进三，炮9平3，相七进九，士6进5，炮三平九，红方稍好。

9. 车一进二　⋯⋯

进车保留车一平二交换的机会。

9. ⋯⋯　　炮2平1　　**10. 车八进三**　马3退2

11. 炮七平三　马2进3　　**12. 兵三进一**　马3进4

13. 车一平二　车8平3

黑方显然不能兑车，如果兑车以后，炮五平二，红方子力位置很好，黑方受攻。

14. 马三退五　车3平4

15. 炮五平三　马4进6（图26）

可以选择马4进3更简明。以下前炮进三，象5退7，炮三进五，炮1平5，黑方可以抗衡。

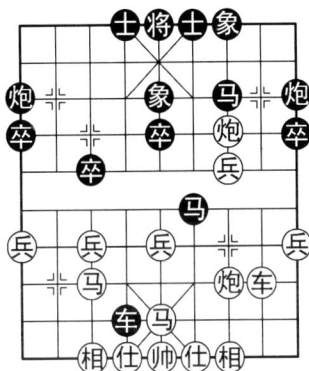

16. 后炮退一　车4退4

17. 马五进三　车4进3　　**18. 马七退九**　车4平6

19. 仕六进五　车6进1

进车不如车6平2，相七进五，车2进2，马九退七，马6退4，车二进二，马4进3，前炮平九，车2退6，兵三进一，车2平1，兵三进一，炮1进4，双方各攻一翼，形势复杂。

20. 马三进四　车6退3　　**21. 前炮进三**　⋯⋯

进炮打象，红方发起攻势。

21. ⋯⋯　　象5退7　　**22. 炮三进六**　炮1进4

23. 车二进四　炮1平5　　**24. 相七进五**　卒5进1

25. 马九进七　炮5退1

如随手卒5进1，炮三平八！炮9进4，车二平七！黑方车炮卒三子团在一起，无法形成支援，红方速胜。

26. 炮三平八　⋯⋯

图26（棋盘图）

平炮锁定胜局。

26. ……　　　炮 9 进 4

黑方见无力防守，于是选择炮 9 进 4 打兵，希望把局势搞乱。如车 6 平 7，炮八进二，士 4 进 5，车二平七，车 7 退 1，车七进三，士 5 退 4，马七进九，红方大优。

27. 炮八进二　将 5 进 1

如士 4 进 5，车二平七！黑方有两种下法：①士 5 进 4，车七进三，将 5 进 1，车七退四，炮 9 退 2，炮八退五，车 6 进 1，炮八退一，车 6 退 3，兵三平二，将 5 平 6，炮八退三，炮 9 进 5，车七平五，车 6 进 2，师五平六，红方优；②象 7 进 5，车七进三，士 5 退 4，车七退四，士 4 进 5，车七进四，士 5 退 4，车七退二，士 4 进 5，兵三进一，士 5 进 6，师五平六！炮 9 进 3，车七平六，红方胜势。

28. 车二平一　车 6 进 1　　　29. 车一进二　将 5 进 1

30. 车一退三

黑方如续走将 5 退 1，兵三进一，炮 5 平 1，车一平五，象 7 进 5，车五平一，炮 9 平 7，兵三进一，红方车炮兵攻势强大。黑方见无力防守，投子认负。

第 27 局　汪洋 和 赵鑫鑫

1. 兵七进一　炮 2 平 3　　　2. 马八进七　……

双方以仙人指路对卒底炮开局，红方上左正马实战中并不多见。

2. ……　　　卒 3 进 1

冲卒是抢先的要着。

3. 马七进六　……

红方通过弃兵达到快速出动大子的目的，也是本布局的战术思想。

3. ……　　　卒 3 进 1　　　4. 马六进五　炮 8 平 5

还架中炮是黑方比较强硬的下法。另有象 7 进 5 的走法，以下相三进五，马 8 进 6，马五退四，马 2 进 1，黑方稍好。

5. 炮二平五　马 8 进 7　　　6. 马二进三　车 9 进 1

7. 炮八进四 ……

进炮是一步改进着法。以往出现过车一平二，车9平4，车二进四，车4进2，马五进三，炮3平7，车二平七，炮7进4，车七进五，炮7进3，仕四进五，炮7平9的下法，演变下去，双方对攻激烈，红方稍好。

7. ……　　　　车9平4	**8. 炮八平三**　　马7进5
9. 炮五进四　士4进5	**10. 相七进五**　炮3进1

进炮先弃后取，好棋。

11. 炮三退二 ……

也可炮三平七，车4进2，炮五进二，士6进5，炮七退一，车4进1，炮七进一，炮5平7，车一进二，车4退1，炮七退一，马2进3，车九平七，红方先手。

11. ……　　　　车4进2	**12. 炮五平七**　车4平3

双方交换以后，黑方保留过河卒，右翼子力虽然出子速度稍缓，但红方的子力位置也不是很理想，大体均势。

13. 车一平二　炮5平4
平炮准备调整阵型，解决底象的弱点。

14. 兵五进一 ……

略急。也可考虑炮三平五，象3进5，相五进七，马2进3，相七退五，红先。

14. ……　　　　车3平5

15. 车二进九　象3进5

16. 马三进五　卒3平4

17. 炮三平二（图27）　……

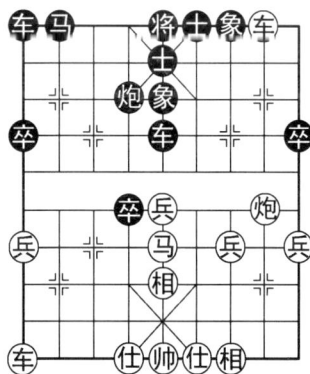

图 27

平炮准备留出马路，以后马五进三待机运子，在黑方左翼发动攻势。这手棋笔者以为应炮三平六，黑方过河卒终是隐患。举例，炮三平六，马2进3，红方仍有马五进三的棋，黑方如续走车5进2，炮六退二，红方先手。

17. ……　　　卒 4 平 5　　　　**18. 马五进三**　马 2 进 3
19. 车二退三　炮 4 进 3

进炮简化局势。

20. 车二平五　马 3 进 5　　　　**21. 炮二平五**

以下黑方可能走炮 4 平 7，兵三进一，马 5 进 3，炮五平七，车 1 平 2，双方两难进取，同意作和。

第28局　赵国荣 和 许银川

1. 炮二平五　马 8 进 7　　　　**2. 马二进三**　车 9 平 8
3. 车一平二　马 2 进 3　　　　**4. 兵七进一**　卒 7 进 1
5. 车二进六　炮 8 平 9　　　　**6. 车二平三**　炮 9 退 1
7. 马八进七　车 1 进 1

双方以中炮进七兵对屏风马平炮兑车开局，黑方起右横车意在加强总体的抗争能力，并含有快速出动子力制造反击的意图。

8. 炮八平九　……

红方此时另有马七进六的选择，但不宜走兵五进一，如兵五进一，炮 9 平 7，车三平四，马 7 进 8，兵五进一，卒 7 进 1，兵五平四，象 7 进 5，兵四平三，马 8 进 7，马三进五，车 1 平 4，兵三进一，卒 7 平 6，车四退二，炮 2 进 4，对攻中黑方易走。

8. ……　　　车 1 平 6　　　　**9. 车三退一**　……

退车稳健。实战中红方另一路主要变化是马七进六，则士 6 进 5，车三退一，车 6 进 1，炮五平七，炮 2 平 1，车九平八，炮 1 进 4，车八进七，炮 9 平 7，车三平八，车 8 进 5，炮七进四，象 3 进 1，后车平六，马 7 进 8，马六进四，炮 7 进 3，仕四进五，车 8 平 3，双方对攻激烈。

9. ……　　　炮 2 平 1　　　　**10. 车三平八**　车 8 进 6

11. 车九进一　……

起横车，待机而动。红方也可兵三进一，车 8 平 7，马七进八，车 7 退 1，炮五平六，车 6 进 3，车八进二，炮 9 进 1，相七进五，车 7 退 1，马八进七，车 6 平 2，车九平八，车 2 进 5，车八退七，红方先手。

11. ……　　　　　车 8 平 7　　　　**12.** 马七进六　车 6 平 4

13. 马六进七　车 4 进 6　　　　**14.** 车八进二　炮 9 进 1

15. 马三退一　炮 1 进 4

16. 车九平七（图 28）　……

正着，如炮九进四，车 4 退 1，兵五进一，车 4 平 3，炮五退一，车 7 进 2，炮五进一，车 7 平 1，炮九退五，车 3 进 2，马一进三，炮 1 平 3，黑优。

16. ……　　　　　车 4 退 1

17. 兵五进一　士 6 进 5

18. 兵七进一　车 4 平 3

19. 车八退六　……

图 28

如车七进二，车 7 平 3，车八退二，炮 1 平 9，马一进三，前炮退 2，车八进一，车 3 退 2，黑优。

19. ……　　　　　马 7 进 8　　　　**20.** 兵五进一　马 8 进 6

21. 兵七平六　象 7 进 5　　　　**22.** 马七退六　……

如兵五进一，车 3 进 2，车八平七，炮 1 平 5，仕六进五，马 3 进 5，兵六平五，马 5 进 7，黑优。

22. ……　　　　　卒 5 进 1　　　　**23.** 兵六平五　炮 1 退 2

退炮略缓。不如车 3 进 2，车八平七，炮 1 平 5，仕六进五，炮 5 退 1，黑方优势明显。

24. 车七进二　车 7 平 3　　　　**25.** 车八进二　车 3 平 2

黑方接受兑车，局势平稳。

26. 马六退八　炮 9 进 4　　　　**27.** 马八进六　炮 9 退 1

28. 马一进三　炮 9 平 4　　　　**29.** 马三进四　……

交换以后，呈和势。

29. ……　　　　　马 3 进 2　　　　**30.** 马四进三

双方同意作和。

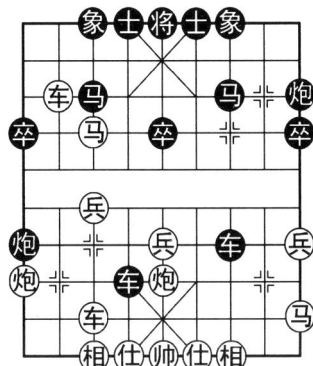

女子组对局精选

第 1 局　陈丽淳 负 王琳娜

1. 兵七进一　炮 2 平 3　　　　**2.** 炮二平五　象 3 进 5

3. 马二进三　……

双方以仙人指路对卒底炮开局，红方先跳右马给黑方冲 3 卒的机会，双方在开局阶段易形成短兵相接之势。这手右正马的特点，抢亮右车。

3. ……　　　　卒 3 进 1

冲卒过河，实现卒底炮的战术意图，是与红方对抢先手的选择。

4. 马八进九　……

先跳边马较为少见，以往多走车一平二，卒 3 进 1，马八进九，红方抢先亮出右车，左车待机而动。

4. ……　　　　卒 3 进 1　　　　**5.** 车九平八　……

先出左车，右车伺机而行。另有车一平二的下法，以下车 9 进 1，仕六进五，车 9 平 2（车 9 平 4，炮五进四，士 4 进 5，炮五平一，马 8 进 9，双方另有不同变化），炮八平六，马 2 进 4，车二进四，车 1 平 2，兵九进一，马 4 进 3，炮六平七，马 3 进 4，炮七进五，炮 8 平 3，车二进五，炮 3 平 1，形成黑方弃子取势的局面。

5. ……　　　　车 9 进 1　　　　**6.** 仕六进五　车 9 平 4

另有车 9 平 2 平车链炮的下法。以下炮五进四，士 4 进 5，炮八进五，车1进1，炮五平一，炮8平9，车一平二，马2进4，炮八退一，马8进7，炮一平二，炮9平8，炮二平一，马7进5，车二进四，卒3平4，大体均势。

7. 炮五进四　　士4进5　　　8. 炮五平一　　炮8平9

首届全国智运会上，陈丽淳对阵赵冠芳时，赵曾应以马8进9，以下兵一进一，车4进4，兵一进一，炮3平2，炮八平四，卒3平2，车八平九，马2进4，相七进五，车1平3，车一进四，马4进5，车九平六，车4平9，炮一退二，卒2进1，兵三进一，红方稍占先手。临场王琳娜选择了并不常见的炮8平9变例，避开陈丽淳熟悉的布局。

9. 车一平二　　马8进7　　　10. 炮一退二　　马7进5

11. 炮八平四　　……

平炮便于调型后给边马生根，这手棋也有走兵三进一活通左马的。如兵三进一，卒3进1，炮八平四，马5进3，相七进五，马2进1，车二进五，卒3平2，相五进七，车1平2，相三进五，车4平2，黑方可以抗衡。

11. ……　　　　车4进5　　　12. 炮四进一　　车4退1

13. 炮一平五　　……

平炮没有什么威胁，不如兵三进一，车4平7，马三进二，车7退1，车八进六，大体均势。

13. ……　　　　车4退1

黑方进车以后，连退两手，弈得精巧有趣。如果上一回合直接走车4退2，则车二进四！红方占据巡河车，黑方无趣。

14. 相七进五　　车4平6

15. 炮四退一　　车6进2

进车好棋，抓紧红右马呆板的弱点。

16. 车二进五（图29）　　……

不如走车八进六更有力。以下马

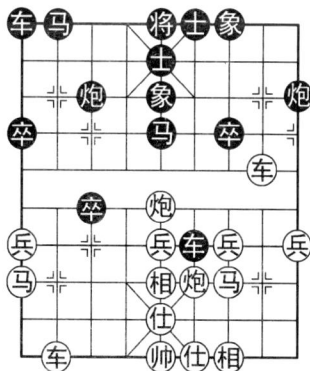

图29

2进4，相五进七，车6平7，炮四进六，马5进6，炮四平六，马6进7，车二进二，炮9平7，相七退五，红方可以抗衡。

16. ……　　　车6平7　　17. 车二平八　……

箭在弦上不得不发。如马三退二，卒3平4，炮五平一，车7平9，炮一平三，卒7进1，炮三退二，炮9平7，车二进一，车9平5，黑优。

17. ……　　　马2进1　　18. 前车平五　马5进7

19. 炮五进三　……

红方以炮打象，希望把局势搞乱，以扭转被动的局势。

19. ……　　　象7进5　　20. 车五进二　马7进8

黑方弃还一炮，加快进攻节奏，果断有力。

21. 车五平一　……

如车五平七，车7平6，车七平一，车1平4，马三进二，马8进7，炮四退一，车6进2，马二退一，车6退6，马一退三，车6平9，黑方得子大优。

21. ……　　　马8进7　　22. 炮四退一　炮3平6

也可车7平6，仕五进四，车6进1，帅五进一，炮3进1，车八进六，车6平7，黑大优。

23. 车一退三　车7进1　　24. 车一平七　卒7进1

如随手车7退1，则车七平三，红方可以兑车，局势松透。

25. 马九进七　车7退1　　26. 车七平四　车7平5

27. 马七进六　……

如车八平七，车1平3，马七进六，车3进9，相五退七，车5平4，马六退八，车4平9，仕五进四，车9平3，相七进九，车3平1，黑方大优。

27. ……　　　车5退2　　28. 马六进八　炮6平5

29. 车四退二　车1平3　　30. 车四平三　车5平2

弃车叫杀，着法凶悍。

31. 车八平六　炮5平7

平炮打车，着法细腻，迫使红方弃相。至此，黑方各子进入进攻态势，红方已经很难抵抗。

32. 相五进三	卒 7 进 1	**33.** 车三进二	炮 7 平 5
34. 车三平五	马 1 进 3	**35.** 车六平七	车 3 进 2
36. 马八进九	车 3 退 1	**37.** 马九进七	车 2 平 6

红方认负。

第 2 局　胡明　负　唐丹

1. 马八进七	卒 3 进 1	**2.** 炮二平五	炮 8 平 5
3. 马二进三	马 8 进 7	**4.** 车一平二	车 9 进 1

5. 炮八平九 ……

双方由进马对挺兵转为顺炮直车双正马对横车进 3 卒的阵型。红方平炮较为了冷僻，多走车二进五或者车二进四。简单介绍一下这两种应着：①车二进五，车 9 平 3，相七进九，马 2 进 1，仕六进五，炮 2 平 3，炮八进四，卒 3 进 1，相九进七，炮 3 进 4，炮八平三，象 7 进 9，车二退一，红方先手；②车二进四，车 9 平 3，炮八平九，炮 2 平 3，车九平八，炮 3 进 4，车二平三，马 2 进 3，车三进二，马 7 退 9，兵五进一，红方先手。

5. ……　　　炮 2 平 3

平炮先吊住红方七路线，很有针对性。如马 2 进 3，车九平八，车 1 平 2，车二进四，红方稍先。

6. 车二进五 ……

进骑河车有落空的感觉，不如车二进四稳健。以下炮 3 进 4，车九平八，马 2 进 3，车二进一，卒 3 进 1，车二退一，车 9 平 6，车二平七，马 3 进 4，兵三进一，红方先手。

6. ……　　　卒 3 进 1

冲卒迫在眉睫。

7. 马七退九 ……

软着。应车二平七，炮 5 退 1，车九平八，卒 3 进 1，马七退九，炮 5 平 3，车七平八，马 2 进 1，前车进二，前炮平 5，兵三进一，红方子力在局部形成优势，略占先手。

7. …… 卒 3 进 1　　**8.** 仕六进五 ……

补仕虽然降低黑方 3 路炮的效率，但是造成大子晚出，得不偿失。不如车九平八出左车较好。

8. …… 车 9 平 2　　**9.** 车二平七　车 2 进 5

进车保卒以后，红方子被封锁。

10. 兵三进一　卒 3 平 4　　**11.** 马三进四　卒 4 平 5

12. 炮五平二 ……

黑方连续两着平卒，把红炮赶走，红方中路形成一个弱形。此时红方如炮五进四，则马 7 进 5，马四进五，车 2 退 4，马九进七，炮 3 进 5，车七退三，车 2 进 1，马五退四，车 1 进 2，相七进五，车 1 平 4，黑方先手。

12. …… 车 1 进 1　　**13.** 马四进六　车 2 退 4

14. 炮二平三 ……

缓着。应炮二平七，象 3 进 1（后卒进一，炮七进五，马 7 进 5，车七进一，马 5 退 3，马九进七，后卒进一，马七进八，双方对峙），车七进一，炮 3 进 5，马九进七，这样交换以后，局势较为平稳。

14. …… 炮 5 退 1

15. 车七退二　后卒进 1

16. 兵三进一　车 1 平 4

17. 马六退五（图 30） ……

退马吃卒随手，导致中路受攻。不如马六进七交换，以下车 2 平 3，车七平八，马 2 进 1，兵三进一，马 7 退 9，炮三退一，后卒进 1，车九平八，由于黑方中路卒位置重叠，速度较缓。临场红方退马吃卒以后，中路将直接面对黑卒的攻击，无形之中替黑方帮忙。

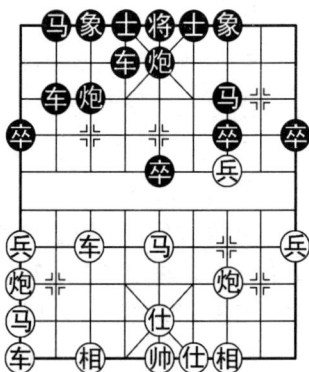
图 30

17. …… 卒 5 进 1　　**18.** 马五退四　炮 3 平 5

19. 马四进三　马 7 进 5　　**20.** 马三进四 ……

进马略急，不如兵三进一，马 5 进 6，相七进五，马 6 进 7（炮 5 平 7，车九平七，马 6 进 8，炮三平二，红方尚可），炮九平三，象 7 进 9，马九进七，红方局势尚可。

20. ……　　　马 5 进 7　　　21. 炮九平七　　……

应相七进五补厚中路，黑如车 4 进 3，则马四进五，象 7 进 5，马九进七，红方尚可周旋。

21. ……　　　象 3 进 1　　　22. 相七进五　车 4 进 3

23. 马四进五　象 7 进 5　　　24. 马九进八　车 4 平 2

也可卒 5 进 1，以下车九平六，马 7 进 5，车七平五，车 4 进 5，仕五退六，马 5 退 3，车五平四，车 2 进 4，黑方得子大占优势。

25. 炮三进一　马 7 进 8　　　26. 炮七退一　后车平 4

仍有卒 5 进 1 冲卒的好棋。

27. 车九平六　车 4 进 7　　　28. 帅五平六　卒 5 进 1

29. 炮三退二　　……

速败。改走炮三进一较为顽强。

29. ……　　　马 2 进 4　　　30. 炮七平八　车 2 平 4

31. 帅六平五　卒 5 平 4　　　32. 车七进一　马 4 进 5

33. 炮三平二　　……

如车七平二，马 8 进 7，炮八平三，卒 4 平 3，马八退九，车 4 进 2，黑方大优。

33. ……　　　象 1 退 3　　　34. 炮二进一　卒 4 平 5

35. 马八退六　车 4 平 2

黑方此时进攻手段丰富，另有马 5 进 6 或卒 5 进 1 两种走法都可以取得优势。临场黑方先捉一手炮试红方应手，也是稳健的走法。

36. 炮八进三　卒 5 平 4　　　37. 马六退七　马 5 进 7

38. 相五进三　　……

如车七平三，则马 7 进 5，黑方优势更大。

38. ……　　　车 2 平 4　　　39. 相三进五　卒 4 平 5

40. 车七退一　卒5平4　　　**41.** 车七进一　象5进3
也可走象5退7，进象退象同具异曲同工之效。

42. 炮八退二　炮5进1　　　**43.** 车七平八　卒4平3

44. 炮八平六　卒3进1
捉死炮，黑胜。

第3局　伍霞 和 张国凤

1. 炮二平五　马8进7　　　**2.** 马二进三　车9平8

3. 车一平二　卒7进1　　　**4.** 车二进六　马2进3

5. 马八进七　卒3进1　　　**6.** 车九进一　象3进5

双方以中炮直横车对屏风马两头蛇开局。黑方最流行的走法是炮2进1打车，飞右象是20世纪70年代出现的着法，张国凤选择这一路变化，也许是同门之间太过熟悉，所以选择了相对冷僻的下法。

7. 车九平六　马7进6
盘河马是20世纪90年代的流行的下法。

8. 兵五进一　卒7进1
冲卒是黑方流行的下法。在2005年三环杯公开赛上，张国凤后手对小师妹杨伊大师时，曾走过炮2进2的下法，杨应以炮五进四，以下士4进5，炮五退一，卒7进1，车二平七，炮2平5，兵五进一，车1平2，炮八进四，马6进7，车六进三，炮8进4，马七进五，卒7平8，炮八退二，红方先手，以后杨伊走出软着，致负。从布局的角度来看，炮2进2这手棋没有取得预期的效果。

9. 车二平四　卒7进1
2010年第5届后肖杯大师赛上，谢靖对阵王斌时，谢特大曾走马6进7，以下马三进五，炮8进7，兵五进一，炮8平9，兵五进一，车8进9，马五退三，炮9平7，仕四进五，炮7退1，仕五退四，马7退5，车四进二，炮7进1，仕四进五，车8平9，兵五进一，炮2平5，炮五进五，车1进1，车四平九，马3退1，炮五退二，对攻中红方占优。

10. 兵五进一 ……

冲中兵是近期流行的下法。以往多走车四退一，卒 7 进 1，车四平二，车 1 进 1，兵五进一，炮 2 进 2，马七进五，车 1 平 8，马五进六，卒 5 进 1，车二平五，士 6 进 5，双方攻防复杂。

10. …… **卒 7 进 1**　　**11. 兵五进一　士 4 进 5**

补士官着。如马 3 进 5，车四退一，士 4 进 5，马七进五，马 5 退 7，车四进三，红方大优。

12. 车四退一　炮 8 平 7　　**13. 相三进一　车 8 进 6**

要着。如车 1 平 4，车六进八，将 5 平 4，马七进五，车 8 进 6，车四平五，炮 2 进 2，车五退一，马 3 进 4，马五进三，马 4 进 3，车五平六，将 4 平 5，马三进四，炮 7 平 6，炮八平三，红方先手。

14. 炮五进一（图 31）　……

红方显然不能让黑方走到车 8 平 3 这手棋，进炮拦截必走之棋。如兵五平六，车 8 平 3，车六平四，将 5 平 4，兵六平七，马 3 进 5，炮八进四，马 5 进 4，前车平六，将 4 平 5，车六退一，车 3 进 1，黑方可战。

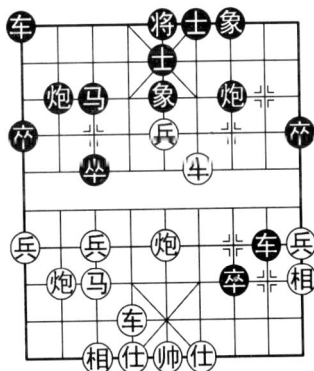

图 31

14. …… **车 1 平 4**

15. 兵五平六　卒 7 进 1

16. 炮八退一 ……

此时红方另有两种走法：①如车六进三，炮 2 进 2，车四进三，马 3 进 4，兵七进一，炮 7 进 2，炮八进一，车 8 进 2，炮五退二，车 8 退 2，炮五进二，车 8 退 3，黑方易走；②车六平三，车 4 进 3，车三进三，马 3 进 4！车三退三，马 4 进 5，马七进五，车 8 平 5，仕四进五，车 5 平 3，黑方大优。这两种变化都不及实战下法好。

16. …… **车 8 平 7**　　**17. 炮八平三　炮 7 进 6**

18. 车六平四　马3进5　　　　　**19.** 兵六平五　车4进7

20. 炮五退一　车7平5　　　　　**21.** 后车平三　……

如兵五进一，象7进5，后车平三，车4平3，车三平五，象5退7，车四平七，炮2平5，炮五进五，车5退4，车五进六，象7进5，双方和定。

21. ……　　　　车4平3　　　　**22.** 兵五进一　……

如车三平八，炮2进5，相一退三，车5退3，仕四进五，炮2平5，相七进五，车3退1，和势。

22. ……　　　　象7进5　　　　**23.** 车三平五　象5退7

退炮准备还架中炮，进一步简化局势。

24. 车四平七　炮2平5　　　　　**25.** 炮五进五　车5退4

26. 车七进四　士5退4　　　　　**27.** 车五进六　象7进5

28. 车七退二　士6进5

双方同意作和。

第4局　党国蕾 和 赵冠芳

1. 兵七进一　象3进5

党国蕾与赵冠芳同是云南队友，互知底细，因此，赵冠芳没有选择卒底炮这样的"大路棋"，而是选择飞象，意在较量一下中残局功夫。

2. 马八进七　卒7进1　　　　　**3.** 炮八平九　……

平边炮先手成左三步虎阵型。实战中红方另一种常见变化是炮二平五，马8进7，马二进三，马2进3，马七进六，士4进5，车一平二，车9平8，炮八平七，炮8进4，双方对峙。

3. ……　　　　马2进3

黑起正马应着稳健。

4. 车九平八　车1平2　　　　　**5.** 炮二平六　……

红方平炮过宫，阵法灵活。这时也有的棋手选择先走车八进六，黑方如应以马8进7，炮二平六，马7进6，马二进三，车9

进1，与实战过程殊途同归。但这里黑方还有一个变例，即车八进六，马8进7，马二进三，炮8进1，伺机攻击红方左车，黑方的反弹力很强。由于行棋次序的变化而引起阵型上的改变，是布局阶段经常遇到的课题，初中级棋手一定要注意学习。

　　5. ……　　　　　马8进7　　　6. 马二进三　马7进6

　　如马7进8，车八进六，车9进1，马七进六，炮2平1，车八进三，马3退2，炮九进四，马2进3，炮九退一，马8进7，车一平二，红方优。

　　7. 车八进六　……

　　红方右车过河积极，另有相三进五，炮2进4，车一平二，炮8平6，车二进六，士4进5，车二平四，马6进7，马七进六，红方易走。

　　7. ……　　　　　车9进1　　　8. 仕四进五　……

　　补仕静观其变，保持出肋车的机会。另有炮九进四，车9平4，仕四进五，车4进5，炮九平七，炮2平1，车八进三，马3退2，相三进五，马2进4，炮七进三，士4进5，车一平二，炮8平6，大体均势。

　　8. ……　　　　　炮2平1

　　9. 车八进三　马3退2

　　10. 相三进五　炮8平6

　　11. 炮九进四（图32）　……

　　新着。以往曾出现车一平二的下法，以下卒3进1，兵七进一，车9平3，车二进四，车3进3，马七进六，马6进4，车二平六，马2进3，大体均势。

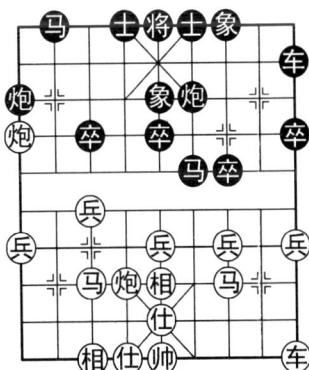

图32

　　11. ……　　　　　卒3进1

　　12. 兵七进一　车9平3

　　13. 炮九平一　车3进3

　　14. 炮一退一　车3进3

　　15. 炮一平四　车3退3

　　16. 炮四退四　车3平1

　　平车准备简化局势。如马2进3，车一平二，车3平1，车二进四，红方稍先。

17. 炮四平三　炮1进4　　　　**18.** 车一平四　炮6平7

19. 兵五进一　马2进4　　　　**20.** 车四进三　炮1进2

兑炮试探红方应着，红方如求变走炮三退一，则士4进5，双方仍是对峙的局面。

21. 炮三平九　……

交换，红方也不想走过于复杂的变化。以下几个回合，双方心照不宣，简明成和。

21. ……　　　　　车1进4　　　　**22.** 炮六平九　车1平2

23. 车四平七　马4进2　　　　**24.** 马三进五　马2进3

25. 兵三进一　卒7进1

和棋。

第5局　党国蕾 负 胡明

1. 兵七进一　马8进7　　　　**2.** 兵三进一　……

双方以仙人指路对起马开局，红方此时再进三兵，形成两头蛇之势。

2. ……　　　　　炮8平9

平炮通车，形成节奏鲜明的三步虎阵型。

3. 马二进一　……

跳边马出人意料。常见的走法是炮二平四，车9平8，马二进三，车8进4，车一平二，车8平2，炮八进五，炮9平2，马八进七，象3进5，大体均势。

3. ……　　　　　炮2平5

黑方见红方跳边马，中路防守力量薄弱，还架中炮，好棋。

4. 马八进七　马2进3　　　　**5.** 车九平八　车1平2

6. 炮八进四　……

进炮略急，不仅没有起到封车的目的，反为黑方利用。可以考虑先走车一平二，试一下黑方的应法。

6.　……　　　　马3退1　　　　**7.** 炮八退五　……

红方如炮八进一，马1进3，炮八退一，马3退1，炮八进一，马1进3，双方不变作和。

7.　……　　　　车2进4　　　　**8.** 车一平二　车9平8

9. 炮八平五　车2平6

黑车避兑，红方中炮的位置显得较为尴尬。如车2进5，马七退八，炮5平3，炮二进四，红方稍好。

10. 相七进五　……

红方此时另有两种走法：①炮二进四，马1进3，车八进六，炮5平6，马七进六，车6平4，车八平七，象7进5，炮二平五，马3进5，车二进九，马7退8，炮五进五，士6进5，马六退七，红方稍好；②车八进八，车6进3，马七进六，士6进5，车八平九，将5平6，炮五平七，炮5进4，炮二进四，炮5退1，车九平六，车6进1（车6平5，炮七平五，车5平8，炮五平二，红大优），马六进七，车6平3，车六退四，炮5平3，相七进五，炮3退1，仕六进五，各有千秋。

10.　……　　　　马1进3　　　　**11.** 炮二平三　士6进5

补士伏有将5平6的先手。

12. 炮五平七　卒7进1　　　　**13.** 车八进六　……

红方如车二进九，则马7退8，炮三进三，炮5平6，炮三进一，象3进5，车八进七，车6退1，炮三进二，卒3进1，兵七进一，象5进3，车八退一，象7进5，红方先手不大。

13.　……　　　　车8进9　　　　**14.** 马一退二　马7进8

15. 炮三进三　……

正着。如兵三进一，车6平7，炮七平三，车7平6，后炮进八，将5平6！仕六进五，车6平7，前炮平一，炮9平8，炮一平二，炮8进7，炮二退九，车7进3，黑优。

15.　……　　　　炮5平6

平炮调型，势在必行。

16. 马二进三　象7进5　　　　**17.** 炮三进三　炮9平7

平炮被红方利用。此时应走炮 6 平 7，以下兵三进一，象 5 进 7，马七进六，车 6 进 4，仕六进五，车 6 退 7，炮三进一，象 3 进 5，炮七进一，马 8 进 9，马三进一，炮 9 进 4，黑方易走。

18. 兵三进一　　象 5 进 7　　　　19. 马七进六　　车 6 平 4

黑车只好平肋，被红方顺势跳马，扩大先手。

20. 马三进四　　车 4 进 1　　　　21. 马四进二　　炮 7 平 8

22. 炮七进五　　象 3 进 5　　　　23. 炮七平一　　……

打边卒略急，不如先走炮三平二，以下车 4 进 1，兵七进一，红方易走。

23. ……　　　　车 4 平 6　　　　24. 炮一进三　　炮 8 进 1

25. 车八退五　　……

临场红方优势很大，此时红方退车是一步缓手。应先走炮三进一，炮 8 退 3，炮三退二，炮 8 进 3，兵七进一，将 5 平 6，兵七进一，红方大优。

25. ……　　　　将 5 平 6　　　　26. 炮三进一　　将 6 进 1

27. 马二退三　　炮 8 进 3

28. 车八平二（图 33）　　……

红方平车看似有夹车炮的杀势，实则不然。红方如果临场细算，应该判断出己方的优势已然不是很大了。此时可走兵五进一，以下炮 6 平 7，车八平四，车 6 进 3，马三退四，马 3 进 4，炮一退三，马 4 进 3，马四进五，红方可以利用多兵的优势徐图进取，仍是一盘很细腻的棋。

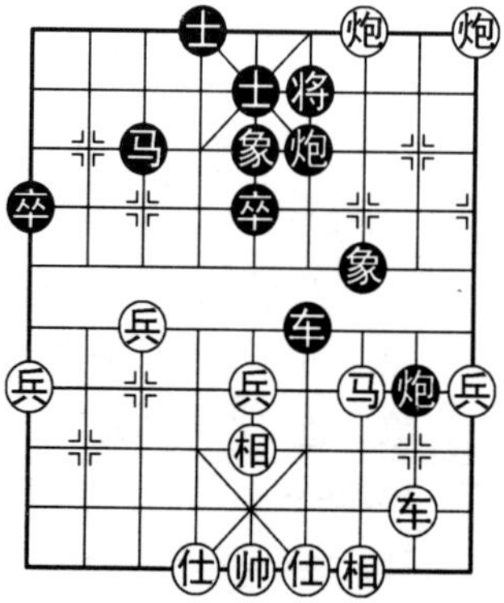

图 33

28. ……　　　　炮 8 平 5

平炮打将好棋。

29. 相五退七　　……

退相自毁长城。应仕六进五，以下炮 6 平 7，车二平四，车 6 进 3，马三退四，炮 5 平 4，马四进五，炮 4 进 9，马五进四，红方仍有小先手。

29. ……　　　　炮 6 平 8

献炮好棋，化解红方的攻势。

30. 车二进六　炮 5 退 2　　　**31.** 车二进一　将 6 进 1

32. 车二退一　将 6 退 1　　　**33.** 车二进一　将 6 进 1

34. 车二退一　将 6 退 1　　　**35.** 帅五进一　……

无奈。如车二退六，马 3 进 4，炮一退一，将 6 退 1，红方也没有杀棋。

35. ……　　　　马 3 进 4　　　**36.** 车二进一　将 6 进 1

37. 车二退一　将 6 退 1　　　**38.** 车二进一　将 6 进 1

39. 车二退一　将 6 退 1　　　**40.** 炮一退四　……

红方通过连续叫将赢得了一些时间，但是仍没有办法成杀，退炮交换，实是无可奈何。

40. ……　　　　马 4 进 5　　　**41.** 马三退五　……

如炮一平五，马 5 进 3，绝杀。

41. ……　　　　车 6 进 3　　　**42.** 帅五退一　车 6 进 1

43. 帅五进一　车 6 平 4

红方认负。

第 6 局　赵冠芳 和 张国凤

1. 炮二平五　马 8 进 7　　　**2.** 马二进三　车 9 平 8

3. 车一平二　卒 7 进 1　　　**4.** 车二进六　马 2 进 3

5. 马八进七　卒 3 进 1　　　**6.** 车九进一　象 3 进 5

双方中炮直横车对屏风马两头蛇开局。补象是张国凤比较喜欢的下法，可避开流行的炮 2 进 1 的走法。

7. 车九平六　士 4 进 5

上一轮张国凤对阵伍霞时曾采用马 7 进 6 的下法，结果激战成和，本局张国凤选择了补士，求变的心态跃然枰上。

8. 兵五进一　……

冲中兵伺机盘活双马，正着。如车二平三，车1平4，车六进八，马3退4，兵五进一，炮8进5，炮五平二，车8进7，兵七进一，车8退5，兵七进一，象5进3，车三退一，象3退5，车三进一，炮2进1，车三退二，马7进6，黑方子力活跃，满意。

8. ……　　　炮2进4　　　9. 炮五进一　　……

兑炮巧手，红方兑炮以后，仍有还架中炮的机会。如兵五进一，炮2平7，马三进五，炮7平3，兵五进一，炮3进3，仕六进五，马7进5，仕五进四，车1平2，黑方易走。

9. ……　　　炮2退2　　　10. 车二平三　　……

如车六进五，车1平4，车六平七，马3退1，车二平三，炮8进5，与实战殊途同归。

10. ……　　　炮8进5　　　11. 炮五退一　炮8平5

12. 炮八平五　　……

如相三进五，车8进2，车六进五，车1平4，车六平八，卒3进1，兵七进一，炮2平4，车三平四，炮4进3，炮八平六，车4进7，车八退四，车8平5，马三进五，马3进4，车四退三，车4退1，黑方易走。

12. ……　　　车8进2　　　13. 车六进五　车1平4

平车逼红方表态，如兑车则局势缓和。如不兑车，则抢占肋线，黑方也是比较满意的。如改走马3进4，则阵型虚浮，以下兵五进一，卒5进1，马三进五，马4进3，车六退三，卒3进1，炮五进三，炮2进2，车六进二，车1平3，仕六进五，红方主动。

14. 车六平七　马3退1　　15. 兵七进一　　……

如炮五平四，车4进6，炮四进六，马1退3，车七平八，车4平3，马三进五，车3平2，炮四退三，卒5进1，炮四退二，车2进2 ，马七进六，卒5进1，马六进八，卒5进1，炮四进二，车2平4，黑方可以抗衡。

15. ……　　　车4进6　　　16. 兵七进一　车4平3

17. 马三退五　炮2进2　　18. 炮五进四　　……

打中卒稍急，不如兵三进一，不给黑炮打兵松透局势的机会。

试演如下：兵三进一，卒 7 进 1，炮五平三，炮 2 退 4，车三退二，红方先手。

18. ……　　　　炮 2 平 7　　　　**19.** 车三平四　车 8 进 3

如马 7 进 5，车四平五，黑方卒林线被打通，易受制。

20. 炮五平九　车 8 平 5　　　　　**21.** 兵七平六　车 3 平 2

如车 3 退 3，车四平七，炮 7 平 8，相七进五，炮 8 退 2，车七进二，炮 8 退 3，车七退五，卒 7 进 1，马五进三，炮 8 平 7，马三进五，卒 7 进 1，车七进一，车 5 平 3，马五进七，红方先手。

22. 相七进五　卒 7 进 1　　　　　**23.** 车四平六　……

红方窝心马终要解决，此时也可以考虑马五退七先调整一下阵型，再徐图进取。

23. ……　　　　炮 7 平 8　　　　**24.** 炮九退二　炮 8 进 3
25. 车六平四　马 7 进 8　　　　　**26.** 车四退四　车 5 平 6
27. 车四进二　马 8 进 6　　　　　**28.** 相五进三　马 6 退 4
29. 车七平二　炮 8 退 3

退炮不如炮 8 平 9 继续保持对红方底线的牵制。

30. 马五进三　炮 8 平 7　　　　　**31.** 相三退五　车 2 平 3
32. 马七退八　马 4 进 6
33. 马三退二　炮 7 平 1（图 34）

以上几个回合，显示了张国凤高超的运子功力，黑方利用红双马的弱点，步步紧逼，稳稳地控制着局势。黑方打兵这手棋稍缓，不如马 6 进 4 更为紧凑有力。以下马八进六，车 3 进 2，炮九平六，马 1 进 3，马六进五，车 3 平 6，仕六进五，马 3 进 2，车二退二，马 2 进 1，黑方先手更大。

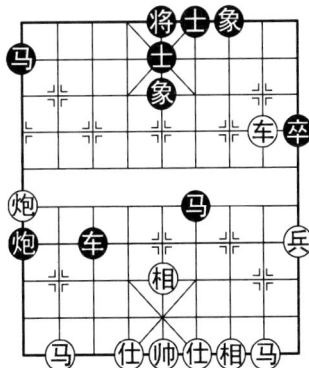

图 34

34. 马八进九　车 3 平 2　　　　　**35.** 仕四进五　卒 9 进 1
36. 炮九平五　车 2 平 5　　　　　**37.** 车二平九　炮 1 平 9
38. 车九进二　车 5 退 1　　　　　**39.** 马二进一　马 6 进 8

进马以后没有好的位置可走，不如车5平4先等一手。

40. 车九退二	卒9进1	**41.** 车九平二	卒9平8
42. 车二平一	卒8平9	**43.** 车一平二	卒9平8
44. 车二平一	卒8平9	**45.** 车一平二	马8退7
46. 马九进七	车5退1	**47.** 车二平六	卒9平8
48. 马七进六	卒8进1	**49.** 马六进八	车5平3
50. 车六平二	炮9退5		

退炮稳健。如卒8进1，车二退四，炮9平1，车二进二，炮1进3，相五退七，车3进5，车二平九，跟住黑炮，黑方也没有好的进攻手段。

51. 相五进三	车3进2	**52.** 相三进五	卒8平9
53. 马一退二	马7进5	**54.** 车二平一	炮9进1
55. 马二进三	车3平7	**56.** 马三退四	马5退3
57. 相五进七	炮9平8	**58.** 车一平二	炮8平9
59. 车二平一	炮9平8	**60.** 车一平二	炮8平9
61. 车二平一	炮9平8	**62.** 车一平二	炮8平6

黑方握有先手，不想轻易和棋，平炮主动变着。

63. 相三退五　马3进5

进马随手。不如马3退2，以下马四进二，车7平6，马二进四，象5进3，马八退九，炮6平5，帅五平四，象3退1，黑方优势。

64. 马八进七	将5平4	**65.** 马七退六	马5退4
66. 车二平六	……		

红方利用黑方一步随手棋，兑马简化局势。

66. ……	将4平5	**67.** 车六平一	卒9平8
68. 车一平二	象5退3	**69.** 相七退九	炮6平5
70. 相九退七	……		

退相以后，红方阵型工整，基本和势，以下双方又续走几十个回合，红方防守严密，最终双方弈和。

70. ……	炮5进2	**71.** 车二退一	炮5退1

72. 车二进一 炮 5 进 1	73. 车二退一 炮 5 退 1
74. 车二退一 炮 5 平 9	75. 车二平一 炮 9 退 1
76. 车一退二 将 5 平 4	77. 车一平三 车 7 平 4
78. 马四进二 炮 9 平 5	79. 帅五平四 车 4 平 6
80. 帅四平五 炮 5 平 8	81. 马二进四 卒 8 平 7
82. 车三平二 炮 8 平 5	83. 马四退三 车 6 退 2
84. 车二进二 车 6 平 7	85. 车二平六 将 4 平 5
86. 车六平五 卒 7 进 1	87. 马三进一 卒 7 平 8
88. 马一进二 车 7 进 2	89. 马二进一 卒 8 进 1
90. 马一退三 卒 8 平 7	91. 车五退一 车 7 进 1
92. 仕五退四 卒 7 平 6	93. 仕六进五 象 7 进 9
94. 帅五平六 象 9 进 7	95. 车五平七 象 3 进 1
96. 车七平八 士 5 退 4	97. 马三进五 士 6 进 5
98. 车八平四 炮 5 平 2	99. 相五进七

和棋。

第 7 局　张国凤　负　王琳娜

1. 炮二平五 马 8 进 7	2. 马二进三 车 9 平 8
3. 车一平二 马 2 进 3	4. 兵七进一 卒 7 进 1
5. 马八进七 炮 2 进 4	6. 兵五进一 炮 8 进 4

形成中炮七路马对屏风马双炮过河。这路布局早在 20 世纪 80 年代时出现，遭到双炮过河的强劲反击，经过后人在实战中不断改进，推陈出新，攻杀激烈，局面复杂，双方都有一拼。张国凤大师棋风凶悍，人称"红颜杀手"。

7. 车九进一 炮 2 平 3	8. 相七进九 车 1 平 2
9. 车九平六 炮 3 平 6	10. 车六进六 象 3 进 5
11. 兵五进一 炮 6 退 4	12. 车六进一 士 6 进 5
13. 车二进一 卒 7 进 1	14. 车二平四 卒 7 进 1
15. 兵五进一 马 3 进 5	

如改走炮 6 进 2 下一手伏有扣中炮的手段，将比实战的走法更加有力。

16. 马三进五　马 5 进 7

17. 马五进三　炮 6 进 4

18. 炮八退一（图 35）……

此时红方退炮想要加强中路攻势，是在给被动的局面雪上加霜，应该炮五平二将黑车打回，并可以阻碍黑方炮 8 进 1 的攻势。

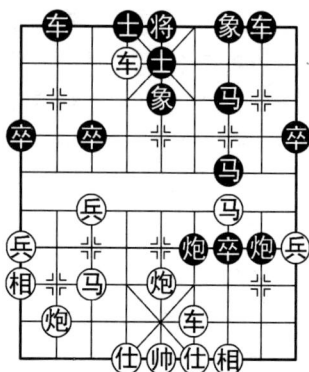

18. ……　　　炮 8 进 1

图 35

19. 马七进五　炮 8 平 1

进车切马，强势有力。

20. 炮八平九　车 8 进 5

21. 马三进五 ……

如车六退四看守，不至于速败，但也是难以续弈。

21. ……　　　车 2 进 6　　　**22.** 后马进六　车 8 平 5

23. 车四平五　炮 6 退 5

也可车 5 退 1 直接吃马，炮五进五，车 5 退 2，马六进五，炮 6 平 5，红方只能强行切炮，黑多两子胜定。

24. 车六退二　前马进 6

黑得子胜定。

第 8 局　唐丹 胜 张国凤

1. 炮二平五　马 8 进 7　　　**2.** 马二进三　车 9 平 8

3. 车一平二　卒 7 进 1　　　**4.** 车二进六　马 2 进 3

5. 兵七进一　炮 8 平 9　　　**6.** 车二平三　炮 9 退 1

双方形成中炮进七兵过河车对屏风马平炮兑车的典型阵势。

7. 炮八平六　车 8 进 5　　　**8.** 马八进七　车 8 平 3

9. 车九平八　车 1 平 2　　　**10.** 车八进三　士 4 进 5

11. 兵五进一　炮 9 平 7　　　**12.** 车三平四　炮 2 平 1

13. 车八平六 ……

此时也有车八平五的选择，准备强行打开中路，但由于阻碍了马三进五的出路，因此跟实战的下法相比较也是互有利弊。

13. …… 　　　马 7 进 8 　　　　**14. 车四平二　马 8 进 7**

15. 车六平四　卒 7 进 1

16. 兵五进一　卒 5 进 1（图 36）

这一手正合红意，导致黑方局势失控。应车 3 平 6，车四进一（如车四平六，卒 5 进 1，车二平七，车 2 进 2，黑方多卒满意），卒 7 平 6，车二平三（如兵五进一，车 2 进 6，车二平三，车 2 平 3，车三进二，马 7 进 5，相三进五，车 3 进 1，红过河兵必丢，黑方反先），马 7 退 5，马三进五，车

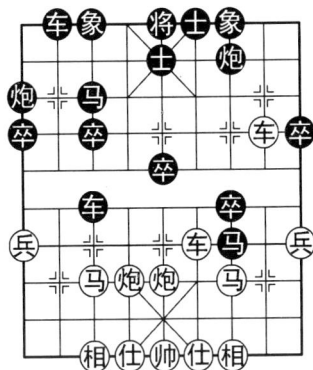

图 36

2 进 6，炮六退一，炮 1 进 4，炮六平五，炮 1 平 5，马七进五，炮 7 平 6，兵五进一，车 2 平 4，兵五平六，将 5 平 4，前炮进二，卒 6 平 5，马五进三，卒 5 平 6，马三进二，炮 6 进 3，将来可以炮 6 平 5 打将以及炮 6 平 2 的闪击手段，黑方足可满意。

17. 车二平四 ……

如马三进五，红方可获简明优势。试变如下；马三进五，车 2 进 6（如车 3 退 1，红炮六进三!），炮五进三，象 7 进 5，马五进七，车 2 平 6，车二平七，马 3 退 1，炮六平三，炮 1 平 3，相七进五，炮 3 进 3，车七退二，车 6 退 2，炮五退二，车 6 平 7，相三进一，红方易走。为何唐丹没有如此选择呢？因为红方实战的攻法更为犀利。

17. …… 　　　象 3 进 5

感觉飞 3 象将来容易遭到红前车进二的骚扰，不如象 7 进 5 灵活，可减轻 1 路边炮的负担。

18. 马三进五　车 3 平 6

如车 3 退 1，炮六进三!

19. 前车退二　……

一举得子，奠定优势。

19. ……　　卒 7 平 6　　　　**20.** 车四平三　卒 5 进 1

21. 马五进七　卒 3 进 1　　　**22.** 前马进五　炮 7 进 3

雪上加霜，给了红方扩先的机会。应炮 1 退 1 形成担子炮的链接，黑虽少 1 子，但多 3 卒，还可与红方相抗衡。

23. 马七进六　……

展现了这位棋坛美少女敏锐的棋感和嗅觉，抓住了黑方上一手棋的漏洞。至此红方双马生龙活虎，后边还有中炮的支持，黑方已经比较困难。

23. ……　　车 2 进 5　　　　**24.** 马六进七　炮 1 平 2

25. 仕四进五　炮 7 平 8　　　**26.** 马五进三　车 2 退 2

27. 炮六平七　卒 3 进 1　　　**28.** 马三进四　象 5 进 3

29. 马七退五　马 3 进 5　　　**30.** 车三进三　炮 2 平 6

31. 车三平二　……

如炮五平一更加犀利，之后伏有炮一进四和炮七平三的双重攻击手段。

31. ……　　卒 5 进 1

画蛇添足，帮助红方炮五平三，之后有马五进三的严厉手段。应直接卒 3 进 1。

32. 炮五平三　卒 3 进 1　　　**33.** 炮七平四　……

如马五进三更加简洁，象 7 进 9，马三进二！卒 6 平 7，马二退四，卒 3 进 1，马四进六，红多得两子，简明胜势。

33. ……　　炮 8 进 5

导致崩溃。应车 2 平 4，避开红炮四进五以后马四退六抽车。

34. 车二退六　……

如相三进一更加凶悍，之后伏有马五进三的手段。

34. ……　　马 5 退 6　　　　**35.** 炮四进五　士 5 进 6

36. 马五进四　车 2 平 6

空着，帮助红方调整进攻。应卒 1 进 1，马四退二，车 2 平 7，炮三平一，车 7 进 1，炮一进四，车 7 平 9，炮一进二，车 9 进 2，比实战顽强。

37. 马四退二　车 6 平 7　　　　　**38.** 炮三平一　车 7 进 3

39. 兵一进一　马 6 进 7　　　　　**40.** 马二进三　马 7 退 6

41. 马三退二　马 6 进 7　　　　　**42.** 马二进三　马 7 退 6

43. 马三退四　卒 3 平 4

平卒大坏，应马 6 进 5，避开红方车二进八抓马的先手。

44. 车二进八　马 6 进 5　　　　　**45.** 车二平八　马 5 退 3

46. 马四进六　将 5 平 4　　　　　**47.** 炮一进四

黑方只能车 7 退 3 解杀，但红伏马六进四抽车的手段，黑方认负。

第 9 局　胡明　负　陈丽淳

1. 炮二平六　象 3 进 5　　　　　**2.** 马二进三　车 9 进 1

针对过宫炮企图在红方左翼造成优势兵力的部署，黑起横车后过宫有捉炮的先手，监视红过宫炮并使右翼兵力超过对方。

3. 车一平二　车 9 平 4　　　　　**4.** 马八进七　……

如仕四进五则演变成红方采用左边马的阵型，另有不同攻守变化和要点。

4. ……　　　马 8 进 9　　　　　**5.** 兵七进一　车 4 进 5

6. 炮六平四　……

平炮准备飞相保马，也可以走马三退五，黑如：①车 4 平 5，则炮八进七，车 1 平 2，炮六进五，捉车打炮，双重威胁，黑方失子；②车 4 平 3，炮六平四，红方先手；③车 4 平 2，炮八进五，炮 8 平 2，马七进六，红方先手。

6. ……　　　卒 3 进 1　　　　　**7.** 兵七进一　车 4 平 3

8. 相七进五　车 3 退 2　　　　　**9.** 马七进八　卒 9 进 1

红方跳外马邀兑黑炮，黑方如果接受，则左翼马炮位置不佳。现在挺起边卒威胁马 9 进 8 打车，让红方主动兑炮，这样显得比较有利。

10. 炮八进五　　炮 8 平 2　　　　**11. 车九平七　……**

平车邀兑被黑车捉马，退马后自挡车路，感觉红方的构思有点问题。

11. ……　　车 3 平 2　　　　**12. 马八退七　马 2 进 4**

13. 车二进四　……

如马七进六阻止黑车 1 平 3，则车 2 进 1，车二进四，卒 7 进 1（防红马六进四兑车），红车马被牵。

13. ……　　车 1 平 3　　　　**14. 车二平六　马 4 进 6**

15. 仕六进五　士 4 进 5　　　　**16. 车七平六　卒 7 进 1**

17. 兵一进一　……

兑兵之后黑车 3 进 6 后就不能进底车邀兑，不过也看不出有什么好棋。

17. ……　　卒 9 进 1

18. 前车平一　车 3 进 6

19. 车六进八（图 37）……

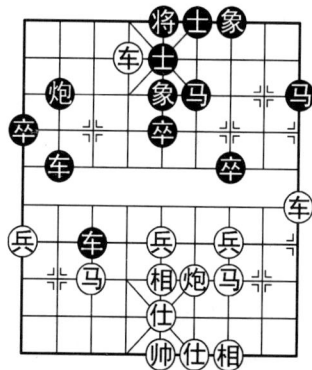

图 37

这是第四轮的比赛。当时双方均积 3 分，而暂时排名一、二位的王琳娜和唐丹分别积 6 分和 4 分（前两名获得亚运参赛资格），所以红方进车下二路准备弃子抢攻。

19. ……　　炮 2 平 3　　　　**20. 马七退六　车 3 平 5**

21. 炮四进七　车 5 平 7　　　　**22. 炮四退一　车 7 进 1**

23. 炮四平一　车 7 平 8　　　　**24. 炮一进一　车 8 退 7**

25. 车六平七　……

红方发现如车一进三，象 5 进 3 捉双车！只得平车捉炮交换，计划失败。

25. ……　　车 8 平 9　　　　**26. 车七退一　马 6 进 5**

27. 车七进一　车 9 平 8　　　　**28. 车一平四　车 8 进 6**

进车可以车 8 平 6 邀兑，也可以马 5 进 6 再马 6 进 7 逼退红车。

29. 车四进四　士 5 退 4　　　　**30.** 马六进七　车 8 平 6

31. 车四平一　车 2 平 3

红认负。因以下必然兑车，黑多子胜定。

第 10 局　伍霞 负 唐丹

1. 炮二平五　马 8 进 7　　　　**2.** 马二进三　车 9 平 8

3. 兵七进一　卒 7 进 1　　　　**4.** 马八进七　马 2 进 3

5. 炮八进二　……

红方缓开右车，升炮巡河形成中炮巡河炮对屏风马的布局阵势。它的目的是准备伺机兑三兵使左炮右移并活通右马，进而使车、马、炮大子俱活。

5. ……　　象 3 进 5　　　　**6.** 车一平二　车 1 平 3

平象位车，伺机兑 3 卒打开 3 路线，遏制红方巡河炮计划的顺利实施。

7. 车九进二　……

红方高车保马，引而不发，防止黑方弃 3 卒打开七路线而破坏红方巡河炮计划。此外，红方还有马七进六、兵三进一、车二进六等多种下法，另有攻守。

7. ……　　炮 2 退 1

退炮准备策应左翼，着法灵活。如卒 3 进 1，兵七进一，马 3 退 5，兵七平六，红优。

8. 兵三进一　炮 2 平 7　　　　**9.** 马三进四　……

弃兵跃马，属于急攻型的下法。

9. ……　　卒 7 进 1　　　　**10.** 马四进六　炮 8 进 2

如卒 7 平 8，车二进四，炮 7 进 8，仕四进五，炮 8 平 9，车二进五，马 7 退 8，马七进六，马 8 进 7，前马进八，士 4 进 5，炮五平二，炮 7 退 5，炮二进六，炮 9 进 4，马六进七，红优。

11. 相三进一　……

扬相捉卒，预作防范。

11. ……　　　　卒 7 进 1　　　　**12.** 马六进四　……

如马七进六，车 8 进 3，炮八进二，炮 8 进 2，炮五平七，马 3 退 1，炮八进一，马 7 进 8，后马进四，炮 7 进 3，兵五进一，车 8 退 2，马四进三（马六进五，象 7 进 5，炮七平五，炮 7 退 3，炮八退六，士 4 进 5，炮五进四，马 8 退 6，黑方多子易走），马 8 退 7，炮八平三，卒 7 平 6（炮 7 平 8，车二平三，卒 7 平 6，炮七平五，红方易走），车九平八，车 3 进 1，对攻中，黑方有卒过河不难走。

12. ……　　　　车 3 进 1　　　　**13.** 炮八进五　象 5 退 3

14. 车九平八　炮 8 进 2

黑方进炮封车缓手，作用不大。不如炮 7 平 8，下一手有车 3 平 6 抓马的强悍手段，红方不好应付。

15. 车八进五　炮 7 平 9　　　　**16.** 马四进三　车 3 平 7

17. 车八平七　炮 9 进 5　　　　**18.** 仕四进五　……

以上红方几手凶狠泼辣，补仕犯了方向性错误，右车迫于压力一时半会是出不来的。补仕六进五局面会好走。试举一例：仕六进五，车 8 进 4，车七进二，车 7 平 2，炮八平六，象 7 进 5，车七平九，将 5 进 1，炮六退二，象 5 退 7，炮六退七，黑方士象已残，对攻中红方有利。

18. ……　　　　车 7 平 2　　　　**19.** 车七平三　车 2 退 1

20. 车三退一　卒 9 进 1　　　　**21.** 马七进六　象 7 进 5

22. 马六进四　士 4 进 5　　　　**23.** 马四退三　……

退马不如兵五进一有力，以下车 2 进 4，马四进六，士 5 进 4，炮五进四，将 5 平 4，车二进二，红方可战。

23. ……　　　　车 2 进 4　　　　**24.** 车二进二　卒 9 进 1

25. 马三退二　车 2 平 8　　　　**26.** 马二进四　炮 8 平 6

27. 车二进三　车 8 进 4

兑车以后，黑方占位很高，优势明显。

28. 车三退三　车 8 进 5

29. 相一退三（图 38）　……

败着。应走马四退三，以下炮6平1，兵五进一，炮1退1，炮五进四，炮1平5，车三平五，炮5平4，炮五平九，炮9平8，仕五退四，炮8退2，车五进一，炮4退5，车五平一，红方可战。

29.　……　　　　炮9进3

30. 仕五退四　　炮6进3

进炮打仕，削弱红方的防御力量。

31. 炮五进四　　车8退6

图38

如炮6平4更为紧凑有力。举一例：炮6平4，帅五进一，车8退2，车三平四，卒9平8，相三进五，炮4平8，黑方大优。

32. 炮五平九　卒3进1	**33. 炮九进三　士5退4**
34. 兵七进一　象5进3	**35. 炮九退五　士4进5**
36. 车三退二　炮6平4	**37. 相三进五　炮4退2**
38. 马四进三　车8进6	**39. 帅五进一　卒9进1**
40. 马三进四　炮4退6	**41. 车三进四**

如炮九平五更好。以下象3退5（将5平4，红方同样马四进五），马四进五，车8平6，马五退三，将5平4，马三退五，炮4进2，马五退六，炮4退2，马六进八，双方互有顾忌。

41.　……　　　车8退6	**42. 炮九平五　象3退5**
43. 马四退三　车8进5	**44. 帅五退一　车8进1**
45. 帅五进一　车8退1	**46. 帅五退一　卒9进1**
47. 车三平七　象3进1	**48. 车七平八　象1退3**
49. 车八平七　象3进1	**50. 车七平八　象1退3**
51. 车八平七　象3进1	**52. 车七平八　车8平3**
53. 车八平六　车3退7	**54. 马三进四　……**

同样进象应马三进五，车3进3，炮五进三，将5平4，炮五平二，士5进4，车六平七，象1进3，马五进六。兑车后红优势进入残局。实战中红方马三进四以后，位置欠佳。

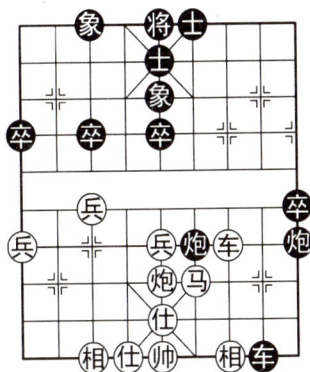

54. …… 卒 9 进 1　　　　　**55.** 炮五平六　车 3 进 2

56. 车六进三　车 3 平 6　　　**57.** 炮六平五　卒 9 平 8

58. 车六退三　……

无奈。本以为可以帅五平六解杀还杀，但黑方刚好先杀一步。

58. …… 车 6 进 5　　　　　**59.** 车六平一　卒 8 进 1

60. 车一退五　卒 8 平 9

红超时，黑胜。

第 11 局　陈丽淳 胜 伍霞

1. 兵七进一　卒 7 进 1　　　　　**2.** 炮二平三　炮 8 平 5

双方以对兵局布阵，上一手红方平炮形成兵底炮阵型，黑方则选择了比较强硬的还架中炮的下法，意图借先手顺利跳出左马，这样可以相对削弱红兵底炮的威力，并伺机跃马反击。

3. 马八进七　马 8 进 7　　　　　**4.** 相七进五　……

飞左相正着，如相三进五则阵型不够协调。

4. …… 马 2 进 1

跳边马，成单提马阵型，灵活。

5. 车一进一　……

红方另有仕六进五的下法，以下炮 2 平 4，车九平六，士 6 进 5，马七进八，马 7 进 6，炮三进三，炮 4 进 3，马八退七，车 1 平 2，马七进六，马 6 进 4，车六进四，车 2 进 7，大体均势。

5. …… 炮 2 平 3　　　　　**6.** 车一平六　……

如先走车九平八，则车 1 平 2，车一平六，士 6 进 5，仕六进五，象 7 进 9，马二进一，车 9 平 6，兵一进一，卒 1 进 1，马一进二，车 2 进 6，车六进三，卒 5 进 1，车六进二，卒 5 进 1，兵五进一，车 6 进 5，马二进三，车 6 平 5，大体均势。

6. …… 车 1 平 2　　　　　**7.** 车九平八　车 2 进 4

巡河稳健，避免红方炮八进四封车。

8. 仕六进五　……

补仕以静制动，也可炮八平九，车2进5，马七退八，车9进1，车六进六，车9平3，仕四进五，卒1进1，炮九进三，士6进5，车六退二，象7进9，马八进七，红方稍好。

8.……　　士6进5

黑方补士消除红方车六进六的先手，并且补士以后留出贴将车的机会。如卒1进1，车六进六，炮3退1，炮八平九，车2进5，马七退八，马7进6，车六进一，车9平8，马二进一，马6进5，炮三退一，炮3进1，马八进六，卒5进1，车六退二，红方先手。

9. 炮八平九　　车2进5　　　　10. 马七退八　　象7进9

飞象准备出肋车。

11. 马八进七　　车9平6　　　　12. 马二进一　　……

先跳边马待机而动，如急于车六进四，车6进4，车六平四，马7进6，炮九进四，卒5进1，黑方易走。

12.……　　　　车6进4　　　　13. 兵一进一　　卒1进1

黑方一时也没有好的位置可以选择，挺边卒活马正着。

14. 炮九退二　　……

退炮准备和黑方在七路线上展争夺。红方另有两种下法：①马一进二，车6平2，车六进三，车2进2，马二进三，炮5进4，马七进五，车2平5，兵三进一，车5平7，车六进一，车7平6，兵三进一，车6平7，车六平九，车7退2，车九平三，象9进7，和势；②炮三平四，车6平2，马一进二，炮5平4，炮九退二，炮3退1，车六进三，象9退7，炮九平六，炮3平4，车六平四，后炮进8，仕五退六，卒3进1，炮四平一，卒3进1，车四平七，象7进5，黑方阵型稳固，大体均势。

14.……　　　　车6平2　　　　15. 马一进二　　车2进2

16. 车六进四　　炮5进4

炮打中兵，便于打通红方的兵林线，好棋。

17. 马七进五　　车2平5　　　　18. 车六平九　　车5平2

如车5平7吃兵，马二退一，车7平2，炮三进五，车2进3，仕五退六，车2平1，炮三平九，象3进1，车九进二，炮3平4，马一进二，红方较优。

19. 炮九平七　马1进2　　　**20. 车九进四　马2进4**

黑方进马弃象是在2009年九城置业杯中国象棋年终总决赛许银川对洪智时，由许银川弈出来的，被称为极富勇气的一着棋。作为广东队的棋手，陈丽淳对此应该是有所研究的，伍霞临场走出这手棋，难道不怕重走许银川的老路？

21. 车九平七　炮3平6

本届赛事第2轮，伍霞后手应王琳娜时也走到相同局面，当时伍霞走炮3平4，则马二进三，车2平7，炮三平四，象9退7，炮七进六，红方优势。本场比赛，伍霞改走为炮3平6，还原成洪智对许银川的实战对局。

22. 车七退二（图39）　……

此时，陈丽淳先行变着，没有走洪许两人对阵的时棋。当时洪智走炮七进六，以下马4退3（赛后复盘认为走炮6进3较好），车七退三，炮6进3，车七进一，炮6平5，帅五平六，红方略优。可能陈丽淳觉得改走炮七进六后，对黑方如何应对没有把握，所以抢先变着。

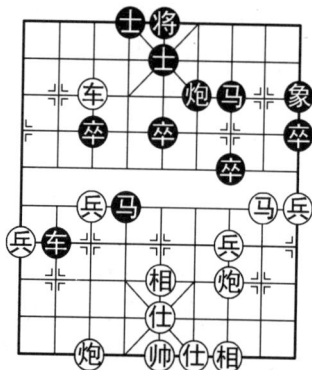

图39

22. ……　　　　车2平7　　　**23. 炮七进六　马4退3**
24. 车七退一　卒7进1　　　**25. 炮三进二　马7进6**
26. 马二退一　车7平1　　　**27. 车七平五　……**

吃掉中卒以后，则红方多兵多象，已然大占优势。

27. ……　　　　炮6平5

黑方如马6进4，车五平二，马4进6，炮三平五，将5平6，相五退七，车1平5，炮五进二，炮6平5，车二平四，将6平5，相三进五，红方大优。

28. 兵七进一　车1进3　　　**29. 仕五退六　车1退5**
30. 兵七进一　象9进7　　　**31. 车五退二　车1平3**

32. 仕四进五　炮 5 平 1

黑方如随手吃兵，则车五进一，红方大优。

33. 车五平九　炮 1 平 5

不如炮 1 平 9，以下炮三平八，车 3 退 1，车九进二，车 3 退 1，车九平一，马 6 进 4，较实战顽强。

34. 兵七平八　马 6 进 5　　　　**35.** 炮三退三　车 3 平 6

36. 车九平五　……

也可以考虑马一进二，红方优势。

36. ……　　马 5 进 3　　　　**37.** 炮三进一　马 3 进 1

38. 车五退一　……

退车控制马路，稳健。

38. ……　　车 6 平 2　　　　**39.** 兵八平七　马 1 退 2

40. 车五平七　炮 5 平 1　　　　**41.** 炮三退一　炮 1 进 7

42. 相五退七　车 2 进 1　　　　**43.** 炮三进一　……

软着，宜走车七平二伺机攻击黑方左翼。以下士 5 退 6，相三进五，炮 1 退 1，车二平四，炮 1 退 2，车四退一，车 2 平 9，炮二平一，车 9 平 5，炮一进五，红方优势很大。

43. ……　　炮 1 退 3

打车好棋，黑方被动的局势有所缓解。

44. 车七退一　……

红方局势占优，显然不愿意交换。如炮三平八，炮 1 平 3，炮八进二，马 2 进 3，帅五平四，炮 3 进 3，帅四进一，象 7 退 5，兵七平六，马 3 退 5，局势更为松透。

44. ……　　车 2 平 9　　　　**45.** 兵七平六　车 9 进 1

进车略缓。应车 9 平 7，炮三退一，再卒 9 进 1，对红边马施加压力。

46. 炮三平五　象 7 退 5　　　　**47.** 兵六平五　马 2 退 4

随手。如象 5 退 3 保留单象较为顽强。

48. 炮五进五　士 5 进 4　　　　**49.** 车七平六　马 4 退 5

50. 车六进五　……

此时红方车虽然吃掉黑方一象一士，但是只有车炮两子参与进攻，黑方显然并不害怕。

50.……　　马 5 进 3　　　**51.** 车六退二　炮 1 平 5

52. 相七进五　马 3 进 2

也可车 9 退 2 兑车，迫使红方表态。红如车六平一，卒 9 进1，马一进二，马 3 进 4，炮五退三，将 5 平 6，黑方有谋和的机会。

53. 车六平四

黑超时，红胜。

第 12 局　赵冠芳 负 唐丹

1. 马八进七　卒 3 进 1　　　**2.** 炮八平九　……

双方以起马对挺卒开局，红方此时平炮通车，意在加快左翼子力出动。

2.……　　马 2 进 3　　　**3.** 车九平八　车 1 平 2

4. 车八进六　马 8 进 7

黑方跳左马形成屏风马阵型，着法稳健。

5. 兵三进一　……

进兵先活通马路，左车待机而动。如果先走马二进三，卒 3 进1，红方双马受制，很不舒服。

5.……　　炮 2 平 1

平炮兑车可取之着。针对红方右翼子力缓出，先兑掉红方的明车，削弱红方先手效率。

6. 车八进三　马 3 退 2　　　**7.** 马二进三　马 2 进 3

8. 车一进一　……

起横车积极有力，可以根据黑方的出子方向采取针对性的措施，攻守两宜。另有相三进五的下法，以下象 7 进 5，兵七进一，卒 3 进 1，相五进七，车 9 进 1，仕四进五，马 3 进 2，相七退五，红方稍好。

8. ……　　　　炮8进4

进炮有力，伺机压马并窥红七兵。如象7进5，马三进四，士6进5，炮二平四，炮8进3，马四进三，炮8进2，相七进五，车9平6，仕六进五，马3进4，炮九进四，红方先手。

9. 马三进二　象7进5　　　　**10.** 相七进五　炮8平3

改进之着。以往出现过士6进5的下法，以下车一平六，车9平6，仕六进五，车6进4，兵一进一，马3进4，炮九进四，炮1平4，车六平八，车6进4，双方攻守复杂。

11. 车一平六　士6进5　　　　**12.** 仕六进五　车9平6

13. 车六进三　卒7进1

兑卒活马正确，否则红方马二进三以后，黑左马受制。

14. 兵三进一　象5进7　　　　**15.** 马七退八　……

退马准备平炮对黑方3路线牵制，但是步数损失较大。不如车六平三，象3进5，兵一进一，红方保持先手。

15. ……　　　　象7退5　　　　**16.** 炮九平七　马7进6

17. 马二进四　车6进4　　　　**18.** 炮一进七　马3进1

进马好棋。红方的战术构想被打破，黑方反先。

19. 炮二平一　马4进6

进马封车，不让红车右移。也可炮1进4，兵五进一，卒3进1，相五进七，马4进2，炮七退二，车6进2，对攻中黑方略优。

20. 马八进九　炮1平3　　　　**21.** 兵一进一　士5进6

22. 兵五进一　　……

冲兵正着。如随手炮一平六，则马6进8，炮六退一，车6进1，兵五进一，士6退5，黑方虽少一士，但红方子力分散，不易扩先。

22. ……　　　　马6进8　　　　**23.** 车六退一　……

临场赵冠芳行棋次序不够严紧。此时应先走帅五平六，以下士6退5，兵五进一，车6进2（卒5进1，车六平三，红大优），兵五进一，后炮平4，车六平三，红方先手。

23. ……　　　　马8进7　　　　**24.** 帅五平六　士6退5

25. 马九进七（图40）　　……

红方应车六平三较好。以下黑方有两种走法：①车6平7，车三进二，象5进7，炮七进三，马7退6，马九进七，炮3进4，炮七进一，马6退8，大体均势；②车6平4，炮七平六，车4平7（误走后炮平4，车三进七，士5退6，车七退四，红抽车胜势）车三平六（车七进二，前炮平4，炮六平八，象5进7，伏有炮3平4，黑大优）卒3进1，马九进七，炮3进4，炮六平七，红方可以抗衡。

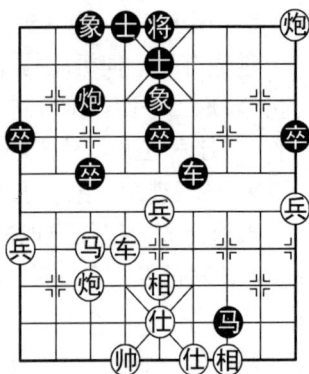

图 40

25. ……　　　炮3平4

弃炮打将，冷着。

26. 炮七平六　车6进2　　　**27. 车六进三　车6平3**

吃马后打通红方兵林线，黑方优势很大。

28. 炮六进五　士5进4　　　**29. 车六进一　士4进5**

30. 车六退一　车3平1　　　**31. 仕五进六　马7退6**

32. 车六平五　……

黑方多卒，红棋迫于形势，只好弃仕。如仕四进五，马6退7，黑方优势更大。

32. ……　　　马6进4　　　**33. 车五平二　士5进6**

34. 兵五进一　车1平4　　　**35. 帅六进一　马4退2**

36. 帅六平五　马2退4　　　**37. 兵五进一　车4平2**

38. 帅五平四　车2平6　　　**39. 帅四平五　车6进3**

以上一段着法，黑方走得简明有力。去掉红方双仕以后，为车马卒的攻击扫清障碍。这里笔者多讲一句：中残局时，子力配制很重要，对方少士，宜用车马兵攻之；对方少象，宜用车炮兵攻之。本局红方缺仕，正好为黑方车马卒的进攻提供便利条件。

40. 车二进三　将5进1　　　**41. 车二平六　……**

无奈。如车二退一，将5退1，红方还得车二平六，否则马4

进 3 绝杀。

41. ……   马 4 退 5

吃兵以后，红方败势已定。

42. 车六退三 马 5 进 6   **43.** 炮一平二 马 6 进 7
44. 帅五平六 车 6 退 1   **45.** 帅六退一 车 6 进 1
46. 帅六进一 车 6 退 4   **47.** 炮二退三 卒 1 进 1
48. 炮二平五 将 5 平 6   **49.** 车六进二 将 6 退 1
50. 炮五平九 卒 1 进 1   **51.** 帅六退一 车 6 进 4
52. 帅六进一 车 6 退 1   **53.** 帅六退一 车 6 进 1
54. 帅六进一 车 6 退 4   **55.** 帅六退一 车 6 平 9

黑方不断利用车马冷着的威胁，调整位置。此时黑方吃兵以后锁定胜局。

56. 车六平八 象 5 进 7

飞象消除红方闷杀的机会。

57. 车八进一 车 9 平 4   **58.** 帅六平五 将 6 平 5
59. 炮九进三 将 5 进 1   **60.** 车八退一 将 5 进 1
61. 车八退一 将 5 退 1   **62.** 车八平四 车 4 平 6

兑死车后，红方投子认负。

第 13 局 胡明 和 张国凤

1. 相三进五 卒 7 进 1

以进 7 卒应飞相局，是来自四川的棋手最早构思，高手们发现这种新的构思有其灵活多变的特点，因此为功力型棋手所采用。

2. 马八进九 ……

另有马八进七的下法，以下象 7 进 5，车九进一，马 2 进 1，兵三进一，卒 7 进 1，车九平三，卒 7 平 6，车三进五，炮 2 平 4，马二进三，车 1 平 2，炮八平九，红方先手。

2. ……   马 8 进 7   **3.** 车九进一 马 2 进 3
4. 车九平三 ……

红方平车准备打通黑方7路线。

4. ……　　　马7进6

跳肋马节奏明快。如马7进8，兵三进一，卒7进1，车三进三，象7进9，马二进四，车1进1，车一平二，马8退6，车三平二，车1平6，炮二进五，马6退8，前车平八，炮2平1，马四进六，红方稍好。

5. 兵三进一　卒7进1　　　**6.** 车三进三　马6进5

7. 车三平二　炮8进5　　　**8.** 炮八平二　马5退4

黑方虽然抢得一个中兵，但是双车出动较慢是局面的一个弱点。

9. 马二进三　车1进1

起横车可以有力支持左翼。如车1平2，马三进四，马4进6，车二平四，车9平8，炮二平四，象7进5，黑方左翼承受压力较大。

10. 车二平六　卒3进1　　　**11.** 马三进二　……

进马封车，要着。如车一平二，车9进2，炮二进二，车9平4，黑方易走。

11. ……　　　车1平6　　　**12.** 车一平三　车6进4

13. 车六平四　马4进6　　　**14.** 马二进四　车9平8

15. 马四进六　士4进5

16. 车三进四（图41）　……

如炮二平一，炮2进3，炮一进四，士5进4，仕六进五，马3进4，黑方易走。

16. ……　　　马3进4

17. 马六进八　车8进7

18. 马八退七　……

红方没有贸然吃象，而是选择退马吃卒，消灭黑方的有生力量。

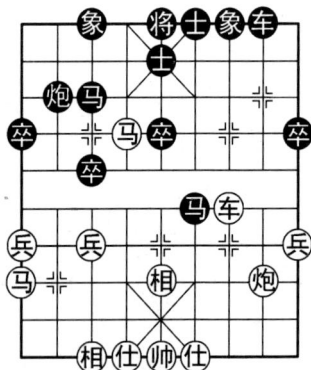
图41

18. ……　　　象3进5

吃相好棋，黑方取得优势。

19. 马七进九　马6进5

20. 相七进五　车8平5　　　**21.** 仕四进五　车5平1

22. 马九退八　……

兑子简化，红方虽少双相，仍可以取得抗衡之势。

22. ……　　　马 4 进 2　　　　**23.** 车三平八

双方同意作和。

第 14 局　王琳娜 和 胡明

1. 马八进七　卒 3 进 1　　　　　**2.** 兵三进一　马 2 进 3

3. 马二进三　车 1 进 1

双方以起马对挺卒开局，黑方起横车，机动灵活，可以控肋或弃 7 卒平车象位线抢先。

4. 车九进一　……

红方起横车针锋相对，出动主力对抢先手。

4. ……　　　车 1 平 7

黑方平车象位，准备冲 7 卒反击。另有车 1 平 6、象 7 进 5、炮 8 进 4 等多种攻法，均有各种复杂的演变。

5. 马三进二

另有马三进四跳肋马的下法，以下马 8 进 9，炮二平五，炮 8 进 5，炮八进四，炮 8 平 3，马四进五，马 3 进 4，马五进七，马 4 退 5，炮八平五，士 6 进 5，车九平八，炮 2 平 1，车八进八，红方先手。

5. ……　　　卒 7 进 1　　　　**6.** 炮二平三　……

如兵三进一，车 7 进 3，相三进一，炮 8 进 5，炮八平二，马 8 进 7，车一平三，车 7 进 5，相一退三，象 7 进 5，车九平八，炮 2 平 1，车八进三，士 6 进 5，大体均势。

6. ……　　　炮 8 平 7　　　　**7.** 兵三进一　炮 7 进 5

8. 炮八平三　车 7 进 3　　　　**9.** 车九平八　炮 2 平 1

10. 车八进三　象 7 进 5

飞象稳健，也可以走马 3 进 4，相三进五，象 7 进 5，仕四进五，马 4 进 3，车一平四，马 8 进 7，大体均势。

11. 相三进五　马3进4　　　　**12.** 仕四进五　马8进7

13. 车一平四　士6进5　　　　**14.** 兵七进一　……

挺兵活马正确。如炮三进五，炮1平7，车八平六，炮7平6，车四进五，车7平6，马二进四，马4退6，马四进六，车9平8，黑方先手。

14. ……　　　　卒3进1　　　**15.** 车八平七　车9平6

16. 车四进九　士5退6　　　　**17.** 炮三进五　车7退2

由于是最后一轮棋，双方都没有选择激烈的变化。交换以后，双方局势平稳。

18. 车七平六　车7进2

19. 马七进八（图42）　……

上马交换，进一步简化局势。如马二进一，车7平8，车六平五，车8进5，仕五退四，车8退6，马一退二，车8进1，红方也没有便宜，大体均势。

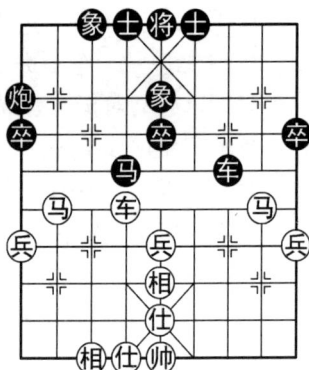

图 42

19. ……　　　　马4进2　　　**20.** 车六平八　炮1进4

21. 车八退一　炮1退1　　　　**22.** 车八进三　……

进车吃卒，稳健。

22. ……　　　　车7平8　　　**23.** 马二退三　车8进2

24. 车八平九　车8平7

平车捉马，表达和棋的意思。

25. 车九退二

红方也接受黑方的"和意"退车吃炮，以下车7进1，双方同意作和。

第 15 局　张国凤　胜　陈丽淳

1. 炮二平五　马2进3　　　　**2.** 马二进三　炮8平6

3. 车一平二　马8进7　　　　**4.** 炮八平六　……

双方以五六炮对反宫马开局，红方选择五六炮意在稳扎稳打。

4. ……　　　　车1进1

起右横车较为少见，多走车1平2，马八进七，炮2平1，兵七进一，卒7进1，马七进六，士6进5，车九进二，车9平8，车二进九，马7退8，炮六平七，车2进4，炮七进四，象7进5，马三退五，炮6进5，马五进七，马8进7，大体均势。

5. 马八进七　车1平4　　　　**6.** 仕六进五　卒7进1

挺卒活马可行。也可车4进5，兵七进一，士6进5，大体均势。

7. 车九平八　车4进5　　　　**8.** 兵七进一　……

先进七兵限制黑方右马，如车二进六，卒3进1，车二平三，车9进2，兵三进一，卒7进1，车三退二，马7进6，黑方先手。

8. ……　　　　车4平3　　　　**9.** 车二进四　……

新着。2009年智运会上，唐丹对阵赵冠芳时，唐丹曾走车八进二，以下车9平8，车二进九，马7退8，炮六退一，炮2退2，兵七进一，卒3进1，炮六平七，车3平4，马七进六，车4退1，炮七进六，炮2进5，炮五进四，将5进1，相七进五，炮6平7，最后双方激战成和。

9. ……　　　　车9平8　　　　**10.** 车二平四　士6进5

11. 兵三进一　车8进6

如车8进4，车四进二，卒7进1，车四平三，马7退6，车三退二，红方仍是先手。

12. 车四进二　卒7进1　　　　**13.** 车四平三　马7退6

14. 车三退二　炮6平7

平炮空着。不如车8退2，以下车三进五，炮6平7，黑方可以抗衡。

15. 相三进一　……

红方没有及时抓住黑方的空着。应马三进四，以下卒3进1，车三进三，炮2平7，马四退二，卒3进1，马二进四，红方得子占优。

15. ……　　　炮 2 进 4　　　　　**16.** 车八进二　炮 2 平 5

17. 马三进五　车 8 平 5　　　　　**18.** 炮六进六　……

应炮五平三较好，以下炮 7 进 5，车三退二，象 7 进 9，炮六退二，车 5 平 6，车八进四，红方先手。

18. ……　　　车 5 平 7　　　　　**19.** 车三退一　车 3 平 7

20. 马七进六　炮 7 平 8（图 43）

双方兑子转换以后，红方右翼成为黑方的打击目标，黑方已然反先。

21. 炮五平二　车 7 退 2

22. 炮六平七　马 6 进 5

23. 炮七退二　马 5 进 3

24. 马六进七　炮 8 进 1

25. 马七退六　……

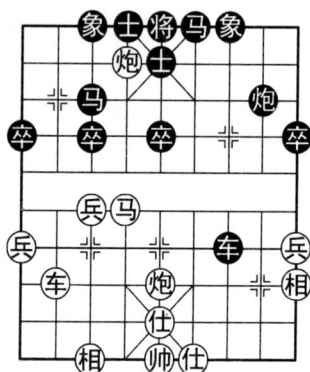

图 43

如车八进五，炮 8 平 3，相七进五，卒 1 进 1，车八平七，炮 3 平 1，车七进二，车 7 平 2，帅五平六，炮 1 进 3，局势简化，红方虽占据优势，但是取胜不易。

25. ……　　　车 7 平 4　　　　　**26.** 马六退五　象 7 进 5

27. 车八进一　车 4 平 7　　　　　**28.** 车八平二　炮 8 平 6

不如交换求和。

29. 车二平四　炮 6 退 1　　　　　**30.** 马五进三　炮 6 平 8

31. 相一退三　卒 5 进 1　　　　　**32.** 相七进五　卒 5 进 1

33. 马三进四　炮 8 进 1

如马 3 进 5 更为紧凑有力。

34. 炮二平一　卒 9 进 1

败着。应炮 8 平 3，以下炮一进四，卒 5 平 6！车四进一，马 3 进 5，车四平一，炮 3 平 9，车一进二，车 7 平 6，车一平五，车 6 平 9，车五平九，车 9 进 2，和棋。

35. 马四进六　车 7 平 4　　　　　**36.** 马六退四　卒 5 进 1

这手棋从战术构思上没有什么问题，但是实战中黑方这手冲卒和下一手车 4 平 7 的战术思想脱节，使这手棋变得很有问题。此时黑方也可炮 8 退 1，炮一进三，炮 8 平 6，炮一平六，炮六进三，马 3 进 5，黑方可战。

37. 马四退五　　车 4 平 7

平车使得上一手冲卒变得毫无意义，应车 4 进 2 对红方车马加以牵制。以下炮一进三，车 4 平 1，车四平二，将 5 平 6，车二进三，车 1 平 5，兵一进一，卒 1 进 1，黑方尚可周旋。

38. 车四进三　　炮 8 退 1　　　　**39.** 车四平七　　炮 8 平 7

40. 兵九进一　　……

好棋。黑方无棋可走，被迫让出红马的路线。

40. ……	卒 1 进 1	**41.** 兵九进一	车 7 平 1
42. 马五进三	马 3 退 2	**43.** 马三进二	炮 7 平 8
44. 相五退七	马 2 进 1	**45.** 车七平八	车 1 平 7
46. 炮一平五	车 7 平 5		

如车 7 退 2，兵七进一，黑方也不易谋和。

47. 车八平三	马 1 进 2	**48.** 车三进一	炮 8 退 2
49. 马二进三	将 5 平 6	**50.** 炮五平四	将 6 进 1
51. 车三平二	炮 8 平 7	**52.** 马三退四	车 5 平 6
53. 车二退二			

红胜。

下篇 亚运会对局讲解

赛事综述

一、高手如云的亚运军团

第十六届亚洲运动会于 2010 年 11 月 12 日在广州开幕，象棋首次被纳入竞赛项目，成为象棋发展史上一个里程碑。亚运会象棋比赛设男、女个人两枚金牌，共吸引了来自 10 个国家和地区的 26 名男女棋手参赛。其中男子 18 人，实行 7 轮积分制，女子 8 人，实行 7 轮单循环制。男子棋手 18 人分别是：中国吕钦与洪智，越南阮成保与赖理兄，中华台北吴贵临与马仲威，中国香港赵汝权与陈振杰、中国澳门李锦欢与郭裕隆，新加坡吴宗翰，日本所司和晴，马来西亚黄运兴与黎金福，菲律宾蔡世和与洪家川，柬埔寨赖才与邱亮。女子棋手 8 人：中国唐丹与王琳娜，中华台北高懿屏与彭柔安，越南吴兰香与黄氏海平，日本池田彩歌，中国香港林嘉欣。

作为夺标大热门中国国家象棋队，由中国象棋协会秘书长刘晓放领军，总教练胡荣华、教练赵国荣，男队员吕钦与洪智，女队员王琳娜与唐丹，参赛阵容可谓豪华至极。

中国队参赛的两名冠军级特大，在众多参赛选手中的实力有目共睹，但是仍有不少海外棋手对中国军团构成严重威胁。这几个海外高手分别是：

越南赖理兄： 2009 年世界象棋锦标赛开赛的第二天就爆出了一大冷门：中国老牌冠军、特级大师赵国荣被一名越南小将逼平。这一消息轰动了整个赛场。这位越南小将是谁？他的名字叫赖理兄，2009 年世锦赛亚军得主，曾经击败过吕钦、洪智、赵国荣、蒋川、于幼华五位中国棋王。越南小将赖理兄有"小天王"之称。

越南阮成保： 刚刚闭幕的第四届芳庄旅游杯越南象棋公开赛，越南阮成保紧随孙勇征之后夺得亚军，在赛程中击败中国特大于幼华。大家是否还记得，第十一届世界象棋锦标赛最后一轮是阮成保、赵鑫鑫、赵国荣三人同分争冠的形势，开赛之初阮成保即令赵国荣中局超时告负。首届世界智力运动会男子象棋快棋赛，阮成保曾经令中国象棋等级分第一的蒋川先手负。阮成保目前为越南等级分第一人。从他的表现来看，他的棋力相当于中国等级分 30 名以内的强大师。

中华台北吴贵临： 吴贵临被称为台湾第一高手。他 1962 年出生于台湾。12 年时间，吴贵临凭借自己的勤奋和才智，攀登到台湾象棋界的高峰，从此不断前进。吴贵临 21 岁当兵，但仍然坚持下棋，参加"棋圣杯"比赛，获得"棋圣"称号。24 岁，吴贵临与当地老一辈棋手、有棋王称号的徐俊杰展开 10 局大战，仅下了 4 局棋吴就取得了 3 胜 1 和的绝对优势。徐知不敌，便中止比赛，吴贵临成为台湾的新棋王。26 岁开始挟艺出游，先后到了美国、新加坡、马来西亚等国，与当地棋手交流。1988 年，第五届亚洲杯象棋赛举行，台湾首次派队参加，获团体亚军。吴贵临以十战全胜的优异成绩轰动了赛场。1989 年吴贵临第一次来到大陆，观看在广州举行的"五羊杯"比赛。同年四月，参加"后肖杯"比赛，成绩为 4 和 2 负，成为最后一名，这说明吴贵临的棋艺与大陆高手相比还有一定差距。出人意料的是，一个月后，在广西柳州举行的"龙化杯"象棋名人邀请赛上，他战胜吕钦等名将，一举夺魁。其后，吴贵临拜胡荣华为师，棋艺更上一层楼，且与大陆的象棋高手进行了广泛的接触。他棋艺功底深厚，中局力量尤强，对弈时防中有攻，攻中有防，常有出奇制胜的妙着。

中国香港赵汝权：赵汝权，在内地也是大名鼎鼎。他不但从20世纪70年代就开始统治香港棋坛，而且自1977年以来，在各种大赛中先后战胜过胡荣华、杨官璘、柳大华、李来群、王嘉良、吕钦、徐天红、赵国荣等八位象棋特级大师，1988年即获象棋特级国际大师称号。

中国澳门李锦欢：生于1955年，祖籍广东台山，1980年来到澳门。他13岁才开始下棋，1981年，他就夺得全澳门象棋锦标赛冠军。尽管他在澳门棋界20多年无人能敌，但真正让他声名远扬的，还是2005年在巴黎举行的第九届世界象棋锦标赛。在此前的世象赛中，中国内地的棋手还没有遇到过真正的挑战，特别是这次代表中国参赛的特级大师吕钦，以前从来没在国际比赛中输过，然而出人意料的是，比赛第三轮吕钦就败在李锦欢的手下，一时间整个赛场为之轰动。此后李锦欢一发不可收拾，第九轮他又战胜中国台北棋王吴贵临，第十轮战胜特级大师刘殿中，最后他以半分之差落后于吕钦屈居亚军。棋王李锦欢棋风细腻，残局功大精深。作为世象赛上的常客，他最好成绩虽然只是第六名，但却有"冠军阻击手"的美誉，在第八届世界象棋锦标赛中，中国第一高手、特级大师许银川就是因为被他逼和差点未能夺冠。

其他的参赛棋手，也颇具实力，简要介绍一下：

中国香港陈振杰：2009年全香港中国象棋锦标赛，香港新秀、象棋国际大师陈振杰，以九轮五胜四和积7分的不败战绩，勇夺男子甲组桂冠，笑傲群雄，再展辉煌。

中华台北马仲威：台湾唯一同时与吴贵临获得亚洲象棋协会、世界象棋联合会"特级国际大师"荣衔的棋手，曾多次代表台湾征战亚洲杯和世界杯锦标赛。马仲威曾获世锦赛个人赛季军。

中国澳门郭裕隆：2005年参加法国巴黎第九届世界象棋锦标赛排名第32位的名将。

新加坡吴宗翰：新加坡的全国冠军。1983年出生，10岁的时候才开始接触象棋，"我学象棋是没有启蒙老师的，完全是靠自学。"到了 14 岁，吴宗翰就已经拿到新加坡中学生比赛的冠军。问他为何成绩提升得这么快，他的回答只有四个字：用功、要强。"上小学的时候，我每天放学回家都自己打谱，时间超过 4 个小时。平时只要是一个人，脑子里想的都是象棋。"对于一个孩子来说，能有这样的毅力实在是很不容易，他的勤奋和定力堪比围棋界的"石佛"李昌镐。而对吴宗翰来讲更难的是，他学习象棋没有老师甚至是家长的鞭策，"我的个性很要强，学什么都要做到最好，那时候就想拿第一。"

马来西亚黎金福：马来西亚 2004 年度首宗棋坛盛事——第十一届棋王争霸战于 3 月 17 日至 19 日在东海岸吉兰丹州小镇哥打峇鲁举行。黎金福大发神威，以锐不可当之势勇夺冠军！这也是黎君自 1986 年摘下首届棋王赛桂冠后，相隔整整 18 年再度称王！是本次广州亚运会上年龄最大的运动员。

马来西亚黄运兴：3 届全国个人赛冠军，1 届棋王赛冠军，1 届全国国庆日赛冠军，黄运兴是大马在夺得 1995 年世界杯团体季军功臣之一。黄运兴于 1996 年在印尼亚加达举行的第九届亚洲杯象棋团体赛中取得 6 胜 1 和 2 负的佳绩，由于胜率 72.2 第二次胜率超过 70 亚象联的规定，被亚洲象棋联合会考铨组授予国际特级大师棋衔。黄运兴是首位取得国际特级大师的马来西亚棋手，顿使举国棋坛震惊，并为大马棋坛写下新的一页。

日本所司和晴：日本千叶市人，出生于 1961 年 10 月 23 日。所司和晴目前还是日本"将棋"的职业棋手——段位是棋士七段。日本"将棋"界最高头衔——龙王战 2004～2007 年四连霸的得主渡边明，即为其门下弟子。今年 48 岁的所司和晴至今还独身一人，他把自己的全部精力奉献给了"将棋"、"象棋"世界的棋类事业。

所司和晴专注"将棋"，也特别情重"象棋"。所司和晴多年研究"将棋"和"象棋"，他认为"将棋"和"象棋"有同有异。他说，比较"象棋"和"将棋"，两者的目的都是一样的，都是要将死对方。不过，"象棋"中的炮走法非常独特、非常有意思，因为

"象棋"的炮可以隔子吃到对手的棋子，这样的走法让他感到不可思议，所以对所司和晴而言，炮的运用最难。

柬埔寨邱亮：2008 年在北京举办的首届世界智力运动会，邱亮作为柬埔寨中国象棋棋手首次参加国际性比赛，他的表现引起了众人的关注。尽管是首次出国参赛，但邱亮却击败了印尼、芬兰、德国、加拿大和新加坡棋手，虽然因为实力上的差距不敌中国棋手，但在 49 名选手中最终位居第 24 位的好成绩还是得到了一致的赞扬。当邱亮凯旋回国时，柬埔寨棋联总会会长冯利发到金边国际机场接机，给予这位中国象棋棋手最高的礼遇。

柬埔寨赖才：1975 年出生的他不会说汉语，但会说"将军"，会下象棋，是很多在柬埔寨华裔后代的真实写照，赖才就是其中一个。平时做点小生意，时间比较充裕，下棋就到棋会去，棋风比较稳健。本次参加亚运会他说自己很幸运，因为在国内选拔时他获得第三名，由于第二名甘德彬遇车祸，所以由赖才顶替。赖才参加过 2007 年在澳门举办的第十届世界象棋锦标赛，同年参加在澳门举办的第二届亚洲室内运动会。

参赛的女子棋手中，高懿屏、吴兰香、黄氏海平都是海外著名高手，作者以后在讲解对局时加以介绍。

二、难忘的广州亚运之旅

（一）男子组

揭幕战的焦点是第 7 台，中国吕钦执黑迎战 58 岁的中国香港棋王赵汝权，吕钦以屏风马抢挺 3 卒对抗赵汝权的中炮巡河车。第 6 回合，吕钦走了一步卒 7 进 1 变着，这是《梅花谱》里的一个开局陷阱。赵汝权没上当，老练地走马八进七。吕钦陷阱落空。但是他凭着深厚的残局功底，终于逮着了赵汝权一个失误——车五平七中车离位误抓卒，突然发力，直接卒 3 进 1 配合沉底炮叫将，再车 6 平 5 立中再将，吃得一个红底仕，又车炮卒三子连番进攻，终于在 136 手做成妙杀。

揭幕战的另一焦点在第 3 台，中国洪智后手对阵 57 岁的中华台北老将马仲威。洪智在开局完成中炮进七兵过河车对屏风马进 7 卒阵后，突然摆出弃马局，马仲威不敢贸然进攻，退巡河车成守势，洪智布局成功捕获先手优势，中盘继续炮轰、马踏、车冲，杀去红棋三支兵，确立多卒优势；随后乘势渡卒过河参战，一路完杀取胜。揭幕战男子中国两将双双奋战过关，加上两女将也分别获胜，首日中国象棋队完美开门红。

男子其他七盘，越南阮成保先胜柬埔寨邱亮，越南赖理兄先胜马来西亚黄运兴，中华台北吴贵临先胜马来西亚黎金福，中国澳门李锦欢先胜柬埔寨赖才，中国香港陈振杰先胜菲律宾蔡世和，新加坡吴宗翰先胜日本所司和晴，菲律宾洪家川先胜中国澳门郭裕隆。

第 2 轮：第 1 台，中国吕钦执先出战 27 岁的新加坡新棋王吴宗翰，双方以过宫炮对左中炮开局。吴宗翰来势汹汹，驱赶双车过河，又突起中卒炮取中兵盘头马出击。吕钦采取稳守反攻的策略，冷静判断，主动与对手接连兑去四个大子，最终 59 手两人车马对车炮和棋。

第 2 台由中国洪智先手迎战 57 岁的中国澳门棋王李锦欢，双方以仙人指路对兵局、转左中炮进七兵对屏风马进 7 卒布阵。布局李锦欢使出马 8 进 9 直接踏边兵的冷僻着法，效果并不理想。洪智抓住机会，接连吃去了黑棋 7 路、5 路、3 路三个卒子，再与黑方兑去双车，形成了马炮双兵仕相全对马炮卒士象全的多兵例优残棋，至第 135 手洪智准备弃兵吃黑士象，以马炮兵绝杀入局，李锦欢认负。

第 3 轮：第 1 台由中国洪智执黑与 29 岁的中国香港新棋王陈振杰展开厮杀，这是二人的首次交手。双方以中炮进三兵对屏风马进 3 卒开局，陈振杰采取炮八平七平炮兵底、再车二进六右车压过河境的快打策略，初显效果，及至中局，取得了双车马炮三兵仕相全对双车马炮双卒士象全、净多一中兵的较好局势。之后，洪智以静制动，等待机会，中盘陈振杰邀兑黑棋 4 路车，却付出赔三个兵的代价，洪智反取先手，用中炮反压陈振杰的相位中炮，造成红方只剩单车可以活动。最终 92 手，黑车卒即要借将力做成"三把手"铁门栓绝杀，陈振杰认负，洪智获得三连胜。

　　第 3 台中国吕钦执黑与中国台北棋王吴贵临对战。这两位都是 48 岁本命年的老对手，历史上交锋 20 次以上，这次双方以中炮双正马巡河车对屏风马挺 3 卒平炮兑车布阵，开局仅 12 个回合两人即兑光双车，进入马炮残棋。在马炮兵卒大战中，双方势均力敌，又兑去一些兵卒与一马一炮之后，最终 45 手马炮对马炮战和。

　　这轮其他台次，第 2 台越南阮成保执先五九炮过河车对队友赖理兄屏风马平炮兑车、炮击中卒阵中，红一车换三黑破红双相有过河卒的两分变例，中盘凭多子的积极攻杀，最终 125 手车炮光帅以"海底捞月"经典胜法击败赖理兄车单象。第 4 台新加坡吴宗翰先和菲律宾洪家川，马来西亚黄运兴后胜马来西亚黎金福，中国澳门李锦欢先胜菲律宾蔡世和。

　　第 4 轮一场焦点大战：第 1 台，中国洪智执先对越南阮成保，争夺积分榜首。两人历史上交锋 4 次，阮成保 2 胜 1 和 1 负。这次双方以中炮进三兵对屏风马进 3 卒布阵。洪智使出"中国飞刀"，以双炮马三子配合，准备集中火力打击对手的左翼。这种快换三七炮飞刀最早由蒋川在象甲先胜王斌时使出，随后洪智之师柳大华在杨官璘杯先胜潘振波时又用过，洪智师弟汪洋在个人赛上先胜陈寒峰再用，洪智第四个在大赛上使用此飞刀。

　　面对飞刀，阮成保为找到最佳的应对着法，频频进行长考。这位阮成保棋力确实了得，经过思考，竟取得了与红棋相对抗的胶着局面，而洪智则主动出击，一系列冲中兵、车抓马、马踏马等动作，逼得阮成保被动地弃卒、兑炮。第 73 手，洪智兵七进一迫使阮成保象 5 进 3 高象飞兵，随后红车八进四抓马，黑只有车 1 进 7 牵制红车炮，洪智及时妙渡中兵过河使得阮成保只有弃车砍炮，残棋成为红车马仕相全对黑马炮卒士象全。正常车马仕相全对马炮士象全属于和棋，而阮成保在用时紧张的影响下，又犯下大错，被洪智以三路卧槽马回踏死中象，最终 155 手洪智成功获胜，以四连胜单骑领先。

　　这轮其他台次，第 2 台马来西亚黄运兴先和新加坡吴宗翰，第 3 台中国吕钦执先中盘车双炮马四子联攻，最终 61 手得一马击败澳门李锦欢，第 4 台台北吴贵临后胜香港陈振杰。中华台北马仲威、日本所司和晴、菲律宾蔡世和本轮获得了胜利。

　　第 5 轮，第 1 台由领头羊中国洪智执黑迎战中华台北棋王吴贵临，这是两人的首次交手。双方以中炮双正马巡河车对屏风马进 3 卒平炮兑车开局，双方大砍特砍，到 19 回合两人已兑光双车，成为双炮马双兵仕相全对双炮马双卒士象全残局。弈至第 53 手二人达成和局。

　　第 2 台"羊城大帅"、48 岁的中国吕钦后手对阵"海外第一人"、32 岁的越南阮成保。二人历史上交锋过一次，阮成保胜。这次阮成保布仙人指路阵，吕钦应以对兵局。中盘阮成保通过兑马手段以炮轰去黑 7 路底象，黑防线似现隐忧，吕钦立刻机警地与对手兑双车，随后进入马炮兵卒残棋，最终第 76 手两人不变作和。

　　这轮其他台次，新加坡吴宗翰先胜中华台北马仲威，中国香港赵汝权先胜马来西亚黄运兴。越南赖理兄、马来西亚黎金福、中国澳门郭裕隆、柬埔寨赖才分别获得了胜利。

　　第 6 轮男子领头羊中国洪智执先出战 27 岁的新加坡棋王吴宗翰，这是两人的首次交手。吴宗翰是 2009 年世锦赛第六名，在这次比赛中第 2 轮后手战和中国吕钦。本轮双方以仙人指路对兵局、互起左马布阵。到第 8 回合，洪智马七进六强行出马，第 8～14 这七个回合中此马行动七次，而黑棋乘红马狂奔之际，集结双车炮于红方左翼准备发起猛烈的联合攻势，突然弃 4 路马强攻。这时盘面看上去红棋已经"失先"，在这关键时刻，洪智进行了长时间的思考。长考过后，洪智第 35 手马四进二继续走马。"马四进二"！这一天马行空般的走法大大出乎黑棋的意料。吴宗翰怎么也没想明白洪智为什么不动用子力去防守，他怔住了，在长考后便选择马 8 退 6 巩固防线。正所谓狭路相逢勇者胜，洪智原本受攻要防守的，他却毅然决策不防守而果敢放出胜负手与对方决一死战，吴宗翰慑于洪天王的乱战功夫，自己反而放弃进攻主动防守起来。于是洪智从容地吃去黑棋 4 路弃马，接着又吃去黑棋 4 路过河卒。此时，红已经净多一马胜利在望。吴宗翰眼见如此，推枰认负。这局棋洪智果断、敢于下手的态势达到最高点，一马全局共行九步，最后凭借此马获胜。此轮后，洪六战五胜一和积 11 分。

这轮其他台次，中国香港赵汝权后胜马来西亚黎金福。中国澳门李锦欢与郭裕隆，柬埔寨蔡世和与邱亮也分别获得了胜利。

第 7 轮，最后一战，结果吕钦先胜洪智，赵汝权先负阮成保，赖理兄先胜李锦欢，吴贵临先胜吴宗翰，澳门郭裕隆先负马仲威，菲律宾蔡世和先负马来西亚黄运兴，菲律宾洪家川先负柬埔寨赖才，日本所司和晴先和柬埔寨邱亮。洪智与阮成保同为七战五胜一和一负积 11 分，经过比较对手分洪智 59 分、阮成保 54 分，最终洪智夺得冠军，阮成保屈居亚军，吕钦七战三胜四和积 10 分取得季军。

（二）女子组

第 1 轮，开局就迎来最关键之战，我国两届棋后唐丹遭遇亚洲室内运动会冠军越南吴兰香。文静、大方的吴兰香不但汉语讲得好，棋艺也十分高超，是参赛选手中能给中国棋手造成威胁的劲敌之一。唐丹执先以仕角炮开局，吴兰香应以右中炮。弈至中盘，唐丹送炮塞象眼让吴兰香吃，然后从容取回一马一象；紧接着唐丹先用车砍吴兰香底士直接威胁老将，吴兰香连忙吃掉，唐丹再回吃一车。两次先弃后取手段的成功运用，唐丹大优势获胜。

本轮其他台次，高懿屏胜林嘉欣，王琳娜胜黄氏海平，彭柔安胜池田彩歌。

第 2 轮，唐丹后手迎战中华台北队高懿屏。高懿屏是世界、亚洲、中国冠军"大满贯"得主。面对如此强劲的对手，唐丹不敢大意，布局阶段即以炮打掉红右底相叫将，迫红帅升二楼，随后唐丹车双炮实现三子联攻，在第 32 手再弃一马强攻，激战到第 38 手才以双炮夹一车惊险获胜。

另一盘中国与中华台北之战，王琳娜先手击败 12 岁的小将彭柔安。这轮其他两局，吴兰香先胜队友黄氏海平，中国香港林嘉欣先胜日本池田彩歌。两轮之后中国两将同积 4 分领跑，其他有四人积 2 分。

第 3 轮，唐丹执先迎战香港冠军林嘉欣，双方以中炮直车对顺炮横车开局。中盘唐丹取得多双兵的优势，随后驱三路兵渡河参战，最后，唐丹见时机成熟，便组织车双炮马兵五子联合进攻，林嘉欣疲于应付，被吃去一马后认负。

本轮王琳娜后手对阵日本新手池田彩歌，两人以中炮进七兵过河车对屏风马进 7 卒左马盘河开局。很快黑棋夺取了先手，而后王琳娜乘势大举进攻，盘面形成车马炮 4 卒士象全对炮兵仕相全，形势一面倒，池田彩歌认输。

这轮另两盘，中华台北与越南四位棋手捉对厮杀，结果中华台北高懿屏执黑击败越南黄氏海平，越南吴兰香后手胜中华台北彭柔安。

第 4 轮，王琳娜后手对阵香港林嘉欣，双方以仕角炮对起马开局。中盘两人很快兑光双车进入马炮残棋，王琳娜多出两卒处于残局优势方，最终弈至第 70 手黑巧妙闷杀胜出。

唐丹先于出战越南黄氏海平，两人以五六炮过河车对屏风马抢挺 3 卒开局。中盘唐丹数子联攻，在进攻中捕获了对手一匹马，最终弈至第 67 手唐丹携多子之势获胜。

这轮另两盘，中华台北德比，高懿屏执先击败 12 岁小将彭柔安；另一盘越南吴兰香先胜日本池田彩歌。

第 5 轮，中国女子等级分第一王琳娜执先与越南棋后吴兰香上演一场焦点之战，双方以仙人指路对兵局、转反向中炮进三兵对屏风马进 3 卒布阵。中盘两人兑光双车，进入马炮残棋。在马炮兵卒大战中，王琳娜抢先渡过自己的中兵，随后以双马炮兵四子联合进攻。第 67 手，王琳娜弈出巧手相五进七假"弃炮"，吴兰香吃不了红弃炮反而自己丢失了一炮，王琳娜妙手得炮之后步步紧逼，最终弈至第 73 手艰难胜出。

这轮其他台次，唐丹后手胜台北 12 岁小将彭柔安，台北高懿屏后手取胜日本新手池田彩歌，黄氏海平与林嘉欣下和。

第6轮，中国王琳娜执黑与台北高懿屏进行一场焦点之战，双方以五六炮对左炮封车后补列炮布阵。中盘高懿屏采用兑子战术，很快形成了车炮单缺仕对车炮士象全、另有两支对头边兵的简化残局。由于物质力量太缺少王琳娜无法取胜，弈至第133手高懿屏再逼兑炮，最终双方遂罢兵言和。中国唐丹执先击败日本池田彩歌。唐丹以六战全胜积12分首度独自领先，王琳娜六战五胜一和积11分紧随唐丹，高懿屏积9分暂居第三。

第7轮，冠军争夺战，两位中国棋后王琳娜与唐丹上演终极一战，争夺金牌。王琳娜是一届世界冠军、两届亚洲冠军、三届全国冠军，唐丹是1997年和2010年全国女子个人赛冠军。历史上王琳娜与唐丹交手过10次，王琳娜5胜5和。如今强强再相遇，免不了一番龙争虎斗。唐丹胜或和均可获得冠军，而王琳娜必须战胜才能夺冠。王琳娜执先，摆下了"急进中兵"的凶狠阵势，强行推进三路兵去吃唐丹7路卒，一副"为了革命的胜利，不惜流血牺牲"的架势。面对强烈的攻势，唐丹沉着应战，稳稳地保住了均势局面。弈至中盘，几次形成不变作和的局面。王琳娜势要一决高下，遂强行求变，弃子抢攻，反而被唐丹机警地逮住王琳娜一个破绽，携双车炮三子左右夹攻红露在四路外边的老帅，趁机反击；双方激战90多手，王琳娜投子认负，唐丹终于赢了一回心中的偶像。

三、2010年第十六届广州亚运会象棋比赛
男子组最终排名

第一名：中国洪智

第二名：越南阮成保

第三名：中国吕钦

其他依次为：

中华台北吴贵临、越南赖理兄、中国香港赵汝权、中华台北马仲威、中国澳门李锦欢、新加坡吴宗翰、中国香港陈振杰、马来西亚黄运兴、马来西亚黎金福、柬埔寨赖才、中国澳门郭裕隆、柬埔

寨邱亮、菲律宾蔡世和、日本所司和晴、菲律宾洪家川。

四、2010 年第十六届广州亚运会象棋比赛
女子组最终排名

第一名：中国唐丹

第二名：中国王琳娜

第三名：中华台北高懿屏

其他依次为：越南吴兰香、中国香港林嘉欣、越南黄氏海平、中华台北彭柔安、日本池田彩歌。

第十六届亚洲运动会象棋赛对局

男子比赛

第 1 局　菲律宾洪家川　胜　中国澳门郭裕隆

1. 炮二平五　马 8 进 7　　　2. 马二进三　卒 3 进 1
3. 车一平二　车 9 平 8　　　4. 马八进七　马 2 进 3
5. 兵三进一　……

双方以中炮对屏风马开局，红方挺三兵活马是正常的下法。另有车二进四的下法，也很流行。举一例：车二进四，炮 8 平 9，车二进五，马 7 退 8，车九进一，马 8 进 7，大体均势。

5. ……　　　象 3 进 5

飞右象较为少见。国内棋手多选择象 7 进 5 飞左象，以后红方再走炮八进四，则马 3 进 4，炮八平三，炮 2 平 3，因为黑方飞的是左象，所以红方炮八平三这手棋的效率不高，黑方满意。

6. 炮八进四　……

红方进炮形成五八炮进三兵对屏风马右象的阵型。

6. ……　　　卒 7 进 1

黑方显然不希望红方炮八平三打过来，既压制 7 路马，又对 7

路底线有牵制。但是黑方这手兑卒又是一步很值得商榷的棋。我们可以通过实战加以分析，作者认为此时黑方可以走马3进4，以下炮八平三，炮8进4，炮五平四，车1平2，相七进五，炮2平4，黑方易走。

7. 兵三进一　象5进7　　　　　　**8.** 车二进四　象7退5

通过以上几个回合的交换我们发现，黑方走了五步棋，红方走了六步棋，无形之中，黑方又多亏一先。

9. 炮八平一　……

打卒随手，可以考虑车九进一更主动灵活。

9. ……　　炮8进2

黑方进炮保留以后跳马3进2封车的手段。此时黑方更好的下法是马7进6，以下车二平八，炮2进2，马三进二，炮8平6，马二进四，炮2平6，车九平八，士4进5，仕六进五，车1平4，黑方双车灵活，子力位置很好，形势占优。

10. 炮一平三　士4进5

黑方此时补士没有必要，不如车1平2，兵一进一，炮2进4，车九进一，炮2进2，兵一进一，炮8平6，车二进五，马7退8，马三进二，炮6平4，黑方可以取得抗衡之势。

11. 兵七进一　……

进七兵在活通左马的同时，打破黑炮意在对巡河线封锁的计划。

11. ……　　卒3进1　　　　　　**12.** 车二平七　马3进2

13. 马三进四　炮8平6

平炮作用不大，黑方可以走车1平4，红马也没有好的位置可去。举一例：车1平4，马四进二，车8进4，兵九进一，炮2平3，兵九进一，卒1进1，车九进五，炮3进5，车七退二，车8平7，车七进四，车7退1，车九平八，车7进6，黑方先手。

14. 炮五平三　马7进9　　　　　　**15.** 车九进一　车8进5

进车骑河，不如车1平4，加快大子出动。

16. 相七进五　卒1进1

17. 前炮退二　马2退4（图44）

退马败着。抛开目前的形势来说，双方已经进入中局，黑方右车仍然原地没动，已经违背开局原则。就目前形势来看，黑方还应走车1平4，虽处下风，但尚可坚持。举一例：车1平4，车七进一，卒5进1，车七平五，马2退4，车九平六，车8退2，黑方尚可周旋。

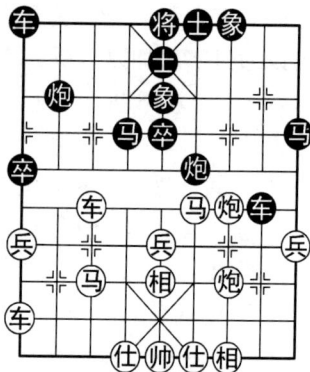

图44

18. 车七进二　炮6退1

如车1平4，则车九平六，炮6退1，马四进三，车8退5，车六平四，炮6退1，前炮平六，红方得子。

19. 马四进六　炮6进3　　　　**20.** 马六进四

至此，红方得子，黑方投子认负。

第2局　新加坡吴宗翰 胜 日本所司和晴

日本棋手所司和晴是日本将棋联盟专业七段，和我国特级大师赵国荣是很好的朋友，两个互为师徒，赵国荣向所司和晴学习将棋，所司和晴向赵国荣学习象棋。所司和晴深得赵特大的真传，曾经取得世锦赛非华越裔组的冠军，赵特大也将日本国粹之一的将棋传入中国，两个人共同成就了一段棋坛佳话。吴宗翰是新加坡国手，曾取得世界锦标赛第六名的好成绩。

1. 马八进七　卒3进1

挺卒限制黑马的同时开通己方的马路，一举两得。

2. 兵三进一　……

亦可选择炮二平五，马2进3，马二进三，马8进7，车一平二，车9平8，兵三进一，象7进5，炮八进四，马3进4，炮八平三，炮2平3，双方均势。

2. ……　　　　马2进3　　　　**3.** 马二进三　车1进1

此时黑方也可走炮8平4，以下马三进四，马8进7，车九进一，车9平8，炮二平三，车8进4，车九平六，象3进5，兵三进一，车8平7，车一平二，士4进5，双方均可接受。

4. 炮八平九 ……

平炮准备亮左车，缓开右车。另有车九进一，车1平7，炮二退一，炮2平1，车一进二，象7进5，马三进四，马8进9，车一平四，车7平2，炮八平九，士6进5的走法，红方进攻手段较多，前景更为乐观。

4. …… 马3进2 5. 兵九进一 ……

国内棋手多走马三进四，以下象7进5，炮二平四，马8进7，车一平二，车9平8，相七进五，车1平4，大体均势。

5. …… 象7进5

可以考虑马8进7，以下兵九进一，马2进3，炮九进四，卒3进1，车九平八，车1平4，车八进六，车9进1，黑方可以抗衡。

6. 兵九进一 马2进3 7. 炮九进四 车1平7

不如马8进7，两翼均衡发展。举一例，马8进7，相七进五，炮2平3，炮九平七，车9进1，车一进一，车9平6，均势。

8. 车九进三 炮8进4 9. 车九平八 炮2平3

重复。不如炮2平4，黑方阵型工整。

10. 车八进四 马3退4

11. 车一进一 卒7进1（图45）

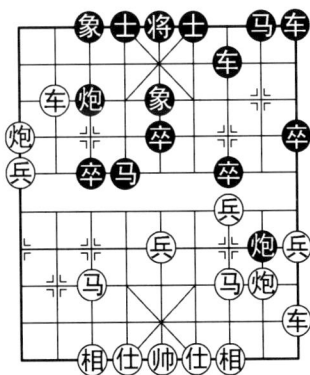

图45

败着。此时黑方子力联系看似紧密，实则不然，河口马正是红方要打击的目标。冲卒是车1平7的后续着法，从实战来看效果不佳。此时，黑方如能正确的审时度势，应车7平6，车一平六，车6进3，马三进四，马4进6，车八平七，炮8退4，车七退一，马8进7，黑方尚可周旋。

12. 车一平六 炮8退2 13. 炮九进三 ……

进底炮果断，红方策划一个弃子抢攻的计划。

13. ……　　　　士6进5　　　　14. 马三进四　炮3平4

黑方已经是箭在弦上不得不发。如马4进6，车八平七，马6退4，车七进一，马8进9，炮二平五，车9进1，炮五进四，将5平6，炮九退一，红方大优。

15. 马四进六　炮4进6　　　　16. 马六进五　车7平6

17. 车八平七　将5平6

如卒7进1，车七进二，士5进4，炮二进七，炮8平5，仕六进五，炮5退2，车七退四，士4进5，车七进四，士5退4，炮二平六，炮4退8，车七退一，炮4进1，炮九平一，红方胜势。

18. 仕六进五　车6进1　　　　19. 炮二平四　车6平5

如将6平5，车七进二，士5退6，车七平六，将5进1，马五进七，红方胜势。

20. 车七平五　车9进2　　　　21. 车五进一　车9平1

22. 马七进六　马8进7　　　　23. 马六进四　……

进马叫将，入局简练，红方攻势一气呵成。

23. ……　　　　车1平6　　　　24. 兵三进一　炮4平1

25. 炮四进五　炮8平6　　　　26. 炮九平六　……

平炮打士以后，黑方九宫已然唱起了"空城计"。

26. ……　　　　炮6平1　　　　27. 兵三进一　前炮进1

28. 炮六退九　……

退炮不给黑方纠缠的机会。

28. ……　　　　前炮平4　　　　29. 兵三进一

黑方投子认负。

第3局　越南阮成保 胜 柬埔寨邱亮

阮成保1998年亚洲青年赛冠军，2006年越南全国运动会冠军。黑方棋手则属柬埔寨象棋国际大师，只是最近一年大学毕业后忙于研究生学业，无暇顾及棋艺训练，故本次比赛未能发挥自己的水准。

1. 炮二平五　马8进7　　　　2. 马二进三　车9平8

3. 兵三进一　卒3进1　　　　4. 车一平二　马2进3

5. 马八进九　卒1进1　　　　6. 炮八平七　马3进2

7. 车九进一　象3进5

至此形成五七炮对屏风马的基本布局定式，此时也可卒1进1，兵九进一，车1进5，车二进四，车1平4，车九平四，象7进5，车四进三，车4进1，双方另有攻守。

8. 车二进六　士4进5

此时补士乃疑问手。以往在国手对局中，黑方大多会选择车1进3，则车九平六，炮8平9，车二进三，马7退8，马三进四，士6进5，马四进三，马8进7，马三进一，象7进9，炮七退一，各有千秋。

9. 车九平六　马2进1　　　10. 炮七退一　车1进3

11. 车六进三　……

以上双方对弈都是谱着，此回合红方车六进三较少，多走马三进四与黑棋纠缠。

11. ……　　　卒1进1

进卒意义不大。黑方左翼车马炮三子被压制，无法开展反击，此时应该走炮8平9，车二平三，炮9退1，车三平四，车8进4，黑方两翼子力相对均衡，略处下风，仍可抗衡。

12. 马三进四　炮8平9

13. 车二进三　马7退8

14. 马四进三　马8进7（图46）

以上红方进攻的较有条理。此时黑方进马过于教条，应炮9平7，相三进一，马8进9，马三退四，马1进3，车六退二，马3进1，兵三进一，象5进7，形成十分混乱的局面，双方机会均等。

15. 炮五平三　炮9进4

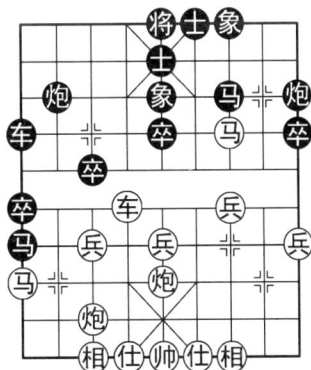

图46

16. 炮七平三　　士 5 退 4

黑退士败招！应炮 2 进 4 与红方对攻，谁胜谁负还很难预料。

17. 兵三进一　　士 6 进 5

黑方两步动士，实属无奈之举，虽暂时缓解了闷杀的危险，但 7 路压力很重，红优。

18. 兵三平四　　卒 5 进 1　　　　**19.** 相七进五　　炮 9 退 2

黑炮 9 退 2 又是一个不明显的软手，应选择激烈的马 1 进 3，伏卒 1 进 1 欺马的手段，黑可一战。

20. 仕六进五　　马 7 退 9

此时退马充分说明了第 14 回合马 8 进 7 的无理性，红方右翼攻势强大。此时可马 1 进 3，马三退一，马 3 退 5，后炮进六，炮 2 平 7，马一退二，马 5 进 7，车六平三，马 7 退 5，车三进三，马 5 退 6，黑虽少子，但有谋和机会。

21. 车六平三　　炮 2 退 1　　　　**22.** 后炮平二　　炮 9 平 8

至此，红方无论空间，还是子力及位置均占优，为最后胜利奠定了基础。

23. 兵四平三　　炮 8 退 2　　　　**24.** 炮二进四　　马 9 进 8

25. 炮三平二　　象 5 进 7　　　　**26.** 车三进一　　象 7 进 5

27. 马三进五　　马 8 退 6　　　　**28.** 马五进七　　将 5 平 6

29. 后炮平四　　……

平炮弃车胸有成竹，已算准可绝杀黑方，以下黑方的几步防御手法都属徒劳。

29. ……　　　　马 6 进 7　　　　**30.** 炮二退四　　炮 2 进 7

31. 马九退七

红胜。

第 4 局　　中国香港赵汝权 负 中国吕钦

中国香港棋王赵汝权多次取得全港冠军，在亚洲杯及世界锦标赛上也取得了很好的成绩，获得特级国际大师称号。吕钦特级大师在亚运会的选拔赛上发挥不佳，但是中国象棋协会考虑广东是东道主，因此特许吕钦参赛，这对吕特大也是一个难得的机会。

1. 炮二平五　马 8 进 7　　　**2.** 马二进三　车 9 平 8

3. 车一平二　卒 3 进 1　　　**4.** 车二进四　马 2 进 3

5. 兵七进一　卒 3 进 1　　　**6.** 车二平七　卒 7 进 1

以上形成老式的中炮进三兵布局，现在黑抢挺 7 卒是在这种布局上的新思想，意欲将此开局转化成古老的弃马陷车布局。

7. 马八进七　……

灵活的一手。如果红方刻意求战，走炮八平七〔另外还有兵五进一的下法，也是很有趣的变化，即：兵五进一，炮 2 退 1？（可考虑先走士 4 进 5，马八进七，炮 2 退 1，马七进五，红略先）兵五进一（炮八平七，炮 2 平 3，车七平八，马 3 进 4，车八平七，炮 3 进 6，马八进七，马 4 进 6，马三进五，车 1 平 2，车九进一，炮 8 进 7，黑方不差）炮 2 平 3，兵五进一，士 4 进 5，兵五平六，黑不好应付，红方大占优势〕，以下马 3 进 2，如车七进一，炮 8 进 2，车七平二，马 2 进 4，车二进二，象 3 进 5，车三退三，马 4 进 2，马八进九，马 2 进 4，帅五进一，炮 8 平 4，炮五进四，士 4 进 5，车三平四（如车三平六，则车 8 进 8，帅五进一，车 1 平 4，黑伏有下一招炮 4 平 5 的手段，占优）炮 2 进 6，马九进七，炮 4 进 5，车九进二，车 1 平 4，马七进八，马 4 进 3，红无法控制盘面形势，黑优势。

7. ……　　炮 2 退 1　　　**8.** 马七进六　士 6 进 5

9. 炮五平六　炮 2 平 3　　　**10.** 车七平八　象 7 进 5

11. 相七进五　车 8 平 6　　　**12.** 车九进一　马 7 进 8

13. 兵三进一　卒 7 进 1　　　**14.** 相五进三　卒 1 进 1

15. 相三退五　卒 5 进 1

敞开卒林线不好，造成盘面落后之状态。应走车 1 进 3，则红炮八进一后双方均势。

16. 马六进八　马 3 进 2　　　**17.** 车八进一　炮 3 进 3

18. 炮八平七　车 6 进 3　　　**19.** 炮六进三　马 8 进 7

20. 炮六退二　……

以上红方着法严谨，盘面红子位置生动灵活占优。如炮六进三，炮8平7，车八平九，象3进1，后车平二，车1进1，炮六退七，车1平4，黑足可抗衡。

20. ……	车6平7	**21. 车九平二**	马7退8
22. 车二平八	炮8平7	**23. 马三进二**	车7平6
24. 后车进三	马8进6	**25. 炮六退二**	炮7进2
26. 前车进一	车6平2	**27. 车八进二**	卒1进1
28. 马二进三	……		

略显急躁，把微小的优势送掉。可以考虑走炮七平九，车1进2，仕六进五，炮7进2，马二进一，炮7平1，马一进三，这样双方大致相当。

28. ……	马6退7	**29. 车八平三**	卒1进1
30. 炮六进五	炮3退1	**31. 炮六进二**	炮3平1

黑欲寻求复杂局面来制造机会，寻求胜机。此时黑如炮3退1，车三平九，车1平2，车九平八，车2平1，车八平九，车1平2，车九平八，按照亚洲象棋规则双方不变作和（谓之长献，即车并未受牵制，盖因情势不能去子而已）。

32. 相五进七　……

高相好棋！如红此时误走车三平七，士5进4，炮七进七，将5进1，炮七退二，将5平4，炮七平九，将4平5，车七平九，卒1平2，红反而处于劣势。

32. ……　　　　士5进6

黑此时升高士无奈。如炮1进1，红车三平九，以下象3进1，兵五进一！黑不好应付。

33. 炮七平五	卒1平2	**34. 兵五进一**	……

若仕六进五，炮1进3，兵五进一，炮1平9，兵五进一，车1进9，炮六退八，将5平6，车三平一，炮9平7，炮五平四，将6平5，相七退五，红形势也不错。

34. ……	卒5进1	**35. 车三退一**	卒5进1

36. 炮五进五　……

红送还一炮可惜，应车三进四，将5进1，车三退一，将5退1，炮五平四，炮1进6，仕六进五，车1进1，相三进五，卒5进1，相七退五，车1平3，车三平一，士6退5，炮六退六，虽然黑有点攻势，但红方也有机会。

36.　……　　　　　将5进1　　　　　**37. 车三平五**　……

如车三平六，车1进1，炮五退三，车1平4，车六平五，将5平6，炮五平四，炮1平6，车五进一，炮6进1，车五退一，炮6退1，车五退二，车4平5，车五进五，士4进5，炮四退二，将6退1，炮四平一，和棋。

37.　……　　　　　将5平4　　　　　**38. 炮五退四　炮1进6**

39. 仕六进五　卒2平3

黑做最后的赢棋努力。如果车1进5，车五平七，卒2进1，车七进三，将4进1，仕五进六，士4进5，车七退二，将4退1，车七进二，将4进1，车七退二，将4退1，不变作和。

40. 车五平六　将4平5　　　　　**41. 帅五平六　车1进3**

42. 相七退九　卒3进1　　　　　**43. 炮五退一　卒3进1**

44. 车六进三　……

红进车打将造成形势的变化，于己不利。红应车六平五，象3进5，相九进七，将5平6，炮五平四，将6平5，炮四平五，将5平6，炮五平四，将6平5，炮四平五，按亚洲规则立即成和。

44.　……　　　　　将5进1

如将5退1，车六进一，将5进1，车六退五，将5平6，炮五平四，将6平5，车六进四，将5退1，车六进一，将5进1，车六平七，车1平4，炮四平六，卒3平2，车七退四，互有顾忌，暂时形成动态平衡。在采用亚象联规则的情况下，容易成和。

45. 车六退五　士6退5　　　　　**46. 车六平七　车1平4**

47. 炮五平六　卒3平2　　　　　**48. 相三进五　车4平1**

即使走车4平2，车七进四，士5进4，炮六进七，将5退1，炮六平二，象3进1，车七退五，车2平4，车七平六，车4平8，炮二平三，车 8 进 3，车六平八，车 8 平 7，黑方也很难赢。

49. 相五进七	车 1 平 2	**50.** 炮六平四	车 2 平 4
51. 炮四平六	士 5 退 6	**52.** 相七退五	……

坏棋！应车七平五，以下将 5 平 6，车五平四，将 6 平 5，车四平五，将 5 平 6，车五平八，卒 2 平 3，车八平四，将 6 平 5，车四平五，将 5 平 6，车五平七，卒 3 平 2，车七平四，将 6 平 5，车四平八，形成和棋。

52. ……	车 4 平 1	**53.** 相五进七	车 1 平 2
54. 帅六平五	卒 2 平 3	**55.** 车七平五	将 5 平 6
56. 仕五进四	车 2 平 6	**57.** 仕四进五	将 6 退 1
58. 炮六进六	象 3 进 1		

以上一段红方防守严密，黑兵力不够，不能杀入。

59. 车五平七（图 47）　……

就在这关键的时候，红突然走出败着！红方以上一段精心调兵遣将所布置的后防线，就这样被自己这手棋撕得粉碎。应炮六平七，象 1 进 3，炮七平六，残局车不离中，还可以继续进行比较有效的防御。

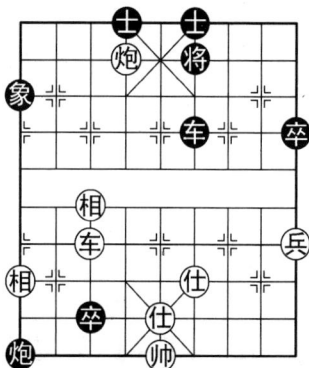

图 47

59. ……　　　　卒 3 进 1

黑立即抓住这难得的机会乘虚而入，红方已经不好防范了。

60. 仕五退六	车 6 平 5	**61.** 帅五平四	……

如仕四退五，则卒 3 平 4，帅五平六，车 5 平 4，帅六平五，车 4 退 2，黑得子后胜定。

61. ……	卒 3 平 4	**62.** 帅四进一	将 6 平 5
63. 炮六退六	炮 1 退 1	**64.** 炮六平五	车 5 平 8
65. 相九退七	车 8 进 5	**66.** 帅四退一	炮 1 进 1
67. 车七平五	将 5 平 6	**68.** 车五平四	将 6 平 5

至此，红方大势已去，认输。

第5局　中华台北马仲威 负 中国洪智

马仲威，中华台北名手，国际大师。洪智 2005 年获全国个人赛冠军，这次亚运会选拔赛获男子组冠军，直接取得参赛资格。

1. 炮二平五　马 8 进 7　　　　**2.** 马二进三　车 9 平 8

3. 车一平二　马 2 进 3　　　　**4.** 兵七进一　卒 7 进 1

5. 车二进六　象 3 进 5　　　　**6.** 马八进七　……

马仲威系台北名手，开中残水平都可与内地大师相媲美。此时进马稳健。

6. ……　　　炮 2 进 1

进炮有散手意味，意图把红方引领到不熟悉的布局套路里。黑方此时也有马 7 进 6 形成左马盘河的变例和炮 8 平 9 容易形成高车保马的阵势。

7. 炮八平九　卒 3 进 1　　　　**8.** 车二退二　炮 2 平 3

9. 车九平八　……

此时红方也可考虑马七进八，炮 3 进 2，炮五平八，炮 8 平 9，车二平四，炮 3 进 1，兵三进一，车 8 进 4，相七进五，双方平稳。

9. ……　　　炮 3 进 2　　　　**10.** 炮五平六　炮 8 平 9

11. 车二平四　炮 3 进 1　　　　**12.** 兵三进一　卒 7 进 1

13. 车四平三　马 7 进 6　　　　**14.** 相七进五　士 4 进 5

15. 兵一进一　……

进兵嫌缓，积极的走法是车八进三，炮 3 平 9，马三进一，炮 9 进 4，兵五进一，炮 9 退 2，车三进二，车 8 进 3，车三平二，马 6 退 8，车八进三，红势不弱。

15. ……　　　马 3 进 4　　　　**16.** 车八进三　炮 9 平 7

17. 马三进四　马 4 进 5　　　　**18.** 车三进二　马 5 进 3

19. 车八平七　马 3 进 2　　　　**20.** 炮九退一　车 8 进 5

21. 马四退三　车 8 平 9　　　　**22.** 车七平四　车 9 退 1

23. 车三平四　马 6 进 4　　　　**24.** 后车平六　卒 3 进 1

25. 炮六进二　　卒 3 平 4
26. 车六进一　　马 2 退 3
27. 车六退三　　车 9 平 5（图 48）

　　黑方通过以上几步子力交换，形成了多双卒的物质优势，且看"洪天王"如何完成"妙传"和"射门"。

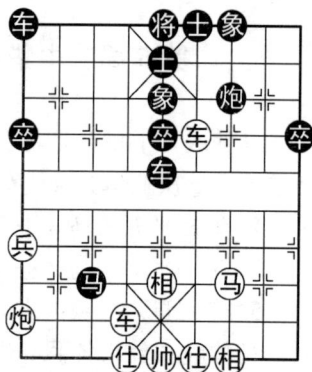

28. 马三进二　　卒 9 进 1
29. 炮九退一　　卒 9 进 1
30. 马二进四　　车 1 平 4
31. 车六平七　　马 3 退 4
32. 马四进二　　炮 7 平 8

图 48

33. 车七进二　　卒 1 进 1
34. 仕四进五　　车 5 平 2
35. 相五进七　　车 2 平 8
36. 相七退五　　车 8 平 2
37. 相五进七　　车 2 平 8
38. 相七退五　　车 4 进 2
39. 炮九进二　　马 4 退 2
40. 车七平三　　象 5 退 3
41. 炮九进三　　马 2 进 4
42. 炮九退一　　车 8 进 5
43. 车三平六　　卒 9 进 1
44. 马二退三　　车 8 退 3
45. 车六平二　　卒 9 平 8
46. 相五进七　　车 4 进 1
47. 相三进五　　炮 8 平 2
48. 炮九平八　　马 4 进 3
49. 炮八退二　　卒 8 平 7
50. 马三进二　　炮 2 平 4
51. 相五退七　　炮 4 平 3
52. 相七进五　　将 5 平 4
53. 兵九进一　　卒 7 进 1
54. 马二退四　　车 4 平 2
55. 炮八平九　　卒 7 进 1
56. 马四退二　　车 2 平 4
57. 马二退四　　卒 7 平 6
58. 马四退六　　马 3 进 4
59. 车四退五　　马 4 退 3
60. 车四进五　　炮 3 平 5
61. 兵九进一　　车 4 平 2
62. 相五退七　　将 4 平 5
63. 相七退五　　车 2 平 4
64. 兵九平八　　马 3 退 4
65. 马六进七　　车 4 平 1
66. 兵八平九　　车 1 平 3
67. 车四退二　　马 4 进 3
68. 兵九平八　　马 3 退 5
69. 兵八进一　　车 3 进 1
70. 炮九退一　　……

　　以上红方走法沉稳，显示出强大的中盘实力。此时变化不明智，应马七退五求和，则炮5进4，帅五平四，炮5进2，车四平七比较好。

70. ……　　马5进3

71. 炮九进八　象3进1	**72.** 车四退一　马3进5
73. 帅五进一　车3进1	**74.** 帅五平四　车3平2
75. 兵八平七　卒5进1	**76.** 车四平七　车2平6
77. 帅四平五　卒5进1	**78.** 兵七平六　将5平4
79. 兵六平五　炮5平8	**80.** 车七进六　将4进1
81. 车七退一　将4退1	**82.** 车七进一　将4进1
83. 车七退六　象7进9	**84.** 炮九平八　象9进7
85. 炮八退五　车6退1	**86.** 车七进五　将4退1
87. 车七退五　车6平2	**88.** 炮八退一　卒5平4
89. 炮八平九　炮8进3	**90.** 车七进三　将4平5
91. 车七平六　卒4平5	**92.** 炮九平一　车2进2
93. 炮一进一　炮8退3	**94.** 炮　进五　炮8退2
95. 炮一退三　卒5进1	**96.** 车六平八　车2平3
97. 车八平七　象1进3	**98.** 炮一平三　士5退4
99. 兵五平四　士6进5	**100.** 炮三进一　士5进4
101. 炮三平五　炮8进3	**102.** 车七进二　卒5平4
103. 炮五退二　车3进2	**104.** 帅五退一　炮8进1
105. 炮五进一　车3平6	**106.** 车七平四　炮8进2
107. 兵四进一　车6退5	**108.** 炮五退二　车6进2
109. 兵四平五　车6平5	**110.** 兵五平六　炮8退6
111. 兵六进一　炮8平6	**112.** 车四退三　车5平4
113. 兵六进一　炮6平4	

　　以上双方大打对攻战。由于黑方多士，有恃无恐，现多子多卒，形成胜势。

114. 车四平三　炮4进2	**115.** 车三平七　炮4平5
116. 相五退三　卒4进1	**117.** 车七进四　将5进1

118. 车七退一　将5退1　　　**119.** 车七退一　车4平5
120. 帅五平四　车5平6　　　**121.** 帅四平五　将5平6
黑胜。

第6局　越南赖理兄 胜 马来西亚黄运兴

1. 兵七进一　炮2平3　　　**2.** 炮二平五　炮8平5
双方以仙人指路对卒底炮转顺炮开局。这一路变化在国内的大赛中，近年是很少出现的，由于变化激烈，国内的棋手多愿选择相对稳健的象3进5的变化。

3. 马二进三　卒3进1
冲3卒双方立刻形成短兵相接的局面。黑方另有两种变化也很流行：①马8进7，车一平二，马2进1，炮八平六，车9进1，马八进七，车9平4，仕四进五，车1平2，车二进四，车4进5，马七进六，士4进5，大体均势；②马2进1，炮八平六，车1平2，马八进七，车2进6，车一平二，马8进7，车二进六，卒7进1，车二平三，车2平3，车九平八，士6进5，大体均势。

4. 车一平二　卒3进1　　　**5.** 马八进九　炮3退1
退炮是反弹力很强的下法，具体的战术构思是准备通过马2进3掩护3卒，强行突入红方腹地。

6. 炮八进六　车1进2　　　**7.** 车九平八　车1平3
8. 车二进四　马8进7　　　**9.** 炮五平八　……
好棋。对黑左翼施加了很大压力，看黑方如何应对。

9. ……　　　车3平2　　　**10.** 车二平七　……
这是红方炮五平八的后续手段。黑如车2退1吃炮，则炮八进七，车2进8，马九退八，车9进1，兵三进一，红方主动。

10. ……　　　炮5平3　　　**11.** 车七平六　象7进5
12. 兵九进一（图49）　……
逼迫黑方表态，从而奠定胜局。

12. ……　　　后炮进8　　　**13.** 车八平七　车2进5

14. 马九进八　车 2 平 7

15. 车七进七　车 9 进 1

通过以上交换，红四个大子围攻黑方左翼，且黑方马位不佳，凶多吉少。

16. 车七平六　士 6 进 5

17. 前车平八　车 9 退 1

18. 炮八平九　车 9 平 6

19. 马八进六　车 6 进 4

20. 车八进二　将 5 平 6

21. 仕六进五　车 7 退 1

22. 车八退六　卒 5 进 1

图 49

23. 炮九进一　象 5 进 3

24. 马六进七　将 6 进 1

25. 马七进六　……

马换双士巧妙入局，直接攻破了黑方的防线。

25. ……　　　士 5 退 4

26. 车六进五　卒 5 进 1

27. 车八进五

如接走将 6 进 1，则车八平三，黑方依然败势。

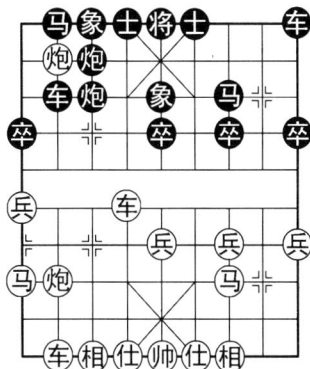

红胜。

第 7 局　中华台北吴贵临 胜 马来西亚黎金福

1989 年，时年 28 岁的台北棋王吴贵临就被称为台湾第一高手。在 20 年的弈棋生涯中，他练就了稳健细腻、防守严密的棋风，且战绩显赫，名震棋坛。1992 年，他被亚象联授予特级大师称号。曾经取得过世锦赛的亚军，2004 年代表四川队征战全国团体赛，为四川队升甲立下汗马功劳。马来西亚老将黎金福是本届亚运会象棋赛事中年龄最长的棋手，曾经于 1986 年取得马来西亚棋王争霸赛的冠军，2004 年再度取得这一赛事的冠军，宝刀不老。

1. 炮二平五　马 8 进 7

2. 马二进三　车 9 平 8

3. 车一平二　马 2 进 3

4. 兵七进一　卒 7 进 1

5. 马八进七　炮 2 进 4

双方以中炮七路马对屏风马右炮过河开局。黑方右炮过河，是一种积极主动的走法。

6. 兵五进一　……

冲中兵是近期流行的下法，把布局的选择权交给黑方，如果红方有意避开黑方双炮过河的变例，可走车二进四右车巡河，也是红方较为稳健的下法。

6. ……　　　象3进5

此时黑方如不象3进5而炮8进4，则形成了对攻激烈的双炮过河的变例。

7. 车二进六　士4进5

黑方补士，有意把局面引向弃马局的变例。

8. 兵九进一　……

进边兵，准备活通左车，可行之着。如车二平三，车1平4，车三进一，车4进6，则形成屏风马弃马局的常见变化。这一路变化双方攻守复杂，先手方不易控制局势的发展。因此，红方选择了兵九进一的下法。

8. ……　　　车1平4　　　9. 车九进三　车4进6

10. 马三退五　……

退中马，后中先的手段。如马七进八，车4平7，炮五进一，车7进1，车九平八，车7平4，仕四进五，车4退4，炮八平六，炮8平9，车二进三，马7退8，相三进五，炮9进4，炮五进三，炮9退1，兵五进一，炮9平2，车八进一，马3进5，兵五进一，车4平5，双方经过两次兑子交换，黑方多卒略好。

10. ……　　　车4平3

平车压马看似先手，实则车路不畅。不如先炮8平9，车二进三，马7退8，炮五进四，车4平7，炮五平三，车7平3，先把红方调离中路。以下红方如炮八退一，炮9进4，炮八平七，车3进1，车九平八，车3进1，车八平一，车3退3，大体均势。

11. 炮八退一　炮8平9

平炮兑车必走之着。

12. 车二进三　马7退8　　**13. 炮八平七　车3平7**

如车3平4，炮五进四，车4进2，车九平八，马3进5，炮七平九，马5进6，炮九进五，红方子力活跃，略优。

14. 炮五进一　炮2进2　　**15. 兵五进一　炮2平5**

16. 仕六进五　卒7进1　　**17. 兵五进一　马3进5**

18. 相七进五　……

至此，红方在黑方右翼集结重兵，虎视眈眈。

18. ……　　　　马8进7　　**19. 车九平八　……**

平车略缓，不如兵九进一，卒1进1，车九进二，占据骑河要道。

19. ……　　　　马7进6

黑方上马准备伺机交换掉红中炮，但忽视了上一手红方平车的目的，导致中路受牵制。不如炮9进4简明，以下车八进六，士5退4，炮五平一，车7平9，相五进三，马5进6，相三进五，马7进5，黑方易走。

20. 车八进六　士5退4　　**21. 炮五进二　……**

进炮顶马，好棋。

21. ……　　　　车7平4　　**22. 炮七平九　车4退2**

23. 炮五退二　马6进5　　**24. 马七进五　车4进2**

25. 马五进三　车4平1　　**26. 炮九平六　……**

正着。如先走马三进二，士6进5，炮九平六，车1平7，红马的位置欠佳。

26. ……　　　　马5进7　　**27. 车八退三　炮9平7**

28. 马三进五　车1平5　　**29. 马五进七　车5退3**

30. 兵七进一　……

送兵巧着，解除了红方车马被牵的被动局面。

30. ……　　　　象5进3（图50）

黑方此时更简明的走法是炮7进1，以下炮六平九，象5进3，炮九进五，象7进5，兵九进一，车5平4，马七进八，车4平2，马八退六，将5进1，马六退八，炮7平1，兵九进一，马7进6，和势。

31. 马七进八　士6进5

32. 车八平五　　马7退5

33. 马八退九　　……

交换以后，红方仅多一个边兵，略占优势。

33. ……　　　　象3退5

34. 炮六进五　　马5进7

35. 炮六平二　　炮7平8

空着。应象5退3，马九进七，卒9进1，炮二退一，炮7平9，兵九进一，象7进5，马七退六，炮9进4，和棋。

图 50

36. 马九退八　　象5进3　　　　　**37.** 马八进六　　士5进4

支士随手，还应炮8平9较好。

38. 马六进四　　士4进5　　　　　**39.** 兵九进一　　象7进5

40. 兵九平八　　炮8退1　　　　　**41.** 马四退三　　……

退马先护住边兵的同时又盯着黑方边卒，一举两得，老练之着。

41. ……　　　　炮8平7　　　　　**42.** 炮二平三　　象3退1

43. 兵八进一　　象1退3　　　　　**44.** 兵八平七　　士5退4

45. 仕五进六　　士4退5　　　　　**46.** 仕四进五　　士5进6

红方边兵不除，终是隐患。应炮7平9，以下炮三平二，卒9进1，炮二退一，炮9平7，马三退五，马7进6，炮二进三，马6退7，兵七进一，卒9进1，兵一进一，马7进9，黑方尚可坚持。

47. 马三进五　　士6退5　　　　　**48.** 兵七平六　　炮7平9

49. 马五退三　　炮9平7　　　　　**50.** 帅五平四　　士5进6

51. 马三进五　　炮7平6　　　　　**52.** 帅四平五　　士6退5

53. 炮三进二　　炮6进4　　　　　**54.** 相五进三　　炮6退5

55. 马五退七　　炮6平9

应卒9进1，以下兵六平七，炮6平9，炮三平一，卒9进1，兵一进一，炮9进5，马七进六，炮9退3，黑方可战。

56. 炮三平一　　将5平6　　　　　**57.** 马七退五　　卒9进1

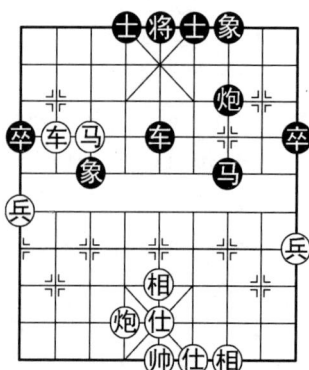

58. 马五进四　将6平5　　　**59.** 兵六平五　士5进6

60. 相三进五　士4进5

　　黑方准备利用"60回合自然限着"的棋规谋和，因此把大量的棋步花费在调整士象的防守的位置上，坐视红兵长驱直入。此时应先炮9平6，马四退六，士4进5，兵五平六，卒9进1，兵一进一，马7进9，黑方仍有谋和的机会。

61. 兵五平六　将5平4　　　**62.** 兵六平七　将4平5

63. 兵七进一　象5进3　　　**64.** 兵七进一　卒9进1

65. 兵一进一　炮9进5　　　**66.** 兵七平六　……

　　红兵已经冲到下二路，卡住黑方将门，黑方防守压力顿增。

66. ……　　　炮9退1　　　**67.** 马四进六　马7退5

68. 兵六平七　炮9退1　　　**69.** 马六退五　象3进1

70. 仕五进四　马5退7　　　**71.** 炮一平二　炮9退2

72. 马五进六　马7进9　　　**73.** 炮二退五　炮9平6

　　黑方不能炮9平3吃兵，交换以后，形成马炮仕相全例胜马士象全的残局。

74. 炮二平八　马9进7　　　**75.** 相五进七　将5平6

76. 炮八进六　炮6进6　　　**77.** 马六退四　马7退9

78. 马四进二　炮6退4

　　改走马9退8较为顽强。以下炮八退三，炮6平7，兵七平六，象3退5，炮八平四，将6平5，炮四平五，象1进3，黑方防守阵型较为工整。

79. 兵七平六　炮6平2　　　**80.** 帅五平四　将6进1

81. 炮八退一　炮2平6　　　**82.** 帅四平五　象3退5

83. 炮八退七　马9进8

　　不如象1进3，保持双象的联络，红方一时也没有好的办法入局。

84. 炮八平四　马8退7　　　**85.** 炮四进四　马7进6

86. 马二进三　马6退4　　　**87.** 马三退一　马4退3

88. 马一退二　马3进4　　　**89.** 马二进三　马4退3

90. 马三退二　马3进4　　　**91.** 马二进一　马4退3

92. 马一退二　马3进4　　　**93.** 马二进三　马4退3

94. 炮四平一　士5进4

如士5退4，则马三进二，将6退1，炮一进四，象5退7，炮一平三，红方仍然得象。

95. 马三进二　将6退1　　　**96.** 炮一进四　象5退7

97. 炮一平三　……

得象以后，黑方败定。

97. ……　　　马3进4　　　**98.** 炮三退三

黑方投子认负，红胜。

第8局　中国香港陈振杰 胜 菲律宾蔡世和

陈振杰，香港名手，曾经取得过全港赛的冠军。在2010年第四届全国体育大会上，首轮曾逼和等级分第一名的蒋川大师，棋力可见一斑。蔡世和，菲律宾名手。

1. 炮二平五　炮8平5　　　**2.** 马二进三　马8进7

3. 车一平二　车9进1　　　**4.** 马八进七　车9平4

5. 兵七进一　……

双方以顺炮直车对横车开局，临场陈振杰选择了相对冷僻的进七兵。近年来大陆棋坛较为流行进三兵，视情况可演变成更富有攻击性直车两头蛇变例。

5. ……　　　马2进3　　　**6.** 车二进四　……

高车巡河是陈振杰比较喜欢的应着。如兵三进一，车1进1，则形成常见的顺炮直车两头蛇对双横车的阵型。

6. ……　　　车4进5　　　**7.** 相七进九　……

飞相守攻兼顾。另有车九进二，车1进1，车二平六，车1平4，车六进四，车4退5，炮八进二，卒7进1，马七进六，车4进3，炮五平六，车4平2，炮八进三，炮5平2，车九平七，象7进5，马六进七的走法，红方先手。

7. ……　　　　卒 1 进 1

挺边卒准备大出车，从布局的节奏来看，稍缓。应该加快大子出动速度，可走炮 2 平 1 或车 1 进 1 较好。

8. 车二平六　车 4 平 3　　　**9. 车九平七　卒 1 进 1**

10. 兵九进一　车 1 进 5

黑车虽然占据红方巡河线，但是活动空间不大，暂时发挥不出效率。

11. 炮八退一　卒 3 进 1　　　**12. 炮八平九　车 1 平 2**

13. 炮九平四　卒 3 进 1　　　**14. 车六平二　……**

平车好棋，犹如武侠小说中的太极神功——以柔克刚。如车六退二，马 3 进 2，炮四平七，车 2 进 1，炮七进二，卒 3 进 1，黑方保留过河卒及 2 路车，红方明显处于下风。

14. ……　　　　马 3 进 4　　　**15. 炮四进二　炮 2 平 3**

16. 炮四平七　卒 3 进 1　　　**17. 车二平八　马 4 进 2**

18. 车七平八　马 2 进 3

交换以后，红方保留一车显然更易控制局势。

19. 车八进九　马 3 退 5

20. 车八平七　炮 3 平 4（图 51）

败着。黑方可能在形势判断方面出现偏差，错误地认为，这个棋怎么下都是和棋。此时，黑方正确的走法应马 5 进 7，炮五进五，再炮 3 平 4，以下车七退二，象 7 进 5，车七平六，将 5 进 1！黑方虽然委屈一点，但有机会谋和。

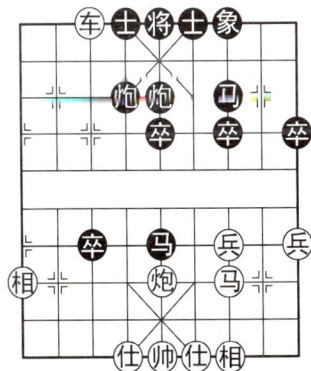

图 51

21. 马三进五　炮 5 进 4　　　**22. 仕四进五　卒 3 平 4**

应卒 7 进 1 活通左马，伺机消灭红兵较为顽强。

23. 帅五平四　象 7 进 5　　　**24. 车七退五　士 4 进 5**

25. 车七平六　炮 5 平 9

改走卒 4 平 3 为好，以下车六平五，卒 3 平 4，兵一进一，卒

7进1，较实战顽强。

26. 炮五进五　　将5平4　　　　**27.** 兵三进一　　卒4平3

28. 炮五平四　　炮9平6

如士5进6，车六进三，将4平5，车六平四，马7退9，车四退一，红方大优。

29. 炮四进一　　马7退9　　　　**30.** 炮四平二　　马9进8

31. 车六平七　　炮4平6　　　　**32.** 帅四平五　　前炮平5

33. 相三进五　　士5进4　　　　**34.** 车七进五　　将4进1

35. 车七平四　　炮6平7　　　　**36.** 帅五平四　　炮7平5

37. 车四退三　　卒5进1　　　　**38.** 车四退一　　……

也可兵三进一，红方胜势。

38. ……　　　　卒5进1　　　　**39.** 车四平二　　后炮进1

40. 兵三进一　　卒7进1　　　　**41.** 车二进一　　后炮退3

42. 车二退二　　将4平5　　　　**43.** 车二进一　　前炮平6

44. 车二平三　　卒5进1　　　　**45.** 相九退七　　卒3平4

黑方虽然双卒联手，但是九宫空虚，防守困难。

46. 车三进三　　将5进1　　　　**47.** 车三退一　　将5退1

48. 车三平六　　卒9进1　　　　**49.** 车六平一　　卒9进1

50. 车一退三　　……

红方又吃掉黑方一士一卒，已是例胜残局。

50. ……　　　　炮6退2　　　　**51.** 炮二退七　　炮6平5

52. 车一平四　　前炮进1　　　　**53.** 仕五进六　　将5进1

54. 仕六进五　　将5退1　　　　**55.** 相五进三　　将5进1

56. 炮二进三　　前炮退1　　　　**57.** 相三退五　　前炮平4

58. 车四进一　　炮4退1　　　　**59.** 相五进三　　将5退1

60. 相三退一　　炮4平3　　　　**61.** 仕五退六　　炮3进2

62. 炮二平六　　炮3退2　　　　**63.** 相七进九　　炮3平8

64. 车四退一　　炮8进1　　　　**65.** 炮六平八　　炮8平7

66. 炮八进二　　炮7平4　　　　**67.** 车四进四　　将5进1

68. 车四退二　　将5退1　　　　**69.** 炮八平五　　炮4平5

70. 车四进二　将 5 进 1　　　　　**71.** 车四退三　前炮进 1

72. 炮五退一　将 5 退 1　　　　　**73.** 车四进三　将 5 进 1

74. 车四退四

退车以后，黑方只能续走后炮进 4，则车四平五，又捉死一炮，黑棋放弃抵抗，投子认负。

第 9 局　中国澳门李锦欢　胜　柬埔寨赖才

澳门棋王李锦欢是拥有特级国际大师称号的棋手，多次代表澳门参加全国团体赛以及全国个人赛，具有丰富的比赛经验。李锦欢棋风稳健，中残局缠斗能力很强。柬埔寨棋手近年来参加国际比赛很多，棋力增长很快。

1. 兵三进一　马 2 进 3

双方以仙人指路对起马开局。这类布局灵活多变，注重后半盘的较量。

2. 兵七进一　……

红方挺起两头蛇，也是正常的走法。另有马二进三下法也非常流行。举一例：马二进三，卒 3 进 1，相七进五，象 7 进 5，车一进一，马 8 进 6，马八进六，车 9 平 7，炮八平九，卒 7 进 1，车九平八，马 3 进 4，大体均势。

2. ……　　　　　　马 8 进 9

跳边马形成单提马阵型，很少见的走法。海外棋手对于布局研究程度不如国内棋手研究的精深。在国内流行的下法主要有两种：炮 8 平 7 和炮 2 平 1，双方另有攻守。

3. 马二进三　象 3 进 5

如车 9 进 1，马八进七，象 3 进 5，相三进五，卒 7 进 1，兵三进一，车 9 平 7，马三进四，车 7 进 3，车一平三，车 7 进 5，相五退三，士 4 进 5，炮八平九，车 1 平 2，车九平八，炮 2 进 4，兵一进一，红方先手。

4. 马八进七　车 1 进 1　　　　　**5.** 炮八平九　车 1 平 4

6. 车九平八　　炮2平1　　　　　**7. 马三进四　　炮8平6**

坏棋。应炮8平7，以下车一平二，车9平8，炮二进四，卒7进1，兵三进一，象5进7，黑方可以抗衡。现在平炮被红方巧妙利用，局势处于被动。

8. 炮二平四　　……

兑炮好棋。黑炮给3路马生根，如果接受交换以后，红方存在车八进七捉双的手段，大占优势。

8. ……　　　　炮6平7

无奈，退让一手。

9. 车一平二　　车9进1

应走车9平8，以下车二进九，马9退8，相七进五，马8进9，车八进七，炮1退1，炮九进四，卒5进1，马四进五，马3进5，炮九平五，士6进5，车八退二，车4进2，车八平五，炮1进2，马七进六，车4进2，炮五平九，象5退3，黑方尚可周旋。

10. 车八进六　　炮1退2

可以考虑先走车9平7，以下相七进五，士4进5，车八进一，马3退4，车八进二，卒5进1，黑方尚可坚持。

11. 车二进七　　车9平7　　　　**12. 相七进五　　炮1平3**

13. 仕四进五　　卒7进1　　　　**14. 兵三进一　　象5进7**

15. 马四进二　　……

缓着。可以考虑炮九进四，马3进1，车八平九，炮7平4，车九平七，象7退5，车二退一，车4平2，车二平五，红方大优。

15. ……　　　　炮7平4

16. 车二平四　　象7退5

17. 车四退二　　马9进7

18. 马七进六　　炮4进2（图52）

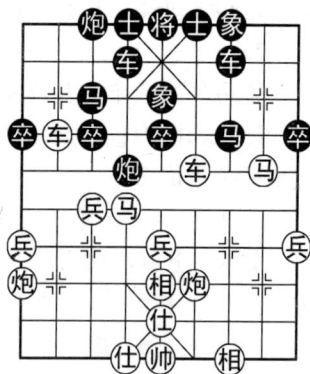

图52

败着。应马7进8，车四退一，马8进7，车四进一，士4进5，马六进七，炮4进4，黑方局势尚可。

19. 马二退四　炮4退1　　　　　**20.** 车八进一　士6进5

如马7进8，车四平二，炮4进6，马六进四，马8退6，车二平四，炮4平1，车四进四！将5进1，车四退三，红方胜势。

21. 车八平七　炮4进6

通过以上几个回合的较量，红方子力占优。黑方不坐以待毙，炮轰底仕，战斗打响了。

22. 马六进五　炮4平1　　　　　**23.** 炮四退二　……

退炮不给黑方底线进攻的机会，稳健。如车四平三，车4平2，车三进一，车2进8，仕五退六，车7平8，炮四平二，车2退2，相五退七，车2平1，炮二平一，车1平4，马四退五，车4退4，车七平八，车8进8，红方有顾忌。

23. ……　　　　　车4平2　　　　　**24.** 炮四平九　车2进8

25. 仕五退六　马7进8　　　　　**26.** 车四平六　马8进6

不如车2平1简明。黑方此时贪功心切，进马急攻未果，导致形势急转直下。试举一例：车2平1，炮九进四，车1退3，车七退一，车1进2，马五退六，车7进5，车八平二，车1平6，车七平三，马8进7，仕六进五，车6平5，帅五平六，车7退3，马四进三，车5平2，黑方尚可一战。

27. 马四退二　车2平1　　　　　**28.** 炮九进四　车1退3

29. 车七退一　车1平5　　　　　**30.** 马二退四　车7进7

31. 仕六进五　车5平1　　　　　**32.** 车七平六　……

黑方弃子以后展开大规模的进攻，但子力有限，红方有惊无险，此招车七平六为黑方设下了一个隐蔽的陷阱。

32. ……　　　　　车1进3

改走马6进8较为顽强。

33. 后车退五　车1退1　　　　　**34.** 前车退五　车1退5

如车1平4，车六进一，马6退7，车六进五，红方优势。

35. 马五进七

黑车必失，投子认负，红胜。

第二轮　2010 年 11 月 14 日于广州

第 10 局　柬埔寨邱亮 负 中华台北马仲威

红方邱亮是来自柬埔寨的高手，黑方马仲威则是国际特级大师。此轮将上演一场激烈的战斗！

1. 兵七进一　马 8 进 7　　　**2.** 马八进七　卒 7 进 1

3. 炮二平三　……

双方以仙人指路对起马局开局，红此着除炮二平三外还有车九进一、相三进五等变化。

3. ……　马 2 进 3　　　**4.** 炮三进三　马 7 进 6

5. 马二进一　炮 8 平 5　　　**6.** 相七进五　炮 2 平 1

7. 车九平八　……

除此着外，可考虑炮三退一，给黑车的出动制造些麻烦。

7. ……　马 6 进 5　　　**8.** 马七进六　……

如马七进五，炮 5 进 4，仕六进五，车 9 进 1，车一平二，车 1 平 2，炮八进二，车 9 平 4，黑方易走。因此红方选择左马盘河，不让黑方中炮发出来。

8. ……　车 9 进 2　　　**9.** 车一进一　车 9 平 7

10. 炮三平八　车 7 进 2　　　**11.** 前炮退一　卒 3 进 1

12. 兵七进一　车 7 平 3

至此黑方子力灵活，对红方左翼造成了不小的威胁。相比之下，红方子力较为散乱，黑方获得了布局的成功。

13. 车一平二　炮 1 进 4　　　**14.** 车八平九　炮 1 退 2

15. 仕六进五　车 3 进 2　　　**16.** 车九平七　……

败着。应马一退三，马 3 进 4，前炮进三，炮 5 平 4，车二进三，炮 4 进 3，车二平六，车 1 进 2，前炮进一，车 1 平 2，后炮平六，车 2 退 1，炮六进三，红方尚可周旋。

16. ……	车 3 进 3

17. 相五退七	炮 1 进 5

18. 相七进五	马 3 进 4
19. 前炮退一	车 1 进 1
20. 仕五进四	车 1 平 3 (图 53)

黑方势如破竹，红方左翼的弱点已暴露，只能顽强死守，但在黑方强有力的攻势下，终将难逃一劫，看黑方如何入局。

21. 车二平九	车 3 进 8
22. 帅五进一	车 3 平 4
23. 马六退四	马 5 进 3
24. 马四退六	车 4 退 2

图 53

白吃一子，红投子认负。如不走马四退六，改走帅五平四，黑炮 5 平 6！也已成败势。

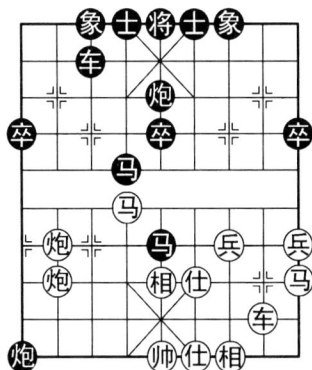

第 11 局　菲律宾洪家川　负　越南阮成保

1. 炮二平五	马 8 进 7	**2.** 马二进三	车 9 平 8
3. 车一平二	马 2 进 3	**4.** 兵三进一	卒 3 进 1
5. 马八进九	卒 1 进 1	**6.** 炮八平七	马 3 进 2
7. 车九进一	象 3 进 5		

双方以五七炮进三兵对屏风马开局。黑方补 3 象属"柔性防御"，其意图是暂不打开边线而准备车入卒林，防守之中伺机反击。

8. 车九平四	……

平车过宫较为冷僻的下法。常见走法有两种：①车二进六，车 1 进 3，车九平六，炮 8 平 9，车二进三，马 7 退 8，炮七退一，双方形势复杂，另有攻守；②马三进四，车 1 进 3，车九平六，马 2 进 1，炮七退一，炮 8 进 5，马四进三，炮 8 平 1，车二进九，炮 1 平 3，炮七平九，马 7 退 8，马三进四，士 4 进 5，马四进二，车 1

平 2，黑方稍好。

8. …… 士 4 进 5　　　**9. 车二进六** 车 1 平 4

10. 仕四进五 马 2 进 1　　　**11. 炮七退一** ……

退炮被黑方利用。应炮七平六较为工整。

11. …… 炮 2 进 5

12. 马三进四（图 54） ……

败着。应车四进七，车 4 进 8，仕
五进六！车 4 平 3，炮五平八，炮 8 平
9，炮八进四，车 3 平 7，车二进三，
马 7 退 8，炮八平三，车 7 进 1，车四
退八，车 7 平 6，帅五平四，红方尚可
周旋。

12. …… 车 4 进 8

13. 炮五平三 炮 2 平 3

平炮叫杀巧手，红方必失一子。

图 54

14. 炮七平九 车 4 平 3　　　**15. 相七进五** 车 3 平 1

16. 炮三平七 车 1 退 1　　　**17. 炮七平六** 炮 8 平 9

兑车稳健，缓解左翼压力。此时黑方如车 1 平 3，炮六进四，
马 1 进 2，炮六平七，卒 7 进 1，兵三进一，象 5 进 7，车四进二，
车 3 平 2，马四进六，车 2 退 4，炮七进二，炮 8 平 9，车二平三，
车 2 退 1，马六进四，黑方虽然保持多子优势，但红方有一定的攻
势，黑棋有所顾忌。

18. 车二进三 马 7 退 8　　　**19. 车四平二** 马 8 进 7

20. 车二进六 炮 9 进 4

弃还一子，加快进攻节奏。

21. 车二平三 炮 9 进 3　　　**22. 相三进一** 炮 9 平 4

平炮打仕冷着，红方又深陷困境。

23. 相五退七 ……

红方另有两种走法：①车三退一，炮 4 平 1，黑方三子归边，
大优；②仕五退六，车 1 平 4，车三退一，马 1 进 2，仕六进五，

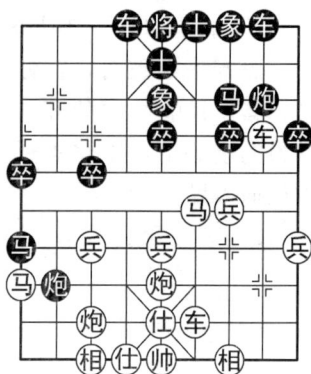

车4平1，仕五退六，车1进2，相五退七，车1平3，黑方大优。

  23. …… 车1平3   **24.** 炮六进一 炮4退1

  黑方利用红车位置较差，不能及时回防，再度设计弃子取势，着法强硬。

  25. 炮六平九 车3进2   **26.** 仕五退六 炮4平1

  27. 马四进六 ……

  如帅五进一，车3退1，帅五进一（帅五退一，炮1进1，黑方可抽吃一炮），车3退2，炮九退一，车3进1，黑方仍可抽吃红炮。

  27. …… 炮1进1   **28.** 车三退一 ……

  如帅五进一，车3平4，马六进四，卒1进1，炮九退一，车4退2，炮九退一，将5平4，车三退一，卒1进1，黑方大优。

  28. …… 车3退3   **29.** 仕六进五 车3进3

  30. 仕五退六 卒1进1   **31.** 炮九退二 车3退1

  32. 仕六进五 车3平1

  得失子后，黑方车炮卒三子配合，红方已是很难抵抗了

  33. 车二平五 车1平4   **34.** 马八进四 卒1进1

  35. 车五平八 将5平4

  出将助攻好棋。

  36. 仕五进四 卒3进1   **37.** 兵五进一 卒3进1

  38. 车八进三 将4进1   **39.** 车八退一 将4退1

  40. 车八进一 将4进1   **41.** 车八退四 卒3进1

  42. 兵五进一 车4进1   **43.** 帅五进一 车4退1

  44. 帅五退一 卒3进1   **45.** 车八平六 车4退4

  46. 兵五平六 ……

  兑车以后，红方九宫单仕单相，防守困难。

  46. …… 卒9进1   **47.** 兵三进一 卒9进1

  48. 兵三进一 ……

  红方过兵于事无补。

  48. …… 卒9进1   **49.** 相一进三 卒9平8

黑方三卒如三箭齐发，红方败势。

50. 马四退五　卒 1 平 2　　　　**51.** 兵六进一　卒 2 进 1

52. 仕四退五　卒 2 平 3　　　　**53.** 帅五平四　卒 8 进 1

54. 仕五进六　卒 8 平 7　　　　**55.** 帅四进一　前卒平 4

56. 兵三平四　炮 1 退 1　　　　**57.** 帅四退一　卒 7 进 1

58. 帅四平五　卒 7 平 6

红方认负。

第 12 局　马来西亚黄运兴 胜 中国澳门郭裕隆

1. 兵七进一　炮 2 平 3　　　　**2.** 炮二平五　炮 8 平 5

3. 马二进三　马 2 进 1　　　　**4.** 炮八平六　车 1 平 2

双方以仙人指路对卒底炮还中跑开局，此招黑方还有车 9 进 1，马 8 进 7 等变化。

5. 马八进七　马 8 进 7　　　　**6.** 车一平二　车 2 进 6

7. 马七进六　车 2 平 4

8. 马六进五　车 4 进 1

9. 马五进七　卒 7 进 1（图 55）

黑方可考虑炮 5 进 5，相七进五，卒 1 进 1，伏有车 4 退 5 追马的手段。红多兵，黑子力灵活，成两分之势。

10. 仕六进五　车 4 退 5

11. 马七退九　车 4 进 3

12. 车二进六　马 7 进 6

13. 车二平三　车 9 平 8

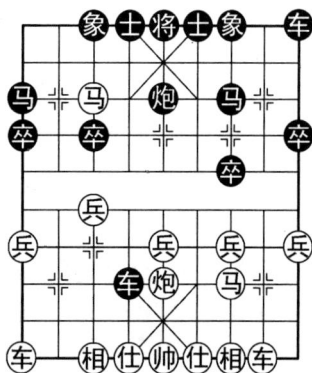

图 55

此着黑误以为能将红右马捉死，让红方的物质优势扩大为三兵，红方大优！看红方如何解救右马。

14. 车三退一　炮 5 进 5　　　　**15.** 相七进五　车 4 平 6

16. 兵三进一　车 6 进 3　　　　**17.** 车九进二　……

黑方竹篮打水，且双马位置呆板，红多兵，基本锁定胜局。

17. ……　　　　　车 8 进 6　　　　**18.** 车九平六　象 7 进 9

19. 车三进一　马 6 退 5　　　　**20.** 车三进一　车 8 平 7

21. 车六进六　象 9 退 7　　　　**22.** 马九进七　马 1 退 3

23. 帅五平六　士 6 进 5　　　　**24.** 车三进二　车 6 退 8

25. 车三退二　……

红方一系列的组合拳，将优势转化为胜势，再通过子力交换，黑已无还手之力。

25. ……　　　　　车 6 进 4　　　　**26.** 车三平五　车 6 平 4

27. 车六退三　马 3 进 5　　　　**28.** 车六平五

大势已去。黑不愿做无谓的抵抗，投子认负。

第 13 局　菲律宾蔡世和　负　马来西亚黎金福

1. 炮二平五　马8进7　　　　**2.** 马二进三　车9平8

3. 车一平二　卒 3 进 1　　　　**4.** 兵三进一　马 2 进 3

5. 马八进九　象 7 进 5　　　　**6.** 车二进六　……

双方以中炮进三兵对屏风马进 3 卒布阵。此时红方进车不合时宜。如想还原成五七炮阵型可走炮八平七，也可车九进一升横车，待机而动。

6. ……　　　　　车 1 进 1

升横车正确。如炮 2 进 1，炮八平七，马 3 进 2（卒 7 进 1，车二退二，卒 7 进 1，车二平三，马 7 进 8，车九平八，炮 8 进 1，兵五进一，红先），马三进四，士 4 进 5，马四进三，红方先手。

7. 车九进一　……

不如炮八平六稳健，以后保留出车九平八的先手。

7. ……　　　　　车 1 平 4　　　　**8.** 车九平四　卒 1 进 1

挺卒限制红马边，局部来说是一个先手，从全局来看稍缓。不如炮 2 进 1，车二退二，炮 2 进 1，马三进四，车 4 平 6，黑方易走。

9. 车四进三　车 4 进 6　　　　**10.** 炮八进二　……

进炮空着。不如炮八进四，马 3 进 4，车四进四，士 6 进 5，仕四进五，车 4 退 2，炮五平六，车 4 平 7，相三进五，车 7 平 2，炮八平三，双方变化复杂，互有顾忌。

10. ……　　　　马 3 进 4　　　　**11. 车四平五** ……

坏棋。应车四退二，士 6 进 5，马三进四，马 4 进 5，车二退三，马 5 进 3，仕六进五，车 4 退 2，炮八进二，车 8 平 6，车二进四，车 4 平 6，炮五进五，象 3 进 5，车四平七，红方局势尚可。

11. ……　　　　卒 3 进 1　　　　**12. 车五平七　车 4 平 2**

13. 马三进四　马 4 进 5

黑方在得子与得势之间选择，临场没有选择得子，而是选择马 4 进 5 吃中兵。这手棋黑方过于乐观地估计形势，不如马 4 进 2，马四进六，马 2 进 1，相七进九，车 8 进 1，黑方得子大优。

14. 马四进五 ……

绝地反击的一手好棋。

14. ……　　　　马 7 进 5

黑方不能马 5 退 3 吃车，否则马五进三红方大优。

15. 炮五进四　士 6 进 5　　　　16. 车七平五　马 5 进 4

17. 仕六进五 ……

红方渡过危机，双方大体均势。

17. ……　　　　车 8 平 6　　　　**18. 车五平六** ……

改走车二退三更为稳健。

18. ……　　　　马 4 退 3

这里黑方少走一个次序，应先走车 6 进 3，炮五退一（车六退三，车 2 退 2，炮五退四，车 2 平 7，黑优），再马 4 退 3，这样黑左车位置得到改善。

19. 车六平七　马 3 进 4　　　　20. 车七退三　马 4 退 5

21. 炮八平五　车 6 进 5　　　　22. 前炮退三　车 6 平 5

23. 炮五退一　车 2 退 1　　　　24. 车七进二　车 2 平 3

25. 马九进七　车 5 平 3　　　　26. 车二平一 ……

平车坏棋，虽然有底线叫杀的先手，但是红车被自己的边兵困住，位置欠佳，不如车二退三，先守一着，仍是均势局面。

26. ……　　　炮8平6　　27. 马七退六　……

如马七退九，车3进4，仕五退六，车3退2，马九退八，车3进1，仕四进五，炮2进3，马八进九，车3退1，车一进三，炮6退2，马九退八，车3进1，炮五进二，炮2平7，黑方大优。

27. ……　　　车3进3　　28. 马六进五　车3进1

29. 仕五退六　车3退3　　30. 车一进三　炮6退2

31. 马五退三　……

只能退马先避开黑方车炮抽将的手段。

31. ……　　　车3平7　　32. 马三退一　炮2进3

33. 车一平二　炮2平5　　34. 仕六进五　车7平1

35. 帅五平六　车1平4　　36. 帅六平五　车4平7

37. 马一进二　……

如车二退四，车7平1，车二平六，车1平9，黑方优势。

37. ……　　　象5退7　　38. 车二退四　车7平2

39. 帅五平六　炮6进8

进炮叫杀，好棋。

40. 仕五进六　象3进5　　41. 马二进四　……

坏棋，改走车二平四较顽强。以下炮6平3，马二进一，炮3退6，马一进三，炮3平4，车四平六，红方尚可周旋。

41. ……　　　车2进3

42. 帅六进一　车2平5

43. 车二平六（图56）　……

败着。临场红方用时紧张，无暇细算，应车二平五。举一例：车二平五，炮5平4，马四退六，象5退3（车5平6，帅六平五，炮6平7，车五退一，炮4平1，炮五平二，红方可战），车五平六，炮4平5，马六进四，象7进5，车六平五，炮5平4，马四

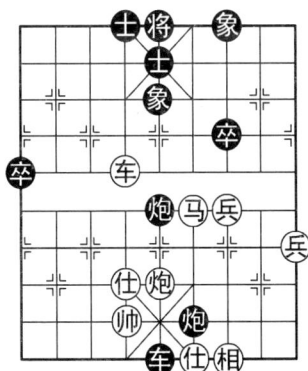

图56

退六，红方尚可坚持。

43.……　　　炮5平7　　　　**44.** 炮五平三　车5退4

45. 马四进三　……

速败。如相三进一，车5平6，相一进三，卒7进1，相三退五（车六平九，卒7进1，炮三平五，炮6平7，车九退二，车6进3，帅六退一，车6进1，帅六进一，炮7平9，黑胜势），炮6平7，炮三平二，车6进3，帅六退一，车6进1，帅六进一，卒1进1，黑方大优。

45.……　　　炮7进4

红方失子。如逃马，则炮7退1，以后有车5平1的绝杀手段，红方投子认负。

第14局　柬埔寨赖才 负 中国香港赵汝权

1. 炮二平五　马2进3　　　　**2.** 马二进三　车9进1

3. 马八进九　车9平4　　　　**4.** 仕四进五　……

补仕稍缓，不如炮八平七有针对性。以下车1平2，车九平八，马8进9，车八进六，车4进6，炮七退一，象3进5，仕四进五，车4退2，炮五平六，炮2平1，车八平七，红方先手。

4.……　　　马8进9

至此，双方形成中炮缓开车对单提马的阵型。香港棋王赵汝权对单提马素有研究，多次在大型比赛中使用，并取得了不错的成绩。

5. 车一平二　车4进4

进骑河车控制红方河口，骑河车的主要作用是控制红方三、七兵，并有限制红马的功能。这里黑方如车4进3，炮八平七，卒9进1，车二进六，车1平2，车九平八，士4进5，车八进六，炮8平6，车八退二，红方稍好。

6. 炮八平七　炮8平6　　　　**7.** 车九平八　车1平2

8. 车八进六　……

红方进车必然，否则黑方炮2进4封车，红方左车被限制，而右车也没有好的位置好占，阵型很不舒展，黑方的空间优势明显。

8. ……　　　卒1进1　　　　**9.** 兵七进一　……

改走车二进五更有控制力。

9. ……　　　象3进5　　　　**10.** 兵三进一　士4进5

11. 车二进五　……

此时再走车二进五就不合时宜了。黑方可以顺势吃掉七兵掩护3卒，红方无先手。可以考虑炮五平四，车4平3，相三进五，车3退1，车二进三，炮2平1，车八进三，马3退2，兵五进一，大体均势。

11. ……　　　车4平3　　　　**12.** 炮七进一　炮2平1

13. 车八进三　马3退2　　　　**14.** 车二平八　马2进4

15. 车八平六　……

捉马随手，应炮五平六，调整阵型。黑如走车3平7，则相三进五，车7退1，车八进一，各有千秋。

15 ……　　　马4进？

16. 炮五进四（图57）　……

红方形势判断有误，临时炮打中卒是一步败着。不如相三进一补一手，不给黑方平车吃兵的机会。举一例：相三进一，炮1进4，炮五进四，车3退1，车六退一，车3平5，炮五平一，红方可战。

16. ……　　　车3平7

17. 马三退一　车7退1

18. 炮五退一　……

如车六平三，卒7进1，相三进五，炮1进4，黑优。

18. ……　　　马9退7　　　　**19.** 兵五进一　马7进6

20. 车六退一　车7进1

红方中兵是黑方打击的重点。此时黑棋也可炮1进4，炮七退

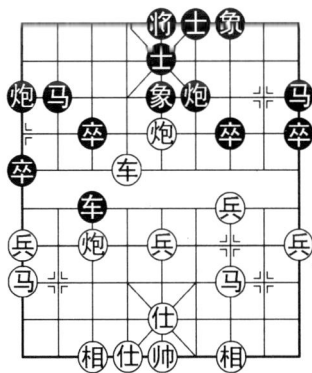
图 57

一，炮1退1，马九进七，炮1平5，马七进五，车7平5，马五退六，马2进3，黑方大优。

21. 炮七进一　车7进1　　　**22.** 炮五进一　车7平9

23. 马一进三　车9平7　　　**24.** 马三退一　炮6平9

25. 相三进一　马2进3　　　**26.** 兵五进一　马3退5

红方中炮是黑方最为顾忌之处，交换简明。红方失去中炮以后，攻击力大减。

27. 兵五进一　马6退7　　　**28.** 车六进二　卒3进1

29. 炮七平五　……

改走炮七退二较为顽强。黑如炮1进4，则相七进五，车7平2，炮七平六，较实战顽强。

29. ……　　炮1平3　　　**30.** 相七进五　……

如车六平七，车7平5，兵五进一，车5退1，兵五进一，士6进5，车七进一，炮9平5，黑方胜势。

30. ……　　车7平5　　　**31.** 炮五平三　马7进8

32. 炮三退一　炮9进5　　　**33.** 兵五进一　象7进5

34. 车六平三　马8进9　　　**35.** 马九退八　炮9平5

36. 帅五平四　……

面对黑方的攻击，红方已经方寸大乱，出帅如雪上加霜，不如仕五进六顽强。

36. ……　　车5平6　　　**37.** 炮三平四　马9退7

38. 车三平七　炮3平4　　　**39.** 马八进七　炮4进6

40. 马一退三　车6平7

如续走马三进一，炮4平3，炮四平三，车7平6，炮三平四，马7进5，黑方伏有马5进6，仕五进四，车6进1，帅四平五，车6进1，马一进三，炮3进1绝杀的手段，黑胜。

第15局　日本所司和晴 负 中国香港陈振杰

1. 炮二平五　炮8平5　　　**2.** 马二进三　马8进7

3. 车一平二　卒7进1

不出横车而先进7卒通左马，构成缓开车布局定式。这一布局最早出现在20世纪60年代，70年代经东北棋手的改进，流行于棋坛。

4. 马八进七　……

国内棋手此时多走兵七进一，待黑方马2进3后再走马八进七，这样红方在下一回合多了一个炮八平七的选择。

4. ……　　马2进3　　　**5.** 兵七进一　炮2进4

右炮过河窥兵压马，牵制红方右车，一举两得。这是辽宁棋手1973年在上海、哈尔滨、沈阳三城邀请赛上最先弈出来的。

6. 马七进八　……

红起外马是对马七进六的改进，含有封车之意。

6. ……　　　炮2平7

国内流行着法是车9进1，起横车支援右翼。这手棋最早是在1976年沪穗邀请赛时，朱永康曾走炮2平7，经棋手们研究认为此时打兵，从战略上说大子缓出不可取。而后1991年全国个人赛上河北李来群再次启用这路变化，红棋应以仕四进五或相三进五，红棋结果不太理想。几经研究，红方找到最佳应对方法那就是车九进一！

7. 车九进一　……

果然，红方走出车九进一的最强应着。

7. ……　　　车9平8　　　**8.** 车二进九　炮7进3

9. 仕四进五　马7退8　　　**10.** 车九平六　炮5平9

不补士而平炮是近年改进的着法。

11. 车六进三　……

如兵五进一，象3进5，兵五进一，士4进5，兵五进一，马3进5，车六进四，马8进7，黑方可战。

11. ……　　　马8进7　　　**12.** 车六平二　象3进5

13. 车二退四　……

退车正着。如先走炮八退一，则卒7进1，车二退四，卒7进

1，车二平三，卒 7 进 1，车三进二，马 7 进 6，黑方易走。

13. ……　　炮 7 退 1　　　　**14. 车二进一**　　炮 7 进 1

15. 炮五平七　卒 7 进 1　　　　**16. 相七进五**　卒 7 进 1

17. 相五退三　卒 7 进 1　　　　**18. 兵七进一**　……

送兵好棋，使黑方 3 路马成为一个弱点。

18. ……　　象 5 进 3　　　　**19. 车二进六**　马 3 退 5

20. 炮八平三　……

软着。应马八进七，黑方有两种走法：①车 1 平 2，炮八平三，马 7 进 6，马七进六，车 2 进 1，马六退五，象 3 退 5，炮七平五，红方先手；②马 7 进 6，马七进六，马 5 进 4，车二平四，马 6 进 5，车四退四，马 4 进 3，马六退四，将 5 进 1，马四退六，炮 9 平 4，炮七平五，马 3 进 2，车四平五，红方先手。

20. ……　　马 7 进 6　　　　**21. 马八进六**　车 1 进 2

兑车稳健，否则红方子力灵活，进攻节奏较快。

22. 车二平九　象 3 退 1　　　　**23. 炮七平五**　炮 9 平 2

24. 仕五退四　马 5 进 7

至此，黑方稳住阵脚，稍占优势。

25. 兵五进一　马 6 进 4　　　　**26. 马六进四**　炮 2 退 1

27. 炮三进七　士 6 进 5　　　　**28. 炮五平二**　士 5 进 6

29. 炮三平一　炮 2 平 7　　　　**30. 马四进二**　将 5 进 1

31. 相三进一　马 4 进 5

不如马 7 进 8 较好。以下马二退三，马 8 进 7，炮一退一，将 5 退 1，炮二进七，马 7 进 9，马三进四，炮 7 平 6，炮一进一，将 5 进 1，炮一退一，将 5 退 1，炮二退六，马 4 进 2，黑方进攻速度较快。

32. 炮一退一　将 5 进 1　　　　**33. 帅五进一**　马 5 进 7

34. 帅五平六　前马退 6

35. 炮二平四（图 58）　……

顶马保守，有被对方牵着走的感觉。应马二进一，炮 7 平 8，炮二进五，马 6 退 8，相一进三，马 8 退 7，兵九进一，卒 3 进 1，相三退五，红方易走。

35. …… 　　　炮 7 平 4

36. 帅六平五 　马 7 进 8

37. 马二进三 　炮 4 平 7

平炮把红马压在底线，红方双炮一马受限，黑方大优。

38. 帅五平六 　士 6 退 5

39. 炮一平二 　马 6 退 7

40. 炮四进三 　……

速败。应炮二退二，马 7 进 5，炮四平五，马 8 进 9，仕六进五，红方不致失子，造成局势崩溃。

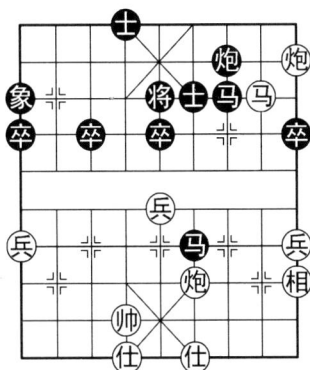

图 58

40. …… 　　　马 7 退 6 　　　**41. 炮二退一** 　马 6 退 7

得子后，红子缺兵少将（少一大子），且帅位欠佳，黑方胜势。

42. 炮四平三 　炮 7 平 6 　　　**43. 炮二平九** 　炮 6 进 3

44. 兵九进一 　马 7 进 6 　　　**45. 炮三进一** 　士 5 退 6

46. 炮三平七 　将 5 退 1 　　　**47. 炮七平一** 　马 8 进 7

红方虽然连扫双卒，应着顽强，但是黑方双马炮位置已经调整好，准备对红方发起最后一击。

48. 炮一平九 　马 7 退 5 　　　**49. 相一进三** 　马 5 进 3

50. 帅六平五 　马 6 进 5 　　　**51. 帅五退一** 　马 5 进 6

52. 仕六进五 　马 3 进 2

也可炮 6 平 5，帅五平六，马 3 进 2，帅六进一，炮 5 平 4，仕五进四，马 2 退 4，帅六平五，马 4 进 3，帅五平六，马 6 进 4，绝杀。

53. 前炮平六 　……

如前炮平三，炮 6 平 5 绝杀。

53. …… 　　　马 6 进 7

绝杀。

第16局　越南赖理兄 和 中华台北吴贵临

1. 兵七进一　　马8进7

用进马应对仙人指路，是一种锋芒内敛、可刚可柔的走法。

2. 兵三进一　……

红方挺起两头蛇，充分发挥挺兵制马的作用。

2. ……　　　炮2平5

还架中炮较为少见。国内多流行炮8平9和炮2平3两种应法。简要给棋友介绍一下这两种下法：①炮8平9，马二进一，马2进1，炮二平三，象7进5，车一平二，车1进1，相七进五，车1平4，马八进七，车4进3，大体均势；②炮2平3，马八进九，象3进5，车九平八，车9进1，炮二平三，马2进4，炮三进四，马4进6，马二进三，红先。

3. 马二进三　马2进3　　　　**4.** 炮八平六　车1进1

5. 马八进七　……

红方先手成反宫马阵式，稳健。

5. ……　　　车1平4　　　　**6.** 仕四进五　车9进1

7. 相三进五　车9平6

黑方双车占肋，虎视眈眈。红方阵型厚实，各有千秋。

8. 车九平八　卒5进1

挺卒活马，必走之着。

9. 车八进三　……

先护住兵林线，以后待机兑中兵，活通车路。如炮二进二，车4进5，马七进六，卒7进1，马六进七，卒7进1，马七退五，车4退2，马五退三，马7进5，黑方满意。

9. ……　　　炮8进4　　　　**10.** 兵五进一　炮5进3

11. 马三进二　……

如车八平二，车4进6，马三进四，车4退4，红马被捉，黑方易走。

11. ······ 炮 8 平 6　　**12.** 炮二平四　炮 6 平 3

13. 车八平七　炮 5 平 8　　**14.** 兵七进一　卒 3 进 1

15. 车七进二　······

可以考虑先走车一平二，炮 8 退 4，车七进二，红方双车位置更为灵活。

15. ······ 马 7 进 5　　**16.** 车七平五　······

平车不如车七进一更有牵制力，以下黑方有两种应法：①卒 5 进 1，车一平二，炮 8 退 4，车二进七，车 6 平 5，炮六进四，红方先手；②车 6 进 5，车一平二，炮 8 进 1，马七进八，车 6 平 1，炮六进四，红先。

16. ······ 炮 8 退 3　　**17.** 炮六进五　······

进炮强行交换。

17. ······ 车 4 进 1　　**18.** 车五进一　炮 8 平 5

19. 车五退三　马 3 进 4　　**20.** 车五平六　马 4 退 2

21. 车六平五　车 4 进 2　　**22.** 车一平四　······

平车有力，伏有炮四进四或炮四进二以后有强立中炮的手段。

22. ······ 马 2 退 4　　**23.** 炮四进二　······

改走炮四进四平更为准确。以下车 6 平 3，马七进八，车 4 进 1，马八退九，马 4 进 3，车五进二，红方易走。

23. ······ 车 6 平 3　　**24.** 马七进八　车 4 进 1

25. 车五平六　车 4 平 2（图 59）

黑方这样交换显然吃亏。应车 4 进 1，马八退六，士 4 进 5，炮四进二，车 3 进 8，炮四平五，车 3 退 6，车四进六，车 3 平 4，马六进七，将 5 平 4，马七进六，炮 5 进 5，仕五进六，车 4 退 1，黑优。

26. 车六进四　士 4 进 5

27. 车六退一　车 3 进 8

28. 炮四平五　车 3 退 3

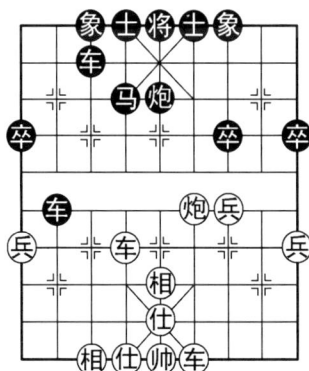

图 59

29. 炮五进二　　车 2 进 1

联起霸王车稳健。如车 3 平 9，车四进五，车 9 进 3，仕五退四，车 2 进 2，车四平五，红方易走。

30. 车四进四　　车 3 平 4　　　　　**31.** 帅五平四　　车 4 平 6

32. 车四退一　　车 2 平 6

兑车以后，局势平稳。

33. 帅四平五　　车 6 平 9　　　　　**34.** 兵九进一　　车 9 平 1

35. 车六平九　　将 5 平 4　　　　　**36.** 车九平六　　炮 5 平 4

双方同意和棋。

第 17 局　　中国吕钦 和 新加坡吴宗翰

1. 炮二平六　　炮 8 平 5　　　　　**2.** 马二进三　　马 8 进 7

3. 车一平二　　……

双方以过宫炮对中炮开局。红方另一选择是相三进五，车 9 平 8，仕四进五，马 2 进 3，车一平四，另有攻守。

3. ……　　　　车 9 进 1

临场吴宗翰改变了一下行棋的次序。以往多走马 2 进 3，兵七进一，车 9 进 1 或走炮 2 平 1，黑方多了一种选择。

4. 马八进七　　车 9 平 4　　　　　**5.** 兵七进一　　马 2 进 3

6. 仕六进五　　车 1 进 1　　　　　**7.** 车二进四　　……

近期流行的走法是兵三进一，车 4 进 5，炮六平四，卒 5 进 1，相七进五，马 3 进 5，马三进四，卒 5 进 1，马四进五，马 7 进 5，炮四进一，无论黑方车 4 退 2 或是车 4 进 2，下着红方都可走兵五进一，红方稍好。

7. ……　　　　车 4 进 5　　　　　**8.** 炮六平四　　车 1 平 6

另有卒 5 进 1 的下法，以下炮八进二，马 3 进 5，相七进五，车 1 平 6，车九平六，车 4 进 3，帅五平六，相持局面，接近均势。

9. 相七进五　　卒 5 进 1　　　　　**10.** 炮八进四　　炮 5 进 1

兑炮简化局面，红如炮八平五，马 3 进 5，车九平八，炮 2 平

5，黑方仍可保留中炮。黑方另一种较为积极的下法是卒 5 进 1，车二平五，马 7 进 5，车五平三，卒 7 进 1，炮八平五，马 3 进 5，车三平一，车 6 进 2，黑方易走。

11. 炮八退二　……

果然吕钦不愿接受兑子，退炮求变。

11. ……　　车 6 进 5　　**12. 车二平四**　……

也可走马七进六，车 6 平 7，炮四进一，车 4 进 2，炮四退二，车 4 退 2，车二退二，车 7 平 9，炮四平三，红方稍好。

12. ……　　车 6 退 1　　**13. 炮八平四**　炮 5 进 3

14. 车九平八　炮 2 平 1

15. 车八进五　卒 3 进 1（图 60）

软着。可以卒 5 进 1，前炮进一（前炮平三，炮 5 平 1，车八平五，士 6 进 5，车五退一，卒 7 进 1，黑方易走），马 3 进 5，兵三进一，象 3 进 5，黑优。

16. 车八平七　马 3 进 5

17. 车七平八　炮 5 平 1

18. 前炮平三　卒 5 进 1

19. 炮四进四　……

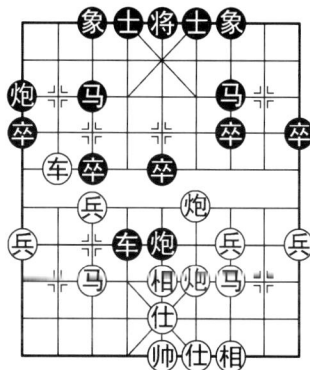

图 60

进炮强行交换，双方必然进行兑子简化。

19. ……　　前炮平 7　　**20. 炮三进三**　炮 7 退 4

21. 车八平五　炮 7 进 5　　**22. 车五进一**　炮 1 平 5

23. 炮四退四　……

退炮稳健。如马七进八，卒 5 进 1，兵七进一，车 4 平 2，马八进六，卒 5 进 1，马六进五，卒 5 进 1，帅五进一，象 3 进 5，黑方易走。

23. ……　　卒 5 平 6　　**24. 车五平三**　炮 7 平 8

软着。不如卒 6 进 1，车三退四，卒 6 进 1，车三平四，车 4 平 3，马七退六，炮 5 平 2，马六进八，车 3 进 2，马八进九，炮 2

平 5，黑方优势。

25. 炮四平三　　象 7 进 9　　**26.** 车三平二　　炮 8 退 1
27. 炮三进三　……

以上两个回合，红方通过巧妙捉炮，摆脱了被动局势。

27. ……　　炮 5 进 3　　**28.** 炮三平五　　车 4 退 2
29. 车二退三　　车 4 平 5　　**30.** 车二进三

和棋。

第 18 局　中国洪智 胜 中国澳门李锦欢

1. 兵七进一　　卒 7 进 1　　**2.** 炮八平五　　马 2 进 3
3. 马八进七　　车 1 平 2　　**4.** 车九平八　　马 8 进 7
5. 马二进一　　卒 9 进 1　　**6.** 炮二平三　　马 7 进 8
7. 车一进一　　马 8 进 9

双方由对兵局转面反向的五七炮进三兵对屏风马的阵型。黑方踏边兵，意在扰乱红方阵型。

8. 炮三进三　……

进炮打卒先得实惠，这是国内非常流行的下法。此时如炮三退一就显得过于教条了。举一例：炮三退一，车 9 进 3，车一平二，炮 8 平 9，兵五进一，象 3 进 5，车八进六，车 9 平 6，炮三进四，车 6 平 7，炮三平四，士 4 进 5，黑方阵型工整，易走。

8. ……　　车 9 进 3　　**9.** 车一平四　……

抢占肋线，阻止黑方走车 9 平 6。如车八进六，车 9 平 6，车一平二，炮 8 平 6，仕四进五，象 3 进 5，车二进三，炮 2 平 1，车八进三，马 3 退 2，马七进六，马 2 进 4，黑方可以抗衡。

9. ……　　车 9 平 7　　**10.** 炮三平六　……

如炮三平四，车 7 平 8，车八进六，炮 8 平 7，马一退三，士 4 进 5，马七进六，马 9 进 8，炮四平三，象 7 进 5，炮三退一，卒 9 进 1，红方子力受困，黑优。

10. ……　　车 7 进 1　　**11.** 炮六退三　　车 7 平 4

12. 仕四进五　马9退8

黑方通过对红方孤炮的打击，调整子力位置。

13. 兵七进一　……

弃兵及时，活通左马。如车八进六，象3进5，车四进六，炮8进1，炮五平三，炮2平1，车八进三，马3退2，车四进一，士6进5，车四平二，炮8平6，黑优。

13. ……　　　　车4平3　　　　**14.** 马七进六　象3进5

15. 马六进五　车3平4　　　　**16.** 车八进四　……

改进的着法。如车八进六，炮2平1，车八平七，红车位置欠灵活。

16. ……　　　　炮2平1　　　　**17.** 车八平三　……

这就是红车进六与进四的区别所在。

17. ……　　　　士4进5　　　　**18.** 马五退六　车4平3

19. 马六进四　车3平4

正确。如车2平4，车三进二，车4进6，马四进六，红方优势。

20. 车三进二　车2进5　　　　**21.** 车三平七　……

如马四进六，车2平6，车四进三，马8进6，车三平四，炮8退1，黑方可以抗衡。

21. ……　　　　马8进6

可以考虑车1平6兑车较为稳健。

22. 马四进六　马6进5

23. 马六进七（图61）　……

也可车四进四，先抢占要点。以下车4进2，马六进七，车4退5，马七退九，车2退3，车七平九，马3进2，相三进五，马2退1，马一进二，红大优。

23. ……　　　　车4退3

24. 马七退九　车2退3

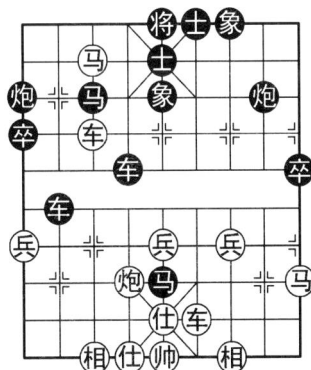

图61

25. 相七进五　卒9进1

26. 兵三进一　……

准备放弃左马，因为黑车吃掉红左马以后，位置欠佳，因此，洪智决定活通右边马，加快进攻节奏。

26. ……	车 2 平 1	**27.** 车四平二	炮 8 平 6
28. 马一进三	车 4 进 3	**29.** 马三进一	车 4 平 9
30. 马一退三	车 1 平 2	**31.** 马三进五	车 9 平 5

无奈，否则红方马五进六黑棋不好应付。

32. 炮六平七	马 3 退 2	**33.** 车二进五	卒 1 进 1
34. 车二平五	车 2 进 2	**35.** 车五退一	车 2 平 5
36. 兵三进一	……		

红方已经取得了两个兵的物质优势，没有必要急于发动进攻，此时顺势过兵扩大先手。

36. ……	炮 6 进 4	**37.** 车七平四	炮 6 平 1
38. 车四退一	车 5 平 6	**39.** 兵三平四	……

兑车以后，形成马炮双兵仕相全对马炮卒士象全的残局。由于黑方边卒位置欠佳，因此黑方防守的压力还是很大的。

39. ……	马 2 进 3	**40.** 马五进六	马 3 进 4
41. 兵五进一	士 5 进 4	**42.** 马六进四	将 5 进 1
43. 兵五进一	马 4 进 3	**44.** 马四退二	炮 1 退 1
45. 马二进三	炮 1 平 6	**46.** 相五退七	马 3 退 5
47. 兵五平六	炮 6 进 1	**48.** 兵四平五	炮 6 退 4
49. 相三进五	马 5 退 7	**50.** 相五进三	炮 6 平 7
51. 炮七平二	……		

也可先走炮七平三，卒 1 进 1，兵六进一，将 5 平 4，炮三平六，马 7 进 5，炮六进五，红方得士，胜定。

51. ……	将 5 平 4	**52.** 兵六进一	马 7 进 9
53. 炮二进六	将 4 退 1	**54.** 炮二进一	将 4 进 1
55. 炮二平四	……		

这样红方也得一士，双方形成马炮双兵仕相全对马炮卒单缺士的残局，红方取胜难度不是很大，以下解说略。

55. ……	马 9 退 8	**56.** 马三进一	马 8 进 7
57. 炮四退五	卒 1 进 1	**58.** 兵五进一	炮 7 进 2
59. 炮四进一	马 7 退 5	**60.** 马一退三	炮 7 进 2
61. 仕五进六	象 5 进 7	**62.** 马三退二	象 7 进 5
63. 仕六进五	士 4 退 5	**64.** 马二退三	马 5 进 6
65. 炮四平六	士 5 进 4	**66.** 兵六进一	将 4 平 5
67. 帅五平四	炮 7 平 8	**68.** 兵六平五	

红胜。

第三轮 2010年11月15日于广州

第19局 中华台北吴贵临 和 中国吕钦

1. 炮二平五　马8进7　　　**2.** 马二进三　车9平8

3. 车一平二　马2进3　　　**4.** 马八进七　……

吴特大选择马八进七给黑方选择三七卒的机会，除此外还有兵三进一、兵七进一、马八进九等变化。

4. ……　　卒3进1　　　**5.** 车二进四　炮8平9

6. 车二进五　马7退8　　　**7.** 兵三进一　象3进5

8. 车九进一　马8进7　　　**9.** 车九平六　炮2进2

10. 兵五进一　士4进5　　　**11.** 马七进五　车1平4

12. 车六进八　将5平4

开局阶段接连兑掉双车，双方准备斗马炮功夫，使局面推向平稳。

13. 兵七进一　卒7进1　　　**14.** 兵七进一　象5进3

15. 炮八平七　马3进4　　　**16.** 兵三进一　马4进5

17. 马三进五　炮2平7

18. 兵五进一　卒5进1

19. 炮五进三　炮9进4（图62）

通过子力交换，黑方获得多一卒的优势，但是因兑子过多，想赢棋也很困难。

20. 炮七平六　象7进5

21. 马五进六　将4平5

22. 炮五退四　炮7平5

23. 相七进五

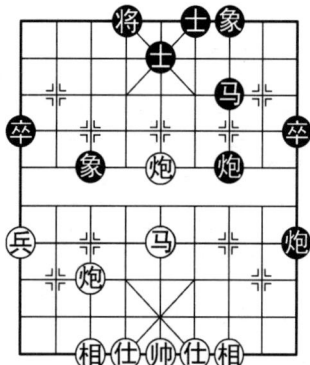

图62

飞相对炮，黑如避兑则给红马很大的活动空间，如果兑掉，红则将黑1路卒灭掉，双方均势，议和。

第20局 中国香港赵汝权 和 中华台北马仲威

1. 炮二平五	马8进7	**2.** 马二进三	车9平8
3. 车一平二	卒7进1	**4.** 车二进六	马2进3
5. 兵七进一	象3进5	**6.** 马八进七	炮2进1
7. 炮八平九	卒3进1	**8.** 车二退二	炮2平3

至此，还原成中跑对屏风马两头蛇的布局定式，双方应着均准确无误。

9. 车九平八	炮3进2	**10.** 炮五平六	炮8平9
11. 车二平四	士4进5	**12.** 相七进五	炮3进1
13. 兵三进一	卒7进1	**14.** 车四平三	马7进6
15. 兵一进一	马3进4	**16.** 车八进三	炮9平7

近几个回合双方均围绕黑方右翼的炮进行攻守转换，你争我夺，这也是决定本局胜负的关键！

17. 兵九进一 ……

如马三进四，黑有马4进5踏中兵的手段，把局势搅乱，红方没便宜。

17. ……	车1平3
18. 炮九进四	卒3进1
19. 炮六退一	卒3平2
20. 车八退一	炮7进5
21. 车三退二	卒2平1
22. 车三平四	马6进5
23. 马七进五	马4进5（图63）

通过子力交换，黑方谋得双兵的优势，红方则集结重兵于黑右翼，双方各有千秋。

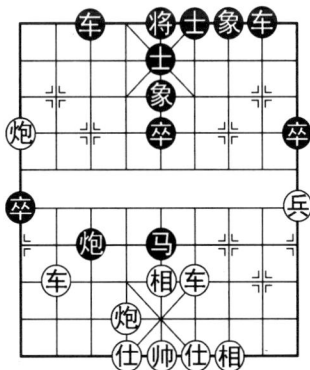

图63

24. 炮六平九　车 8 进 4

可考虑走卒 1 平 2 将卒弃还，可避免黑右车受困。

25. 前炮进三	士 5 退 4	**26.** 前炮平八	马 5 退 4
27. 车八进五	炮 3 平 5	**28.** 炮九平五	炮 5 进 2
29. 仕四进五	士 6 进 5	**30.** 车四进六	车 8 进 1
31. 车八进一	马 4 退 3	**32.** 车八平七	车 3 平 2
33. 车七退一	车 8 平 9	**34.** 车七平五	车 2 进 3
35. 帅五平四	车 9 平 6	**36.** 车四退四	象 7 进 5
37. 车四平九	……		

形成车双卒对车仕相全，理论上是例和况且此时残局，黑卒过河无望，和定。

37. ……	车 2 进 1	**38.** 车九平五	车 2 平 6
39. 帅四平五	卒 5 进 1	**40.** 车五平一	

和棋。

第 21 局　中国澳门郭裕隆 和 柬埔寨邱亮

1. 炮二平五	炮 8 平 5	**2.** 马二进三	马 8 进 7
3. 车一平二	车 9 进 1	**4.** 马八进九	……

双方顺炮直车对横车布局，红方除马八进九外，还有马八进七和兵三进一等变化。

4. ……	车 9 平 4	**5.** 仕四进五	车 4 进 7
6. 车二进六	卒 1 进 1	**7.** 车二平三	车 4 平 2
8. 炮八平六	士 4 进 5	**9.** 炮六进二	炮 5 平 4
10. 炮五进四	马 7 进 5	**11.** 车三平五	炮 4 平 7
12. 车五平三	象 3 进 5		

通过以上交换，红方虽谋得一卒，但黑方子力灵活，红方左翼子力呆滞。黑方足可抗衡。

13. 兵七进一	车 2 退 1	**14.** 相三进五	马 2 进 1
15. 炮六平四	马 1 进 2（图 64）		

黑马 1 进 2 是个不明显的软手，使红方左翼解放了。可车 1 平 4 进一步控制。

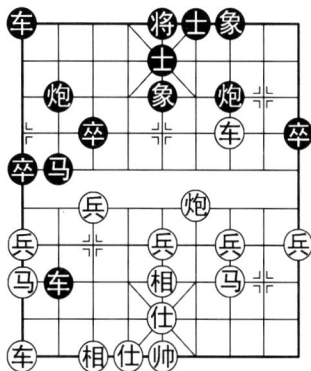

图 64

16. 车九平八　车 2 进 2
17. 马九退八　炮 2 进 7
18. 车三进一　马 2 进 3
19. 炮四平五　炮 2 退 6
20. 车三平二　车 1 平 4
21. 车二退二　炮 2 进 4
22. 马三退二　马 3 退 5
23. 兵五进一　车 4 进 6

通过大规模子力的交换，基本呈现出和势。

24. 车二平八　炮 2 退 1	25. 马二进四　炮 2 平 7
26. 马四进二　炮 7 平 8	27. 车八平九　车 4 平 7
28. 车九平二　炮 8 平 1	29. 兵一进一　士 5 进 6
30. 兵五进一　士 6 进 5	31. 兵五进一　车 7 退 2
32. 车二退二　炮 1 退 4	33. 车二平九　炮 1 平 3
34. 车九进三　卒 3 进 1	35. 车九进一　炮 3 退 2
36. 兵五进一　象 7 进 5	37. 车九平五　卒 3 进 1
38. 车五平七　炮 3 平 4	

如接走车七退三，卒 9 进 1，兵一进一，车 7 平 9，双方议和。

第 22 局　柬埔寨赖才 和 日本所司和晴

1. 炮二平五　马 8 进 7	2. 马二进三　车 9 平 8
3. 车一平二　卒 7 进 1	4. 车二进六　马 2 进 3
5. 兵七进一　炮 8 平 9	

双方以中炮进七兵过河车对屏风马平炮兑车开局。黑方平炮兑车，迫使红方表态，是较常见的着法。另有马 7 进 6（左马盘河）、车 1 进 1（右横车）等着法。

6. 车二进三　……

接受兑车，意味着红方的先手效率有所降低，如车二平三平车压马，则局势较为紧张。红方选择兑车，意图在一个平稳的局面下，徐图进取。

6. ……　　马7退8　　**7. 马八进七　炮2进4**

黑方也可以走马8进7，马七进六，象3进5，炮八平七，车1平2，车九平八，炮2进6，大体均势。

8. 马七进六　炮2平7　　**9. 相三进一　车1平2**

10. 炮八平七　马8进7　　**11. 车九进一　车2进5**

进骑河车是黑方当前局面下不错的选择。如车2进4，炮七进四，象3进5，红方可以车九平四，稍好。

12. 炮七进四　象3进5　　**13. 车九平七　士4进5**

14. 兵五进一　……

冲中兵准备捉马，待机盘活右马，正确。

14. ……　　车2退1　　**15. 车七进二　车2平4**

16. 马六退七　……

退马正着，如果选择车七平三交换，则车4进1，以后红方中兵或七兵必失其一，黑骑河车的效率很高。

16. ……　　马7进6　　**17. 炮七平一　炮9平8**

如卒7进1，相一进三，炮9平7，马三退一，后炮平8，仕四进五，炮8进7，炮五平三，黑方没有便宜。

18. 车七平八　……

也可以兵七进一，车4平3，车七进二，象5进3，双方交换，均势。

18. ……　　车4进3（图65）

实战中黑方行棋次序欠佳。应先走炮8进4，车八退一（车八退三，炮7平3，仕六进五，马6进7，黑方子力活跃，黑优），卒7进1，仕四进五，马6退7，兵五进一，车4

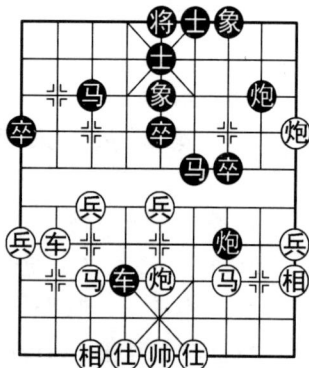

图65

平 5，炮一平二，车 5 平 6，黑优。

19. 马七进八　卒 7 进 1　　　　　**20.** 相一进三　炮 8 进 4

21. 车八退二　马 6 进 5

进马兑子软着。应炮 8 退 3，仕六进五，车 4 退 2，黑方易走。

22. 车八平二　马 5 进 7　　　　　**23.** 车二进二　炮 7 平 9

24. 仕四进五　车 4 退 3　　　　　**25.** 车二平三　车 4 平 2

26. 马八退七　车 2 平 9　　　　　**27.** 炮一退三　马 7 退 9

双方兑子转换后，红方虽多一兵，但是局势平稳。

28. 马七进八　车 9 平 2　　　　　**29.** 马八退七　马 9 退 8

30. 车三平六　马 8 退 6　　　　　**31.** 马七进五　马 3 进 4

略急。应车 2 平 9，马五退三，马 6 进 5，车六进一，马 5 进 7，炮五平七，马 3 进 2，车六退一，车 9 进 5，仕五退四，马 7 退 5，仕六进五，车 9 退 5，大体均势。

32. 车六进一　车 2 进 2　　　　　**33.** 马五退三　马 4 退 3

34. 车六进二　车 2 平 7　　　　　**35.** 马三退四　车 7 退 1

36. 车六平七　马 3 退 4　　　　　**37.** 车七平五　马 6 进 5

38. 车五平九 ……

红方利用黑方软着，连得双卒，但是后续子力不能及时跟进，红方稍优，黑方可战。

38. ……　　　马 5 进 3　　　　　**39.** 车九平七　马 3 进 5

进马换炮，消除中路危险，正着。

40. 相七进五　车 7 进 1　　　　　**41.** 兵九进一　车 7 平 1

42. 车七平九　马 4 进 3　　　　　**43.** 车九退一　马 3 进 5

44. 车九平五　马 5 进 7　　　　　**45.** 兵九进一　马 7 进 8

46. 车五平四　车 1 退 2

借叫杀之利，退车吃兵，机警。

47. 车四退二　马 8 退 7　　　　　**48.** 车四平五　车 1 平 6

49. 车五平三　车 6 平 5　　　　　**50.** 车三退一　马 7 退 6

51. 马四进二　车 5 平 7　　　　　**52.** 车三平四　马 6 进 5

53. 车四进二　车 7 进 4　　　　　**54.** 马二进一　车 7 退 2

55. 马一进二　车 7 退 2　　**56.** 马二退一　车 7 平 9

57. 马一退三　车 9 进 5　　**58.** 马三退四　马 5 进 4

59. 车四平六　车 9 退 3　　**60.** 马四进三　车 9 平 7

61. 马三退二　马 4 进 3　　**62.** 车六退三　马 3 退 4

63. 车六进一　马 4 退 6　　**64.** 马二进一　车 7 进 1

65. 马一进二　车 7 平 5　　**66.** 车六进四　车 5 退 4

67. 车六退四　车 5 进 2　　**68.** 马二进四　车 5 平 3

吃掉红方七兵，双方攻击子力均等。以后双方又对弈几个回合，终于化干戈为玉帛，握手言和。

69. 马四进二　士 5 进 4　　**70.** 马二进三　将 5 进 1

71. 马三退四　将 5 平 6　　**72.** 马四进六　士 6 进 5

73. 马六退五　车 3 退 1　　**74.** 马五退四　将 6 退 1

75. 车六进四　将 6 平 5　　**76.** 车六平四　马 6 进 8

77. 马四进六　马 8 退 7　　**78.** 马六进四　车 3 平 5

79. 车四进二　马 7 退 6　　**80.** 马四进三　车 5 平 7

81. 马三退一　车 7 平 8　　**82.** 马一进三　车 8 平 7

83. 马三退一　车 7 退 1　　**84.** 马一退二　车 7 进 2

和棋。

第 23 局　越南阮成保 胜 越南赖理兄

1. 炮二平五　马 8 进 7　　**2.** 马二进三　卒 7 进 1

3. 车一平二　车 9 平 8　　**4.** 车二进六　马 2 进 3

5. 兵七进一　炮 8 平 9　　**6.** 车二平三　炮 9 退 1

7. 马八进七　士 4 进 5　　**8.** 炮八平九　……

红方平九路炮意在开出左车，与右车配合形成钳形攻势，是现代流行布局中的重要体系。

8. ……　　　　车 1 平 2　　**9.** 车九平八　炮 9 平 7

10. 车三平四　马 7 进 8

黑进外马，即刻进行反击，是经过实战验证的正确着法，准备强渡 7 卒助战，这是新旧五九炮对屏风马布局体系的一个重要分水岭。旧式多走象 3 进 5，补象虽然稳健，但是红方有车八进六的手段，红方子力空间优势很大，黑方防守较为被动。

11. 炮五进四　……

红方炮打中兵形成交换，以红方炮兑掉黑 3 路马可以说不划算，但是取得中卒，并使黑 2 路车炮脱根，也有所补偿。此外红方另有车四进二、车八进六、炮九进四等多种选择，构成了五九炮过河车对屏风马的这一布局体系。

11. ……　　　　　　马 3 进 5　　　　12. 车四平五　炮 7 进 5

13. 马三退五　……

红右马退窝心，暂时避开黑方反击的锋芒。如相三进五，卒 7 进 1，马七进六，马 8 进 6，车五退二，炮 2 进 6，黑方攻势强烈，双方对攻。

13. ……　　　　　　卒 7 进 1　　　　14. 车八进四　……

进车巡河稳健。红方另有两种走法：①车八进六，马 8 进 6，车五平七，车 8 进 8，炮九退一，车 8 退 1，炮九进一，车 8 进 1，兵五进一，炮 7 平 3，车七平六，炮 2 平 5，相七进五，车 2 进 3，车六平八，卒 7 进 1，黑先手；②车八进五，马 8 进 6，车五平七，车 8 进 8，炮九退一，炮 7 进 2，大体均势。

14. ……　　　　　　马 8 进 6　　　　15. 车五退二　车 8 进 8

16. 炮九退一　车 8 退 1　　　　17. 相三进五　炮 7 平 8

18. 马五退三　……

退马解决红马窝心的弱点，如炮九平八，炮 8 退 1，马七进六，车 8 平 6，马五进七，炮 8 进 4，仕四进五，车 6 平 7，马六进五，车 7 进 2，仕五退四，车 7 退 3，仕四进五，马 6 退 5，车五平二，卒 7 平 8，黑方稍好。

18. ……　　　　　　车 8 平 7　　　　19. 炮九平八　炮 8 退 1

20. 炮八进六　马 6 进 5　　　　21. 相七进五　炮 8 平 5

22. 兵五进一　车 7 平 5　　　　23. 仕四进五　象 3 进 5

24. 马七进六　……

红方一车换二，化解了黑方攻势。

24. …… 车 5 退 2　　　　**25.** 马六进七　卒 7 平 6

26. 马三进四　车 5 进 1　　**27.** 车八进一　……

进车通头，好棋。

27. …… 卒 6 进 1　　　　**28.** 马四退六　车 5 平 4

29. 马六进八　车 4 平 1　　**30.** 炮八进一　……

进炮压车机警，以后待机摆脱牵制。

30. …… 车 1 平 5　　　　**31.** 马八进九　车 2 平 3

平车捉马好棋，把红马驱赶到边路，黑方已经占据优势。如卒
1 进 1，马七进九，车 2 平 3，炮八进一，车 3 进 2，车八平九，车
3 平 2，炮八平九，红优。

32. 马七进九　车 3 进 2　　**33.** 后马进八　车 3 平 2

34. 车八平六　车 5 退 3　　**35.** 兵七进一　……

此时，红方进兵坏棋，应炮八进一对黑方较有牵制力。

35. …… 象 5 进 3

黑方此时应车 5 平 7 更为严厉，以下炮八进一，象 5 进 3，车
六平七，士 5 进 4，帅五平四，将 5 平 4，马八退六，车 2 平 1，炮
八退七，卒 6 平 5，对攻中黑方大优。

36. 车六平七　象 7 进 5　　**37.** 车七退一　车 5 进 1

38. 炮八进一　象 5 进 3（图 66）

败着。飞象以后，黑方中车失去
左右支持的能力。应车 5 平 3，车七进
一，象 5 进 3，炮八平九，士 5 进 4，
炮九退三，将 5 进 1，马八进六，象 3
退 1，马六退四，车 2 平 6，马四退
五，卒 6 进 1，黑方胜势。

39. 炮八平九　士 5 进 6

40. 车七平六　将 5 进 1

41. 马八进六　车 2 平 4

42. 车六进三　象 3 退 1

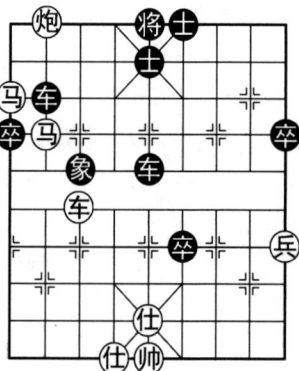

图 66

43. 车六平四　……

红方得子后，平车捉双，黑方已经不好应对。

43. ……	卒 6 平 5	44. 炮九退三	卒 5 进 1
45. 帅五平四	卒 5 进 1	46. 车四进一	将 5 进 1
47. 仕六进五	车 5 进 4	48. 车四进一	将 5 退 1
49. 车四退一	将 5 退 1	50. 车四退二	卒 9 进 1
51. 车四退一	车 5 退 2	52. 炮九退一	车 5 平 9
53. 车四平五	……		

先占中车好棋。如炮九平一，车 9 平 5，红方无法取胜。

| 53. …… | 将 5 平 4 | 54. 炮九平一 | 车 9 平 4 |
| 55. 帅四平五 | 车 4 退 4 | 56. 炮一平四 | …… |

进炮正着，红方可以运用海底捞月杀法取胜。这其中的一个关键环节就是红方车炮要处一线，借照将的机会，把炮闪到车的另一侧。

56. ……	车 4 进 7	57. 帅五进一	车 4 退 7
58. 炮四退三	车 4 进 6	59. 帅五退一	车 4 退 1
60. 炮四进五	车 4 退 4	61. 炮四平八	将 4 进 1
62. 炮八进二	象 1 退 3	63. 车五进四	

黑车必失，红胜。

第 24 局　新加坡吴宗翰 和 菲律宾洪家川

| 1. 兵七进一 | 炮 2 平 3 | 2. 炮二平五 | 马 8 进 7 |
| 3. 马二进三 | 马 2 进 1 | | |

双方以仙人指路对卒底炮开局。此时黑方跳边马较为冷僻，熟悉布局的棋友大多会选择卒 3 进 1，直接对红方左翼形成攻击，以下马八进九，卒 3 进 1，车一平二，车 9 进 1，车九平八，马 2 进 1，这样黑方布局更有攻击力。现在直接跳边马，红方的选择就更加从容。

4. 炮八进五　……

进炮过河可以选择，也可车一平二，车 1 平 2，马八进七，卒

3 进 1，车二进四，车 9 平 8，车九平八，红方稍好。

4. ……　　　象 7 进 5　　　　5. 马八进九　……

红方也跳边马，意在避开黑方卒 3 进 1 的威胁。其实这步棋应马八进七较好。红马八进七，则车 1 平 2（卒 3 进 1，马七进六，卒 3 进 1，马六进四，红先），车九平八，炮 8 进 2，马七进六，炮 8 平 4，马六进四，炮 4 退 2，马四进三，炮 4 平 7，炮五进四，士 6 进 5，车一平二，红方先手。

5. ……　　　车 1 进 1

不如车 9 平 8 更为简明有力。以下车一平二，炮 8 进 4，仕六进五，卒 1 进 1，车九平八，车 8 进 4，黑方易走。

6. 车一平二　车 9 平 8　　　7. 兵三进一　车 1 平 6

黑方同样出横车，不如车 1 平 4 占据右肋。以下车九平八，车 4 进 4，车二进四，车 4 平 3，黑方主动。

8. 车九平八　车 6 进 3

改走卒 1 进 1 较好。先活通马路，控制红方边马。

9. 炮八进一　……

进炮点穴，伏有车八进七的捉双的手段。

9. ……　　　卒 7 进 1

明知红方车八进七捉双，黑方没有选择炮 3 退 1 先避一手，而是选择卒 7 进 1 兑卒，黑方有什么好的先弃后取手段吗？

10. 车二进四　……

如车八进七，卒 7 进 1，车二进六，炮 3 退 1，车八平九，车 6 平 2，车二平三，车 8 平 7，车九退一，车 2 退 3，车三退二，卒 3 进 1，炮五进四，马 7 进 5，车三进五，马 5 退 3，车三退三，马 3 进 1，车三平九，卒 3 进 1，相三进五，大体均势。

10. ……　　　炮 8 平 9

如炮 3 进 3，兵三进一，车 6 平 7，车二平七，车 7 进 3，车七平二，红方主动。

11. 车八进七　车 8 进 5　　　12. 马三进二　马 7 进 8

13. 兵三进一　车 6 平 7　　　14. 车八平九　车 7 进 1

15. 马二退一　车7进4　**16.** 车九退一　……

至此，红方多子少相，黑方子力更为灵活，两相比较，红方优势。

16. ……　　马8进6　　**17.** 炮八退六　炮9平6

18. 仕六进五　炮6平7　　**19.** 车九平七　车7平9

20. 马一退三（图67）　……

退马似先实后，应马一进三。黑方主要有两种走法：①车9退3，炮八进一，炮7平8，炮五平二，车9退2，马九退七，红优；②炮7平9？炮五进四，士6进5（马6退5，车七平五，炮3进7，炮八进七，炮9进4，马三进四，红大优），炮五退二，车9退3，车七平二，车9平8，车二退三，马6进8，兵九进一，红大优。

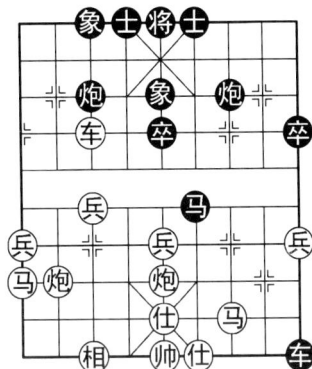

图 67

20. ……　　车9退3　　**21.** 炮五进四　士6进5

22. 兵五进一　……

缓着。红方左翼马炮位置欠佳，应炮八进二较好。以下马6进4，炮五退二，车9平7，马三进五，车7平5，车七平三，马4退2，炮五平八，炮7平8，车三平二，炮8平7，车二退六，红优。

22. ……　　车9平7　　**23.** 炮八退一　炮3平1

24. 炮五退一　……

不如炮八平七，炮7进6，炮七平三，马6退5，车七平五，车7进2，兵九进一，炮1进5，相七进九，车7退1，兵九进一，取成车三兵双仕对车卒士象全的残局，红优。

24. ……　　炮1进5

黑方找回一子，双方重新站在同一条起跑线上。

25. 车七平二　炮7退2　　**26.** 车二进三　炮7平6

27. 炮八平九　炮1平2　　**28.** 车二退五　马6退7

29. 车二退一　车7退1　　**30.** 炮五平二　车7平5

软着。临场黑方有一个扩先的好棋，没有走出来。应炮 6 平8，车二平四，炮 2 平 8，相七进五，车 7 平 5，仕五退六，马 7 进5，黑方大优。

31. 炮二进四　　象 5 退 7　　　　　　**32. 炮二平四　……**

交换简明，红方少相，对黑炮有顾忌。

32. ……　士 5 退 6	**33. 相七进五**　炮 2 退 5
34. 车二平三　马 7 进 9	**35. 炮九平七**　炮 2 平 5
36. 炮七进八　士 4 进 5	**37. 炮七退四**　车 5 平 3

改走马 9 进 7 先手明显。

38. 炮七平五　车 3 平 5	**39. 车三进二**　马 9 退 7
40. 炮五进三　士 6 进 5	**41. 车三进一**　……

双方交换以后，和势。以下双方对弈十几个回合，同意和棋。

41. ……　车 5 平 2	**42. 帅五平六**　车 2 平 4
43. 帅六平五　车 4 平 2	**44. 帅五平六**　车 2 平 4
45. 帅六平五　车 4 平 2	**46. 车三平五**　车 2 进 4
47. 仕五退六　车 2 退 3	**48. 仕四进五**　车 2 平 7
49. 马三进一　车 7 平 9	**50. 马一退三**　车 9 平 1
51. 车五平三　象 7 进 9	**52. 车三进一**　炮 5 进 2
53. 帅五平四　车 1 退 1	

和棋。

第 25 局　中国香港陈振杰 负 中国洪智

1. 炮二平五　马 8 进 7	**2. 马二进三**　车 9 平 8
3. 车一平二　马 2 进 3	**4. 兵三进一**　卒 3 进 1
5. 炮八平七　……	

此时红方最常见的走法是马八进九，卒 1 进 1，炮八平七，马3 进 2，车九进一，形成五七炮进三兵对屏风马的流行阵势。临场红方先平七路炮，在次序上作了一个改动，是一步带有欺骗性的棋。

　　5.　……　　　卒1进1

　　黑方如马3进2，则马三进四，象3进5，马四进五，炮8平9，车二进九，马7退8，马五退七，士4进5，马七退五，车1平4，兵七进一，红方多兵占优，这也是红方最希望黑方走的变化。此时，洪智走了一步卒1进1，是一步循规蹈矩的下法，由于红方没有进边马，这手棋效率也就是很高了。那么针对红方炮八平七的骗着，黑方应走什么呢？笔者认为应士4进5，既巩固中防，又可避免红方兵七进一的冲击，以马八进九，马3进2，车九进一，象3进5，车九平六，炮8进4，黑方满意。

　　6.　车二进六　　……

　　进车希望黑方补中象，切断3路马与左炮的联络。此时红方最佳应着是车九进一，以下马3进2，马三进四，车1进3，兵七进一，卒3进1（如炮2进7，兵七进一，马2进3，车九平八，炮2平1，车八退一，炮1退1，车二进一，车1平4，马四进六，红方得回失子，形势占优），炮七进七，士4进5，车二进五，马2进4，车九平八，对攻局面中，红方有利。

　　6.　……　　　象3进5　　　**7.　兵七进一　马3进2**

　　8.　兵七进一　象5进3　　　**9.　车二退一　……**

　　改走炮七退一更为灵活，以后红方伏有马八进七的先手。

　　9.　……　　　象7进5　　　**10.　马三进四　卒7进1**

　　也可选择车1进3，待机车1平4较实战灵活多变。

　　11.　车二退一　卒7进1　　　**12.　车二平三　炮8退1**

　　13.　马四进五　……

　　黑方退炮以后，对红方三路线有威胁，因此红方马踏中卒势在必行。

　　13.　……　　　马7进5　　　**14.　炮五进四　炮8平5**

　　15.　炮五进二　士4进5　　　**16.　车三进二　……**

　　进车是一步空着。红方此时左翼大子未动，阵型急需调整，因此可以选择炮七平四攻守两利。以下炮2平3，相七进五，车1平4，马八进七，红方可以抗衡。

16. ……　　炮2平1	17. 车三平八　马2进3
18. 马八进九　马3退4	19. 车九平八　车1平4
20. 前车进三　车8进6	

进车好棋，抓住红方中路弱点。

| 21. 前车平六　士5退4 | 22. 车八进四　…… |

如车八进六，车8平9，炮七平五，炮1进4，仕六进五，马4进6，车八平四，马6进7，兵五进一，卒1进1，黑方略优。

22. ……　　车8平9	23. 车八平六　马4退6
24. 马九进七　……	

如炮七平五，车9平5与实战殊途同归。

24. ……　　车9平5	25. 炮七平五　士4进5
26. 马七进八　炮1退2	27. 马八进七　……

可以考虑先走炮五退一，以下车5退1，车六退一，马6进7，相三进五，马7进6，炮五平四，车5平6，马八进七，车6退2，仕四进五，马6退5，炮四退一，红方可战。

27. ……　　炮1进6	28. 车六平八　象3退1
29. 车八进二　马6退4	30. 车八平一　马4进3
31. 车一平六　象1退3	32. 马七退六　车5退2
33. 车六平七　……	

应马六退七比较顽强，以下马3进4，马七退六，马4退6，马六进八，炮1平2，仕六进五，红方可战。

33. ……　　炮1退1
34. 相七进九　炮1平9
35. 仕六进五　卒1进1
36. 相九进七（图68）　……

败着。应马六进七，以下卒1进1，马七退九，马3进2，车七退三，炮9平5，帅五平六，车5平4，炮五平六，红方尚可周旋。

图68

| 36. ……　　卒1平2 | 37. 马六进七　卒2平3 |

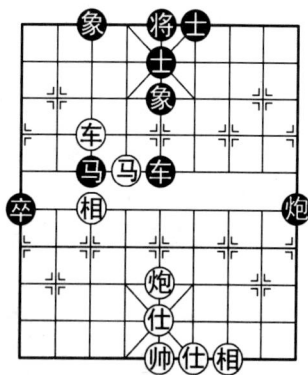

黑方吃象后抢占先机。

38. 马七退九　　马3退1　　　　**39.** 车七平九　　卒3进1

40. 车九平一　　炮9平5

架中炮应该是红方没有计算出来的妙手。

41. 车一平七　　车5平2　　　　**42.** 车七平六　　……

速败。改走帅五平六较为顽强。

42. ……　　　　卒3进1　　　　**43.** 车六退二　　炮5进1

44. 车六退一　　车2进5　　　　**45.** 车六退三　　车2退3

46. 车六平九　　车2平4

以后形成"三把手"杀棋。红方认负。

第26局　中国澳门李锦欢 胜 菲律宾蔡世和

1. 兵三进一　　炮8平5

以中炮应对仙人指路是一路冷僻的走法，黑龙江特级大师王嘉良比较喜欢这一下法。但是黑方此时犯下一个方向性的错误，同样是还架中炮，应炮2平5较好。

2. 马二进三　　马8进7　　　　**3.** 车一平二　　车9进1

此时我们可以看出炮2平5与炮8平5的区别，如果当初黑方应以炮2平5，黑方可以及时出动右车与红方对抢先手，即使红方在第2回合改走马八进七，黑方同样可以对抗。举一例：……炮2平5，红接走马八进七，马2进3，车九平八，车1平2，炮八进四，炮8平7！马二进三，卒7进1，马三进四，卒7进1，马四进五，士4进5！黑方可以抗衡。实战中，黑方不能车9平8出直车，否则炮二进四，黑车被封，红优。

4. 马八进七　　车9平6　　　　**5.** 相七进五　　炮2平3

6. 车九平八　　马2进1　　　　**7.** 炮八平九　　……

平炮稍缓，应马三进二，车1平2，炮八进四，炮5平4，马二进三，卒3进1，仕六进五，红优。

7. ……　　　　车1平2

改走车1进1更为灵活多变。

8. 车八进九　马1退2　　　　**9. 马三进二　炮3进4**

10. 炮二平三　车6进3

进车巡河效率不高，不如车6平8，以下兵三进一，马7退5，兵三进一，卒3进1，马二退一，车8进8，马一退二，马2进3，炮三平一，马3进4，马二进三，马5进3，黑棋可战。

11. 马二进三　炮5平4　　　　**12. 车二进一　卒1进1**

13. 车二平六　士4进5　　　　**14. 车六进二　炮4平3**

15. 马三退二　车6平8　　　　**16. 马二退一　……**

虽然逼退红马，但黑方子力不如红棋灵活，红方仍占优势。

16. ……　　　　马7退9　　　　**17. 马一进三　车8进3**

18. 炮三退一　车8平7　　　　**19. 马三退一　车7平8**

20. 兵三进一　象7进5　　　　**21. 车六进三　……**

弃兵进车，红方下得很强硬，准备伺机解决黑方对红左马的压制，以后在黑方右翼发动攻势。

21. ……　　　　马2进1　　　　**22. 车六平五　……**

也可以考虑兵三进一，车8退3，车六平五，马9退7，兵九进一，卒1进1，炮九进五，象3进1，车五进一，红优。

22. ……　　　　象5进7　　　　**23. 炮三进三　车8退4**

24. 车五退一　象7退5　　　　**25. 兵九进一　马9进7**

应走卒1进1简明有力。以下炮九进五，象3进1，车五进二，象1退3，车五退二，车8平4，黑方少象，但保留过河卒，有所补偿，双方大体均势。

26. 兵九进一　车8平5

27. 兵五进一　前炮平2（图69）

败着，应走5平7较为顽强。以下炮三退三，马7进5，马七进五，马5进3，车五平六，车7平6，黑方尚可周旋。

28. 马七进五　……

也可车五进一，马7进5，兵五进一，炮3进5，兵五进一，马1退2，马一进三，红大优。

28. ……　　　　炮 2 进 3

29. 仕六进五　　车 5 平 4

30. 炮三退二　　卒 3 进 1

31. 炮九进五　　象 3 进 1

32. 仕五进六　　……

稳健。也可车五进二，将 5 平 4，仕五进六，士 5 进 4，车五退二，车 4 进 3，马五进三，士 6 进 5，兵九平八，车 4 平 3，兵八进一，红方优势。

32. ……　　　　象 1 退 3

图 69

33. 马五进三　　车 4 进 3　　　**34. 马三进四　　卒 3 进 1**

冲卒略急，不如车 4 平 6 先逼使红马定位，以下马四进三，将 5 平 4，兵九平八，炮 3 平 4，车五平六，炮 2 平 1，兵八平七，炮 1 退 8，马三退一，马 7 进 5，兵七进一，马 5 进 3，黑方足可一战。

35. 车五平六　　车 4 退 2

速败。还应车 4 平 6 较为顽强。

36. 马四退六　　炮 3 平 4　　　**37. 相五进七　　炮 4 进 5**

38. 马一进三　　马 7 进 5　　　**39. 兵五进一　　马 5 进 3**

40. 马三进五　　炮 4 退 2　　　**41. 兵九平八　　马 3 退 4**

42. 兵五进一　　马 4 进 5　　　**43. 兵五进一　　象 3 进 5**

44. 马六进五　　……

红方一兵换双象，果断有力，已然胜利在望。

44. ……　　　　马 5 退 6

如士 5 进 4，炮三平五，马 5 退 3（马 5 进 7，相三进一，马 7 进 8，后马退四，士 6 进 5，炮五平二，红方得子），后马进六，士 6 进 5，兵八平七，炮 4 进 1，炮五进三，黑边马不敢逃走，因为红方伏有马六进四绝杀的手段，红方仍可得子。

45. 炮三平二　　炮 2 退 3　　　**46. 炮二进七　　马 6 退 7**

47. 前马退四　　炮 4 退 1　　　**48. 马五进四　　炮 4 平 5**

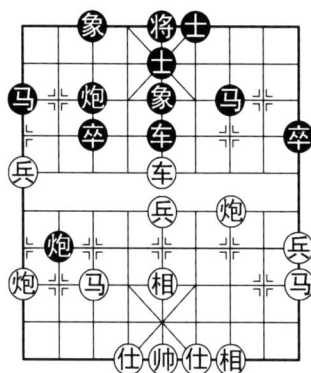

49. 兵八平七　　将 5 平 4

出将偷杀！

50. 兵七平六　　炮 5 退 1　　　　**51.** 前马进二　　炮 2 退 2

52. 马四进三　　炮 5 平 7　　　　**53.** 马三退五　　……

退马好棋，既拆散了黑方炮架，又控制黑将活动空间。

53. ……　　　　炮 2 进 2　　　　**54.** 马二进三　　……

红方再得一子锁定胜局。

54. ……　　　　炮 7 退 2　　　　**55.** 炮二平一

黑方认负。

第 27 局　马来西亚黎金福 负 马来西亚黄运兴

1. 兵三进一　　炮 8 平 7　　　　**2.** 炮八平五　　炮 2 平 5

3. 马八进七　　马 8 进 9

双方以仙人指路对卒底炮转顺炮开局。黑方跳边马准备快速亮出左车，这是黑方比较常见的走法。此外，黑方另有马 2 进 3 和卒 7 进 1 的两种走法也比较流行。

4. 马二进三　　车 9 平 8　　　　**5.** 车一平二　　卒 7 进 1

6. 马三进四　　……

红方穿快马形成类似"天马行空"的局势，是进行中心战斗的典型下法。

6. ……　　　　卒 7 进 1　　　　**7.** 马四进五　　车 8 进 2

8. 车九平八　　马 2 进 3　　　　**9.** 炮二进四　　士 6 进 5

10. 马五退六　　车 1 平 2　　　　**11.** 车八进九　　马 3 退 2

12. 马六进七　　马 2 进 3　　　　**13.** 兵七进一　　炮 5 进 5

交换简明，削弱红方中路的攻击力量，稳健之着。

14. 相三进五　　象 7 进 5　　　　**15.** 后马进六　　炮 7 退 1

16. 马七退五　　卒 7 平 6　　　　**17.** 车二进四　　炮 7 平 8

18. 马五进六（图 70）　　……

败着。应马六进四，炮 8 进 2，马四进二，马 3 进 5，马二退四，车 8 平 6，车二进一，象 5 进 7，车二进一，车 6 进 2，车二平五，卒 9 进 1，兵七进一，红优。

18. …… 　　　　将 5 平 6

19. 车二平四 　　炮 8 平 6

20. 车四平三 　　炮 6 进 1

21. 前马退五 　　车 8 进 1

22. 马五进四 　　……

进马交换，简化局势，这也是红方目前比较稳健的选择。

图 70

22. …… 　士 5 进 6	**23.** 车三进三 　马 9 退 8
24. 车三平四 　将 6 平 5	**25.** 兵七进一 　马 3 进 5
26. 马六进五 　车 8 平 5	

红方再次主动交换简化局面，希望能谋得和棋。但是黑方两个边卒很有力量，红方仍有很大的顾忌。

27. 车四平二 　马 8 进 6	**28.** 车二进一 　将 5 进 1
29. 兵七平六 　车 5 进 3	**30.** 车二退二 　车 5 平 9
31. 车二平九 　……	

黑方两个边卒必然保留一个。红方虽然消灭 1 路卒，但是其 9 路边卒的存在对红方也是一个很大危险。

31. …… 　将 5 退 1	**32.** 兵九进一 　士 4 进 5
33. 兵九进一 　卒 9 进 1	**34.** 车九平一 　马 6 进 8
35. 车一平二 　马 8 退 7	**36.** 兵九进一 　……

黑方缺士，红方准备用车双兵对黑方九宫形成一定的冲击。

36. …… 　车 9 平 6	**37.** 兵六平五 　卒 9 进 1
38. 兵五进一 　马 7 进 6	**39.** 车二平四 　车 6 平 2
40. 兵五平六 　马 6 退 7	**41.** 兵六平七 　卒 9 进 1
42. 兵九平八 　车 2 平 8	**43.** 兵七进一 　马 7 进 8
44. 车四平三 　……	

不如车四平六，马 8 进 7，仕六进五，马 7 进 6，兵七进一，

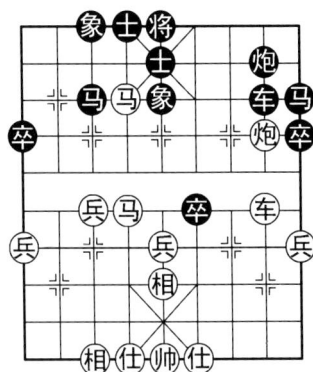

马 6 进 7，帅五平六，马 7 退 6，兵八进一，红方对黑方有很大威胁，黑方也得小心应对，双方互有顾忌。

44. ······　　　　马 8 进 7　　　　　　**45.** 兵七进一　　车 8 平 3

46. 兵八平七　　······

红方感觉黑方少士，有进攻的机会，这一步平兵是红方贪胜心理的体现。此时，红方可兵七平六，或者车三平七都可以与黑方相抗衡。实战的下法被黑方利用，白失一兵。

46. ······　　　　马 7 进 6　　　　　　**47.** 仕四进五　　马 6 退 5

48. 车三平一　　马 5 退 3　　　　　　**49.** 车一进三　　士 5 退 6

50. 车一退五　　车 3 平 4

平肋车稳健。黑方已经把局势发展的主动权牢牢地掌握在手中。

51. 车一平七　　马 3 进 1　　　　　　**52.** 车七平九　　马 1 退 3

53. 仕五进四　　士 6 进 5　　　　　　**54.** 仕六进五　　卒 9 平 8

55. 车九平七　　······

如帅五平四，象 3 进 1，相五退三，象 1 进 3，黑方胜势。

55. ······　　　　马 3 进 1　　　　　　**56.** 车七平八　　马 1 进 2

57. 车八进四　　卒 8 平 7　　　　　　**58.** 兵七平六　　士 5 退 4

59. 车八平七　　卒 7 进 1　　　　　　**60.** 车七退一　　车 4 退 5

61. 车七平五　　士 4 进 5　　　　　　**62.** 车五平三　　卒 7 平 8

双方形成车马卒单士单象对单车仕相全的例胜残局。以下解说略。

63. 车三平七　　车 4 进 5　　　　　　**64.** 车七进二　　士 5 退 4

65. 车七退五　　卒 8 进 1　　　　　　**66.** 车七平五　　士 4 进 5

67. 车五平三　　马 2 进 3　　　　　　**68.** 帅五平四　　车 4 平 9

69. 相五退三　　车 9 进 3　　　　　　**70.** 车三退一　　车 9 退 5

71. 车三平七　　车 9 平 5　　　　　　**72.** 车七平三　　士 5 退 4

73. 车三进六　　将 5 进 1　　　　　　**74.** 车三退六　　车 9 退 5

75. 车三平五　　将 5 平 6　　　　　　**76.** 车五平七　　车 9 进 5

77. 车七平三　　士 4 进 5　　　　　　**78.** 车三进五　　将 6 退 1

79. 车三进一　将6进1　　　80. 车三退六　马3退4
81. 帅四平五　马4退3　　　82. 相七进五　车9退1
83. 仕五进六　卒8平7　　　84. 仕四退五　卒7平6
85. 相五进三　士5进6　　　86. 相三退一　车9平8
87. 车三进五　将6退1　　　88. 车三退一　将6平5
89. 车三进二　将5进1　　　90. 车三退七　马3进2
91. 车三平五　将5平4　　　92. 车五进三　车8退2
93. 车五平六　将4平5　　　94. 车六平五　将5平6
95. 车五平六　车8平3　　　96. 帅五平六　车3进3
97. 帅六进一　车3退1　　　98. 帅六退一　车3进1
99. 帅六进一　马2进1　　　100. 车六进三　将6退1
101. 车六退五　车3退1　　　102. 帅六退一　车3进1
103. 帅六进一　车3退5　　　104. 帅六退一　马1退3
105. 帅六平五　车3平2
黑胜。

第四轮 2010年11月16日于广州

第28局 菲律宾蔡世和 胜 柬埔寨邱亮

1. 炮二平五 炮8平5		**2.** 马二进三 马8进7	
3. 车一平二 车9进1		**4.** 马八进七 车9平4	
5. 兵七进一 马2进3		**6.** 兵三进一 车1进1	
7. 相七进九 ……			

双方以顺炮直车两头蛇对双横车开局。在这一布局中，红方七路马是较为薄弱的环节，多成为黑方的重点反击目标，现在红方飞相通车，预作防范，正是基于上述分析而弈出来的着法。

7. …… 车4进5

黑方另有车4进3巡河的下法。以下马三进四，车4平6，炮八进二，卒3进1，炮五平四，车6平5，马四进三，车5平6，马三退四，车6平5，仕六进五，卒3进1，相九进七，红方阵型工稳且多一兵，占优。

8. 马三进四 ……

跃马捉车，实施战术紧逼，是红方上手飞相通车的预定方案。

8. …… 车4平3   **9.** 车九平七 卒3进1

10. 车二进五 车1平6

平车捉马是正着。如象3进1，炮八进四！卒3进1，车二平七，马3进2，前车进二，炮2退2，马四进三，红优。

11. 车二平七 ……

如炮八进二，卒7进1，车二平三，马7进6，双方对攻，各有顾忌。

11. …… 车6进4

黑方对此布局研究不是很精深。国内理论认为正确的次序应炮2

进4，以下马四进三，车3平4，前车进二，炮2平3，前车平五，象3进5，车七平八，炮3平2，车八平七，车6进2，黑方占优。

12. 炮八进二　　……

红方攻击准确。

12. ……　　　　**车6退3**

13. 前车进二　　**车3进1（图71）**

坏棋。应炮2进2，前车进二，车6进2，仕六进五，士6进5，黑方可以抗衡。

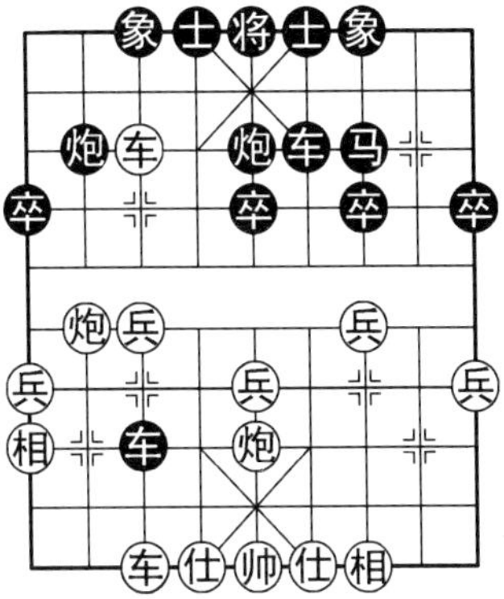

图71

14. 炮五进四　　**士6进5**

15. 后车进二　　**将5平6**

16. 炮五退二　　**车6进7**

17. 帅五进一　　**车6退1**

18. 帅五退一　　**车6进1**

19. 帅五进一　　**炮2进2**

20. 前车退二　　**炮2退2**

21. 前车进二　　……

红方错过一个取胜的机会。应走帅五平六！以下车6退6，前车进四，车6平4，帅六平五，车4平6，前车退二，炮2进1，后车平六，红方大优。

21. ……　　　　**车6退1**

22. 帅五退一　　**车6进1**

23. 帅五进一　　**车6退1**

24. 帅五退一　　**炮2进2**

25. 仕六进五　　**炮5进4**

26. 帅五平六　　……

出帅以后，红方胜势很大。

26. ……　　　　**马7进5**

27. 前车退一　　……

应前车进二更紧凑有力，以下象7进5，前车平九，炮2平4，炮五进一，车6退4，车七平四，炮5平6，车九退三，马5退3，车九平七，马3退2，车七平三，红方大优。

27. ……　　　　**炮2平4**

28. 炮五进一　　**炮5平4**

29. 帅六平五　　**前炮平5**

30. 帅五平六　　**炮5平4**

31. 帅六平五　　**前炮平5**

32. 帅五平六　　**将6平5**

33. 前车平六　　**象7进5**

34. 车六退一　　**炮5平8**

35. 车七平二　……

红方优势很大，怎么走都是赢棋。也可车六进一，则车6退4，炮五进二，象3进5，炮八进五，象5退3，车六平五，红胜定。

35. ……　　车6退2　　　　**36. 车六进一　车6平2**

37. 炮八进二

红方再得一子，黑方认负。

第29局　马来西亚黄运兴 和 新加坡吴宗翰

1. 炮二平五　马8进7　　　　**2. 马二进三　车9平8**

3. 车一平二　卒3进1　　　　**4. 马八进九　马2进3**

5. 兵三进一　车1进1　　　　**6. 炮八进四　……**

双方以五八炮进三兵对屏风马进3卒的常见阵型开局。红方左炮压境，以平七压马与平三打卒为战术依据，希图稳步进取。

6. ……　　马3进2

跳外马封车，着法积极。

7. 车九进一　车1平4　　　　**8. 炮八平三　象7进5**

9. 车九平四　……

红方另有车二进四的下法，以下车4进3，车九平四，士6进5，车四进三，红方先手。

9. ……　　卒3进1　　　　**10. 车二进五　……**

红方如兵七进一，炮2平3，车四平八，马2进4，车二进六，炮3进7，仕六进五，马4进6，炮五平四，炮8平9，车二进三，马7退8，双方平稳。

10. ……　　马2进1

如马2进4，马三进四，马4进5，相七进五，卒3平4，马四进六，车8进1，马六进四，双方变化复杂，演变下去红方主动。

11. 车四平八　炮2平1　　　　**12. 车八进五　车4进4**

13. 兵三进一　士6进5　　　　**14. 仕四进五　……**

补仕略缓，不如车八平九，马 1 进 3，仕六进五，炮 8 平 9，车二进四，马 7 退 8，车九平五，红方稍好。

| 14. …… | 炮 8 平 9 | 15. 车二进四 | 马 7 退 8 |
| 16. 车八平五 | 炮 1 平 3 | 17. 炮五平四 | …… |

由于红方补仕方向略有问题，现在只好平炮调形。

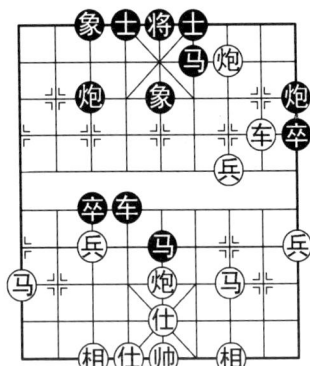

17. ……	马 8 进 6
18. 车五平九	马 1 进 3
19. 炮三进二	马 3 退 5
20. 车九平二	士 5 退 6
21. 炮四平五（图 72）	……

平炮稳健。红方如炮四进七，炮 3 退 1，炮三平七，马 5 进 7，炮四平三，马 7 退 6，炮三退一，后马进 5，兵三进一，炮 9 进 4，兵三平四，双方展开对攻，红方稍好。

图 72

21. ……	卒 3 进 1	22. 马九退七	卒 3 平 4
23. 马七进六	车 4 进 1	24. 车二退三	炮 3 进 4
25. 车二进四	炮 3 退 4	26. 车二退四	炮 3 进 4
27. 车二进四	炮 3 退 4	28. 车二进一	车 4 平 3
29. 相七进九	炮 3 平 2	30. 马三进五	车 3 平 5
31. 炮三进一	士 6 进 5	32. 炮三平一	……

红方也没急于得回失子，平炮保持对黑方的牵制力，好棋。

| 32. …… | 士 5 进 6 | 33. 车二平四 | 士 4 进 5 |
| 34. 车四平二 | …… |

红方吃回失子，稍占优势。

34. ……	将 5 平 4	35. 车二进一	将 4 进 1
36. 炮一退一	士 5 退 6	37. 车二退一	将 4 退 1
38. 炮一进一	士 6 进 5	39. 车二进一	将 4 进 1
40. 炮一退一	士 5 退 6	41. 车二平四	……

吃士不如兵三平四更有力。

41. …… 象 5 进 7	**42.** 车四退一　将 4 退 1
43. 车四进一　将 4 进 1	**44.** 车四退二　炮 2 平 5
45. 炮五进五　炮 9 平 5	

双方交换以后，和味较浓。

46. 帅五平四　将 4 平 5	**47.** 相九退七　车 5 退 3
48. 车四进一　将 5 退 1	**49.** 车四进一　将 5 进 1
50. 炮一进一　象 3 进 1	**51.** 车四退四　象 7 退 9
52. 相七进五　车 5 进 3	**53.** 兵一进一　车 5 退 1
54. 车四进三　将 5 退 1	**55.** 车四进一　将 5 进 1
56. 车四退一　将 5 退 1	**57.** 车四退一　象 1 进 3
58. 炮一退三　炮 5 进 1	**59.** 兵一进一　车 5 退 1
60. 车四进二　将 5 进 1	**61.** 车四退一　将 5 退 1
62. 车四退二　炮 5 退 1	**63.** 车四进三　将 5 进 1
64. 车四退一　将 5 退 1	**65.** 车四退一　车 5 平 9

吃掉红方边兵以后，红方略占优势，但红方要取胜还是很困难的。

66. 炮一平五　将 5 平 4	**67.** 炮五平八　将 4 平 5
68. 仕五进六　将 5 进 1	**69.** 相五进三　炮 5 进 1
70. 车四进一　将 5 退 1	**71.** 车四进一　将 5 进 1
72. 车四退一　将 5 退 1	**73.** 车四退二　炮 5 退 1
74. 炮八平五　将 5 平 4	**75.** 炮五退五　车 9 平 5
76. 炮五平六　将 4 平 5	**77.** 车四进一　象 9 进 7
78. 相三进五　将 5 进 1	**79.** 炮六平五　车 5 平 4
80. 相五进七　车 4 平 5	**81.** 车四进一　将 5 退 1
82. 车四退三　车 5 进 2	**83.** 相三退五　车 5 平 4
84. 相五退三　车 4 平 5	**85.** 炮五平九　炮 5 平 2
86. 炮九平五　车 5 进 2	

弃车砍炮，形成炮双象例和单车仕相全的残局。

87. 仕六退五　象 3 退 5	**88.** 车四平五　炮 2 退 2
89. 仕五进六　将 5 进 1	**90.** 车五平八　炮 2 平 3

91. 帅四平五	象 7 退 9	**92.** 车八进三	将 5 退 1
93. 车八平三	象 9 退 7	**94.** 车三平七	将 5 平 4
95. 帅五进一	炮 3 平 2	**96.** 车七平八	炮 2 平 3
97. 车八进一	象 7 进 9	**98.** 帅五进一	象 9 退 7
99. 仕六退五	象 7 进 9	**100.** 车八退二	象 9 退 7
101. 车八平六	将 4 平 5	**102.** 车六平七	将 5 平 4
103. 仕五退四	炮 3 平 2	**104.** 车七平六	将 4 平 5
105. 帅五平六	炮 2 进 4		

黑方防守严密，红方没办法取胜。双方作和。

第 30 局　马来西亚黎金福 和 柬埔寨赖才

1. 兵三进一　卒 3 进 1　　　　**2.** 炮八平七　……

双方以对兵开局，红方平炮射卒，形成兵底炮阵型，这路变化是将进马的含蓄步调变为动向明显的积极打法。

2. ……　　　　炮 2 平 5

架炮中攻，以便借先机顺利跳起右马，这样可以相对削弱红方兵底炮的威力，并伺机跃马河口配合中炮发动反击，是后手方最具对抗性的应着。

3. 马二进三　……

跳马护兵，红方较为常见应法。红方另有炮二平五，马 2 进 3，马二进三，马 8 进 9，车一平二，车 9 平 8，马八进九，车 1 平 2，兵九进一的下法，红方稍好。

3. ……　　　　马 8 进 9　　　　**4.** 马八进九　马 2 进 3
5. 车九平八　车 9 进 1　　　　**6.** 相三进五　车 9 平 6

7. 兵一进一　……

不如仕四进五厚实，保留车一平四兑车的机会。

7. ……　　　　车 6 进 3　　　　**8.** 炮二平一　炮 8 平 7

9. 车一平二　卒 1 进 1

可行。一是控制红方边马的出路，二是有车 1 进 3 进卒林车的机会。

10. 仕四进五　　车1进1

这手棋和前面卒1进1的思路缺少联系，如果黑方想起横车，那么可以在上一回合直接走车1进1更简明。此时，黑方走车1进3较好。

11. 车八进四　　车1平4　　**12. 兵九进一　　卒1进1**

13. 车八平九　　卒7进1（图73）

挺7进卒被红方利用。可车4进5，车二进八，士6进5，炮一进一，车4进2，车九平四，车6进1，马三进四，车4退3，马四退三，炮5平4，炮一进三，象3进5，均势。

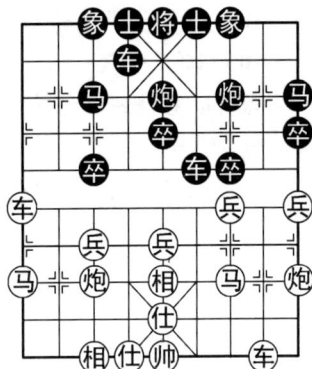

图 73

14. 车二进五　　车4进3

15. 车九平四　　车6进1

16. 马三进四　　车4进4

17. 车二平三　　车4平6

18. 车三进二　　马3退5　　**19. 车三平二　　炮5进4**

20. 车二退四　　炮5退2　　**21. 兵三进一　　……**

以上几个回合，双方兑子转换，现在红方三兵过河，略占优势。

21. ……　　　　马5进6　　**22. 马九进八　　……**

冒进。不如车二退三先守一着，以后车一平四兑车，红稳占优势。

22. ……　　　　车6平7

软着。可车6平2，兵三平四，车2平6，兵四进一，车6退2，炮七进三，马9退7，车二平三，车6平8，帅五平四，马7进6，炮七进一，车8进6，车三退三，车8平7，相五退三，马6进5，和势。

23. 车二平四　　马6退8　　**24. 兵三平四　　车7平2**

25. 兵四平五　　卒5进1　　**26. 兵七进一　　……**

改走炮七进三更简明。

26. ……	象 3 进 5	**27.** 兵七进一	象 5 进 3
28. 车四进二	车 2 平 9	**29.** 车四平五	象 3 退 5
30. 相五退三	士 4 进 5	**31.** 炮一平五	车 9 平 3
32. 车五平八	将 5 平 4	**33.** 炮七平九	车 3 退 5

退车守住底线，稳健。如随手车 3 进 4，车八进四，将 4 进 1，炮九平六，红胜势。

34. 炮九进二	马 8 进 9	**35.** 帅五平四	前马进 8
36. 车八平六	将 4 平 5	**37.** 车六退二	车 3 进 5
38. 炮九退三	马 8 退 6	**39.** 车六平八	马 6 进 5

再兑一子，双方同意作和。

第 31 局　日本所司和晴 胜 中国澳门郭裕隆

1. 炮二平五	马 2 进 3	**2.** 马二进三	炮 8 平 6
3. 车一平二	马 8 进 7	**4.** 炮八平六	车 1 平 2
5. 马八进七	……		

以五六炮对反宫马是一路平稳的下法。

5. ……	车 9 进 1

黑方起左横车，准备过宫牵制红方左翼兵力，但 7 路马较弱易受攻击。

6. 车九平八	车 9 平 4	**7.** 仕四进五	……

因黑方右翼子力较为集中，所以红方补右仕强化左翼防守力量是正确的选择。

7. ……	车 4 进 5	**8.** 车二进六	车 4 平 3
9. 车二平三	炮 6 进 2		

进炮不如退炮更有弹性。举一例：炮 6 退 1，车八进六，士 4 进 5，兵三进一，炮 6 平 7，车三平四，炮 2 平 1，车八进三，马 3 退 2，相三进一，马 2 进 3，大体均势。

10. 兵三进一	炮 6 平 4

如炮 6 平 3，车八进二，车 3 平 2，马七进六，炮 2 进 5，马六退八，炮 2 平 5，相三进五，车 2 进 6，车三进一，象 3 进 5，车三退一，红方子力灵活，占优。

11. 马三进四　炮 4 退 1　　　　**12.** 车三退一　象 7 进 9

如先走卒 3 进 1，车八进六，象 7 进 9，马四进五，马 7 进 5，车三平四，炮 4 进 3，炮五进四，马 3 进 5，车八平五，士 6 进 5，车五平二，红优。

13. 车三平六　炮 4 进 4　　　　**14.** 车六退三　卒 3 进 1

15. 车八进六　士 4 进 5（图 74）

此时补士，黑方左翼的弱点较为明显。但如炮 2 平 1，车八平七，车 2 进 2，马四进六，车 3 退 1，马六进四，红方也是优势。

16. 炮五平三　……

不如车八平七有攻击力。

16. ……　　　　马 7 进 6

17. 相三进五　车 3 平 5

18. 车八平七　车 5 退 1

19. 车七进一　车 5 平 6　　　　**20.** 车七退二　炮 2 平 8

21. 炮三平二　象 3 进 5　　　　**22.** 车七进一　车 2 进 6

23. 车六进六　士 5 退 4　　　　**24.** 车六平二　车 2 平 8

平车易受牵制，不如炮 8 平 6，车七平五，车 2 平 9，车五平四，士 4 进 5，马七进六，车 6 平 4，车四退一，车 9 平 1，大体均势。

25. 炮二平四　车 8 进 3　　　　**26.** 炮四退二　车 6 平 5

27. 车七退三　士 4 进 5　　　　**28.** 车七平四　马 6 退 4

29. 车四进三　车 8 退 5　　　　**30.** 车四平一　车 5 退 1

31. 车一进一　……

也可先马七进六，车 5 平 4，车一进一，炮 8 平 6，车二退三，车 4 平 8，马六进五，红优。

31. ……　　　　炮 8 平 6　　　　**32.** 车二退三　车 5 平 8

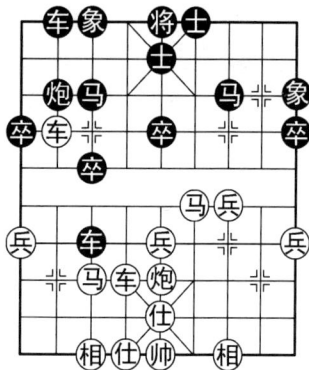

图 74

33. 车一退一　车8平5　　　　**34.** 炮四进三　······

进炮准备硬架中炮，着法强硬。

34. ······　　马4进5　　　　**35.** 炮四平五　马5退3

36. 相五进七　车5进1　　　　**37.** 相七进五　炮6进2

可以考虑炮6进4，以下兵九进一，马3进1，车一退一，马1退3，车一平四，炮6平8，兵三进一，车5退1，黑方可战。

38. 炮五平二　炮6平5　　　　**39.** 炮二进六　象5退7

40. 车一平三　车5平3　　　　**41.** 车三进三　将5平4

42. 车三退四　将4进1　　　　**43.** 车三平五　车3进2

44. 车五退二　······

转换以后红方先手扩大，巡车先守住兵林线，老练。

44. ······　　士5进4　　　　**45.** 兵三进一　车3平2

46. 炮二退四　车2退1　　　　**47.** 车五平八　马3进2

48. 相五进七　马2退4　　　　**49.** 兵九进一　马4进6

50. 兵三平四　马6退4　　　　**51.** 兵四平三　马4进3

52. 兵一进一　马3退5　　　　**53.** 相七退五　马5退3

54. 兵一进一　马3退4　　　　**55.** 相五进七　马4进6

56. 兵三平四　马6退8　　　　**57.** 兵四平三　马8进6

58. 兵三平四　马6退8　　　　**59.** 兵四平三　马8进6

60. 兵三平四　马6进7　　　　**61.** 帅五平四　马7退8

62. 兵一进一　马8退6　　　　**63.** 炮二进一　马6进7

64. 帅四平五　马7退5　　　　**65.** 兵四进一　卒5进1

66. 炮二平九　······

再得一兵，形成炮三兵单缺相对马卒双士的例胜残局。

66. ······　　马5退3　　　　**67.** 兵一平二　卒5进1

68. 兵二平三　卒5进1　　　　**69.** 兵四平五　将4退1

70. 兵三平四　士6进5　　　　**71.** 炮九进三　将4平5

72. 炮九平八

黑方认负。

第 32 局　越南赖理兄 和 中国香港赵汝权

1. 兵七进一　炮 2 平 3　　　　　　**2.** 炮二平五　炮 8 平 5

仙人指路对卒底炮转顺炮局，是 20 世纪 80 年代流行的阵势。其特点是变化复杂、对攻激烈，多为战术能力较强的攻击型棋手所采用。

3. 马二进三　卒 3 进 1

冲卒直接进入短兵相接的局势。另有马 2 进 1，马八进七，车 1 平 2，车九平八，卒 3 进 1，马七进六，卒 3 进 1，马六进五，炮 3 进 1 的下法，演变下去红方稍好。

4. 车一平二　卒 3 进 1　　　　　　**5.** 马八进九　炮 3 退 1

退炮是黑方常用的战术手段，以便马 2 进 3 及时调整阵型。

6. 炮八进六　……

进炮压马破坏黑方阵型。红方另有车九平八，马 8 进 7，炮八进五，马 2 进 3，炮五平七，马 7 退 5，炮八平五，象 3 进 5，车八进七，象 5 进 3，兵三进一，车 9 进 2 的下法，黑方满意。

6. ……　　车 1 进 2　　　　　　**7.** 车九平八　马 8 进 7

如车 1 平 3，车二进八，卒 3 平 2，车二平六，马 8 进 7，仕六进五，士 6 进 5，车八进四，红方先手。

8. 车二进四　车 1 平 3　　　　　　**9.** 炮五平八　卒 3 平 2

本届赛事第一轮赖理兄对黄运兴时，黄曾走车 3 平 2，参见实战对局。

10. 相七进五　卒 2 进 1　　　　　　**11.** 后炮平六　卒 2 平 1

如炮 5 平 4，车八进三，车 9 平 8，车二进五，马 7 退 8，兵三进一，红方先手。

12. 炮八平九　马 2 进 1　　　　　　**13.** 炮九进一　……

弃马抢攻，红方下得很强硬。

13. ……　　车 9 进 1

升车稳健。如卒 1 进 1，车二平六，炮 3 平 6，车六进五，将 5

进1，炮六进五，车9进2，炮六平九，车3平1，马九进七，车1
退2，马七进八，红方有攻势。

14. 车二平六　炮5平4　　　**15.** 炮六进五　车9平4

16. 炮六退二　象7进5　　　**17.** 兵三进一　前卒进1

18. 马三进四　……

双方交换以后，红方仍持小先手。现在进马给肋炮生根，稳健。

18. ……　　　车4进1　　　**19.** 车六平九　后卒进1

20. 车九退二　……

如误手车九进一，炮3平1打死红车。

20. ……　　　士6进5　　　**21.** 仕六进五　马1进3

22. 炮六退五　车3平2　　　**23.** 车八进七　车4平2

24. 车九平六　车2退2（图75）

退车捉炮先解除底线受牵制的局
面，老练。如卒7进1，兵三进一，象
5进7，车六进四，马3进2，车六进
二，车2平3，炮六进九，红优。

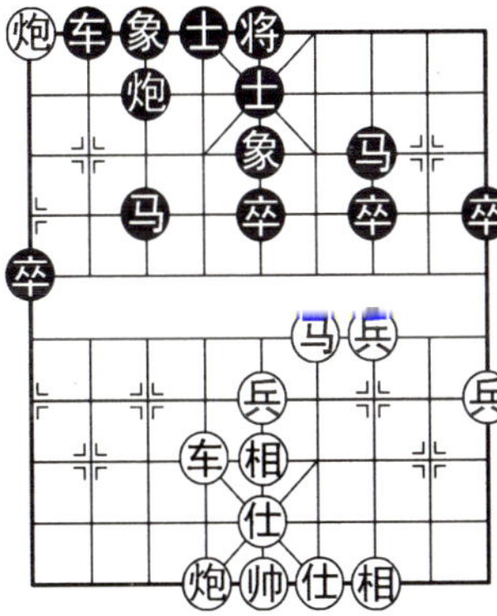

25. 炮九退三　马3进2

26. 炮九平三　车2进4

27. 相五进七　……

如车六平八，炮3进1，车八进
一，卒1进1，红方无趣。

图75

27. ……　　　车2平6　　　**28.** 马四进六　炮3进3

29. 马六进七　车6退1　　　**30.** 炮三平五　马7进5

31. 车六进四　马2进3　　　**32.** 车六平五　车6平5

33. 马七退五

双方同意作和。

第33局　中国洪智 胜 越南阮成保

1. 炮二平五　马8进7　　　**2.** 兵三进一　卒3进1

3. 马二进三　马2进3　　　　**4. 车一平二　车9平8**

5. 马八进九　卒1进1

挺卒制马，兼活通边马出路，这是黑方的一步官着。

6. 炮八平七　马3进2　　　　**7. 车九进一　象3进5**

至此双方形成五七炮进三兵对屏风马常见阵型。黑方飞右象巩固阵势是坚守待变的走法。

8. 马三进四　车1进3　　　　**9. 炮五平三　……**

平炮较为冷僻。较为流行的下法有两种：①车九平六，马2进1，车二进六，马1进3，马九进八，车1平2，马八退七，士4进5，马七退五，炮8平9，车二进三，马7退8，马五进三，马8进7，大体均势；②车二进六，车1平4，车九平四，车4进4，炮七退一，士4进5，炮五平三，炮8平9，车二进三，马7退8，相七进五，车4退2，马四进三，炮9平7，大体均势。

9. ……　　　　车1平4　　　　**10. 炮七平五　……**

再架中炮，着法积极。

10. ……　　　　士6进5

如士4进5，车九平四，车4进2，兵三进一，象5进7，炮三进二，车4退3，车二进六，红优。

11. 车九平四　车4进2

如马2进1，炮三进四，卒5进1，炮五进三，炮8进2，相七进五，双方变化复杂。

12. 兵三进一　象5进7　　　　**13. 炮三进二　车4退2**

14. 车二进六　象7进5　　　　**15. 兵九进一　卒1进1**

16. 炮三平九　车4平1　　　　**17. 炮九平八　……**

兑炮巧着。

17. ……　　　　马2退3

如炮2进3，马九进八，车1平4，马八进六，卒5进1，车二平三，车4平7，马四进三，马7进5，炮五进三，红优。

18. 兵五进一　炮8平9　　　　**19. 车二进三　马7退8**

20. 车四平二　马8进7　　　　**21. 车二进六　马7退6**

22. 马四进三　……

临场洪智判断阮成保的左翼防守力量薄弱，于是频频在黑方左翼策动攻势。

22. ……　　　马3进4　　　　　**23.** 车二退四　卒3进1

弃卒好棋，通过先弃后取手段兑子简化局面，形势有所缓和。

24. 兵七进一　马4进2　　　　**25.** 马九进八　车1进2

同样，捉马不如车1平2更有力。以下马三进一，象7退9，马八退七，炮2平3，马七退五，马6进7，黑方可以抗衡。

26. 马三进一　炮2平9　　　　**27.** 车二平八　马6进7

28. 炮五退一　……

退炮是一个非常精巧的构思，把子力的灵活性与阵型的协调性充分结合。如炮五平四，马7进6，仕四进五，红炮只好在右翼活动，失去了灵活性。

28. ……　　　炮9进4　　　　**29.** 相七进五　炮9退2

30. 马八进七　车1退2　　　　**31.** 炮五平七　马7进6

如车1进5，炮七退一，车1平4，仕六进五，车4退6，车八平四，红方主动。

32. 车八平二　象7退9　　　　**33.** 马七进六　马6退4

34. 炮七平五　……

再平炮中兵保兵，守中带攻。

34. ……　　　炮9平1　　　　**35.** 车二平九　马4进2

36. 炮五平八　车1退2

黑方应立即走炮1进1，以下仕六进五，车1退2，兵七进一，车1平4，车九进一，车4进7，车九平八，马2退1，黑有谋和的机会。

37. 兵七进一　象5进3　　　　**38.** 马六退七　炮1进1

39. 车九平八　炮1进4　　　　**40.** 相五退七　马2退3

稍软。不如车1进2，马七进六，马2退3，车八进四，车1退1，车八平九，象3退1，炮八平五，卒9进1，马六退五，马3进2，大体均势。

41. 车八进四　　车1进7

42. 兵五进一　　象9退7

43. 兵五进一　　车1平2（图76）

阮成保认为马炮士象全可以守和车马仕相全，因此阮成保弃车砍炮（车炮仕相全必胜马炮士象全，所以只能砍炮）。此时阮成保如果耐心的话可马3进5，炮八进五，象7进5，炮八平五，车1平4，车八退七，车4退5，炮五平四，炮1平3，车八平七，车4平3，这样黑方守和的可能性更大。

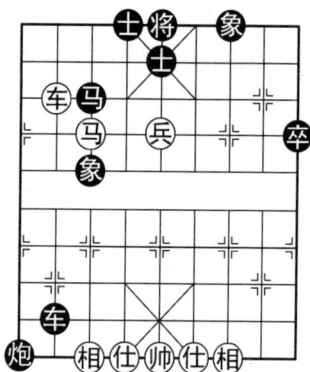

图76

44. 车八退六　　马3进5　　　**45.** 车八平三　　象3退5

至此，阮成保实现了自己的计划，以一车的代价换得对方一兵一炮。那么这个残局是例和残局吗？理论上黑方马炮士象全可以守和双车仕相全，所以应该是和棋。红马的价值虽不及一车，但是车马的联合进攻手段远远要多于双车的配合手段，黑方防守起来要非常小心。君不见2010年象甲联赛上，许银川对孙浩宇时，也曾走到类似的局面，许银川同样以车马仕相全战胜了孙浩宇的马炮边卒士象全，洪智应该对这个局面有所研究。从这方面来看，阮成保是失误的。

46. 马七进九　　马5进7　　　**47.** 车三平四　　马7退6

48. 帅五进一　　炮1退4　　　**49.** 车四进三　　炮1退1

50. 马九退八　　炮1退3　　　**51.** 马八进九　　炮1平4

52. 马九进七　　将5平6　　　**53.** 车四平六　　炮4进1

54. 帅五平四　　炮4平3　　　**55.** 车六进一　　炮3平4

56. 车六平二　　炮4退1　　　**57.** 马七退八　　炮4进1

58. 马八退六　　炮4退1　　　**59.** 车二进四　　炮4进2

60. 马六退五　　炮4退1　　　**61.** 马五进四　　象5退3

不如象5进7，马四进六，象7退9，马六进八，将6平5，较实战顽强。

62. 马四进二　　象 3 进 5　　　　**63.** 马二进三　　炮 4 退 1

64. 马三退五　　……

得象以后，红方取胜就变得简单得多。

64. ……　　　　将 6 平 5　　　　**65.** 马五进七　　士 5 进 4

66. 相七进五　　卒 9 进 1　　　　**67.** 马七退八　　士 4 退 5

68. 车二平一　　卒 9 进 1　　　　**69.** 车一退五　　将 5 平 6

70. 相五退七　　将 6 平 5　　　　**71.** 帅四平五　　将 5 平 6

72. 车一平四　　象 7 进 5　　　　**73.** 马八进七　　将 6 平 5

74. 车四进二　　将 5 平 6　　　　**75.** 车四平六　　象 5 退 7

76. 车六平四　　象 7 进 5　　　　**77.** 马七退九　　炮 4 进 1

78. 马九退七

黑方如象 5 退 7 则马七退五，将 6 进 1，马五进三，将 6 退 1，马三进二，将 6 进 1，帅五平四，炮 4 退 1，车四平三，士 5 进 4，车三进三，炮 4 平 8，车三退一，将 6 退 1，车三平二，形成单车必胜马双士的残局，红胜定。又如黑方走象 5 进 3，马七退五，炮 4 平 5，马五进四，士 5 进 6，车四进一，将 6 平 5，车四退一，红胜定。至此，黑方认负。

第 34 局　中国吕钦 胜 中国澳门李锦欢

1. 炮二平五　　马 8 进 7　　　　**2.** 马二进三　　车 9 平 8

3. 兵七进一　　炮 8 平 9

至此，形成中炮进七兵对三步虎的布局基本阵势。这种布局双方攻守变化多样，对攻激烈，为攻杀型棋手所喜用。

4. 马八进七　　象 3 进 5　　　　**5.** 兵三进一　　卒 3 进 1

先弃后取，是黑方打开局面的常用手段。另有马 2 进 4，车一进一，士 4 进 5，车一平六，炮 9 退 1，车六进四的下法，演下去红稍先。

6. 兵七进一　　车 8 进 4　　　　**7.** 马七进六　　马 2 进 4

如先走车 8 平 3，马六退八，车 3 退 2，炮八进五，车 3 平 2，马八进六，卒 7 进 1，兵三进一，车 2 进 3（象 5 进 7，车一平二，以后黑象还要调整，损失一步棋，演变下去红方先手），马六进四，马 7 进 6，兵三平四，马 2 进 3，车九进二，红方主动。

8. 炮八平六　　车 8 平 3　　　　**9.** 车九平八　……

如炮六进六，车 3 平 4，车九平八，炮 2 平 1，车八进四，车 4 退 3，车一平二，车 1 平 3，黑方满意。

9. ……　　　　　车 1 进 1　　　　**10.** 车一平二　卒 7 进 1

如车 3 进 1，马六进四，红方先手。

11. 车二进四　炮 2 平 3　　　　**12.** 相七进九　炮 3 退 2

13. 车八进五　……

兑子稳健。也可以考虑马三进四，马 7 进 6，马六进五，车 3 退 1，兵三进一，马 4 进 5，车二进二，马 6 进 4，炮五进四，士 4 进 5，车八进九，变化较为复杂，红方优势。

13. ……　　　　　车 3 平 2　　　　**14.** 马六进八　卒 7 进 1

15. 车二平三　马 7 进 6

可以考虑先手车 1 平 2 亮右车，以下马八退六，炮 3 进 2，较实战顽强。

16. 车三平四　马 6 退 7　　　　**17.** 马八退六　士 4 进 5

18. 车四平三　炮 3 进 2

还应走车 1 平 2 亮车为宜。

19. 马三进四　马 7 进 8

20. 马四进六　马 8 进 9（图 77）

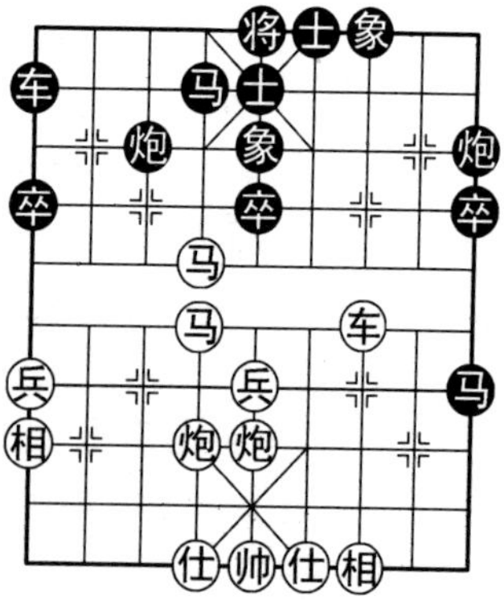

败着。应炮 3 进 2，后马退七，卒 5 进 1，马七进八，车 1 平 2，马八进九，车 2 进 2，马九退八，马 8 进 9，车三平二，马 4 进 2，黑方局势尚可。

21. 前马进七　炮 9 平 3

22. 车三平一　马 9 进 8

23. 马六进四　马 4 进 2

如车 1 平 2，马四进二，黑方难应。

图 77

24. 车一平二　马 8 退 9　　　　**25.** 马四进二　炮 3 退 1

26. 炮五进四　马 2 进 3　　　　**27.** 马二进四　……

改走炮六进三更简明有力。以下将 5 平 4，炮五平六，将 4 平 5，前炮进二，马 3 退 4，马二进三，将 5 平 4，前炮平九，红速胜。

27. ……　　　将 5 平 4　　　　**28.** 车二平六　炮 3 平 4

29. 车六平八　炮 4 平 3　　　　**30.** 炮五平六　马 3 进 4

31. 马四退五

红方得子，黑认负。

第 35 局　中国香港陈振杰 负 中华台北吴贵临

1. 炮二平五　马 8 进 7　　　　**2.** 马二进三　车 9 平 8

3. 车一平二　卒 7 进 1　　　　**4.** 车二进六　马 2 进 3

5. 兵七进一　象 7 进 5　　　　**6.** 马八进七　马 7 进 6

双方以中炮过河车对屏风马左马盘河的阵型布局。黑马跃出后，对红车构成有效牵制，不利之处在于左翼车炮脱根。

7. 兵五进一　……

急进中兵，有意把战局导向复杂变化。

7. ……　　　卒 7 进 1

黑卒过河，接受红方的挑战。

8. 车二平四　马 6 进 7

踩兵以保持中心区域的"紧张状态"。

9. 兵五进一　卒 5 进 1

也可以选择士 4 进 5，以下马三进五，炮 8 进 5，兵五进一，炮 2 进 1，兵七进一，炮 8 平 3，兵七进一，马 7 退 5，炮五进二，炮 2 平 5，兵七进一，炮 5 进 3，车四退三，炮 3 退 3，黑方易走。

10. 马三进五　卒 5 进 1　　　　**11.** 马五进三　车 8 平 7

12. 炮五平三　……

不如车四退三，士 4 进 5，炮八进二，红优。

12. ……   炮2退1

退炮准备还架中炮，支持中卒。

13. 车四退三 炮8平7   14. 仕六进五 炮2平5

15. 炮八进一 马3进5

黑方制定了一个先弃后取的战术计划。

16. 炮八平三 卒5平6   17. 车四平六 炮7进4

18. 车六平三 卒6进1   19. 车三平四 车7进5

黑方得回失子，形势主动。

20. 炮三平二 ……

如炮三平四，车7进4，红方少相有顾忌。

20. ……   车7平8   21. 炮二平四 马5进7

22. 车四平六 炮5平7   23. 相七进五 车1平2

24. 马七进六 ……

进马急躁。应先走车九平六，士6进5，前车平五，车2进4
（车2进7，马七进六，车2退3，马六进七，红可战）车六进六，
车8进1，车五平二，马7进8，车六平三，车2平7，车三退一，
马8退7，兵九进一，大体均势。

24. ……   车8进1

25. 炮四进一（图78） ……

败着。红方不想放弃肋道，可走
车九平六，以下车2进6，前车平八，
车8平2，马六退七，马7进8，车六
进四，红方局势尚可。

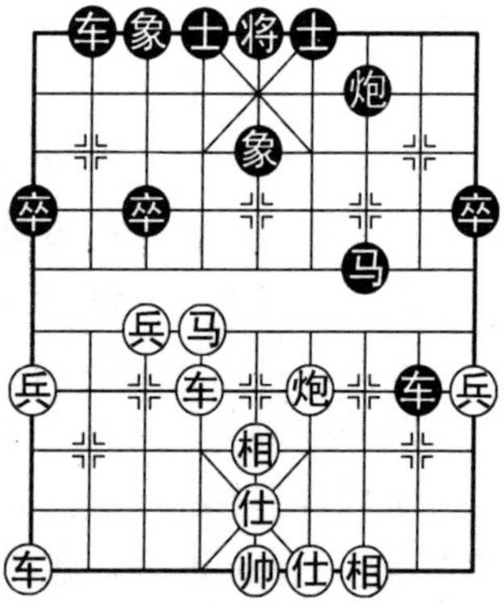

25. ……   车2进4

26. 兵九进一 车2平4

27. 炮四平五 士6进5

缓着，改走炮7平5更简明有力。

以下炮五平四，炮5平4，车九进三，炮4进4，炮四进三，车8
退1，黑方得子大优。

28. 车九进三 ……

图78

红方一错再错，还应走车九平六为宜。

28. …… 　车 8 退 1　　　　　**29.** 炮五平三　炮 7 进 5

30. 车六平三　车 8 平 4

黑方得子大占优势。

31. 车九平八　前车进 3　　　　**32.** 车八进三　前车平 1

33. 仕五退六　车 1 平 6　　　　**34.** 车八退三　车 4 平 5

35. 车八平五　车 5 进 2　　　　**36.** 车三平五　车 6 退 2

红方如避兑，黑方顺势吃边兵，形成车马卒例胜单车的残局，红方也是败局。至此红方认负。

第 36 局　中华台北马仲威 胜 菲律宾洪家川

1. 炮二平五　马 8 进 7　　　　**2.** 马二进三　卒 7 进 1

3. 车一平二　车 9 平 8　　　　**4.** 兵七进一　马 2 进 3

5. 炮八平七　象 3 进 5　　　　**6.** 马八进九　车 1 平 2

双方形成五七炮对屏风马的典型局面。纵观全盘，黑方阵型协调工整，在防御中富有弹性。红方子力效率很高，七路炮对黑 3 路马构成牵制，不足之处在于红方双马欠灵活。

7. 兵七进一　**……**

冲兵一是为盘活边马做准备，另一方面是希望取得黑飞象后自阻 3 卒的效果。

7. …… 　象 5 进 3　　　　　**8.** 马九进七　炮 8 平 9

如炮 2 平 1，马七进六，马 3 退 5，车二进六，红方先手。

9. 车二进九　马 7 退 8　　　　**10.** 车九进一　马 8 进 7

11. 马七进六　士 4 进 5

补士稳健，也可走炮 2 进 6 限制红车的出路。

12. 兵五进一　炮 2 退 1

退炮不明所以，不如炮 2 进 5 交换红方中炮较为稳健。

13. 炮七平六　马 3 退 4

退马以后，黑棋 2 路车的位置很尴尬，车马炮三子团在一起，明显是一个弱型。

14. 车九平八　炮9退1　　　**15.** 车八进六　象7进5

补象以后，黑方已经没有反击能力，摆出一副严防死守的架势，形势较为被动。

16. 兵三进一　卒7进1　　　**17.** 马三进五　卒7平8

18. 马六进四　车2平1

如走马7进6，马五进七，士5进6，炮五进四，士6进5，较为顽强。

19. 兵五进一　……

弃中兵，准备在中路展开攻势。

19. ……　　　　　卒5进1

20. 炮五进三　车1进2（图79）

黑方希望能通过兑车来简化局势。此时黑如马7进5，炮六平三，炮9平7，马五进四，红方大优。

21. 车八退三　……

软着。应炮六进五，车1平2，炮六平三，炮9平7，炮三平八，红大优。

图 79

21. ……　　　　　马7进5　　　**22.** 马五进六　炮2平4

23. 炮五退三　炮9平6　　　**24.** 炮六进六　炮6平4

25. 马六退五　……

也可车八平五，车1平4，车五进一，马4进2，仕六进五，红方大优。

25. ……　　　　　车1平4　　　**26.** 炮五进四　车4进1

27. 车八平五　炮4平1　　　**28.** 马四退二　炮1进5

29. 马五退七　炮1退2　　　**30.** 马二进一　马4进3

31. 炮五平二　象5退7

不如车4平5顽强，以下车五进二，马3进5，马一进三，将5平4，马三退四，马5进6，较实战顽强得多。

32. 马一进三　将5平4　　　**33.** 车五平二　车4进4

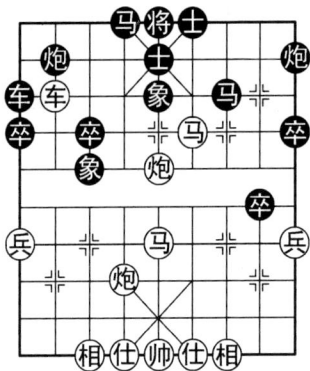

34. 仕四进五　　车4退5　　**35.** 马三退四　　车4平7

36. 相三进五　　车7进1　　**37.** 车二平六　　将4平5

38. 车六进二　……

伏有马四进六抽车的棋。

38. ……　　　车7进1　　**39.** 炮二退三　　车7进2

40. 炮二进一　　车7退2　　**41.** 炮二平五　　象7进5

42. 车六平七

黑方再失一子，投子认负。

第37局　菲律宾洪家川 负 越南赖理兄

1. 炮二平五　马8进7　　　　　**2.** 马二进三　卒7进1

3. 车一平二　车9平8　　　　　**4.** 车二进六　马2进3

5. 兵七进一　象3进5

双方以中炮过河车互进七兵（卒）对屏风马开局。此时黑方另有两类下法：一是炮8平9形成平炮兑车的变化，二是马7进6形成左马盘河的变化，这两种下法均较象3进5更为流行。

6. 马八进七　炮2进1　　　　　**7.** 车九进一　……

起横车较为灵活。如车二平三，马3退5，马七进六，卒3进1，马六进七，卒3进1，炮八平七，炮2进3，兵三进一，卒3进1，炮七退一，卒7进1，黑易走。

7. ……　　　　卒3进1　　　　**8.** 车二退二　炮8进2

如卒3进1，车二平七，马7进8，兵三进一，卒7进1，车七平三，士4进5，马七进六，红方子力活跃，占据优势。

9. 车九平六　车1平3　　　　　**10.** 车六进五　炮2进1

11. 相七进九　马3进4　　　　　**12.** 兵七进一　车3进4

13. 马七进六　士6进5

补士静观其变。如炮2进1，马六退八，车3进2，炮八进二，车3平2，炮八平六，士6进5，相九退七，红方易走。

14. 仕四进五　……

略缓，不如马六进八交换简明。

14. ……　　　　炮2进1

15. 马六退八（图80）　……

坏棋。应车二退二，炮8退1，车六进二，马4进6，兵三进

一，马 6 进 7，炮八平三，炮 2 进 4，
相九退七，车 3 进 5，车六平八，红方
局势尚可。

15. ……　　　　卒 7 进 1

16. 车二平三　　炮 2 进 2

临场黑方判断红方右翼空虚，因
此果断借一车换二的机会，把子力调
整到红方的右翼，简明有力。

17. 马八进七　　炮 2 平 7

18. 车三平七　　炮 8 进 5

19. 仕五退四　　车 8 进 8　　　**20. 车六退一　　……**

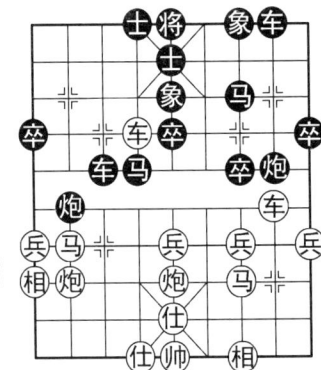

图 80

速败。改仕六进五，马 4 进 5，车七退一，车 8 平 7，帅五平六，
炮 8 退 1，仕五进四，炮 7 进 2，仕四进五，炮 7 平 9，黑胜势。

20. ……　　　　车 8 平 7

重炮绝杀，红认负。

第 38 局　柬埔寨邱亮 负 柬埔寨赖才

1. 兵七进一　卒 7 进 1　　　　2. 炮二平三　炮 8 平 5

架炮中攻，以便借先机顺利跳起左马，这样可相对削弱红兵底
炮的威力，并伺机跃河口配合中炮发动反击，这是后手方最具有对
抗性的应着。

3. 马八进七　……

红方跳马稳健，如炮八平五则形成对攻激烈的列手炮变化。

3. ……　　　　马 8 进 7　　　4. 相七进五　……

飞相以便出贴帅车，控制肋道。如相三进五，则车 9 平 8，马
二进四，马 2 进 1，车一平二，车 8 进 9，马四退二，象 7 进 9，车
九进一，演变下去红方稍好。开局阶段补仕、相方向的不同，双方
争取的区域也会带来质的改变，这一点初学者要格外注意。

4. ……　　　　车 9 平 8　　　5. 仕六进五　马 2 进 1

黑跳边马，侧重两翼均衡出动子力。另有马7进6的下法，也非常流行。

6. 车九平六　　士6进5　　　7. 炮三进三　　炮2平3

平3路炮，威胁红方七路马，迫使红方跳外马封车，这样就给了黑方中路进攻的机会。

8. 马七进八　　炮5进4　　　9. 马二进三　　炮5退1

10. 车六进四　　……

进车正确。如马八进九，炮3平5，以后黑方车1平2出车，黑满意。

10. ……　　　　炮3平5　　　11. 车一平二　　车8进9

12. 马三退二　　卒1进1　　　13. 马二进一　　……

稍缓，不如炮三进一较为有力。

13. ……　　　　卒1进1　　　14. 兵九进一　　马1退3

15. 马八进七　　车1进5　　　16. 炮三平七　　……

平炮打马华而不实。不如马七进五，车1进4，车六退四，车1平4，帅五平六，象7进5，炮三进一，红方主动。

16. ……　　　　马7进6　　　17. 马七进五　　车1进4

18. 车六退四　　车1平4　　　19. 帅五平六　　象7进5

这样双方虽然也是交换，黑方多走了一步马7进6，但多了一个象5进7捉炮的先手，红方略亏。

20. 炮七平九　　马6进4

21. 兵三进一　　马3进2

22. 马一进三　　炮5进1

23. 炮九退四（图81）　　……

退炮眼拙。红方更积极的下法应该考虑炮九平八，马2退4，后炮进一，后马进5，前炮平六，马4进3，帅六平五，红方可以坚守。

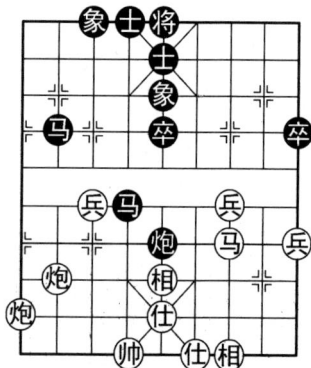

图81

23. ……　　　　马4进3

24. 炮九平七　　……

如帅六进一，马2进1，炮九进二，炮5平4，马三进五，炮4退5，以后黑方士5进4叫将，攻势很盛，黑大优。

24. ……	炮5平3	25. 帅六平五	炮3进2

黑方得子大优。

26. 炮八进三	马3退1	27. 炮八退二	炮3退2
28. 马三进五	炮3平5	29. 马五进六	马1进2
30. 炮八平六	后马进4	31. 兵七进一	马4进6
32. 炮六退二	马6进7	33. 兵一进一	马7退9
34. 马六退七	炮5退1	35. 炮六平七	马2退3
36. 马七退五	象5进3		

弃象吃兵果断，不给红方以反扑的机会。

37. 兵三进一	象3进5	38. 兵三平四	马3退4
39. 马五退七	马9退7	40. 炮七平九	马4进3
41. 帅五平六	马7进8	42. 兵四进一	卒5进1
43. 炮九进四	象3退5	44. 兵一进一	卒9进1
45. 炮九平一	马8退6		

红方几经周折，兑去　兵，但是局势已经是急转直下。

46. 仕五进四	马6退4	47. 马七进九	炮5进1

打死红马，黑方取得胜利。

第39局　日本所司和晴 负 马来西亚黎金福

1. 炮二平五	马8进7	2. 马二进三	车9平8
3. 车一平二	卒3进1	4. 车二进四	马2进3
5. 兵七进一	卒3进1	6. 车二平七	卒7进1

双方以中炮巡河车对屏风马进3卒开局。黑方另有两种常见走法：①炮2退1，炮八平七，车1进2，车七平八，炮2平7，车九进一，象7进5，兵三进一，红方先手；②马3进4，马八进七，象3进5，炮八平九，卒7进1，车九平八，炮2平3，马七退五，炮3平4，兵三进一，卒7进1，车八进五，马4进6，马三进四，

卒 7 平 6，马五进三，卒 6 进 1，马三进四，红方先手。

7. 兵五进一　……

冲中兵的实战效果并不好。红方多走马八进七，炮 2 退 1，马七进六，车 1 进 2，炮五平六，炮 2 平 3，车七平八，士 6 进 5，相七进五，红方稍好。

7. ……　　　炮 2 退 1

退炮富有弹性。如士 4 进 5，炮八平七，马 3 进 4，兵五进一，卒 5 进 1，车七进一，马 4 退 5，马八进九，马 5 进 6，车九平八，炮 2 平 5，马九进七，红方稍好。

8. 炮八平七　……

平炮稍缓。不如兵五进一，炮 2 平 5，兵五平四，车 1 平 2，炮八平七，红方主动。

8. ……　　　炮 2 平 3	**9. 车七平八　马 3 进 4**
10. 车八平七　炮 3 进 6	**11. 马八进七　马 4 进 6**

12. 马三进五　……

可以考虑马七进五更为稳妥。

12. ……　　　车 1 平 2

也可直接走炮 8 进 7，对红方底线有所牵制。

13. 车九进一　炮 8 进 7	**14. 车九平四　马 6 进 5.**

15. 相七进五　车 8 进 7

黑方利用红方右翼空虚的弱点，展开反击。

16. 仕六进五　车 2 进 4	**17. 车四进一　……**

软着。不如车七进五，以下车 2 平 6，相五退七！炮 8 平 9，车四进四，马 7 进 6，帅五平六，士 6 进 5，车七退四，马 6 进 5，马七进五，车 8 进 1，帅六平五，红方可以抗衡。

17. ……　　　车 8 平 6	**18. 仕五进四　马 7 进 6**
19. 马五退三　炮 8 平 9	**20. 车七退一　象 3 进 5**

也可先走车 2 进 3，则马七退六，象 3 进 5，黑方优势明显。

21. 仕四退五　车 2 进 3	**22. 马七退六　马 6 进 4**
23. 车七平六　马 4 进 2	**24. 马三进五　炮 9 退 1**

退炮准备以后强行跳卧槽马。

25. 兵三进一（图 82）······

败着。不如马六进七攻守兼备。以下黑方有两种应法：①炮 9 平 8，马七进六，车 2 进 2，仕五退六，马 2 退 3，车六退二，炮 8 退 7，兵三进一，车 2 退 6，马六退七，红方可战；②车 2 进 1，仕五退六，炮 9 平 8，兵三进一，炮 8 退 1，相五退七，马 2 退 3，车六进五，马 3 进 5，兵三进一，马 5 退 7，车六平四，车 2 退 2，仕四进五，红方可战。

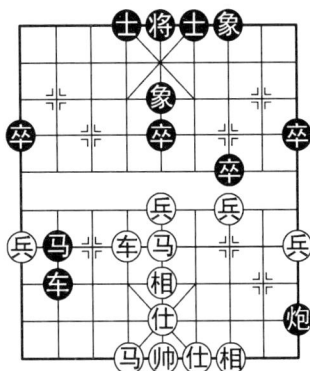

图 82

| 25. ······ | 车 2 进 2 | 26. 仕五进四 | 炮 9 平 1 |
| 27. 车六退二 | 炮 1 进 1 | 28. 帅五进一 | ······ |

不如仕四进五顽强，以下卒 7 进 1，马五进三，车 2 退 2，马六进八，车 2 平 3，帅五平四，车 3 进 2，帅四进一，车 3 平 7，马三进二，车 7 退 6，马二退三，较实战顽强。

28. ······	炮 1 退 1	29. 帅五退一	炮 1 进 1
30. 帅五进一	炮 1 退 1	31. 帅五退一	炮 1 进 1
32. 帅五进一	卒 7 进 1	33. 相五进三	炮 1 退 1
34. 帅五退一	车 2 平 3	35. 马五退七	······

如车六进四，马 2 进 3，马五退六，炮 1 进 1，车六退三，车 3 平 2，车六平五，炮 1 平 4，车五平七，炮 4 平 6，帅五进一，车 2 退 1，黑方胜势。

| 35. ······ | 车 3 退 2 | 36. 车六平九 | 马 2 进 1 |
| 37. 马六进七 | 马 1 退 3 | | |

以后形成马三卒对红方仕相全的例胜残局，红方认负。

第 40 局　新加坡吴宗翰 胜 中华台北马仲威

| 1. 炮二平五 | 马 8 进 7 | 2. 兵三进一 | ······ |

先进三兵，把布局纳入自己的擅长的领域中来，避开黑方进7卒的下法。

2. ……　　　车9平8　　　**3.** 马二进三　炮8平9

4. 马八进七　……

前三个回合形成中炮进三兵对三步虎的基本阵势。现在红跳左正马，稳健有力，是一步"官着"。

4. ……　　　卒3进1

挺卒制马，活通马路。

5. 炮八进四　……

进炮过河，相机平七压马或平三打卒，是类似局面下的有效手段。

5. ……　　　马2进3　　　**6.** 炮八平七　车1平2

7. 车九平八　象3进5　　　**8.** 车八进四　炮2平1

平炮兑车是老式变化，现在多走车8进4巡河，以下车一平二，车8进5，马三退二，炮2平1，这样演变的结果同实战的结果不同之处在于，兑掉红方双车，局势平稳。

9. 车八进五　马3退2　　　**10.** 车一进一　……

红起横车，准备攻击黑方防守力量相对薄弱的右翼，好棋。

10. ……　　　炮1平3　　　**11.** 车一平八　马2进4

12. 炮七平三　卒3进1

冲3卒立即发动反击。如炮3进1，炮三平七，马4进3，马三进四，士6进5，车八进五，马3退4，黑方子力位置欠佳，红优。

13. 车八进七　卒3进1

如炮3进1，兵三进一，象5进7，炮三平七，马4进3，车八平三，车8进2，兵七进一，象7退5，兵七进一，象5进3，马七进六，马3退5，车三进一，红方主动。

14. 马七退五　马4进6　　　**15.** 车八平七　炮3平1

16. 炮五进四　士6进5　　　**17.** 炮五平八　炮1平2

18. 兵五进一　车8进4

如车8进6，炮三平九，炮2退2，炮九进三，车8退3，炮八平七，马7进6，车七进一，炮2进1，炮七平五，红优。

19. 车七退五　车8平2

20. 炮八平四　炮9退1

退炮准备谋取红方中兵。

21. 相七进五　卒1进1

22. 马五进七　士5退6（图83）

退士软着。可以考虑车2平6，车七进三，炮2退1，利用担子炮的防御功能，加强防守。

23. 仕六进五　炮9平5

24. 车七平六　……

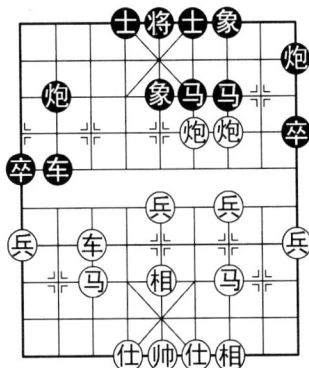

图 83

改走车七进四更有牵制力。以下炮5进4，炮三进三，象5退7，炮四平五，车2退1，车七平四，车2平5，车四平八，车5平3，马七进五，红方大优。

24. ……　　车2平3　　**25. 帅五平六　车3退4**

26. 车六进一　马7退8　　**27. 马三进五　马8进9**

28. 兵三进一　卒9进1

如炮5平1，兵五进一，士6进5，帅六平五，红方优势也很大。

29. 马五进七　炮5平7　　**30. 炮四平五　士6进5**

31. 炮三平四　炮2退1　　**32. 相三进一　……**

也可以直接走兵五进一，红方也是胜势。

32. ……　　炮7平6　　**33. 兵三平四　马9进8**

34. 炮四进二　炮2平6　　**35. 兵五进一　马8进9**

36. 后马进五　将5平6　　**37. 马七进九　……**

踏边兵可行，这是红方优势下的一种策略走法。也可以直接走车六平二，则车3平2，炮五平四，炮6进2，兵四进一，红方大优。

37. ……　　车3平2　　**38. 马九退七　车2进9**

39. 帅六进一　车 2 退 1　　　　**40.** 帅六退一　车 2 进 1

41. 帅六进一　象 5 进 3　　　　**42.** 马五进三　马 9 进 7

黑方显然不能兑马，兑马以后只有右车活动空间，速败。

43. 马三进一　炮 6 平 8　　　　**44.** 马一进二　马 6 进 8

45. 炮五平七　象 7 进 5　　　　**46.** 兵四进一　车 2 退 6

47. 炮七平五　车 2 进 5　　　　**48.** 帅六退一　车 2 进 1

49. 帅六进一　车 2 退 1　　　　**50.** 帅六退一　车 2 进 1

51. 帅六进一　马 7 进 8　　　　**52.** 兵四平三　前马退 9

53. 兵三平二　炮 8 进 2　　　　**54.** 车六平四　将 6 平 5

55. 车四平一　炮 8 进 5　　　　**56.** 帅六进一

绝杀，黑方认负。

第 41 局　越南阮成保 和 中国吕钦

1. 兵七进一　卒 7 进 1　　　　**2.** 炮二平三　炮 8 平 5

3. 马八进七　马 8 进 7　　　　**4.** 炮八平九　……

双方以对兵局开局，平边炮迅速开动左车。另有相七进五，马 2 进 1，车一进一，炮 2 平 3，车一平六，车 1 平 2，车九平八，车 2 进 4 的变化，演变下去，大体均势。

4. ……　　马 2 进 1　　　　**5.** 车九平八　车 1 平 2

6. 马二进一　……

跳边马准备出右直车。如炮三进三，卒 3 进 1，兵七进一，炮 2 平 3，车八进九，马 1 退 2，红方七路线受攻，黑方易走。

6. ……　　车 9 平 8

快速出动左车，让红方表态。如车 9 进 1，相三进五，车 9 平 4，兵九进一，车 4 进 3，仕四进五，炮 2 进 2，炮九进四，炮 5 平 2，车八平九，象 3 进 5，大体均势。

7. 车一平二　车 8 进 9　　　　**8.** 马一退二　卒 1 进 1

9. 相三进五　……

补相稳健。也可走炮九进三，马 7 进 6，炮九进一，红方先手。

| 9. ······ | 马 7 进 6 | 10. 马二进四 | 炮 5 平 6 |

| 11. 马四进二 | 马 6 进 7 | 12. 马二进一 | ······ |

进边马伺机攻击黑方 7 路线，着法凶悍。也可炮九进三，局势较为稳健。

| 12. ······ | 马 7 退 9 | 13. 炮三进七 | 士 6 进 5 |

| 14. 兵一进一 | ······ |

交换以后，红方赚得一象，但是后续子力没能及时跟进，双方仍是均势。

14. ······　　　炮 6 进 5

进炮简化局势，不想与红方做过多的纠缠。

| 15. 马七进六 | 炮 6 平 1 |

| 16. 相七进九 | 炮 2 平 5 |

| 17. 车八进九 | 炮 5 进 4 |

| 18. 仕四进五 | 马 1 退 2 |

| 19. 马六进五 | 马 2 进 1（图 84） |

双方再次兑子转换以后，进入无车局的争夺。黑方可以走卒 7 进 1，炮三退三，马 2 进 1，双方仍是均势。

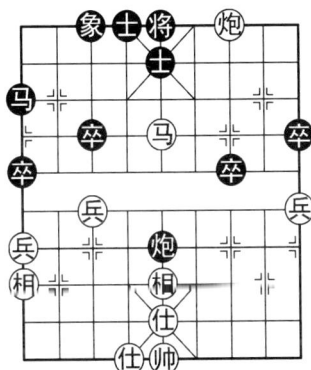

图 84

| 20. 炮三退三 | 象 3 进 5 | 21. 帅五平四 | 炮 5 平 6 |

| 22. 马五退六 | 炮 6 退 5 | 23. 炮三进一 | 士 5 进 6 |

如马 1 进 2，马六进七，马 2 进 1，马七进五，红方优势。

| 24. 帅四平五 | 将 5 进 1 | 25. 相九退七 | ······ |

不如炮三平二，炮 6 平 9，炮二退二，炮 9 进 4，炮二平九，谋卒较为实惠。

| 25. ······ | 炮 6 平 9 | 26. 马六进四 | 马 1 退 3 |

| 27. 炮三平一 | 象 5 退 7 | 28. 炮一平二 | 炮 9 进 4 |

| 29. 马四退六 | 马 3 进 4 | 30. 马六进七 | 卒 1 进 1 |

| 31. 兵九进一 | 炮 9 平 1 |

　　再兑一兵后，红方阵型工整，黑方少象多卒，应该说红方的先手扩大，但取胜还是较为困难。

32. 炮二退一　炮 1 进 1	**33.** 炮二平五　炮 1 平 8
34. 马七退六　炮 8 退 2	

　　退炮巡河，稳健。

35. 炮五退三　马 4 进 6	**36.** 炮五进二　马 6 进 7
37. 炮五退二　马 7 退 6	**38.** 炮五进二　马 6 进 7

　　双方同意作和。

第 42 局　中国澳门郭裕隆 胜 菲律宾蔡世和

1. 炮二平五　炮 8 平 5	**2.** 马二进三　马 8 进 7
3. 车一平二　车 9 进 1	**4.** 马八进九　……

　　双方以顺炮直车对横车开局。红方跳边马是旧式走法，现在多走马八进七或兵三进一，强化中心区域。

4. ……　　　　车 9 平 4	**5.** 仕四进五　车 4 进 4

　　进车骑河作用不大，不如马 2 进 3 较为工整。

6. 车二进六　卒 7 进 1	**7.** 车二平三　象 7 进 9

　　坏棋。飞象虽然暂时起到限制红车的作用，但是右翼子力出动缓慢，棋型松散。不如马 2 进 1，车三退一，车 1 进 1，车三退一，车 1 平 4，炮八平六，前车平 7，黑方可以抗衡。

8. 炮八平七　……	

　　不如炮八进七，车 1 平 2，车九平八，黑方车炮被牵，红方优势明显。

8. ……　　　　马 2 进 1	**9.** 车九平八　炮 2 平 3
10. 兵七进一　炮 5 平 4	**11.** 炮五进四　……

　　交换简明。如炮五平六，士 4 进 5，相三进五，车 1 平 2，车八进九，马 1 退 2，红方先手不大。

11. ……　　　　马 7 进 5	**12.** 车三平五　士 4 进 5
13. 相七进五　象 3 进 5	**14.** 炮七进四　卒 9 进 1

挺边卒缓着，不如马1进3简明。以下车五平七，炮3退2，车八进六，卒1进1，车七平一，象9退7，黑方可战。

15. 兵九进一　象9退7　　　　**16.** 马九进八　炮4进1

临场黑方少走了一次序，被红方扩大先手。应车1平2，炮七平八，炮4进1，黑方足可一战。

17. 炮七退一　车4退1

18. 马八进七　……

进马巧手，黑方必须做出抉择。

18. ……　　　　炮3进2（图85）

如马1进3，炮七进二，车4进2，兵七进一，马3退1，炮七平八，炮4退3，兵七进一，红方优势。拆解这盘棋时，赵庆阁老师提出，这里还有一种下法：车1平2！以下车八进九，马1退2，炮七进二，马2进3，兵七进一，车4进4，车五平四，炮4退3，虽然也是红方优势，但较实战顽强一些。

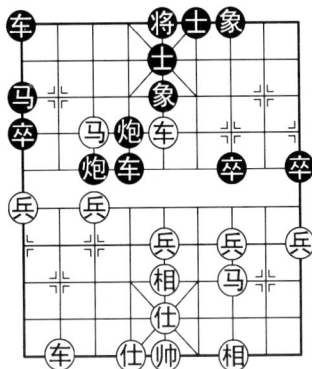

19. 兵七进一　车4进4　　　　**20.** 车八进七　……

可以考虑马七进八，车1平3，车八进七，马1退2，车八退一，红方先手更大。

20. ……　　　　象5退3

还应车1平2，马七进八，炮4退3，车五平八，炮4平3，仕五进六，车2平1，黑方局势尚可。

21. 马七进八　车1进1

败着。应象7进5先补一着棋。

22. 兵三进一　卒7进1　　　　**23.** 相五进三　炮4进3

24. 车八退四　车4平3

速败。还应象7进5，兵七进一，炮4退2，黑方尚可周旋。

25. 马八退六　车1平4　　　　**26.** 车八平六　车3退3

27. 相三退五　车3平1　　　　**28.** 车六进二　车1退1

如象 7 进 5，马六退八，车 4 进 3，兵七平六，车 1 进 1，兵六进一，红方多子多兵胜定。

29. 马六退八	车 4 平 2	**30.** 兵七平八	车 1 进 1
31. 马八进六	车 2 平 4	**32.** 兵八进一	将 5 平 4
33. 马六进八			

红得子占势，黑方认负。

第 43 局　中国澳门李锦欢 和 中国香港陈振杰

1. 兵七进一	炮 2 平 3	**2.** 炮二平五	炮 8 平 5

双方由仙人指路对卒底炮转为顺手炮。这是黑方比较强硬的选择。

3. 马二进三　……

红方起右马，放黑卒过河，其意图是为了快出强子，谋取先手。如马八进七，卒 3 进 1，马七进六，卒 3 进 1，马六进五，马 8 进 7，马二进三，车 9 进 1，车一平二，车 9 平 4，车二进四，车 4 进 2，马五进三，炮 3 平 7，黑方可以抗衡。

3. ……	卒 3 进 1	**4.** 车一平二	卒 3 进 1
5. 马八进九	炮 3 退 1		

如马 8 进 7，车二进四，卒 3 进 1，车二平八，马 2 进 1，车八平七，卒 3 平 2，炮八平六，炮 3 进 1，车七进八，车 9 进 1，炮六进五，炮 3 退 1，车八退一，车 9 平 4，炮六平三，炮 3 平 7，炮五进四，士 4 进 5，车八进三，车 1 平 2，车九平八，车 2 进 3，车八进六，红方先手。

6. 炮八进六　……

进炮强硬。如车九平八，马 8 进 7，炮八进五，马 2 进 3，炮五平七，马 7 退 5，炮八平五，象 3 进 5，车八进七，象 5 进 3，兵三进一，车 9 进 2，黑方可战。

6. ……	车 1 进 2	**7.** 车九平八	马 8 进 7
8. 兵三进一	车 9 平 8		

　　如车 1 平 3，车二进五，车 9 平 8，车二平六，车 8 进 6，炮五平六，士 6 进 5，相七进五，红先。

9. 车二进九　　马 7 退 8　　　**10.** 仕六进五　　马 8 进 7

11. 马三进四　……

进马略急。不如炮八退二，马 2 进 3，炮八平三，象 7 进 9，车八进八，车 1 退 1，车八退二，红方先手。

11. ……　　　　　炮 5 进 4

12. 车八进六　　象 3 进 5（图 86）

补象稳健，保留跳拐角马的机会。强硬的走法可以考虑炮 3 进 8，车八退六，炮 3 退 2，马四进六，卒 3 平 4，炮八退七，马 2 进 3，黑方易走。

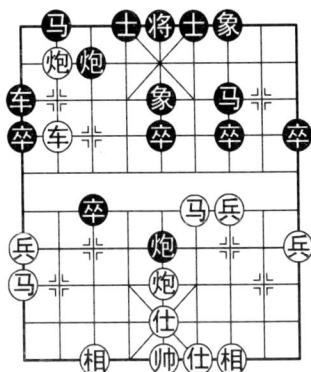

图 86

13. 车八平七　　炮 3 平 5

14. 车七退二　　车 1 平 2

15. 马四进六　　车 2 退 1

16. 马六退五　　车 2 进 3

交换以后，红方子力活跃，稍占优势。

17. 马九进七　　车 2 平 3　　　**18.** 炮五平三　　马 2 进 3

19. 车七进一　　象 5 进 3　　　**20.** 马五进四　　马 7 退 9

也可以考虑马 7 退 8，马四进六，马 8 进 9，黑马的位置较实战好。

21. 炮三进四　　象 3 退 5　　　**22.** 马四进六　　炮 5 平 7

23. 相七进五　　士 6 进 5　　　**24.** 兵九进一　　卒 9 进 1

25. 马六退八　　马 3 进 2　　　**26.** 马七进八　　……

交换以后，红方子力灵活，有一定优势，但是取胜比较困难。

26. ……　　　　　马 9 进 8　　　**27.** 仕五进四　　……

不如相三进一先护住三兵较好。

27. ……　　　　　卒 1 进 1　　　**28.** 兵九进一　　炮 7 平 9

29. 马八退六　　卒 5 进 1　　　**30.** 炮三平八　　卒 5 进 1

31. 马六进八　　马 8 退 6　　　**32.** 炮八平四　　象 7 进 9

33. 马八进六　卒 5 平 6　　　　**34.** 兵九平八　卒 6 平 7

兑掉红方三兵以后，基本和势。

35. 相五进三　象 9 退 7

双方同意和棋。

第 44 局　中国香港赵汝权 胜 马来西亚黄运兴

1. 炮二平五　马 2 进 3　　　　**2.** 马二进三　炮 8 平 6

3. 车一平二　马 8 进 7　　　　**4.** 马八进九　车 9 进 1

5. 炮八平七　车 9 平 4

双方以五七炮对反宫马横车开局。这个阵型在国内大赛上比较少见，通常国内棋手认为先手方用五六炮应会反宫马比较稳健。

6. 车九平八　车 1 平 2　　　　**7.** 车二进六　车 4 进 3

8. 车二平三　炮 6 平 4

平炮软着。黑方对反宫马的阵型还是有待深入研究。此时黑方较有弹性的下法是炮 6 退 1！车八进六，炮 6 平 7，车三平四，卒 3 进 1，车八平七，马 3 退 5，车四进二，炮 7 进 5，黑方可以抗衡。

9. 仕四进五　　……

补仕稳健。如车三进一，炮 4 进 7，车三平七，炮 4 平 2，马九退八，象 3 进 5，炮五进四，士 4 进 5，仕四进五，炮 2 进 6，炮七平六，双方攻守复杂。

9. ……　　　象 3 进 5　　　**10.** 车八进四　炮 2 退 1

11. 车三平四　卒 3 进 1　　　**12.** 兵三进一　……

也可炮五进四，马 7 进 5，车四平五，炮 2 平 5，车五平八，车 2 进 3，车八进二，红方主动。

12. ……　　　炮 4 进 1　　　**13.** 车四进一　马 7 进 8

14. 马三进四　马 8 进 6　　　**15.** 车四退三　炮 2 平 8

16. 车八进五　炮 8 进 8　　　**17.** 相三进一　马 3 退 2

18. 炮五进四　士 4 进 5　　　**19.** 帅五平四　……

缓着。不如炮七平三，将 5 平 4，车四进四，象 7 进 9，炮五平二，红方更有攻击力。

19.……　　　将5平4　　　**20. 兵九进一　马2进3**

21. 炮五退二　车4进2

黑方底炮的作用不大，不如炮8退7给右马生根较好。

22. 马九进八　车4退1　　　**23. 马八进七　炮8退7**

此时退炮不合时宜。不如车4退1先护住3卒，以下车四进二，炮4退1，炮七平二，炮8平9，较实战顽强。

24. 炮七进三　炮8平6　　　**25. 帅四平五　车4平5**

26. 炮七平五　车4退2　　　**27. 马七退八　……**

缓着。应马七进九，炮5进2，车四平五，马3进2，马九进七，车4平3，车五平七，车3退1，炮五进一，马2进3，车七平六，车3平4，车六平八，红方大优。

27.……　　　车4进2　　　**28. 马八进七　车4退2**

29. 马七退八　炮5平6　　　**30. 后炮平六　将4平5**

31. 车四平五　前炮进5（图87）

败着。应前炮平5，炮五平二，车4平2，炮六退二，车2进1，炮二退三，炮5平8，黑方尚可周旋。

32. 车五平四　前炮平9

33. 炮六退二　……

红方退炮求稳，也可车四进三，车4进2，马八进七，车4退2，马七退九，将5平4，车四退五，红方大优。

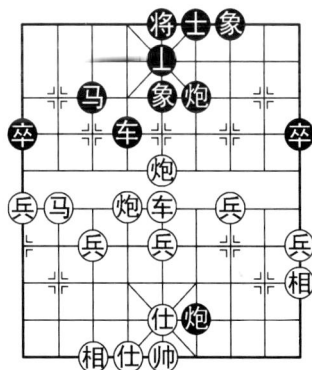

图87

33.……　　　炮6平8

34. 帅五平四　炮8退2　　　**35. 炮六平三　将5平4**

面对红方天地炮的杀势，黑方只好出将。如车4平5，炮五退一，炮9进1，车四进四，炮8进9，帅四进一，士5退6，车四退一，红方胜势。

36. 兵三进一　……

可车四进四，车4平2，炮三进七，将4进1，炮三退二，车2

进2，炮三平七，红方进攻的效率更高一些。

36. ……　　　炮 9 进 1　　　　**37.** 兵三平二　炮 8 进 2

38. 炮三平六　车 4 平 5　　　　**39.** 兵五进一　……

软着。红方在优势局面下，试图以稳为主，不轻易弄险，这样虽然有利于控制局势，但是也错过了很多扩先的机会。此时应车四进四，马 3 进 2（车 5 进 1，马八退六！黑方只好一车换二，形势更为严峻），马八进六，马 2 退 4，炮五进二，炮 8 平 6，车四退一，士 5 进 6，马六退四，将 4 平 5，马四进五，红方胜势。

39. ……　　　炮 8 平 6

应先走将 4 平 5，马八进七，炮 8 平 6，较实战顽强。

40. 帅四平五　将 4 平 5　　　　**41.** 炮六平五　车 5 平 2

42. 马八退六　车 2 平 4　　　　**43.** 马六进七　车 4 进 1

44. 兵七进一　炮 6 平 9　　　　**45.** 帅五平四　后炮退 2

46. 车四进二　……

进车卒林，红方仍然稳稳地控制局势的发展。

46. ……　　　车 4 进 2　　　　**47.** 兵二进一　将 5 平 4

48. 后炮平六　将 4 平 5　　　　**49.** 兵二平一　前炮退 3

50. 兵一进一　前炮退 2　　　　**51.** 兵一进一　前炮平 3

52. 兵七进一

捉死黑方边炮，黑方投子认负。

第 45 局　中华台北吴贵临 和 中国洪智

1. 炮二平五　马 8 进 7　　　　**2.** 马二进三　车 9 平 8

3. 车一平二　马 2 进 3　　　　**4.** 马八进七　卒 3 进 1

5. 车二进四　……

双方以中炮巡河车对屏风马进 3 卒开局。红方的战术思想是在开局阶段避免形成短兵相接的复杂局势，平稳过渡到中局。

5. ……　　　炮 8 平 9　　　　**6.** 车二进五　马 7 退 8

7. 兵三进一　象 3 进 5　　　　**8.** 车九进一　马 8 进 7

9. 车九平六　炮2进2

进炮巡河伺机兑7卒活马。也可士4进5，车六进五，车1平4，车六平七，车4进2，兵五进一，炮2进2，大体均势。

10. 兵五进一　卒7进1　　　**11.** 马七进五　士4进5

12. 兵七进一　……

兑七兵活马，是盘头马方常用的战术。

12. ……　　　车1平4　　　**13.** 车六进八　将5平4

再兑一车，双方进入到无车的争斗，这对双方的中残局功力是一个很大的考量。

14. 兵七进一　象5进3

15. 炮八平七　马3进4

16. 兵五进一　马4进5

17. 马三进五　卒5进1（图88）

也可卒7进1，兵五进一，马7进5，马五进三（炮五进四，炮9平5，黑方先弃后取夺回失子占优），马5进4，炮七退一，马4进6，黑方易走。

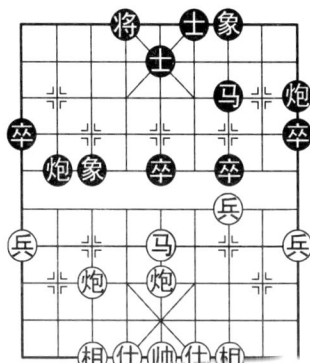

图88

18. 兵三进一　卒5进1　　　**19.** 炮五进二　炮2平7

交换以后，双方大子相等，黑方略占优势，但局势平稳。

20. 相七进五　马7进6　　　**21.** 炮五平四　马6进4

22. 炮七进一　炮9平1

如马4进2，炮四平七，卒1进1，仕四进五，象3退5，也是均势。

23. 炮七平六　将4平5　　　**24.** 炮四平五　象3退5

25. 马五进三　马4进2　　　**26.** 马三进五　马2退3

简明。如果黑方仍然纠缠，可走马2进4，帅五进一，炮7退2，兵一进一，马4退2，炮六平一，炮7平9，双方战线较长。

27. 炮五退一

双方同意作和。

第46局 菲律宾蔡世和 胜 日本所司和晴

1. 炮二平五 马8进7　　　　**2.** 马二进三 车9平8

3. 车一平二 卒7进1　　　　**4.** 车二进六 马2进3

5. 兵五进一 士4进5　　　　**6.** 兵五进一 ……

双方以中炮过河车急进中兵对屏风马开局,这一路变化俗称"牛头滚"。这路变化兴起于1976年的全国赛上。红方急进中兵,是"牛头滚"的特定着法。

6. …… 卒3进1

黑方开通两支马路,并准备进炮打车捍卫卒林线,正着。如卒5进1去兵,则正合红方打通中路,扩大过河车活动范围的要求。

7. 马八进七 ……

红方另有兵五进一和车二平三两种应法,从历年来的实战对局来看,效果并不理想。临场红方进七路马是近年来经过棋手改进后的着法。

7. …… 炮2进1　　　　**8.** 车二退二 卒5进1

应炮8平9,车二平五,车8进3,马七进五,卒5进1,车五进一,马7进5,黑方易走。

9. 车二进二 炮2进3　　　　**10.** 马七进五 象3进5

11. 炮八平七 车1平4　　　　**12.** 车九平八 炮2平5

13. 马三进五 卒5进1

冲卒限制红马的活动空间。

14. 炮五进二 车4进5　　　　**15.** 炮七平五 将5平4

16. 仕六进五 马7进6　　　　**17.** 前炮平二 炮8进3

18. 车二进三 马6进5

19. 车八进二（图 89）　……

红方迫使黑方一车换二以后，形势大优，红车八进二准备兑车，以后可以形成"有车杀无车"的有利残局。此时红方更严厉的下法是车八进七，马 5 退 6，炮五平六（误走车八平七，炮 8 平 5！绝杀），将 4 平 5，兵三进一，卒 7 进 1，车八平七，红方得子大优。

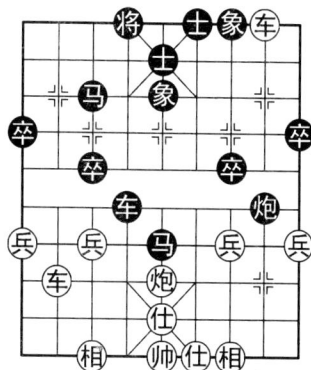

图 89

19. ……　　　　将 4 平 5

20. 车八平六　　车 4 平 2

如车 4 进 2，仕五进六，炮 8 平 6，车二退三，炮 6 进 1，车二平一，炮 6 平 3，车一平六，马 3 进 4，车六平九，炮 3 平 7，兵九进一，红先。

21. 车六进一　马 5 退 4　　　　**22.** 车二退三　卒 7 进 1

速败。但如车 2 平 6，相三进一，马 4 退 6，车六进三，马 6 进 4，车六平七，马 3 退 4，车七退一，前马讲 5，车七进　，黑方虽然较实战顽强一些，红方仍是优势。

23. 车二平七　马 4 进 6　　　　**24.** 车七进一　马 6 进 5

黑方不能马 6 进 4 吃车，红方有车七进二绝杀的手段。

25. 相七进五　卒 7 进 1　　　　**26.** 车七退一　卒 1 进 1

27. 车七平九　士 5 退 4　　　　**28.** 车六平三　……

吃掉黑方过河卒，红方双车少了后顾之忧，胜势。

28. ……　　　　炮 8 退 1　　　　**29.** 车九平二　炮 8 平 5

30. 车三平五　炮 5 平 7　　　　**31.** 车二平一　……

吃卒稳健，为以后残局打下物质基础。

31. ……　　　　车 2 进 1　　　　**32.** 车一平四　车 2 平 1

33. 车四进二　士 4 进 5　　　　**34.** 车五进四　车 1 平 3

35. 车五退二　炮 7 进 2　　　　**36.** 车四退二　炮 7 平 5

37. 车四平六　车 3 进 3　　　　**38.** 车六退六　车 3 退 3

由于红方有一路兵的存在，黑方不敢兑车，由此可以看出红方

第31回合吃卒的正确。

39. 车六平八　炮5平4　　　　**40.** 车五平六　士5退4

41. 车八平六　炮4平5

无奈。如卒3进1，前车退二，车3平4，车六进三，卒3平2，车六平三，象7进9，兵一进一，红兵过河以后，可演变成车兵例胜卒双士的残局。

42. 前车进四　将5进1　　　　**43.** 前车退六　……

兑车简化，不给黑方反扑的机会，稳健。

43. ……　　　车3平4　　　　**44.** 车六进三　炮5退4

45. 车六进二　炮5平9　　　　**46.** 车六平七　炮9退2

47. 车七平九　象7进9　　　　**48.** 车九进三　将5退1

49. 车九进一　将5进1　　　　**50.** 车九平四　炮9进6

51. 车四退六

黑方认负。

第47局　柬埔寨赖才 负 中国澳门郭裕隆

1. 炮二平五　马8进7　　　　**2.** 兵三进一　车9平8

3. 马二进三　卒3进1　　　　**4.** 车一平二　马2进3

5. 马八进九　卒1进1

挺卒制马，再伺机兑卒畅通车路。

6. 炮八平七　……

红方平七路炮，意在迫使黑方外肋上马，以削弱其中路的防御力量。

6. ……　　　马3进2　　　　**7.** 马三进四　……

红方跃马河口，窥视黑方中路，着法积极。

7. ……　　　象3进5

至此，双方形成五七炮进三兵对屏风马红疾进河口马的阵型。此时黑方补象值得商榷，应车1进3，升车保卒，既可占据要着，又伏有诱敌进攻的手段。举一例：车1进3，马四进五，马7进5，炮五进四，车 1 平 5，炮七平五，车 5 退 2，黑方退车，妙手解围，占据优势。

8. 马四进五　炮 8 平 9

兑掉红方明车，正确。如马 7 进 5，炮五进四，士 4 进 5，车二进五，马 2 进 1，炮七平二，车 1 进 3，炮五退二，红优。

9. 车二进九　马 7 退 8　　　10. 马五退七　……

也可炮七进三，象 5 进 3，马五进七，象 3 退 5，马七退八，车 1 进 3，兵七进一，士 4 进 5，大体均势。

10. ……　　　士 4 进 5　　　11. 马七退五　……

软着。应马七进八，炮 9 平 2，车九进一，车 1 平 4，车九平二，马 8 进 7，车二进五，红方先手。

11. ……　　　车 1 平 4　　　12. 兵七进一　车 4 进 6
13. 兵七进一　马 2 进 1　　　14. 炮七退一　炮 2 进 4
15. 马九进七　卒 1 进 1　　　16. 车九平八　卒 1 平 2
17. 车八进二　炮 9 进 4　　　18. 相七进九　……

飞相缓着。应马七进六，车 4 进 2，马五进六，将 5 平 4，前马进七，士 5 进 4，炮七进二，红方优势明显。

18. ……　　　车 4 退 1　　　19. 马七进六　象 5 进 3

坏棋，导致中路失守。应炮 2 平 4，马六进四，马 8 进 9，仕六进五，炮 4 进 2，炮七平八，象 5 进 3，黑方尚可坚持。

20. 马五进四　……

面对黑方大礼，红方走了一步软着，没有扩大领先优势，殊为可惜。此时红方应马五进六！车 4 退 1，马六进四，将 5 平 4，炮五平六！车 4 进 3，车八平六，炮 2 平 4，炮七平六，士 5 进 6，车六进一，将 4 平 5，兵五进一，红方胜势。

20. ……　　　象 7 进 5　　　21. 炮七平二　士 5 进 6
22. 炮二进三　车 4 进 1　　　23. 炮二平八　士 6 进 5
24. 炮八平四　……

红方再次走出缓手。此时应炮八进二！炮 2 退 2，炮八平六，车 4 平 2（车 4 退 2，炮五进五，士 5 退 4，马四退六，炮 2 平 4，炮五退二，红大优），炮五进五，将 5 平 6，车八进一，炮 9 平 2，马六退四，前炮进 3，相九退七，红方大优。

24. ……　　　炮 9 平 6

平炮好棋，化解红方意图退炮打串的手段。

25. 炮四平五　将 5 平 6　　26. 车八退一　……

应前炮平九较为紧凑，以下马 8 进 9，炮五平四，将 6 平 5，马六进七，马 9 退 7，马四退六，马 7 进 9，仕六进五，红方仍占优势。

26. ……　　　马 8 进 9　　27. 车八进一　马 9 退 7

28. 相九退七（图 90）　……

败着。应后炮平四，马 1 退 2（马 7 进 6，炮四进四，将 6 平 5，马六进七，炮 6 平 8，炮四平五，车 4 退 4，马七退九，红方稍好），仕四进五，马 7 进 6，炮四进四，将 6 平 5，大体均势。

28. ……　　　马 7 进 6

29. 马六进四　车 4 退 3

红方失误于前，黑方随手于后。

此时黑方应炮 6 进 1，前炮平四，炮 2 平 5，仕四进五，炮 6 退 4，车八进七，将 6 进 1，炮四退二，炮 6 进 1，车八退三，将 6 退 1，黑方大优。

30. 后炮平四　炮 2 退 3　　31. 马四退六　马 1 退 3

32. 马六退七　将 6 平 5　　33. 相三进五　炮 6 平 3

34. 相五进七　车 4 进 3　　35. 车八进四　车 4 平 5

36. 炮四平五　车 5 退 1　　37. 车八平三　……

由于黑方的软着，红方安然渡过危机。

37. ……　　　炮 3 平 6　　38. 兵三进一　卒 9 进 1

39. 兵三平四　炮 6 平 4　　40. 车三平六　炮 4 平 9

41. 车六平二　卒 9 进 1　　42. 兵四进一　车 5 平 8

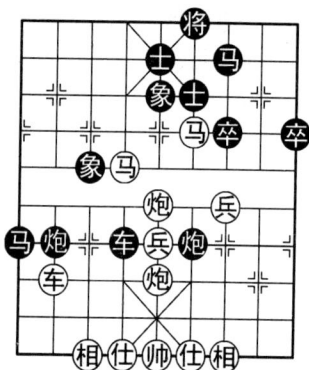

图 90

43. 车二平三　……

避兑显然失策。在这个局势下，红兵虽然位置好于黑方边卒，但是要想取胜是非常困难的，而且红方中路空虚，是一个明显的弱点。

43. ……　　炮9平5　　　　**44. 炮五平九　车8平3**

红方不仅没有组织起有效的攻势，反被黑方吃得一相，黑方掌握了局势的主动。

45. 车三平一　象5退7　　　**46. 车一进三　……**

进车捉象，准备与黑方对攻。

46. ……　　象3退5　　　　**47. 车一退四　卒9平8**

48. 车一平五　炮5平9　　　**49. 炮九平五　车3平6**

50. 兵四平五　车6平7　　　**51. 炮五平一　卒8进1**

52. 车五平二　车7平5　　　**53. 仕四进五　卒8平7**

54. 车二平一　炮9平8　　　**55. 兵五平四　卒7进1**

56. 车一平三　炮8平5　　　**57. 仕五退四　炮5平9**

58. 仕四进五　卒7平6　　　**59. 车三平四　卒6平7**

60. 车四退二　炮9退2　　　**61. 车四平三　卒7平6**

62. 车三进二　炮9进2　　　**63. 车三退二　炮9退2**

64. 车三进二　炮9进2　　　**65. 车三平一　车5进1**

66. 炮一平二　……

可以考虑车一退一，卒6平7，车一平三，卒7平8，炮一退二，车5平6，兵四平五，车6平8，兵五平四，红方尚可周旋。

66. ……　　卒6进1　　　　**67. 炮二进七　象7进9**

68. 车一平四　车5平8　　　**69. 车四退四　车8退6**

红方弃炮吃卒，形成车兵单缺相对车炮士象全的残局。这一残局黑方取胜有一定难度，红方如防守严密有谋和的机会。

70. 车四平一　……

平车速败。可以考虑车四退一，象9退7，仕五进六，车8进3，仕六进五，炮9退3，兵四进一，士5进6，车四进七，形成车单缺相对车炮双象的残局，局势变化仍旧是在细微之间。

70. ……	炮 9 平 5	71. 仕五退四	象 5 退 7
72. 车一平八	车 8 进 7	73. 车八进八	士 5 退 4
74. 帅五进一	车 8 进 1	75. 帅五进一	车 8 退 1
76. 帅五退一	车 8 平 6	77. 车八退三	士 6 退 5
78. 车八平五	炮 5 平 9	79. 帅五退一	车 6 平 8
80. 车五退三	炮 9 进 3	81. 帅五进一	车 8 平 6
82. 兵四平三	车 6 进 2		

吃仕以后，红方就很难守和了。

83. 帅五平六	车 6 退 5	84. 仕六进五	车 6 平 4
85. 仕五进六	车 4 平 3	86. 相七进九	车 3 进 4
87. 帅六退一	车 3 退 1	88. 帅六进一	车 3 平 1

再得一相，黑方胜利在望。

89. 兵三进一	车 1 进 1	90. 帅六退一	车 1 进 1
91. 帅六进一	车 1 退 7	92. 兵三进一	车 1 平 5
93. 车五平三	炮 9 退 5	94. 车三平六	炮 9 平 1
95. 兵三平四	车 5 平 6	96. 兵四平三	炮 1 退 2
97. 车六进五	士 5 退 6	98. 仕六退五	士 4 进 5
99. 车六平九	炮 1 平 4	100. 车九平六	车 6 进 6
101. 兵三平二	车 6 退 7	102. 兵二进一	车 6 平 8
103. 兵二平一	车 8 进 7	104. 兵一平二	车 8 退 8

吃死红兵，黑方胜定。

105. 仕五进四	车 8 进 4	106. 帅六平五	车 8 平 5
107. 帅五平六	炮 4 平 1	108. 车六平九	士 5 进 4

红方认负。

第 48 局　柬埔寨邱亮 胜 菲律宾洪家川

1. 兵七进一	卒 7 进 1	2. 炮八平五	马 2 进 3
3. 马八进七	车 1 平 2	4. 车九平八	马 8 进 7
5. 马二进一	……		

双方由对兵局转为反向的中炮进三兵对屏风马的常见阵型。

　　5. ……　　　　　象3进5　　　　6. 车一进一　　……

进车灵活。如先走炮二平三则转为反向五七炮的阵型，双方另有攻守。

　　6. ……　　　　　炮8进2

进炮形成一个封闭型局势，准备待机兑3卒，活通马路。如炮8平9，炮二平三，车9平8，兵一进一，车8进4，车八进六，马7进6，车一平四，卒7进1，兵三进一，红方主动。

　　7. 车八进六　　卒3进1　　　　8. 车八平七　　车2平3

　　9. 车一平四　　……

平肋车，控制黑方7路马的出路，稳健。

　　9. ……　　　　　马3退5　　　　10. 车七进三　　马5退3

　　11. 兵七进一　　炮8平3　　　　12. 马七进六　　车9平8

　　13. 马六进五　　马7进5　　　　14. 炮五进四　　士4进5

　　15. 炮二平五　　……

以上几个回合双方转换以后，红方稍占上风。红方再立炮，强化中路攻击力量，也可走车四进四，炮3退2，炮二平五，车8进5，车四平七，马3进1，车七进一，车8平4，兵一进一，红方略优。

　　15. ……　　　　　车8进5

　　16. 前炮退二　　车8退2

　　17. 车四进四　　车8平3（图91）

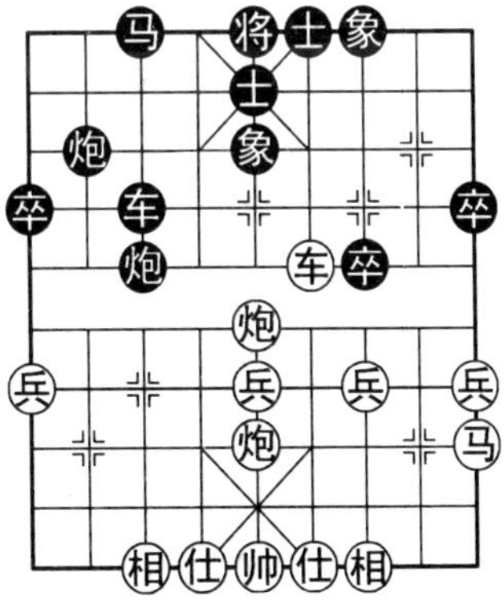

平车保炮效率不高，易被红方利用。不如炮3退2，前炮进二（车四平七，马3进1，黑方可战），车8进5，车四平七，马3进1，兵五进一，炮2退2，黑方可以抗衡。

　　18. 车四平三　　炮2进7

坏棋。应走炮2进2，车三进四，

图91

车3平4，车三退五，车4进3，黑方局势尚可。

19. 后炮平三　　象7进9　　　　**20.** 车三平五　　马3进4

21. 炮五进三　　士5进6

如将5平4，车五平六，炮2退5，车六退一，炮3平5，仕四进五，炮2退3，炮五平二，车3平8，炮二平三，车8平3，前炮进二，象9退7，炮三进七，将4进1，炮三退一，将4退1，炮三平八，红方大优。

22. 车五退一　　象9进7　　　　**23.** 炮三进三　　炮3平5

24. 相三进五　　将5进1　　　　**25.** 马一退三　　炮2退3

26. 炮三进二　　车3平7　　　　**27.** 兵三进一　　炮2平9

28. 兵九进一　　卒9进1

如炮5平9，马三进二，马4进3，马二进一，卒9进1，车五平七，炮9进3，相五退三，马3退4，车七进四，将5退1，相七进五，红大优。

29. 炮三平一　　卒9进1　　　　**30.** 炮一退四　　卒9进1

31. 马三进四　　炮5平8　　　　**32.** 炮五退二　　炮8进5

33. 仕四进五　　马4进5

以马换炮先解燃眉之急。如将5退1，兵三进一，车7平8，炮五平六，士6进5，车五平八，士5退4，兵三平四，红方大优。

34. 马四进五　　车7平5　　　　**35.** 马五退七　　……

红方已经取得多兵之利，而黑方九宫失去双象的保护防守力量薄弱，兑车简化局面，有利于更好地控制住局势的发展。

35. ……　　　　　车5进2　　　　**36.** 兵五进一　　将5平6

37. 兵五进一　　炮8退4　　　　**38.** 马七进八　　士6进5

39. 兵三进一　　炮8退5　　　　**40.** 马八退六　　炮8平1

41. 马六退七　　卒9平8　　　　**42.** 兵五平六　　卒8平7

43. 兵六平七　　卒7平6　　　　**44.** 兵七平八　　卒6平5

45. 兵八进一　　卒5平4　　　　**46.** 马七进六　　炮1进5

47. 兵八平九　　……

形成马双兵仕相全对炮高卒双士的残局。这是一个红方例胜的残局。取胜的办法是双兵循序渐进，破坏黑方在二路防守，马兵联攻，白吃一士，即可取胜。

47. ……	炮1平9	48. 兵九平八	炮9退5
49. 兵八平七	炮9平4	50. 马六退四	卒4平5
51. 兵七平六	将6退1	52. 兵六平五	卒5平6
53. 相五退三	炮4平1	54. 兵五平六	将6平5
55. 仕五退四	将5平6	56. 马四进三	炮1进1
57. 兵三平四	卒6平5	58. 马三退五	炮1退1
59. 兵四进一	炮1平5	60. 马五进三	炮5平1
61. 马三进二	将6进1	62. 仕四进五	卒5平6
63. 帅五平四	炮1平2	64. 马二退一	炮2平3
65. 马一退三	卒6平5	66. 兵六平五	炮3平5
67. 相三进一	……		

飞相等着，试探黑方应着。

67. ……	将6退1	68. 相七进九	卒5平4
69. 相一退三	卒4平5	70. 相九退七	卒5平4
71. 相二进五	卒4平5	72. 相七进九	卒5平4
73. 相九进七	卒4平5	74. 仕五进六	卒5平4
75. 兵四平三	卒4平5	76. 兵五平四	炮5平1
77. 相五退七	卒5平4	78. 帅四平五	卒4平5
79. 相七进九	炮1平2	80. 马三进五	将6平5
81. 马五进七	炮2平1	82. 马七退六	将5平6
83. 帅五平四	卒5平6	84. 马六进八	炮1平2
85. 帅四平五	炮2平5	86. 帅五平四	炮5平2
87. 马八进七	炮2平3	88. 帅四平五	卒6平5
89. 马七退六	炮3平5	90. 帅五平四	卒5平4
91. 相九退七	卒4平5	92. 相七退九	卒5平4
93. 兵三进一	卒4平5	94. 相九进七	卒5平4
95. 兵四平三	炮5平1	96. 马六进五	……

红方白吃一士，胜定。

96. ……	将6平5	97. 马五退六	炮1进1

98. 前兵平四

再得一士，锁定胜局。黑方认负。

第 49 局　马来西亚黄运兴 负 中国澳门李锦欢

1. 炮二平五	马 8 进 7	**2.** 马二进三	车 9 平 8
3. 车一平二	卒 3 进 1	**4.** 马八进九	马 2 进 3
5. 兵三进一	卒 1 进 1		

挺卒制马，准备边线"大出车"，这是黑方最为常见的应着。

6. 炮八平七	马 3 进 2	**7.** 车九进一	……

出动左车，两翼均衡发展，正着。如马三进四抢攻，则车 1 进 3（进车卒林，应法积极。如改走象 3 进 5，则马四进五，炮 8 平 9，车二进九，马 7 退 8，炮七进三！象 5 进 3，马五进七，象 3 退 5，马七退八，红方多兵占优），车九进一（如误走马四进五，则马 7 进 5，炮五进四，车 1 平 5！炮七平五，车 5 退 2！炮五进六，炮 8 平 5 叫将抽车，黑方得子），车 1 平 4，车二进六，象 7 进 5，黑方满意。

7. ……	马 2 进 1	**8.** 炮七进三	……

形成五七炮进三兵对屏风马踩边兵的布局阵势。红挥炮打卒，是积极的走法。如炮七平六，则卒 3 进 1，兵七进一，马 1 退 3，黑方反先。

8. ……	车 1 进 3	

高车抢占卒林，稳健之着。

9. 车九平八	……	

也可车二进六，车 1 平 4，马三进四，象 7 进 5，车九平八，炮 2 平 4，炮七进二，炮 8 平 9，车二进三，马 7 退 8，马四进三，炮 9 平 7，相三进一，红方稍好。

9. ……	炮 2 平 4	**10.** 车二进六	车 1 平 4

如象 7 进 5，炮七进三，车 1 平 4，马三进四，炮 8 平 9，车二平三，炮 9 进 4，兵三进一，车 8 进 5，马四进五，马 7 进 5，炮五

进四，士 4 进 5，车八进 7，红方略优。

11. 仕六进五　　象 7 进 5　　　　**12.** 车八进三　……

进车巡河控制局面，正着。

12. ……　　　　炮 8 平 9　　　　**13.** 车二进三　马 7 退 8

14. 马三进四　……

如炮七平二，车 4 进 1，炮二退二，马 8 进 7，兵五进一，马 1
退 2，马三进四，炮 4 平 2，车八平七，车 4 平 8，炮二平六，炮 9
进 4，黑方先手。

14. ……　　　　马 8 进 6　　　　**15.** 炮七平二　炮 9 进 4

16. 炮五平四　马 6 进 8　　　　**17.** 马四进三　炮 9 平 7

改进着法。以往出现过士 6 进 5，相七进五，车 4 进 1，炮二
进一，炮 9 平 7，马三退四，车 4 平 8，炮二平三，炮 7 退 3，马四
进三，马 8 进 9 这样的变化，大体均势。

18. 马三退四　士 6 进 5　　　　**19.** 相七进五　炮 4 平 1

20. 车八平五　……

平车准备强取黑方中卒。也可考虑兵七进一，以下车 4 进 2，
马四进五，车 4 退 2，马五退四，红方同样可以吃掉黑方中卒，但
是黑方卒林车的位置很好，也许这正是红方所顾忌的。

20. ……　　　　炮 1 进 1　　　　**21.** 车五平八　……

再平车自损一先，不如兵七进一，炮 7 平 6，兵七进一，马 8
进 6，炮二平四，炮 6 退 2，炮四进三，红方稍先。

21. ……　　　　炮 1 退 1　　　　**22.** 兵七进一　马 8 进 9

23. 兵三进一　车 4 进 2　　　　**24.** 马四进五　车 4 进 1

25. 马五退四　车 4 退 1　　　　**26.** 兵五进一　……

弃中兵好棋，准备退车捉炮，活通车路。

26. ……　　　　车 4 平 5　　　　**27.** 车八退一　炮 7 平 5

黑方显然不希望交换，立中炮保持对红方的压力。

28. 马四退三　马 9 进 8

可以考虑象 5 进 7，炮四进六，马 9 进 8，马三进五，卒 1 进
1！马九退八（马五进三，马 8 进 7，炮四退七，炮 1 平 5，马三进

五，车5进1，黑方弃子有攻势，黑优），马8进7，炮四退七，车5平8，马五进六，车8退1，黑方得回失子满意。

29. 炮四退一　马8进6　　30. 相三进一　……

软着。应炮二退三，马6退7，炮二平一，马1退2，马三进五，车5进1，车八进二，车5进1，车八平九，车5平3，炮四平三，红方大优。

30. ……　　象5进7　　31. 炮二平九　马1退2

32. 马九退八　……

不如车八进二简明，以下炮1平5，车八退二，象7退9，车八平六，红方不落下风。

32. ……　　炮1平7

平炮急躁，宜走马2退3较好。

33. 马八进七　……

同样跳马，红方应走马八进六更好，以下黑方有两种下法：①炮7进5，马六进五，马2进4，仕五进四，红优；②炮5平7，车八进二，象7退5，相一进三，前炮平6，仕五进四，炮6进2，马三进一，红方大优。

33. ……　　炮5平3

34. 仕五进四（图92）　……

吃马，典型的"棋胜不顾家"的错误，中路门户大开，给了黑方反击的机会。应车八进二，炮3平6，车八平三，炮6进2，仕五进四，炮7进5，车三退三，车5进2，马七退五，红方大优。

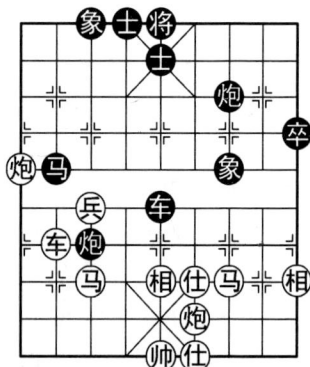

图92

34. ……　　车5进2

35. 仕四进五　车5平3　　36. 车八进二　炮3平5

37. 仕五进六　炮7平5　　38. 车八平五　……

败着。应帅五平六，车3平4，炮四平六，象7退9（车4平3，炮六平二红方可战）车八平五，前炮平7，相一进三，车4平

6，车五退三，车 6 退 2，车五平六，红方局势尚可。

38. ……	车 3 进 2	**39.** 帅五进一	车 3 退 4
40. 帅五平六	前炮平 4	**41.** 仕六退五	炮 4 退 5
42. 仕五退四	车 3 平 4		

绝杀，黑胜。

第 50 局　越南阮成保 胜 中华台北吴贵临

1. 兵七进一　马 8 进 7

红进七兵投石问路，黑方起马窥探虚实，双方太极推手，暗蕴内功，展开散手角逐。

2. 兵三进一　……

红方挺起三、七路兵，形成具有活力的两头蛇之势。

2. ……　　车 9 进 1

起横车加快强子出动速度，可行。

3. 马二进三　卒 3 进 1　　　　**4.** 炮八平七　马 2 进 1

跳边马让红兵顺利过河。不如象 3 进 5，兵七进一，象 5 进 3，马八进九，炮 2 平 3，车九平八，马 2 进 4，黑方可以抗衡。

5. 兵七进一　车 9 平 6　　　　**6.** 马八进九　炮 2 平 3

7. 车九平八　车 6 进 3　　　　**8.** 兵七平八　……

平兵拖沓。可以考虑兵七平六，车 6 平 4，马九进七，车 4 退 3，炮七进五，炮 8 平 3，相七进五，红优。

8. ……　　马 1 进 3　　　　**9.** 马九进七　马 3 进 4

10. 炮七进五　炮 8 平 3　　　　**11.** 车一进一　卒 7 进 1

冲 7 卒脱离主战场，不如车 1 进 1，车一平六，马 4 进 6，车六平四，车 1 平 6，黑方足可抗衡。

12. 兵三进一	车 6 平 7	**13.** 马三进四	炮 3 平 5
14. 马七进六	车 1 进 1	**15.** 车一平六	马 7 进 6
16. 炮二平四	车 1 平 8	**17.** 车六进二	车 7 进 2

双方子力都纠缠在一起，黑方进车缓着。不如炮 5 平 4，车八

进四，车 8 进 4，仕六进五，士 6 进 5，双方胶着。

18. 车八进四　炮 5 平 7　　　**19. 相七进五　车 7 平 6**

20. 仕六进五　象 3 进 5

飞象以后黑方右翼空虚。可以考虑炮 7 进 4，车八平九，车 8 平 2，马四进二，车 2 进 3，炮四进三，马 4 退 6，马二退三（如随手马六进七，车 2 进 5，仕五退六，车 6 进 3! 帅五平四，炮 7 平 4，黑方主动），马 6 进 7，车九进二，士 6 进 5，黑方可以抗衡。

21. 马六进八　车 6 退 1（图 93）

败着。还应炮 7 进 4，以下马四进六，炮 7 退 1，车八退三，炮 7 进 3，车八进三，炮 7 退 3，黑方可战。

22. 炮四进三　车 8 进 4

23. 马八进七　将 5 进 1

24. 兵五进一　马 4 退 3

如炮 7 退 1，车八平六，车 6 退 1，前车进五，红方大优。

25. 车八平七　马 3 退 4

26. 马七退六　将 5 退 1　　　**27. 炮四平七　马 4 进 2**

28. 炮七进二　……

进炮巧着，红方优势进一步扩大。

28. ……　　　象 5 退 3

如车 8 退 4，马六进八，炮 7 平 3，车七进三，车 8 平 2，兵八进一，红方大优。

29. 马六进七　将 5 进 1　　　**30. 兵八进一　炮 7 退 1**

31. 兵八进一　车 6 平 5　　　**32. 车七进二　……**

改走炮七进二更有力。以下车 5 平 3，马七退六，将 5 进 1，炮七平九，士 4 进 5，马六退七，红方胜定。

32. ……　　　炮 7 平 3　　　**33. 炮七进二　炮 3 平 4**

34. 炮七退一　炮 4 进 4　　　**35. 车七平六**

以下黑方如续走车 5 退 1，前车进三，炮 4 退 1，前车退四，

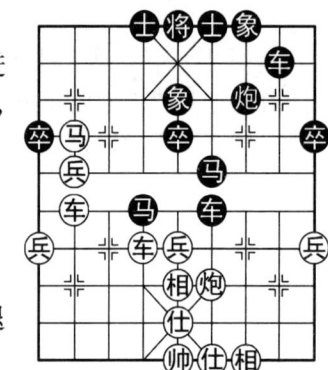

图 93

车 8 平 4，前车进二，将 5 退 1，兵八平七，红方胜定。至此，黑方认负。

第 51 局　中国洪智 胜 新加坡吴宗翰

1. 兵七进一	卒 7 进 1	**2.** 马八进七	马 8 进 7
3. 相七进五	象 3 进 5	**4.** 马二进一	车 9 进 1
5. 车一进一	……		

双方以对兵局展开阵型，此时红方起横车针锋相对。如炮二平四，马 7 进 8，仕六进五，马 2 进 3，兵一进一，炮 2 进 2，车九平六，士 4 进 5，大体均势。

5. ……　　　车 9 平 3

平车准备强行打通 3 路线。也可以选择车 9 平 4，车九进一，马 2 进 3，车一平四，车 4 进 3，炮八退二，卒 9 进 1，炮八平七，车 1 平 2，车四进三，士 4 进 5，黑方满意。

6. 炮八平九	卒 3 进 1	**7.** 车九平八	马 7 进 8

进马希望通过交换来调整子力位置。黑方另有两种下法：①炮 2 平 4，兵七进一，车 3 进 3，车八进八，士 4 进 5，车一平八，马 2 进 4，炮九退二，黑方子力拥塞，红方优势；②车 1 进 2，炮二进四，卒 3 进 1，炮二平九，卒 3 平 2，前炮平八，车 3 进 6，炮九进五（如炮八进三，象 5 退 3，炮九进五，炮 2 进 7，炮八退九，象 3 进 1，黑主动），马 2 进 1，车八平七，车 3 平 4，车一平七，红方先手。

8. 马七进六　　　……

进马保持局面的复杂性。如炮二进五，炮 2 平 8，兵七进一，车 3 进 3，马七进六，马 2 进 3，车一平四，士 4 进 5，大体均势。

8. ……	卒 3 进 1	**9.** 马六进五	马 2 进 4
10. 马五退三	炮 8 进 5	**11.** 炮九平二	车 1 平 2
12. 马三退五	……		

如马三退二，马 8 进 6，兵三进一，马 6 进 4，车一平六，炮 2

进4，仕四进五，卒3平4，红方右翼子力位置欠佳，黑方主动。

12.……　　卒3平4　　13.马五进六　车3进2

如车3进3，车一平四，炮2平4，车八进九，马4退2，兵三进一，士4进5，兵一进一，卒4进1，车四进四，车3平6，马六退四，卒4平5，马四退五，炮4进3，和势。

14.马六退四　卒4进1　　15.车八进五　……

不如车一平六更有针对性。以下马8进6，车八进四，炮2平4，车八平六，士4进5，后车平九，马6退8，兵一进一，车3平6，马一进二，红方易走。

15.……　　炮2平1

软着。可马8退7，马四进三，炮2平7，车八平六，马4进2，车六退二，车3平8，炮二平四，车8平6，仕四进五，马2进3，车六进二，车2进6，黑方主动。

16.车八平六　炮1进4

临场黑方认为红方左翼防御力量薄弱，进炮打兵，准备沉底炮加强攻势。从实战来看，黑方的判断有误，忽视了红方一路车的作用，造成局面受制。黑方应走马4进5，车六退二，马5进6，兵五进一，车2进4，车一平六，士6进5，前车进三，车3进3，马四进二，车3平7，双方大体均势。

17.车一平九　炮1平2　　18.马四进二　炮2进3

19.相五退七　马8退6

如车3进6，帅五进一，炮2退1，马二进三，将5进1，车六平二，车3退1，帅五退一，炮2进1，仕六进五，车3进1（如误走车3平1，车二平四！红方马后炮绝杀），仕五退六，车3退5，仕六进五，车3平8，马三退四，将5退1，马四退二，红方稍好。

20.车六进三　士4进5

21.车六退五　车3进6（图94）

红方得子占优以后，黑方如何应对呢？实战中黑方选择了杀底象对攻导致败局。此时黑方应马6退8延缓红方的攻势为宜，马6退8，炮二进五，车3平8，炮二平三，车8平3，相三进五，车3平

7，炮三平二，车7平8，炮二平三，车
8进4，相五退三，车2平3，黑方尚可
周旋。

　　22. 帅五进一　　车3退6
　　23. 车九平六　　炮2退1
　　24. 帅五退一　　炮2进1
　　25. 帅五进一　　炮2退1
　　26. 帅五退一　　炮2进1
　　27. 帅五进一　　车2进3
　　速败，不如车3进4顽强一些。

图94

以下前车退一，车3退2，前车进二，车3平4，车六进三，卒9
进1，较实战顽强。

　　28. 马二进四
　　绝杀，红胜。

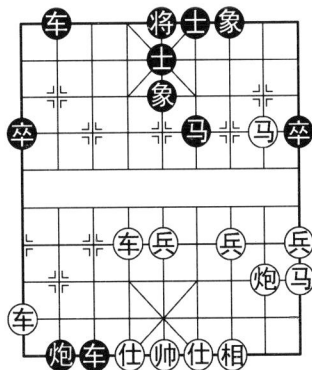

第52局　中国吕钦 和 越南赖理兄

　　1. 炮二平六　　马8进7　　　　　**2.** 马二进三　　车9平8
　　3. 兵三进一　　……
　　避开黑方进7卒的变化，选择相对平稳的局面。
　　3. ……　　　　　炮8平9
　　以三步虎对抗过宫炮，是风格明快、特点鲜明的一路开局下
法。后手方在三步之内亮出大车，使主力兵种得以迅速发挥作用。
另一翼子力则暂时按兵不动，以后针对红方的布局动向再制定相应
的对策。
　　4. 马八进七　　……
　　20世纪90年代流行的下法是马八进九（棋王许银川认为，边
马偏重于防守，不利于先手的发挥），卒1进1，以下红方大致有
三种走法：①炮八平七，马2进1，车九平八，车8进4，车八进
六，炮2平4，相三进五，车1平2，车八进三，马1退2，局势平

稳（柳大华结论）；②车一进一，马2进1，车一平四，车8进4，车四进三，双方对峙（许银川结论）；③车九进一，马2进1，车九平四，炮2平4（保留变化。也可马1进2，炮八进五，炮9平2，局面平稳），车四进三，车1平2，炮八平七，车2进4，双方阵势工稳，两难进取。

4. ……　　　　卒3进1

挺3卒正确。否则，红方走兵三进一后将形成两头蛇理想阵型，黑方右马受制。如车8进4，车一平二，车8进5，马三退二，炮2平5，马二进三，马2进3，车九平八，卒5进1，炮六平五，马7进5，炮八进四，卒5进1，炮八平五，马3进5，兵七进一，黑方中马受攻，红方占优。

5. 炮八平九　　　　……

平炮加快左车的出动速度，各占一翼直车。炮八进四探炮过河的下法，近年来也非常流行。黑方大致有三种应法：①马2进1，相七进五，炮2平3，炮八进一，象7进5，车九平八，车1进1，炮六进五，车1平7，马三进四，红优；②马2进3，炮八平七，车1平2，车九平八，象3进5，车八进四，车8进4，炮七平三，炮2平1，车八进五，马3退2，车一进一，马2进3，车一平八，马3进4，车八进三，红方稍好；③象7进5，炮八平三，炮2平3，相七进五，马2进1，车九平八，车1进1，车八进四，车1平4，仕六进五，车4进3，双方对峙。

5. ……　　　　马2进3　　　　6. 车九平八　　马3进4

跃马河口节奏明快，保留架中炮的机会，着法灵活。黑方也可走车1平2，炮九进四，炮2平1，炮九退二，车8进4，车一进一，车8平4，炮六平四，卒7进1，车八进四，马3进1，车八平四，炮2平3，相七进五，象3进5，车一平二，士4进5，双方对峙。

7. 车八进五　　炮2平5　　　　8. 炮六平五　　……

还架中炮，针锋相对。如炮六进二，马7退5，车一进一，马5进3，车八进三，士6进5，黑方易走。

8. ……　　　　象3进1　　　　9. 车八进三　　士6进5

10. 炮五退一　……

退炮准备加强七路线的上防守。

10. ……	车 1 平 3	**11.** 炮五平七	炮 5 平 3
12. 相七进五	马 4 进 3	**13.** 炮七进二	炮 3 进 4
14. 车八退四	车 3 进 3		

进车护住卒林线，防止红方炮九进四的攻击手段。此时黑方也可炮 3 平 4，车八平六，卒 3 进 1，车六退一，卒 3 进 1，车六进二，卒 3 进 1，炮九进四，车 3 进 3，炮九退二，象 7 进 5，黑方过河卒得以保留，略占优势。

15. 车一进一	象 7 进 5	**16.** 车一平四	卒 5 进 1
17. 车四进七	象 1 退 3	**18.** 兵五进一	车 8 进 7
19. 马七进五	马 7 退 8		

稍缓，可以考虑卒 5 进 1，车八平五，炮 9 进 4，车四平三，马 7 进 5，黑方易走。

| **20.** 车四退三 | 卒 5 进 1 | **21.** 车八平五 | 炮 9 进 4 |

实战中的走法与笔者在第 19 回所拟的着法相比，黑马退了一手棋，而红肋车的位置却得到了明显的改善，这也正是笔者认为第 19 回合马 7 退 8 欠妥的原因。

| **22.** 车五平八 | 车 8 退 1 | **23.** 马五进六 | 炮 9 退 2 |
| **24.** 马三进五 | 车 3 平 5 | **25.** 仕六进五 | 炮 3 进 2 |

26. 兵九进一　……

稍缓，不如车八退三，卒 7 进 1，车四退一，炮 9 平 4，马五进六，卒 7 进 1，车四平三，车 5 平 4，车八平七（马六退四，炮 3 退 1，车三进四，车 8 平 1，炮九退一，马 8 进 9，车三平一，象 5 退 7，黑方易走），车 4 进 1，炮九进四，马 8 进 6，黑方稍好。

| **26.** …… | 炮 9 平 4 | | |

交换平稳，不如卒 7 进 1，车四退三，炮 9 平 4，马五进六，车 5 进 1，车八平六，车 8 平 2（车 8 平 1，车六退二，卒 7 进 1，黑优），车六退四，卒 7 进 1，黑方优势较大。

| **27.** 马五进六 | 炮 3 平 1 | **28.** 车四进一 | 车 5 进 1 |

29. 马六进七　车8平1　　　30. 炮九平六　炮1进1

31. 车四平三　车1平3　　　32. 车八退二　卒3进1

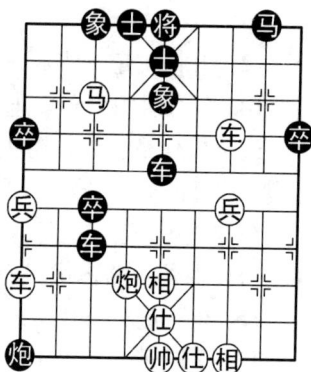

33. 车八平九（图95）……

平车坏棋，险些导致失利。可走车三平七较为顽强，以下马8进7（车5进2，车七平一，卒3平4，车一进三，车3退4，车一平二，士5退6，炮六进七，车5平6，炮六退一，红方可战），炮六平七，车5进1，车七平八，红方局势尚可。

33. ……　　　　车3进3

34. 炮六退二　车3平2

35. 车三平一　卒3进1　　　36. 车一进三　车5平8

37. 兵三进一　车8进2　　　38. 马七退六　士5退6

图95

退士意求稳健。如车2进5，车九退二，车2平4，车九平七，士5退6，兵三进一，车4退1，车一退三，黑方优势，但红方有三路兵的存在，黑方临场可能会有所顾忌。

39. 马六进四　车2退6　　　40. 车九退二　车2平6

41. 兵九进一　卒1进1　　　42. 车九进五　……

双方兑子交换以后，大体和势。

42. ……　　　　马8进6　　43. 车一退五　车8平4

44. 车一平七　士6进5　　　45. 兵三平四　车6平2

46. 炮六平七　马6进5　　　47. 兵四平五　马5进3

48. 车九退二　马3退4　　　49. 兵五平四　车4退2

双方同意作和。

第53局　中华台北马仲威 和 中国香港陈振杰

1. 兵七进一　炮8平5

以中炮对仙人指路布局，是攻击型棋型所采用。后手炮平炮的方向左右有别，通常认为后手方如走炮2平5对黑方不利。

2. 马二进三　……

跳右马正着。如马八进七，马8进7，马二进三，车9平8，车一平二，车8进4，炮二平一，车8进5，马三退二，马2进1，黑方先手。

2. ……　　　马8进7　　　　**3. 马八进七　车9平8**

4. 车一平二　车8进4

升车巡河稳健，准备挺3卒邀兑。

5. 炮二平一　……

平炮是必走之着，否则黑方卒3进1以后，红方先手削弱。

5. ……　　　车8进5　　　　**6. 马三退二　马2进1**

7. 马二进三　卒7进1

挺卒活马紧要之着，否则被红方挺起两头蛇，黑方局面局促。

8. 相七进五　炮2平4

平炮关键。既为右车的出动亮出通道，又可以对红方跳外马进行攻击。

9. 马七进八　炮4进3　　　10. 兵七进一　……

如马八进九，车1平2，黑方反先。

10. ……　　　卒3进1　　　　**11. 车九平七　卒3进1**

12. 车七进四　炮4平2　　　13. 车七平八　马1进3

14. 车八平七（图96）　……

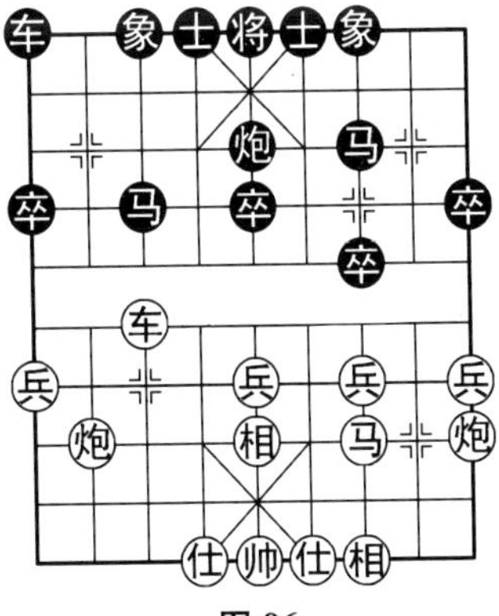

如车八进一，马3进4，车八平三，马7进6，炮一进四，车1平2，炮八平六，车2进4，大体均势。

14. ……　　　马3进5

15. 车七平四　车1平2

16. 炮八平六　炮5平1

平炮准备攻击红方左翼。

17. 兵九进一　……

如兵五进一，车2进5，仕六进

图96

五，炮1平4，炮六退二，象3进5，均势。

17. …… 象3进5 **18.** 仕四进五 士4进5

19. 炮一平二 马5进4 **20.** 炮二进五 ……

进炮准备下一手压象眼攻击黑象。

20. …… 马4退2

如马4进2，炮二退三，车2进2，兵一进一，车2进2，炮六平七，各有千秋。

21. 相五退七 ……

如车四进四，马2退4，炮二退一，车2进5，炮二平三，象7进9，车四退三，马4进6，黑方先手。

21. …… 马2退4 **22.** 车四平六 车2进4

23. 炮六进三 炮1平4 **24.** 车六平四 车2平4

黑方先弃后取，取得失子，双方仍是势均力敌。

25. 炮二退一 卒1进1 **26.** 兵九进一 车4平1

27. 炮二平三 车1平4 **28.** 兵三进一 卒9进1

29. 相三进五 马7进9

如卒7进1，车四平三，马7进9，车三平二，车4平7，马三进四，红方易走。

30. 炮三平二 卒7进1 **31.** 车四平三 炮4进1

32. 车三平二 ……

平车稳健。如马三进四，车4进1，炮二进三，马9进7，双方变化较为复杂。

32. …… 卒9进1 **33.** 车二平一 炮4平8

34. 车一进二 车4平7 **35.** 马三进二 车7平8

36. 马二退三 车8进2 **37.** 兵一进一 车8平7

38. 车一平二 车7进1 **39.** 车二平五 ……

双方再次兑车简化局面，形成车双兵仕相全对单车士象全的残局。这个残局是一个例和残局，红方只有巧胜的机会。

39. …… 车7平9 **40.** 车五平一 车9退1

以下红方如兵五进一，车9平5，车一平五，车5平9，黑方长捉红方未过河兵是闲，至此，双方同意作和。

第54局 马来西亚黎金福 负 中国香港赵汝权

1. 炮二平五 马8进7 **2.** 兵三进一 车9平8

3. 马二进三 炮8平9 **4.** 马八进七 ……

双方以中炮进三兵对三步虎开局。红进左正马是公认的官着，稳健有力。

4. …… 卒3进1 **5.** 炮八进四 ……

红方进炮过河，可相机平七压马或平三打卒，稳健。

5. …… 象3进5

先补象，改进着法，以往多走马2进3，炮八平七，车1平2，车九平八，象3进5，车八进四，车8进4，双方对峙。临场赵汝权改变行棋次序后，局面变得更为含蓄。

6. 车一进一 马2进3 **7.** 炮八平七 车8进4

进车巡河，伺机兑卒活马，好棋。如炮2平1，车九平八，红方率先出车。

8. 车一平六 卒7进1 **9.** 车九平八 车1平2

10. 车八进四 炮2进2 **11.** 车六进三 ……

略显重复。不如马三进四，士4进5，炮五平三，炮9进4，兵三进一，车8平7，车六平一，炮9退2，相三进五，大体均势。

11. …… 士4进5 **12.** 车六平四 车2进3

13. 炮五平四 ……

平炮作用不大，虽然以后可以通过相七进五或者相三进五调整阵型，但是，这样调整效率不高。不如先走仕四进五，车2平3，车八进一，车8进2，炮五平六，车8平7，相七进五，红方可战。

13. …… 卒3进1 **14.** 车四平七 卒7进1

15. 车七平三 车2平3 **16.** 车三进三 车3进3

这样转换以后，黑方子力灵活，主动。

17. 相七进五 炮2平3 **18.** 车八退二 车8进2

19. 仕六进五 ……

不如车三退三把右车调回巡河。

19. ……	炮 3 平 7	**20. 马三进四**	车 8 退 1
21. 车八进二	炮 9 进 4	**22. 马四进六**	车 8 平 2
23. 马六退八	卒 9 进 1		

24. 炮四进六（图 97） ……

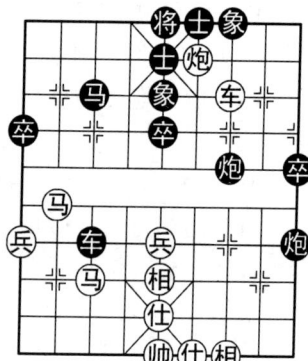

图 97

空着，红方双马受制，单凭一车一炮显然不能有效地发动攻势。此时，红方应炮四进一驱逐黑车活马，黑方有两种走法：①车 3 退 2，炮四进五，炮 9 平 6，马七进六，炮 6 平 1，车三平五，炮 1 进 3，马八退七，炮 7 平 4，车五平三，马 3 进 2，车三平八，马 2 退 3，车八退三，红方可以抗衡；②炮 9 平 7，炮四平七，前炮退 4，炮七进三，卒 9 进 1，马七进六，红方可以抗衡。

24. ……	马 3 进 2	**25. 炮四退五**	……

退炮必然，否则黑方马 2 进 4，红处境不妙。因此也印证了红方上一回合炮四进六的不利之处。

25. ……	车 3 退 2	**26. 车三退一**	车 3 平 6

27. 炮四平二 ……

红方平炮，意思是伏有炮二进六沉底炮的先手。似佳实劣，没有注意到黑方 9 路卒的潜在攻击。应走炮四退一较为稳健。

27. ……	马 2 退 3	**28. 马七进六**	车 6 进 1
29. 马八退七	卒 9 进 1	**30. 马六进五**	马 3 进 5
31. 车三平五	卒 9 平 8		

平卒攻击红方弱炮，黑方由此步步紧逼，先手逐步扩大。

32. 炮二退一	卒 8 进 1	**33. 炮二平四**	卒 8 进 1
34. 车五退二	车 6 进 1	**35. 车五平三**	炮 9 退 5
36. 马七进六	车 6 平 5	**37. 炮四进四**	……

红炮虽然得以逃脱，但是子力分散，攻防两端都不给力，黑方优势明显。

37. ……　　　炮 7 平 5　　　**38. 炮四平五　炮 5 平 4**

缓着，不如车 5 平 1，马六退七，车 1 平 3，车三平八，炮 5 平 4，车八进五，炮 4 退 4，帅五平六，车 3 平 4，帅六平五，炮 9 进 4，黑方大优。

39. 车三进一　炮 4 退 4　　　**40. 车三平一　炮 9 平 7**

41. 车一进一　车 5 平 1　　　**42. 马六进四　炮 7 进 3**

不如车 1 进 3，仕五退六，车 1 退 5，马四进二，炮 4 进 1，马二退三，卒 8 平 7，炮五退一，卒 7 进 1，黑方优势更大。

43. 车一平三　炮 4 进 4　　　**44. 炮五退二　炮 4 平 5**

45. 车三平五　卒 8 平 7

平卒叫杀，着法强硬。

46. 马四退三　车 1 退 2　　　**47. 仕五退六　卒 7 进 1**

48. 相三进一　……

如仕四进五，炮 7 退 3，相五退十，炮 7 平 9，相三进五，炮 9 进 8，马三退一，卒 7 平 6，黑大优。

48. ……　　　炮 7 退 3　　　**49. 车五平八　车 1 进 2**

50. 马三进一　车 1 退 1　　　**51. 马一进二　炮 7 平 6**

52. 炮五退一　车 1 平 4　　　**53. 车八进三　车 4 退 5**

54. 车八退四　……

如车八平六兑车，则形成双炮双卒士象全对马炮仕相全的残局，黑方仍是胜局。

54. ……　　　炮 5 进 3　　　**55. 马二进三　卒 7 平 6**

56. 车八退三　炮 5 平 4　　　**57. 仕六进五　炮 4 退 6**

58. 车八进六　卒 1 进 1　　　**59. 车八平九　炮 4 进 4**

60. 车九退三　炮 4 平 5　　　**61. 车九退一　炮 5 退 1**

62. 车九平五　炮 5 进 2

兑炮简明。优势局面下，优势方通过兑子简化局势，取胜更为简明。

63. 车五退一　士5进6　　　　**64.** 车五进四　士6进5

65. 马三退二　车4平2　　　　**66.** 车五退一　……

如仕五退六，车2进8！仕四进五，将5平4，车五退一，士5
进4，马二进四，炮6平5，马四退五，车2退4，车五平四，卒6
平5，帅五平四，卒5进1，帅四进一，车2平5，黑胜定。

66. ……　　　　　车2进2　　　　**67.** 仕五退六　车2平4

68. 仕四进五　将5平4　　　　**69.** 相一进三　车4进2

70. 相三退一　士5进4　　　　**71.** 相一进三　炮6平5

72. 相三退五　车4平8

捉死马，黑胜。

第七轮　2010年11月19日于广州

第55局　澳门郭裕隆 负 中华台北马仲威

1. 炮二平五　马8进7　　　　**2.** 马二进三　卒7进1
3. 车一平二　车9平8　　　　**4.** 车二进六　马2进3
5. 兵七进一　象3进5

双方中炮过河车进七兵对屏风马开局。黑方飞右象是传统的下法，在20世纪50年代末期，曾流行飞左象（象7进5）的下法，两种变化随着黑象的方向不同，攻守套路也有所不同。黑方飞象后的构思基本上是以炮2进1坚守卒林与中防要塞，伺机出动横车或贴将车对红方抗衡。

6. 马八进七　炮2进1　　　　**7.** 车九进一　卒3进1
8. 车二退二　炮8进2　　　　**9.** 车九平八　……

全此双方形成中炮直横车对屏风马两头蛇的一个典型局面。

9. ……　　　　车1平3

平车加强3路线的攻防力量。

10. 车六进五　炮2进1

如炮2退2，兵三进一，炮2平8，车二平一，卒9进1，车一进一，后炮平7，马三退五，炮8进5，兵三进一，炮8平9，炮五平一，车8进8，车六退四，卒3进1，车六平二，车8退1，炮八平二，卒3进1，马七退九，炮7进3，黑优。

11. 兵七进一　炮8平3　　　　**12.** 车二平七　马7进6
13. 车六平七　士4进5　　　　**14.** 马七退五　……

退马准备兑炮调型。如马七进六，车8进5，后车进一，象5进3，马六进八，马3退1，炮五进四，象3退5，车七平九，车8平2，炮八平九，车2退1，车九进二，马6进4，车九退二，车2

平 3，黑方双车灵活，占优。

14. ……　　　　炮 2 进 2　　　　**15.** 炮五平七　炮 3 进 3

16. 马五进七　马 3 退 1　　　**17.** 前车进三　马 1 退 3

18. 兵三进一　……

红方此时应先走车七平四，待黑马 6 退 4 或马 6 退 7，红方都可再走兵三进一保先手。

18. ……　　　　车 8 进 4

进车保卒好棋，应该是红方没有发现的一着棋。如卒 7 进 1，车七平三，马 3 进 4，车三平四，车 8 进 4，马七进八，大体均势。

19. 相七进五　马 3 进 4　　　**20.** 马七进八　卒 7 进 1

21. 车七平三　马 4 进 3　　　**22.** 仕六进五　卒 5 进 1

冲中卒为退车做准备。

23. 兵一进一　车 8 退 1

黑方只有这一个好的位置可战。

24. 车三平四　马 6 退 7　　　**25.** 车四平六　卒 1 进 1

26. 车六进一　……

进车贪吃，不如车六平七，马 7 进 6，马三进四，车 8 进 2，马四进六，车 8 平 3，相五进七，卒 1 进 1，兵九进一，马 3 进 1，炮八平一，红方握有先手。

26. ……　　　　车 8 平 5　　　**27.** 相五进七　……

飞相略急，不如马三进四，马 7 进 6，相五进三，车 5 平 6，炮八平五，马 3 退 4，炮五平四，车 6 平 2，车六退一，红方先手。

27. ……　　　　卒 1 进 1　　　**28.** 兵九进一　马 3 进 1

29. 炮八退一　……

无奈。如炮八平五，炮 2 进 3，以后有马 1 进 2 的先手。

29. ……　　　　马 1 退 2　　　**30.** 车六退二　炮 2 进 1

31. 马三进四　马 7 进 6　　　**32.** 车六退一　炮 2 退 1

33. 车六进一　炮 2 进 1　　　**34.** 车六退一　炮 2 退 1

35. 车六进二　马 2 退 4　　　**36.** 相七退五　车 5 平 8

也可以考虑马 4 进 3，以下红方有两种走法：①车六平七，卒

5进1，兵五进一，炮2平7，兵五进一，车5进1，黑方可战；②马八进六，炮2退5，车六平七，车5平8，黑方可战。

37. 马四退三　……

红方怕黑方车8进2的牵制手段，选择了退马。实则应马八进六，黑方有三种走法：①车8进2，炮八平九，炮2平1，车六平九，炮1平2，马六进七，红先；②炮2退5，兵五进一，卒5进1，车六平五，马4进3，炮八平六，红先；③马4进3，车六平八，车8进2，炮八平六，象5退3，车八进五，象7进5，马六进五，红先。

37. ……	炮2平1		**38. 车六平四**	马6退7	
39. 马八退七	炮1退6		**40. 车四平八**	炮1平3	
41. 车八平六	车8平3		**42. 马七进八**	车3进5	
43. 炮八进一	马4进3		**44. 仕五退六**	……	

退仕软着。应马八进七，马3进2，车六平八，车3退5，车八退一，马7进5，车八进二，大体均势。

44. ……	车3平2		**45. 炮八平九**	车2平1	
46. 炮九平七	炮3平4		**47. 相五进七**	卒5进1	
48. 车六进二	马3退4		**49. 车六平三**	车1退3	
50. 车三进一	车1平2		**51. 相三进五**	卒5平4	

交换以后，黑方保住过河卒，而红车位置明显欠佳。黑优。

52. 炮七平六　炮4平1

53. 炮六进五　炮1进9

54. 相五退七　车2平3

55. 车三退一（图98）　……

临场双方时间都很紧张，红方没有选择炮六平八套路，可能是计算到炮六平八，车3进4，车三退三，车3平2，炮八平七，卒4进1，车三平九，卒4进1，仕四进五，卒4进1，黑方车炮卒配合攻势很盛，所以选择

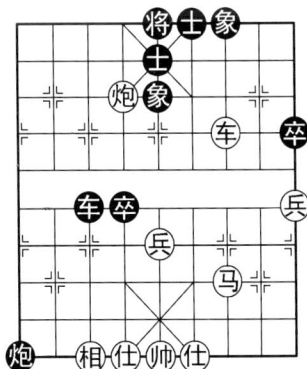

图98

了相对稳健的车三退一，加强防守。

55. ……　　　士5进4　　　　**56.** 车三平九　炮1平2

57. 车九平八　炮2平1　　　　**58.** 车八平九　炮1平2

59. 车九退六　……

改走马三退五顽强一些，但红方少子也难以久战。

59. ……　　　炮2退5　　　　**60.** 车九进九　象5退3

61. 车九退四　炮2进5　　　　**62.** 车九平八　炮2平1

63. 车八平九　炮1平2　　　　**64.** 车九平八　炮2平1

65. 车八平九　炮1平2　　　　**66.** 车九退五　炮2退8

退炮以后，红方残相，防守起来非常吃力。

67. 相七进五　炮2平5

不逃车，先镇中炮牵住红方单相，好棋。

68. 马三进四　车3进1　　　　**69.** 车九进四　车3平5

70. 仕六进五　车5退1　　　　**71.** 马四进二　车5进2

72. 帅五平六　车5平3　　　　**73.** 马二进四　炮5平4

74. 车九进四　车3进2　　　　**75.** 帅六进一　将5平4

出将护炮精巧。

76. 仕五进六　……

如车九退二，士4退5，马四退六，车3退1，帅六退一，卒4平5，马六退八，车3进1，帅六进一，车3退4，马八进七，车3平4，仕五进六，车4平1，仕六退五，车1退2，马七进八，将4平5，马八退九，象7进5，马九退八，炮4进4，黑方胜势。

76. ……　　　卒4进1　　　　**77.** 仕四进五　士4退5

红方认负。

第56局　菲律宾蔡世和　负　马来西亚黄运兴

1. 炮二平五　马8进7　　　　**2.** 马二进三　车9平8

3. 车一平二　马2进3　　　　**4.** 兵七进一　卒7进1

5. 车二进六　士4进5

双方以中炮过河车对屏风马进 7 卒开局，黑方先补士易形成屏风马弃马局的阵势。

6. 马八进七　炮 2 进 4

正常的屏风马弃马局黑方此时多走象 3 进 5，红方有车二平三、兵五进一、炮八平九、炮八进二等多种选择。临场黑方改变行棋次序先走右炮过河，也是非常积极的走法。

7. 兵五进一　……

进中兵是针对右炮过河而采用的一路变化。

7. ……　　象 3 进 5　　8. 车二平三　车 1 平 4

9. 车三进一　……

临场红方选择吃马，接受黑方的挑战。如不吃马可走炮八平九，车 4 进 6，兵三进一，炮 8 进 6，车九平八，炮 8 平 7，兵三进一，炮 7 退 4，相三进一，炮 7 平 2，马七进八，车 4 平 3，车三进一，车 3 退 1，车三退四，车 3 平 2，双方互缠。

9. ……　　车 4 进 6

进车占据兵林线，伏有炮 2 平 7 的棋，可行之着。另有炮 8 进 3，兵九进一，车 4 进 6，车九进三，炮 2 平 3，马七退五，炮 8 进 1 的下法，双方另有攻守。

10. 炮五进一　……

如兵三进一，车 4 平 3，马七退五，炮 8 进 6，车三退一，炮 2 退 3，车三进二，炮 2 进 2，黑方易走。

10. ……　　车 4 进 2　　11. 兵三进一　炮 8 进 5

12. 炮五退一　炮 8 进 1　　13. 炮五进一　炮 8 进 1

进炮准备强攻红方底线。

14. 马三退二　……

交换不好，有被黑方牵着走的味道。不如炮八平九，车 4 平 3，马七退五，车 3 平 4，兵五进一，卒 5 进 1（将 5 平 4，兵五平六，车 4 退 4，马五进七，红优），车三退一，车 8 进 6，车九平八，炮 2 进 2，车三平四，红优。

14. ……　　车 8 进 9　　15. 炮八平九　车 8 平 7

黑方顺势吃掉底相，扩大了领先的优势。

16. 车九进一　　车4平1　　　　　**17.** 马七退九　　炮2平9

18. 车三平二　　炮9进3　　　　　**19.** 仕六进五　……

补仕坏棋。不如马九进七，炮9平6，兵三进一，炮6平4，帅五进一，炮4退9，兵三进一（兵三平四，车7退1，帅五退一，车7平3，车二退五，炮4平2，炮九平八，车3进1，帅五进一，红方可战），车7退6，炮九退一，车7进2，相七进五，车7平5，车二退二，红方多子缺仕相，互有顾忌。

19. ……　　　　　卒7进1

20. 炮九平六（图99）　……

图99

败着。改走炮五退一较为顽强，以下车7退3，车二退七，炮9退4，炮九平六，车7平1，马九进七，车1平3，车二进六，红方局势尚可。

20. ……　　　　　车7退3

21. 车二退七　　炮9退1

22. 车二进一　　炮9进1

23. 车二退一　　炮9退1　　　　　**24.** 炮六退一　……

退炮以后可以进马护住中炮，这是比较顽强的下法。

24. ……　　　　　炮9平4　　　　　**25.** 马九进七　卒7平6

此时黑方有一个扩先的巧着：可先走炮4退1！以下炮五退一，炮4退3，炮五进一，炮4平9，黑方可抢得一先棋。

26. 车二进四　　车7平6　　　　　**27.** 相七进九　炮4退4

28. 帅五平六　　炮4平7

红方超时。就棋而言，红方不超时局势也是很难处理，黑方已呈大优之势，红方败定。

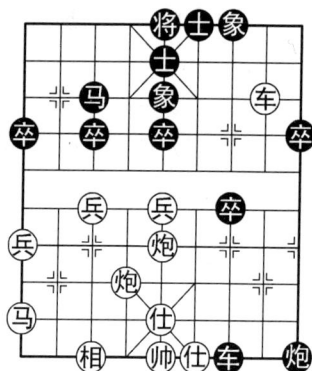

第57局　菲律宾洪家川 负 柬埔寨赖才

1. 炮二平五　　马8进7　　　　　**2.** 马二进三　车9平8

3. 车一平二　卒 7 进 1　　　　**4.** 车二进六　象 7 进 5

飞左象是较为少见下法。常见的走法是象 3 进 5，阵型在厚实的基础上又不失灵活。

5. 马八进七　马 2 进 3　　　　**6.** 兵七进一　马 7 进 6

双方以中炮过河车对屏风马左马盘河开局。左马盘河是 20 世纪 50 年代中期至 60 年代初最流行的重大布局体系之一，至今仍盛行不衰。

7. 车九进一　卒 7 进 1

黑方冲卒逐车，是铤而走险的侥幸一击。理论上认为此着为时过早，应士 4 进 5 先补一手为宜。如车九平六，炮 2 进 2，双方对峙。

8. 车二平四　……

平车捉马断其归路，紧凑有力。

8. ……　　　　马 6 进 8　　　　**9.** 马三退一　卒 7 进 1

10. 炮八进一　车 1 进 1　　　　**11.** 车四平二　……

平车不如炮八平三简明，以下车 1 平 7，炮三平二，炮 8 进 4，马 进二，车 7 进 5（炮 2 进 1，马二进四，炮 2 平 3，相七进九，车 7 平 4，车九平二，车 4 进 6，马七退八，红方先手），车九平八，炮 2 平 1，车八进六，车 7 平 8，车八平七，红方先手。

11. ……　　　　马 8 退 6　　　　**12.** 车二退一　车 1 平 6

13. 车二退三　……

退车不如车九平四更有牵制力。

13. ……　　　　车 8 进 1　　　　**14.** 炮五平四　车 6 平 7

稍软，不如炮 8 平 9 更有力。举一例：炮 8 平 9，车九平二，车 8 进 6，车二进一，车 6 平 4，车二进三，车 4 进 5，车二平四，车 4 平 2，相三进五，炮 9 进 4，黑方优势。

15. 炮四进二　车 7 进 4　　　　**16.** 车九平四　……

再平车保炮，子力明显受控，不如炮八进一灵活。如炮八进一，车 7 平 8，车二进二，马 6 进 8，炮四平三，车 8 平 7，相七进五，车 7 进 3，车九平四，红方可战。

16. …… 马6进8   **17. 车二平六** 马8退7

18. 炮八进一 马7进6

交换简明，这也是优势方常用的战术之一，初学者应该学习。

19. 炮八平四 车8平6   **20. 车六平四** 炮2进4

21. 炮四平五 ……

如炮四进五，车6进6，车四进一，车7平3，炮四平一，炮8进2，车四进三，炮8平9，炮一退四，车3进2，炮一平二，车3进2，黑方大优。

21. …… 卒7平6   **22. 前车平二** 炮8平6

23. 车四平八 炮2平3   **24. 相七进五** 卒5进1

25. 车八进二 卒5进1

26. 车八平七 卒5平6（图100）

黑方净过两卒，形势大优。红方最为困难的是子力分散，既不能组织起有效的进攻，又不能构成稳固的防守体系，只有被动挨打的份。

27. 兵五进一 车7进3

28. 马一进三 ……

如马一进二，车6平8，车七平八，车8进3，兵五进一，车7退2，车八进三，车7平8，车二进一，车8进2，黑方得子。

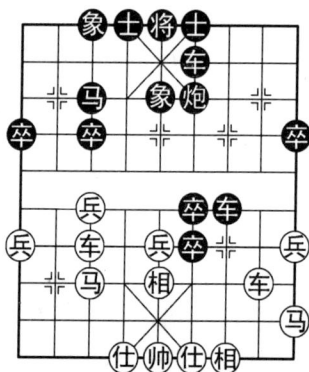

图100

28. …… 炮6平7   **29. 车七平八** 炮7进4

30. 车八进四 马3进5   **31. 马三退五** 后卒平5

32. 马七进八 卒6进1   **33. 马五进七** 卒6进1

连续冲卒，进攻有力。

34. 仕六进五 炮7进3

绝杀。

第58局　日本所司和晴 和 柬埔寨邱亮

1. 炮二平五　马2进3　　　　2. 马二进三　炮2平1

黑方左翼不动，迅速平边炮准备亮右车，攻击红出子落后的左翼，三步虎积极主动的风格跃然枰上。

3. 马八进七　……

上正马增强正面的攻击力，但正马无根易受攻。

3. ……　　　车1平2　　　　4. 车九平八　车2进6

进车过河必然，否则被红炮二进四封车后三步虎即无意义。也不宜车2进4，因红有炮八进二的棋，以后左右闪击，黑方防不胜防。

5. 炮八平九　车2平3

如选择兑车则较为平稳，战线较长，这样需要考验棋手的中残局功夫。举一例：车2进3，马七退八，炮8平6，车一平二，马8进7，兵三进一，卒3进1，马三进四，士6进5，马四进五，马3进5，炮五进四，炮6平5，炮九平五，红方多兵，子力活跃，稍占上风。

6. 车八进二　炮8平6

近年国内流行的下法是卒3进1，继续对红方施加压力。以下炮九退一，象7进5，车一平二，马8进6，炮五平四，马3进4，炮四进一，车3退1，炮九平四，炮1平3，马三退五，车9平8，各有千秋。

7. 车一平二　马8进7　　　　8. 仕四进五　卒7进1

9. 炮九退一　车3平4

平车自损一先，应先走象7进5补一手棋，协调一下己方阵型为宜。举一例：象7进5，炮九平七，车3平4，炮五平四，车9平8，车二进九，马7退8，车八进二，卒3进1，黑方易走。

10. 炮九平七　……

呆板，黑车已经占肋，红炮再走七路目标不明确。可以考虑马七进八，车4进2，炮九进五，车9进1，车八平七，马3进1，马八进九，炮6平4，车二进四，红方先手。

10.…… 车4进2 **11. 炮七进五 象3进5**

12. 车二进六 车9进2

黑方的肋车作用不大，应及时调整。因此不如车4退4较好，以下炮五进四，马3进5，车二平五，炮1平3，车五平三，炮6退1，大体均势。

13. 兵五进一 炮1退1 **14. 车八进六 车4退2**

15. 炮五进四 马3进5

交换简明。如士6进5，炮五退一，炮6退1，车八退六，炮1平3，炮七平八，红优。

16. 车二平五 炮1进5

17. 马七进九 炮6进4

18. 炮七进三（图101） ……

红方弃车抢攻，时机并不成熟。不如稳健一点走车五退一，则炮6平1，炮七进三，士4进5，炮七平八，红方稳占优势。

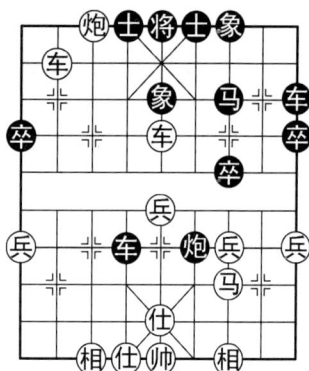

图 101

18.…… 士4进5 **19. 炮七平九** ……

应车五平七较好，以下炮6退5（象5退3，车七进三，士5退4，马九进七，红方先手），车八退六，象5退3，车七进三，士5退4，马九进七，红方有攻势。

19.…… 马7进5

进马吃车，正是红方所希望的。此时黑棋可炮6平1，车五平九，炮1退6，车九进三，士5退4，黑方子力灵活，易走。

20. 车八进一 ……

至此，红方这个不成熟的弃子进攻计划在黑方的"配合"下得逞。

20.…… 车4退6 **21. 马九进八 象5进3**

22. 炮九平六　士 5 退 4　　　　**23.** 兵五进一　马 5 退 4

24. 车八退三　……

退车随手，不如车八平七更紧凑有力，以下车 9 平 8（马 4 进 2，车七退三，车 9 平 4，车七平四红先），车七退四，红方主动。

24. ……　　　　车 9 平 2　　　　**25.** 车八平四　车 2 进 2

26. 车四退三　象 3 退 5　　　　**27.** 车四平五　马 4 进 3

28. 兵五进一　车 2 平 5　　　　**29.** 相七进五

兑车以后，双方同意作和。

第 59 局　中国香港陈振杰 和 马来西亚黎金福

1. 炮二平五　马 8 进 7　　　　**2.** 马二进三　车 9 平 8

3. 车一平二　马 2 进 3　　　　**4.** 兵七进一　卒 7 进 1

5. 马八进七　象 3 进 5　　　　**6.** 车二进六　炮 8 平 9

7. 车二平三　车 8 进 2

黑方平炮兑车后高车保马，在 20 世纪 60 年代较为流行。以往的理论认为高车保马较平炮兑车的变化反弹力较差一些，因此这一路布局被长时间束之高阁，近年经过棋手的挖掘，又有了很多新的变化，为这一布局注入了新鲜血液。

8. 马七进六　……

红马盘河口，以后有摆七路炮再出九路车的后续手段，着法灵活多变。

8. ……　　　　炮 2 退 1

退炮不及车 1 进 1 灵活。举一例：车 1 进 1，炮八平七，炮 2 进 4，兵五进一，车 1 平 4，车九平八，炮 2 平 3，马六进五，车 4 进 5，马五进七，炮 3 平 7，炮七平八，车 4 平 2，车三平六，士 6 进 5，双方对攻激烈。

9. 车九进一　……

也可炮八进四瞄住中卒，以后可能造成多兵的局势。举一例：炮八进四，炮 2 平 7，车三平四，车 1 平 2，车九平八，炮 7 平 4，车四退二，红方先手。

9. …… 炮2平4 | **10. 炮八进四** 车1平2

11. 马六进五 马3进5 | **12. 炮八平五** 马7进5

13. 炮五进四 炮4平5 | **14. 炮五平一** ……

平炮避兑，保持局势的复杂。如车三平一，车8进4，车九平四，炮5进2，车一平五，车8平7，车四进一，卒7进1，黑方易走。

14. …… 车8平6（图102）

平车护住肋道，稳健。如车8进5，车九进一，炮9进4，车三平七，卒1进1，车七平六，炮9平5，马三进五，车8平1，相七进九，车2进6（炮5进5，炮一平五！红优），兵七进一，炮5进5，兵七进一，红方先手。

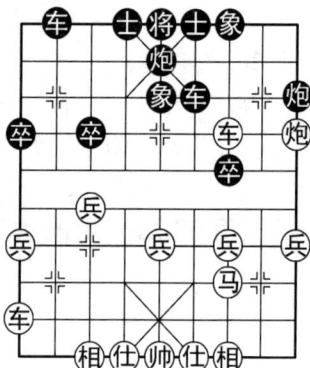

图102

15. 车九进一 炮9平7 | **16. 仕四进五** 炮5平7

17. 车三平七 卒7进1 | **18. 炮一平三** ……

兑炮正确，缓解了三路线上的压力。

18. …… 后炮进2 | **19. 车七平三** 卒7进1

20. 车三退三 炮7进5 | **21. 车九平三** ……

双方兑车转换以后，红方净多三兵，黑棋方的防守压力很大。

21. …… 车2进6 | **22. 兵九进一** ……

缓着。应兵五进一，车2进3（车2退2，后车平四，车6平8，车四进三，车8进3，车三平四，士4进5，前车平九，红大优），后车平四，车6平9，相三进五，车2退6，兵五进一，红方大优。

22. …… 车2平1 | **23. 相七进五** 车6进3

24. 后车平四 车6进2 | **25. 仕五进四** 车1退1

26. 兵五进一 车1退1

退车守住河口，大体和势。

27. 兵一进一 车1平6　　　**28.** 车三进三 卒1进1

29. 车三平五 士6进5　　　**30.** 兵五进一 车6平7

红兵被看死，双方同意和棋。

第60局 中国香港赵汝权 负 越南阮成保

1. 炮二平五 马2进3　　　**2.** 马二进三 炮8平6

3. 兵三进一 马8进7　　　**4.** 车一平二 卒3进1

5. 马八进九 象3进5　　　**6.** 车九进一 ……

红方以直横车阵势对付反宫马是稳健的着法。

6. …… 卒1进1

黑方挺边卒制马是常见走法。也可走炮2平1，车二进六，车1平2，炮八平七，车9平8，车二平三，炮6进4，车三平四，炮6平7，相三进一，马3进4，车四退三，炮7平5，马三进五，马4进5，炮七平六（车四平五，炮9进4！黑大优），士4进5，黑方阵型协调，稍好。

7. 车九平六 ……

不如车九平四，士4进5，车四进三，红方阵型工稳。

7. …… 卒1进1　　　**8.** 兵九进一 车1进5

兑卒以后，黑方抢占了骑河车的位置，控制红方河口，黑方满意。

9. 炮五退一 车1平7　　　**10.** 相三进五 车7退1

11. 炮五平三 车7平4　　　**12.** 车六平四 ……

避兑以后，红方的阵型欠协调。不如车六进四兑车，以下马3进4，马三进二，象5进7，炮八进三，马4进6，马二进三，红方主动。

12. …… 士4进5　　　**13.** 马三进二 车4平7

14. 马二退三 车7平4　　　**15.** 马九进八 车4进1

16. 车四进三 车4平6　　　**17.** 马三进四 ……

不如炮八进五，车6平2，炮八平九，车2平1，炮九平八，卒 7 进 1，车二进四，车 1 平 8，马三进二，红方稍好。

17. ……　　炮 2 进 5　　　18. 炮三进六　……

这样交换以后，红方有孤军深入的感觉。

18. ……　　卒 9 进 1

挺边卒准备进卒林车，以后把边车亮出来，好棋。

19. 车二进四　车 9 进 3　　　20. 仕四进五　卒 7 进 1

21. 马八进七　炮 2 退 3

退炮不如车 9 平 6，以下炮三平二，马 3 退 4，马四退二，炮 2 退 1，兵五进一，炮 2 平 8，车二退一，车 6 进 2，黑方优势。

22. 马四退六　车 9 平 7　　　23. 炮三平二　卒 7 进 1

24. 车二平三　车 7 平 8　　　25. 炮二平三　炮 2 进 2

26. 车三平六　车 8 平 7　　　27. 炮三平二　卒 3 进 1

如车 7 进 3，马七进九，炮 2 退 4，车六平八，马 3 进 4，车八平六，马 4 退 6，炮二退七，红方可战。

28. 兵七进一　炮 2 平 5　　　29. 车六平四　炮 6 平 7

30. 炮二退五　……

改走炮二退七更稳健。

30. ……　　车 7 进 3　　　31. 炮二平四　炮 5 平 9

32. 车四平三　车 7 退 1　　　33. 相五进三　炮 9 平 5

34. 相七进五　炮 7 进 1　　　35. 炮四进四　卒 9 进 1

36. 兵七进一（图 103）　……

红方已经少兵处于劣势，再送一兵代价过大。不如马六进八，炮 5 平 1，炮四退二，卒 9 进 1，炮四平六，红方尚可周旋。

36. ……　　卒 9 平 8

37. 相三退一　象 5 进 3

38. 马六进七　卒 8 进 1

39. 后马退六　士 5 进 6

40. 马七退八　士 6 进 5

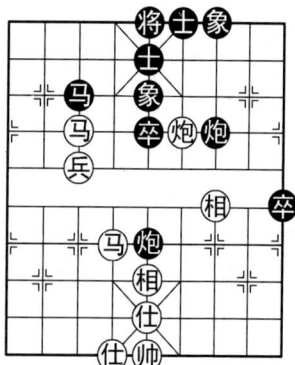

图 103

41. 炮四退一　　卒 8 平 7　　　　**42.** 炮四平九　　象 7 进 5

43. 马八退七　　卒 7 平 6　　　　**44.** 马七进六　　……

红方不能马七进五吃炮，否则形成马炮双卒单缺象对马炮仕相全的例胜残局。

44. ……　　　　炮 5 退 1　　　　**45.** 后马进四　　炮 7 进 1

46. 炮九退三　　……

如随手马六进五，马 3 进 5，马四进五，炮 7 平 5，相一退三（红方如马五进七或马五进三逃马，则后炮进 3，帅五平四，后炮平 6，黑方连将杀，速胜），前炮退 2，黑方得子速胜。

46. ……　　　　炮 7 平 6　　　　**47.** 炮九平六　　卒 6 平 5

48. 相一退三　　前卒平 4　　　　**49.** 炮六平八　　马 3 进 4

50. 马四进二　　象 5 进 7　　　　**51.** 马二退三　　炮 6 进 2

52. 炮八进一　　炮 6 平 2　　　　**53.** 马三进五　　炮 2 进 3

54. 相五退七　　卒 5 进 1　　　　**55.** 马五进三　　马 4 进 2

至此，形成马炮双卒双士对双马仕相全的例胜残局。

56. 相三进五　　炮 2 平 1　　　　**57.** 帅五平四　　卒 5 进 1

58. 马六进八　　卒 5 进 1　　　　**59.** 帅四进一　　马 2 退 4

60. 马三进五　　马 4 退 6　　　　**61.** 马五退四　　马 6 退 8

62. 马八退九　　马 8 进 7　　　　**63.** 相五进三　　马 7 进 9

64. 帅四退一　　马 9 进 8　　　　**65.** 相三退一　　马 8 退 6

66. 帅四进一　　将 5 平 4　　　　**67.** 马九进八　　炮 1 平 2

68. 马八进七　　将 4 平 5　　　　**69.** 马七退六　　马 6 进 8

70. 帅四退一　　炮 2 退 2　　　　**71.** 仕五进四　　马 8 退 6

72. 相一退三　　炮 2 进 2　　　　**73.** 帅四平五　　马 6 进 8

74. 相三进一　　马 8 进 9　　　　**75.** 马四退二　　卒 5 平 6

76. 相一退三　　卒 6 平 7　　　　**77.** 马二进三　　马 9 退 7

78. 帅五进一　　将 5 平 6　　　　**79.** 马六退八　　卒 4 平 3

80. 马三退五　　卒 3 平 2　　　　**81.** 马八退六　　卒 7 平 6

82. 帅五平六　　将 6 平 5　　　　**83.** 马六进五　　卒 2 进 1

84. 后马进三　　卒 6 进 1　　　　**85.** 马五退六　　卒 2 平 3

86. 马六退四　卒 3 进 1　　　　**87.** 帅六进一　炮 2 退 9

以下黑方有炮 2 平 4 的凶着，红方无力抵抗，投子认负。

第 61 局　越南赖理兄 胜 中国澳门李锦欢

1. 炮二平五　马 8 进 7　　　　**2.** 兵七进一　车 9 平 8
3. 马二进三　卒 7 进 1

黑方改马 2 进 3 为先挺 7 卒，就有了下一步形成左炮封车阵势的想法。

4. 车一平二　炮 8 进 4　　　　**5.** 马八进七　象 3 进 5

双方以中炮进七兵对屏风马左炮封车开局。黑飞右象是静观其变的灵活着法，除此之外还有两种变法：①炮 2 平 5，仕四进五，马 2 进 3，炮八进二，车 1 平 2，兵三进一，车 2 进 4，大体均势；②马 2 进 3，炮八进二，象 3 进 5，兵三进一，红方先手。

6. 马三退一　……

此时红方另有炮八进四、仕四进五、炮八进七和炮八平九等多种应着，都是很流行的下法。红方此时退马，通常认为有损棋型，效率不高，但是这种下法的好处在于开局阶段形成短兵相接，快速过渡到中局，为攻杀型棋手所喜爱。

6. ……　　　　炮 8 退 1

如炮 8 进 1，车二进二，车 8 进 7，炮五进四，马 7 进 5，炮八平二，红方稍先。

7. 炮八进七　车 1 平 2　　　　**8.** 车九平八　士 4 进 5
9. 车八进五　……

进车骑河控制一下黑马的出路，好棋。

9. ……　　　　车 2 进 1　　　　**10.** 车二进一　炮 8 退 4

黑方右翼车炮被牵，很不舒服，现在退炮虽然给 2 路车生根，但是 8 路车的空间被压缩，红方优势很大。不如先走炮 8 进 2，马七进八（马七进六，车 2 平 4! 黑方易走），炮 8 退 6，马八退七，炮 2 平 3，车八进三，炮 8 平 2，车二进八，马 7 退 8，马七进六，炮 2 进 5，黑方可以抗衡。

11. 马七进六　炮 2 平 4　　**12.** 车八进三　炮 8 平 2

13. 车二进八　马 7 退 8　　**14.** 炮五进四　炮 2 平 1

不如炮 2 进 5 谋兵较好。

15. 马一进二　将 5 平 4（图 104）

可象 7 进 9，炮五平九，炮 1 进
5，炮九平一，炮 1 平 7，马六进七，
马 8 进 7，炮一退一，炮 4 进 1，黑方
尚可周旋。

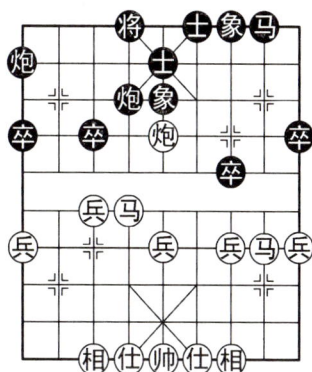

图 104

16. 炮五平九　炮 1 进 5

17. 炮九平一　马 8 进 7

18. 炮一平三　炮 4 进 2

19. 马六进四　马 7 进 5

可马 7 进 9，炮三平二，马 9 进 8，马四退六，炮 1 平 7，黑方
可战。实战的下法，被红方利用，多得一卒。

20. 炮三平七　马 5 进 6　　**21.** 马二退二　炮 1 平 7

22. 相三进五　炮 7 进 1　　**23.** 仕四进五　炮 4 进 4

24. 马三退一　……

也可马三进一，炮 7 平 8，兵一进一，红马仍可以跳出来。

24. ……　　　　炮 4 平 1　　**25.** 马一进二　炮 1 进 1

26. 炮七平五　士 5 进 6　　**27.** 炮五退二　……

退炮卡住黑马，红方优势进一步扩大。

27. ……　　　　炮 1 退 3　　**28.** 兵一进一　士 6 进 5

如马 6 进 8，马四进六，士 6 进 5，兵七进一，炮 1 平 4，炮五
进一，马 8 退 6，兵一进一，红方大优。

29. 马四进六　炮 7 退 1　　**30.** 炮五平六　将 4 平 5

31. 兵五进一　马 6 退 7　　**32.** 兵七进一　炮 7 平 8

33. 马二进四　炮 8 退 2　　**34.** 马四进五　……

换马巧手。

34. ……　　　　马 7 进 5　　**35.** 兵一进一　……

冲兵是兑马后续手段。

35. ……　　马 5 进 7　　　　**36.** 兵一平二　马 7 进 8

37. 马六进七　将 5 平 6　　　　**38.** 兵五进一　……

红方再冲中兵，已然胜势。

38. ……　　卒 7 进 1　　　　**39.** 相五进三

黑方认负。

第 62 局　中国吕钦 胜 中国洪智

1. 马八进七　……

红方首着马八进七或马二进三，俗称起马（也称进马）局。此种开局类型属于稳守反击型，讲究细微处见功夫，体现了寓攻于守的战略意图。

1. ……　　卒 7 进 1　　　　**2.** 兵七进一　马 8 进 7

3. 炮八平九　……

平边炮准备快速开动左车，迅速以巡河车占据河口要隘或以过河车侵入对方阵地，展开攻势。另有马二进三，象 3 进 5，炮八平九，马 2 进 3，车九平八，车 1 平 2，车八进六的下法，红方稍好。

3. ……　　马 2 进 3　　　　**4.** 车九平八　车 1 平 2

5. 炮二进四　……

进炮积极，既可炮二平七打兵，又有炮二平三压马的手段。

5. ……　　马 7 进 8　　　　**6.** 马二进三　炮 2 进 5

进炮试红方应手。如象 3 进 5，相三进五，车 9 进 1，炮二平七，车 9 平 6，车八进六，炮 2 平 1，车八进三，马 3 退 2，仕四进五，马 2 进 3，车一平四，车 6 进 8，帅五平四，马 8 进 7，局势平稳。

7. 相三进五　……

飞相正是黑方所希望的，这样红左马的位置很尴尬。不如车一进一灵活，以下马 8 进 7，车一平四，士 6 进 5，炮二平七，大体均势。

7. ……　　车 9 进 1　　　　**8.** 炮二平七　象 3 进 5

9. 仕四进五　车9平6

定位稍早。可以考虑炮8平7，兵七进一，卒7进1，兵五进一，卒7进1，马三进五，马8进6，马五进三，车9平8，车一平四，马6进7，车四进二，象5进3，黑方主动。

10. 炮七平六　车6进3　　11. 炮六退四　炮2平4

交换以后红方局势豁然开朗。不如炮2退1，马七进六，车6进1，马六进七，炮2进1，炮六进四，马8进7，黑方易走。

12. 车八进九　马3退2　　13. 炮九平六　马2进3

14. 马七进六　车6进1　　15. 马六进七　车6退1

16. 兵三进一　卒7进1　　17. 相五进三　士4进5

补士稍缓，不如炮8进1，马七进九，将5进1! 车一平四，车6进5，帅五平四，马3进2，黑方可战。

18. 相三退五　车6平2　　19. 车一平四　炮8平6

20. 兵九进一　卒9进1

双方各进了一步兵（卒），等着。

21. 车四进三　炮6进1（图105）

败着。应车2退1，马七退六，车2进2，车四进二，马8进7，车四平一，车2平1，炮六平七，马3退2，黑方虽显委屈但局势尚可应对。

22. 马七退六　……

退马稳健。也可马七进九，士5进4（车2退2，车四进二，马8进9，马三进一，炮6退1，车四平一，车2平1，兵七进一，红方大优），马九进七，将5进1，炮六平七，马3退1，兵五进一，马1进2，马七退八，炮6平2，车四进六，炮2平4，车四平九，红方大优。

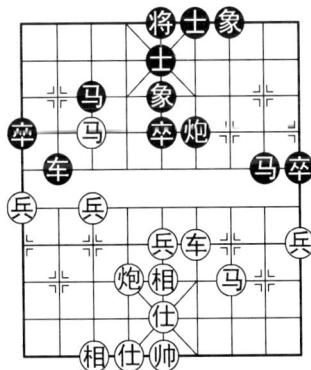
图 105

22. ……　　　　炮6退1　　23. 车四进二　车2平6

24. 马六进四　卒5进1　　25. 马四进二　炮6平8

26. 炮六进四　马3进2　　27. 兵七进一　马2进3

28. 炮六平七　……

打马准备谋夺黑方中卒，为残局阶段谋取物质基础。也可兵七进一，马3退1，炮六平九，象5进7，马三进四，马7进9，马四退六，马9进7，仕五进四，象7进5，马六进五，红方也是优势。

28. ……　马3退1　**29. 兵七平六**　马1进2

30. 兵六平五　马2退4　**31. 前兵平四**　炮8平7

32. 炮七退四　炮7进4

不如马4进3，帅五平四，卒1进1，兵五进一，卒1进1，兵五进一，炮7平8，较实战顽强。

33. 炮七平六　马4退3　**34. 相五进七**　马8进6

35. 马二进三　将5平4　**36. 兵四平五**　马3退2

37. 相七进五　……

稍缓，可走前兵平六，马6进4（士5进4，后马退四，马2进1，马四进五，炮7退1，马三退四，炮7平3，兵五进一，红方大优），兵六进一，红方优势较大。

37. ……　马2进1　**38. 前兵平六**　马6进4

39. 相七退九　马1进2　**40. 炮六退一**　士5进4

41. 兵六进一　士6进5　**42. 帅五平四**　马2退3

43. 仕五进六　马4退5　**44. 仕六退五**　马5进4

45. 相九进七　卒1进1　**46. 前马退四**　卒1进1

47. 马四退二　炮7平6　**48. 马二退四**　炮6平7

49. 仕五进六　马4退5　**50. 炮六平一**　炮7平6

平炮随手，不如马3退2，则兵六平五，马5进6，炮一进四，炮7退5，兵一进一，卒1进1，较实战顽强。

51. 炮一进四　马5进7　**52. 马三进二**

以下黑方如续走马3退2，炮一平六，将4平5，炮六退一，马7进8，马二退四，马8退6，兵六进一，士5进4，炮六平九，红方也是胜势。黑方认负。

第63局　中华台北吴贵临 胜 新加坡吴宗翰

1. 炮二平五　马8进7　　　　**2.** 马二进三　车9平8

3. 车一平二　马2进3　　　　**4.** 兵七进一　卒7进1

5. 马八进七　炮8进4

双方以中炮进七兵对屏风马左炮封车开局。国内的理论认为，如果黑方准备走左炮封车的话，那么应该在第3回合选择炮8进4更合理，以下兵七进一，卒7进1，马八进七，象3进5! 炮八进二，马2进4! 黑方跳出拐角马以后，有车1平3的先手。

6. 炮八进二　象3进5　　　　**7.** 兵三进一　……

对兵好棋，红方子力开扬，布局阶段取得满意效果。

7. ……　　　卒7进1

如车8进4，兵三进一，车8平7，马三进四，炮8退2，炮五平三，红方先手。

8. 炮八平三　炮2进4　　　　**9.** 车九平八　……

出车正着。如马三进四，车8进5，马四进六，车8平7，马六进七，车7平3，后马退九，炮2平3，马七退五，马7进5，炮五进四，士4进5，相七进五，车3平4，黑方大优。

9. ……　　　炮2平3　　　**10.** 炮三进二　……

进炮压马可行。另可走马三进四，车1平2（车8进5，炮三进五，象5退7，马四进六，红先），马四进六，车2进9，马七退八，马3退2，马六退七，炮8平3，炮五进四，士6进5，车二进九，马7退8，炮五平九，红方先手。

10. ……　　　炮8平7　　　**11.** 仕六进五　……

补仕静观其变。

11. ……　　　车8进9　　　**12.** 马三退二　车1平2

13. 车八进九　马3退2　　　**14.** 炮五平三　卒9进1

临枰吴宗翰大师感觉红右马只能跳边路，因此先挺一手边卒，预先控制红马出路的同时，拓宽己方7路马的空间。但是这手棋改走炮7退2更合理，以下相七进五，炮3平9，前炮平七，炮7平8，马二进一，卒9进1，黑方足以抗衡。

15. 相七进五   马2进4

也可以考虑马7进9，后炮平一，马9退8，炮三平二，马2进4，炮一进三，马8进7，黑方可战。

16. 马二进一   炮7退2　　　**17. 后炮进一   炮3平7**

18. 马一进三   马7退8　　　**19. 马七进六   马8进9**

20. 炮三平一   ……

如炮三平七，马4进3，马六进七，炮7平4，兵五进一，马9进7，马三进二，红方虽有先手，但是局面过于简化。

20. ……   炮7平4　　　**21. 兵九进一   士4进5**

22. 马三进二   马4进2（图106）

随手。应马9进7，仕五进四，象5进7，马二退三，象7退5，兵一进一，卒9进1，马三进一，马7进8，炮一进二，马4进2，黑方可以抗衡。正是由于实战中黑方的这一步随手棋，导致全盘受制。

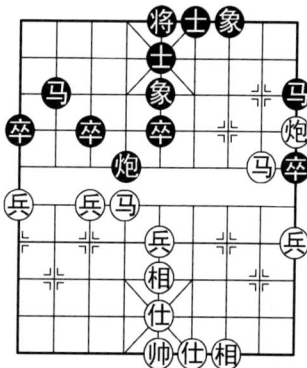

图106

23. 马二退四   炮4退1

24. 炮一平六   马2进4

25. 马四进五   马4退3

26. 马六进七   ……

转眼间红方连得双兵，形势大优。

26. ……   马3进2　　　**27. 马五退四   马2进1**

28. 马七退八   马1退2　　　**29. 马八进九   马9退7**

30. 马九退八   马7进8　　　**31. 马八进七   卒9进1**

32. 马四进六   马2退3　　　**33. 兵一进一   马8进9**

至此形成双马双兵仕相全对双马士象全的残局。众所周知，马炮双兵仕相全可例胜双马士象全，实战中黑方如果防守准确还有谋和的机会。

34. 马六进四　马9退7　　　**35.** 兵五进一　马7进6

36. 帅五平六　士5进6　　　**37.** 兵五进一　士6进5

38. 马四退三　马3进2　　　**39.** 兵五进一　马6退7

40. 兵五平四　马7进5　　　**41.** 马三进五　马2进1

跳边马控制一下红方七兵，着法顽强。

42. 马七进九　将5平6　　　**43.** 马九进七　象5退3

44. 兵四平三　马5退7　　　**45.** 兵三进一　马7退5

46. 兵三进一　象7进5　　　**47.** 马五进三　马5退7

48. 马三进一　象5退7

退象不如马7进6，兵三平二，马6进8，帅六平五，马1进2，马一退二，马2退4，黑方可以周旋。

49. 兵三进一　……

吃象果断。虽然三路兵成为老兵，但是黑方缺象以后，防御阵型被破坏。

49. ……　　　将6进1　　　**50.** 马一退三　士5进4

51. 马七退六　将6平5　　　**52.** 马三退五　象3进5

53. 马五进四　……

再得一士，黑方的城池转眼间就被红马冲得七零八落。

53. ……　　　马7退9　　　**54.** 兵三平四　马9进7

55. 兵四平五　马1退2　　　**56.** 马六进八　马7进6

57. 兵五平六　将5平6　　　**58.** 马四进二　将6平5

59. 马二退三　马2进4　　　**60.** 马三退五　马4退3

61. 马八退九　马3退4　　　**62.** 马五进六　……

红方再吃一士，黑方防守起来更加困难，既要注意红双马的动向，还要小心看住红方七兵，不能让红七兵伺机过河参战。

62. ……　　　马4进3　　　**63.** 马六退五　马3进2

64. 马九进八　马2退3　　　**65.** 马八退九　马3进2

66. 马九退八　马2进3　　　**67.** 马八进九　马3退1

68. 马九进八　将5平6　　　**69.** 马八退六　马6进8

70. 相五进三　……

飞相蹩马细腻，进一步削弱黑马的防御能力。

70. ……　　　　象 5 进 7　　　**71.** 马六退五　象 7 退 5

72. 前马进七　马 8 退 7　　　**73.** 马五进四　象 5 退 3

74. 仕五进四

以下马 1 进 2，马七退五，马 7 进 6，马五进六，象 3 进 5，兵七进一，红兵过河以后胜定，黑方认负。

女子比赛

第一轮　2010年11月13日于广州

第1局　越南黄氏海平 负 中国王琳娜

越南女子象棋水平近年来提高很多，对中国本土及中国"海外兵团"的棋手们冲击很大。黄氏海平，越南大师冠军赛女子冠军，第十二届亚洲象棋个人锦标赛女子亚军，银荔杯第十三届亚洲象棋锦标赛第4名。王琳娜，黑龙江绥化人，1997年获得全国个人赛女子组冠军，1998年获得第10届亚洲杯赛女子个人冠军，2000年再获全国个人赛女子组冠军，2001年获得世界象棋锦标赛女子个人冠军，2003年再获亚洲冠军，2000年、2003年与队友合作两夺全国团体赛女子组冠军，2003年、2004年两获"银荔杯"赛冠军；是继胡明之后又一位夺得世界、亚洲、全国锦标赛所有冠军头衔的女棋手。2010年12月31日公布的女子等级分，王琳娜以2495分排名第一位。

　　1. 兵七进一　炮2平3　　　　**2.** 炮二平五　象3进5

　　3. 仕六进五　……

双方以仙人指路对卒底炮开局，红方选择补仕以静制动，有拉长战线之意。红方另有马二进三的走法也非常流行，举一例：马二进三，卒 3 进 1，马八进九，卒 3 进 1，车一平二，车 9 进 1，车九平八，车 9 平 4，炮五进四，士 4 进 5，炮五平一，马 8 进 9，红方多兵，稍好。

3. ……　　　卒 7 进 1

黑方不急于跳马，先挺 7 卒正着，如果让红方先进三兵以后，黑 8 路马的前途尴尬。

4. 马二进三　马 8 进 7　　　5. 车一平二　车 9 平 8

6. 车二进四　……

面对综合实力高出自己一筹的王琳娜，黄氏海平选择了进巡河车的下法。国内较流行的走法是车二进六，以下马 2 进 4，炮八平六，车 1 平 2，马八进七，马 7 进 6，车二退二，马 6 进 7，炮五平四，车 8 进 1，相七进五，车 8 平 7，大体均势。

6. ……　　　炮 8 平 9　　　7. 车二平六　……

如车二平四虽然可以起到遏制黑方 7 路马的作用，但是效率不高。黑方可马 2 进 1，以下炮八平六，车 1 平 2，马八进七，车 8 进 6，黑方满意。

7. ……　　　马 2 进 1　　　8. 炮八平六　车 1 平 2

9. 马八进七　车 8 进 6

通过实战我们看到了红方车二平四和车二平六的区别，显然车二平六效率更好一些。

10. 兵九进一　车 8 平 7　　　11. 兵九进一　卒 1 进 1

冲边卒是近期网络上流行的下法。20 世纪 90 年代曾走过士 4 进 5，兵九进一，马 1 退 3，车九进五，炮 3 平 4，炮六进五，士 5 进 4，炮五平六，士 4 退 5，相七进五，车 2 进 6，车六进一，红方优势。

12. 车九进五　车 2 进 2　　　13. 车六进四　……

进车还是比较有想象力的，为七路马跳出留出位置的同时，红方伏有炮六进五的潜在威胁。此时红方如直接走炮六进七，士 6 进 5，炮六平九，车 7 进 1，车六进二，马 1 进 2，黑方占优。

13. ……　　　士 6 进 5　　　14. 马七进六　马 1 退 2

15. 车六退二　炮 3 平 4

16. 马六进五（图 107）……

进马急躁，没有顾及自己底线的弱点。此时可以考虑车九退三，车 2 进 7，车九平七，卒 7 进 1，相三进一，卒 7 平 6，炮六退二，车 2 退 1，马三退二，红方虽然委屈，但尚可坚守。

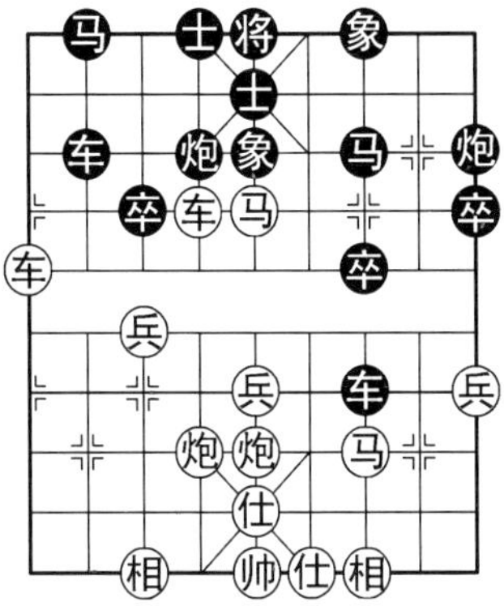

16. ……　　马 7 进 5

17. 车六平五　车 2 进 7

图 107

进车捉相，抓住红方底线的弱点，出击准确，反映王琳娜敏锐的攻击感。

18. 仕五进四　……

进仕易被黑方利用，此时应走仕五退六，试分析如下：仕五退六，车 2 平 3，仕四进五，车 3 退 4，车五平二，红方局势尚可。

18. ……　　车 2 平 3　　　　**19.** 炮六退二　车 7 平 6

20. 仕四进五　卒 7 进 1

黑方利用红方阵型上的弱点，先平车提士，再冲 7 卒，优势逐步扩大。

21. 车九平二　卒 7 进 1　　　　**22.** 马三退二　车 3 退 4

23. 车二进四　车 6 退 6　　　　**24.** 仕五退四　……

如车五退二，卒 3 进 1，车二退三，卒 7 平 6，车二平八，马 2 进 1，黑方大优。

24. ……　　炮 4 平 1　　　　**25.** 仕四退五　……

面对黑方车马炮卒的攻击，红方显得有些慌不择路，进仕退仕白白损失步数，等于在关键的中局阶段让对方二先。

25. ……　　马 2 进 3　　　　**26.** 车五平一　卒 3 进 1

改走炮 1 进 7 更加简明。现在冲卒是一个诱着，红方如果不加理会改走他着，黑方可走马 3 进 2，攻击起来更加得心应手。像实战这样平车压马，红车势必被牵。

27. 车一平七	炮1进7	**28.** 炮六进二	车3进4
29. 炮六退二	车3平2	**30.** 车二退三	车6进4

准备车6平4叫杀。也可车6进6，车七平三，炮9平6，车三平六，车6平5，黑方大优。

31. 炮五平六　　车2退1

黑方得子，红方认负。

第2局　中国唐丹 胜 越南吴兰香

唐丹，2007年摘取全国个人赛桂冠成为女子特级大师，2008年世界智运会获得团体冠军，2009年全国智力运动会象棋女子专业组个人冠军，2010年下半年中国象棋棋手等级分女子第二名。吴兰香，国际特级大师，拥有"越南第一女子象棋高手"美誉，曾获得2007年和2009年世锦赛女子个人亚军、2007年亚洲室内运动会女子个人赛冠军、八届越南全国女子冠军，是越南女子象棋棋坛的领军人物。

1. 炮二平四　……

2008年怡和轩杯第十五届亚洲象棋锦标赛上，唐丹曾和吴兰香弈和，那盘棋唐丹以中炮开局，本局唐丹在开局上主动变换阵型，以仕角炮开局。

1. ……	炮2平5	**2.** 马八进七	马2进3
3. 马二进三	马8进9	**4.** 车九平八	……

双方由仕角炮转反宫马对右中炮开局，红方先出左车是常见走法，另有车一平二的下法近期也非常流行。举一例：车一平二，车9平8，车九平八，车1平2，兵七进一，车2进4，炮四进五，卒3进1，兵七进一，车2平3，马七进六，红方稍好。

4. ……　　卒3进1

先进3卒的着法在国内比赛中并不常见。国内流行的是车1平2或者车9平8先出动大子。

5. 车一平二	炮8平7	**6.** 车二进五	……

进车捉卒大局观很强，不给黑方调整阵型的机会。如兵三进一，车1平2，炮八进四，车9进1，马三进四，车9平4，黑方满意。

6.……　　象3进1（图108）

飞边象自乱阵脚。可以考虑车9平8强行兑车，以下车二平七，车8进6，炮四平六，车1进1，相七进五，车1平4，黑方不落下风。

7. 炮八进四　车9平8

8. 车二平七　士4进5

如车8进6，炮四平六，士4进5，相七进五，车1平4，仕四进五，红优。

9. 炮四平六　车8进6　　**10. 兵三进一　车1平4**

11. 仕六进五　炮5平6　　**12. 相七进五　象7进5**

13. 车七平四　炮7退1

退炮不如车4进6较好，争取一些空间上的优势。

14. 炮八进一　象1退3

退象随手，招致红方一连串的战术打击，是本局失利的根源。此时黑方应走炮7进1，局势尚可。

15. 炮六进六　……

弃炮抢攻，先弃后取，黑方陷入被动。

15.……　　车4进1　　**16. 炮八平五　将5平4**

17. 炮五平一　……

红方得回失子，大占优势。

17.……　　马3退1　　**18. 车四进一　炮6平3**

19. 马七退九　车4进2

进车无奈，如果卒林线被红方打通，黑方将全线崩溃。

20. 车四平三　炮7平9　　**21. 炮一平三　炮9平7**

22. 炮三平一　炮7平9　　**23. 炮一平三　炮9平7**

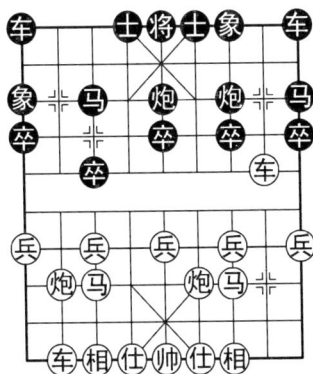

24. 车三平四　马1进2　　　　**25.** 炮三退一　马2退4

退马又是一步坏棋。顽强走法可以考虑炮3平2，车八平六，车4进6，仕五退六，马2进4，车四平五，将4平5，黑方尚可坚持。

26. 车四进三　士5退6　　　　**27.** 炮三平六　将4平5

28. 炮六退三　车8退2　　　　**29.** 炮六退一　……

先退炮打车，不让黑车占据兵林线，然后再退炮保马，次序正确。

29. ……　　　　车8平1　　　　**30.** 车八进七　炮7进1

31. 马九进八　车1平6　　　　**32.** 兵七进一　士6进5

33. 马八进六　车6平5

如车6退1，兵三进一，炮3退1，车八进二，炮7退2，兵三平四，车6平7，马三进四，红方优势。

34. 马三进四　炮3退1　　　　**35.** 车八退四　马4退6

36. 车八进五　炮3进1　　　　**37.** 兵三进一　车5进2

如炮7退2，马六进四，炮3平1，后马退六，车5平1，马六进七，红方胜势。

38. 马六进四　车5退1　　　　**39.** 前马进三

至此，黑方见难以抵挡红方的攻势，投子认负。纵观全局，黑方战术较为保守，红方则充分发挥自己中局计算准确、扭杀力强的特点。这样，中国队双杀越南队，两位女将双双取得开门红。

第3局　中华台北高懿屏 胜 中国香港林嘉欣

中华台北高懿屏原为江苏队队员。在江苏队时，曾在1996年获得全国个人赛女子冠军，1997年获得第五届世界象棋锦标赛女子个人亚军；2000年高懿屏代表中华台北队参加在马来西亚举行的亚洲杯象棋锦标赛，获女子个人冠军，2001年第七届世界象棋锦标赛，与黑龙江棋手王琳娜一起并列女子个人冠军，2009年第十一届世界象棋锦标赛季军。香港棋手林嘉欣2007年至2009年获全港女子中国象棋冠军，2009年世界中国象棋锦标赛殿军。

1. 兵七进一　炮 8 平 4

以过宫炮应仙人指路比较少见，可能是林嘉欣有意避开流行布局，意在与高懿屏较量一下中残局实力。

2. 马二进三　马 8 进 7　　　3. 车一平二　马 2 进 1

边马定型过早。较为流行的下法是卒 7 进 1，马八进七，车 9 平 8，炮二进四，象 3 进 5，炮八平九，马 2 进 4，车九平八，车 1 平 2，大体均势。

4. 马八进七　卒 7 进 1　　　5. 相七进五　象 3 进 5

此时黑方阵型的弱点就显现出来。飞 3 象后，边马脱根，阵型欠协调；如不飞象，右车的出路不好解决。又如黑方车 1 进 1 升横车，仕六进五，车 1 平 6，车九平六，士 6 进 5，车六进五，黑方受制。

6. 仕六进五　卒 3 进 1　　　7. 车九平六　士 4 进 5

8. 兵七进一　车 1 平 3　　　9. 兵七进一　……

冲兵是很精巧的一手棋。黑方虽然可以吃掉红兵，但是红方用一兵的代价换得马七进八的先手。

9. ……　　　车 3 进 3　　　10. 马七进八　车 3 退 1

11. 炮八平九　炮 2 进 2

可以考虑车 3 进 4，黑方阵型更具弹性。举一例：车 3 进 4，炮二平一，车 3 平 2，车六进四，炮 2 进 2，黑方可以抗衡。

12. 兵九进一　车 3 平 2

平车作用不大，不如马 1 进 3 有力，以下马八进六，炮 4 进 7，马六进七，炮 4 平 1，黑方可战。

13. 车六平七　……

平车略缓，不如车六进四，以下车 2 平 3（炮 2 平 4，车六平四，车 2 进 2，炮九平八，车 2 平 3，兵三进一，卒 7 进 1，车四平三，红先），车六平四，车 9 平 8，炮二进六，红优。

13. ……　　　卒 7 进 1

冲卒好棋，平淡局面的一着神来之笔。

14. 兵三进一　炮 2 平 8　　　15. 车七进四　……

进车稳健。如炮二平一，车2进3，兵三进一，象5进7，车七进九，士5退4，车七退二，炮8退2，车七平九，马7进8，车九平六，炮8进7，马三退二，车2平1，黑方迫使红方一车换二，这样交换以后，黑方可以控制局势。

15. ……　　　炮8进5

16. 炮九平八　　炮4进5（图109）

坏棋。简明的下法是车2进3，车七平八，炮8平9，兵三进一，马1进3，车八进五，炮4退2，兵三进一，车9平8，马三进四，车8进5，马四进六，马7退8，马六进八，马3退4，马八进七，马8进9，黑方稍好。

17. 炮八进五　　炮4平7

18. 马八进七　　……

至此，红方三子归边，优势明显。

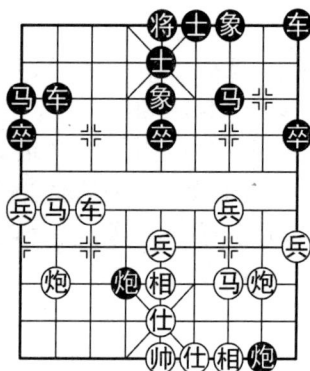

图 109

18. ……　　　象5退3　　　　**19. 马七进六　　……**

进马又是一步争势好棋，反映出红方敏锐的攻杀感。

19. ……　　　将5平4　　　　**20. 炮二进六　　士5进4**

21. 炮八平三　　炮7退5　　　　22. 马六进四　　炮7进7

23. 相五退三　　象7进5　　　　24. 马四退三　　……

红方改走炮二平六攻势更强。黑方如车9平6，车七进五，将4进1，车七平四，马1进3，车四平二，炮8平9，兵五进一，红方胜势。

24. ……　　　车9平7　　　　**25. 马三退五　　车7进3**

26. 马五进七　　……

可先走车七进五，将4进1，马五进七，车7平3，马七进九，车3退3，马九进七，黑棋残士象，红方大优。但是兑车以后，双方要进入到较为漫长的残局争夺，战线拉得较长，所以实战中高懿屏也没有选择这路变化。

26. ……　　　将4平5　　　　**27. 炮二退六　　……**

退炮准备重新组织攻势。

27. ……　　马 1 进 3　　　　28. 炮二平五　车 7 平 4

29. 炮五平七　……

也可兵三进一，炮 8 退 7，兵三平四，红方中兵过河助战也是大优。

29. ……　　马 3 退 1　　　　30. 兵三进一　象 5 进 7

吃兵速败。

31. 马七退八　车 4 平 2　　　　32. 车七进五　将 5 进 1

33. 马八退六　象 7 退 5　　　　34. 车七退二　马 1 退 2

35. 车七平六　……

再吃一士，黑方九宫空虚，已经很难抵挡红方车马炮三子联攻。

35. ……　　炮 8 退 7　　　　36. 车六退二　车 2 平 7

37. 马六进四　马 2 进 3　　　　38. 马四进六　将 5 退 1

39. 炮七进四　车 7 进 6　　　　40. 车六平二　车 7 退 7

41. 车二进一　……

以上几个回合，红方攻势如水银泻地，不给黑方以丝毫的喘息之机，现在进车封锁，红方稳稳控制住局势。

41. ……　　象 5 退 7　　　　42. 马六进七　将 5 进 1

43. 炮七平八

以下黑方如将 5 平 6，炮八进一，马 3 进 4，炮八平二，红方得子。

黑方投子认负。

第 4 局　中华台北彭柔安 胜 日本池田彩歌

中华台北队的彭柔安是一位年仅 12 的岁的少年棋手。日本的池田彩歌是一位对中国文化有浓厚兴趣的女孩，据日本队领队山田光纪介绍，池田彩歌的棋龄只有一年，本次大赛重在参与。

1. 炮二平五　马 8 进 7　　　　2. 马二进三　车 9 平 8

3. 车一平二　　马2进3　　　　　　**4.** 兵七进一　　卒7进1

5. 车二进六　　炮8平9　　　　　　**6.** 车二平三　　车8进2

至此，双方形成中炮过河车对屏风马高车保马的常见阵型。同平炮兑车相比，高车保马的反弹力稍弱，因此国内的大赛中多选择平炮兑车的变化。

7. 马八进七　　……

跳左正马是红方比较稳健的选择，另有炮八平七的下法也比较流行。举一例：炮八平七，炮2退1，兵七进一，炮2平7，车三平四，车8进6，兵七进一，车8平2，马三退五，马3退5，车四进二，炮7平9，兵三进一，卒7进1，炮五平三，车1进2，各有千秋。

7. ……　　　　象3进5　　　　　　**8.** 马七进六　　……

红方另有车九进一的选择，以下炮2退1，兵五进一，卒7进1，兵三进一，炮2平7，车三平四，马7进8，兵三进一，马8进9，车九平四，士4进5，前车平三，炮7进3，马三进一，炮9进4，大体均势。

8. ……　　　　车1进1　　　　　　**9.** 炮八平六　　炮2进4

10. 马六进四　　……

进马正着。如兵五进一，炮2退1，马六进七，炮2平5，马三进五，炮9进4，兵三进一，车8进4，车三进一，车8平5，仕六进五，车5平4，帅五平六，车1平6，黑方主动。

10. ……　　　　车1平6　　　　　　**11.** 车九平八　　炮2平4

黑方也可炮2平3，则车八进三，车6进3，车八平七，士4进5，兵五进一，炮9退1，兵五进一，车6进1，兵五进一，炮9平7，车三平一，车8进4，车一平四，马3进5，车四退二，马5进6，双方经过兑子转换以后，局势平稳。

12. 车八进三　　车6进3　　　　　　**13.** 车八平六　　士4进5

以上几个回合，双方弈得有板有眼。此时黑方补士可能顾忌红方车六进四的先手。此时也可炮9退1，车六进四，炮9平7，车三平一，车8进4，车一进三，马3退1，炮六进七，马1退3，车六退六，车 8 平 7，双方攻防复杂。

14. 兵三进一　卒 7 进 1　　　**15. 车三退二　车 6 进 4**

进车作用不大，不如马 7 进 8，以下兵一进一，马 8 进 9，马三进一，车 8 进 4，车三进二，车 8 平 9，炮五进四，车 9 平 6，仕六进五，卒 3 进 1，黑方足可抗衡。

16. 马三进二　炮 9 退 1

黑方此时退炮不合时宜。应马 7 进 8，车六进三，车 6 退 3，车六退二，车 8 平 6，车六平四，车 6 进 3，车三平四，马 8 进 6，黑方反先。

17. 炮五平二　马 7 进 8　　　**18. 车三进四　……**

进车捉炮不是最好的攻击手段，黑炮可以顺势发出，有帮忙的感觉。不如车六进三，以下车 8 平 6，仕六进五，前车退 3，相七进五，前车平 7，相五进三，炮 9 平 7，相三进五，红优。

18. ……　　　　炮 9 进 5　　　**19. 车六进二　车 8 平 7**

软着。黑应马 8 进 6，以下炮二进五，马 6 退 4，炮二平七，马 4 退 3，黑方稍优。

20. 车三退一　马 8 退 7　　　**21. 相七进五　车 6 退 3**

22. 马二退三　车 6 退 1（图 110）

兑车坏棋，反映出池田彩歌对局势判断得不准确，应炮 9 平 7 保持纠缠的局势。试分析如下：炮 9 平 7，车六进一，车 6 进 3！仕四进五，炮 7 平 1，车六平七，炮 1 平 3，车七平八，车 6 退 4，黑方易走。

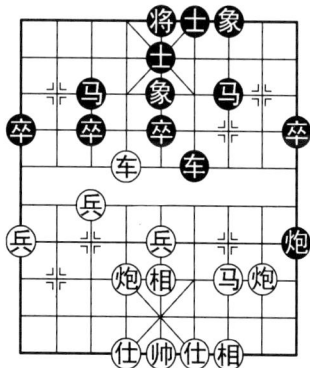

图 110

23. 车六平四　马 7 进 6

24. 炮二进五　马 6 退 7

败着。应炮 9 平 1，炮二平七，卒 3 进 1，马三进四，炮 1 退 2，兵七进一，象 5 进 3，消灭红兵，减少一下物质上的差距，较为顽强。

25. 马三进一　……

这样毫无代价的净得子，使黑方形势急转直下。

25. ……	卒 5 进 1	**26.** 马一进三	马 3 进 5
27. 马三进四	士 5 进 6		

如象 5 退 3，相五进三，象 7 进 9，马四进三，红方大优。

28. 炮二退一	马 5 退 3	**29.** 马四进六	将 5 进 1
30. 马六退五	马 7 进 6	**31.** 炮二退五	……

稳健。走马五进四红方更简明。

31. ……	马 3 进 5	**32.** 马五进七	马 6 进 5
33. 炮二平五	后马进 7	**34.** 炮五进二	……

红方再得一子，取胜只是时间问题。

34. ……	象 5 退 3	**35.** 马七退五	马 7 进 5
36. 马五进四	马 5 退 6	**37.** 马四退六	将 5 平 6
38. 炮六退一	马 6 进 4	**39.** 炮五平四	

黑方认负。

第二轮　2010年11月14日于广州

第5局　越南吴兰香 胜 越南黄氏海平

这是本届亚运会女子比赛第二轮的一盘棋，首轮两位越南棋手分别负于唐丹和王琳娜，本轮两位越南棋手展开一场内战。

1. 炮二平五　马8进7　　　　**2.** 马二进三　卒3进1

先进3卒，避开红方挺七兵的走法，应该是黄氏海平预先设的布局的套路。

3. 车一平二　车9平8　　　　**4.** 马八进九　马2进3

5. 炮八平七　马3进2

双方形成五七炮不进兵对屏风马进3卒的布局。

6. 车九进一　卒1进1　　　　**7.** 车二进六　象7进5

飞左象是一路少见的变化，通常认为飞右象更符合棋理，因为以后黑车1进3，对黑方右翼可以形成支援。举一例：象3进5，车九平六，车1进3，兵五进一，士4进5，炮七退一，炮8平9，车二进三，马7退8，兵三进一，马8进7，双方对峙。

8. 车九平六　车1进3　　　　**9.** 兵五进一　炮8退1

临场黄氏海平看到红方中路突破的计划，退炮准备平中炮抑制红方的中路进攻，但是这样的下法造成黑方的窝心炮成为盘面上的弱点，成为红方可以利用的目标。黑方可以考虑马2进1，炮七退一，车1平2，车六进一，炮8退1，这样演变的好处在于黑方右车的位置得到明显的改善。

10. 马三进五　炮8平5　　　　**11.** 车二进三　马7退8

12. 炮七退一　炮2平3　　　　**13.** 车六进七　马8进7

黑方没有意识到窝心炮是一个弱型。稳健的走法可以考虑炮5平6，以下兵五进一，卒5进1，马五进六，士6进5，马六进七，马2退

3，车六退四，车1平6，大体均势。

14. 兵五进一　卒5进1（图111）

败着。应象5进7，尽快消除局面弱点为宜。以下马五进四，炮5进3，炮七平五，象7退5，后炮进四，卒5进1，马四进五，士6进5，马五进三，将5平6，炮五平四，炮3平4，较实战顽强得多。

15. 马五进六　象5退7

16. 炮七平六　炮5进6

17. 车六进一　将5进1

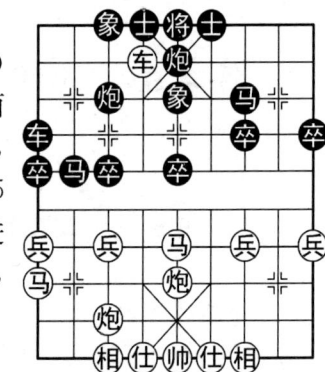

图111

18. 相三进五　炮3平6

如马7进5，车六平七，炮3平8，车七退一，将5退1，炮六平五，将5平4，车七进一，将4进1，车七平四，红方胜势。

19. 车六平七　将5平6　　**20. 车七退四　马2进1**

21. 马六进七　车1平4　　**22. 炮六平四　炮6进7**

如炮6平5，车七平九，马1进3，仕六进五，车4退1，马七退六，将6平5，马九进八，红方大占优势。

23. 仕六进五

以下黑方如马7退5，车七平五，马5进3，仕五进四，车4平6，帅五平四，黑车被打死，红方胜定。于是黑方投子认负。

第6局　中国王琳娜 胜 中华台北彭柔安

首轮王琳娜战胜黄氏海平，彭柔安则在首轮战胜了日本棋手池田彩歌。作为本届亚运会年龄最小的象棋运动员，彭柔安在赛后接受记者采访时说："赢的那个日本姐姐才下了1年棋，没什么好炫耀的，不过，能参加这次比赛我已经很高兴了。"让人感受了另类的成熟。本轮彭柔安对阵王琳娜，对小彭来说是一个很难得的学习机会。

1. 兵七进一　炮8平5

以中炮应仙人指路是彭柔安喜欢的下法，本届比赛中彭柔安多次利用这一布局，从中可看出她对于布局的理解与我们的职业棋手之间还有很大的差距。国内的象棋理论认为，后手屏风马可以对抗先手中炮，那么先手的屏风马对抗中炮的能力更强，所以应对仙人指路时多选择卒底炮的变化，或者选择对兵局，双方向散手布局发展。

2. 马二进三　　马8进7　　　**3. 车一平二　　车9平8**
4. 马八进七　　马2进3

黑进马看似工整，但是黑方跳右正马使以后棋型较为呆板，不如车8进4灵活。以下炮二平一，车8进5，马三退二，马2进3，相七进五，车1进1，兵三进一，车1平8，马二进三，车8进3，大体均势。

5. 炮二进四　　……

进炮封车，势在必行。

5. ……　　　　卒7进1　　　**6. 炮八平九　　……**

红方另有车九进一的下法，参见高懿屏对彭柔安的对局。

6. ……　　　　车1平2　　　**7. 车九平八　　卒5进1**

黑方双马不活，挺中卒准备盘活双马。

8. 车八进六　　卒5进1

9. 相三进五　　马7进5

10. 仕四进五　　……

补仕稳健。也可走兵七进一，马5进3，炮二平五，炮5平8，炮五退一，前马进4，兵五进一，红方主动。

10. ……　　　　马5进6

11. 炮二平五　　马3进5（图112）

速败。但是改走炮5平8，炮五退一，炮8进5（马6进7，车二进六，红大优），车八平七，马6进7，车二进一！炮2进6，仕五进四（也可车七平五，士4进5，车五平二，象3进5，车二进三，炮2平8，车二退七，红方得子），车8进2，炮九进四，炮8退3（随

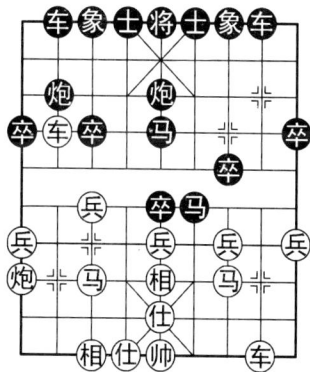

图112

手马3进1，车七平五，士6进5，车五平八，车8平5，车八进三，车5进2，车二进一，红方胜势），炮九平一，将5进1，车二进四，车8进2，炮五平二，红大优。

12. 车二进九　　马6进7

黑方一车换二败着。交换以后黑方右翼车炮被牵，显然不如红方子力灵活。

13. 兵五进一　炮5进3	**14. 车二退五　炮5平6**

15. 车八平七　……

平车捉马，入局简明。

15. ……　　马5退4	**16. 车七平六　炮6进1**

17. 车六进二　……

红方得子，胜势。

17. ……　　炮2平3	**18. 马七进六　炮6平5**
19. 马六进七　炮5平3	**20. 马七退五　士4进5**

21. 炮九平三　……

再得一子，黑方已然崩溃。

21. ……　　车2进4	**22. 车二平五　后炮平5**
23. 炮三进三　车2退1	**24. 马五退三　车2平8**

25. 炮三平五

再架中炮，简明有力。黑方如车8退1，则车五平六绝杀；又如车8平5，炮五进二，车5退1，车五进三，象7进5，车六退五，红方也是胜定。

第7局　中华台北高懿屏 负 中国唐丹

首轮唐丹先胜越南吴兰香除去一个争冠对手后，中国队的另一个对手就是中华台北的高懿屏了。如果能战胜高懿屏，那么中国队将确保冠军。因此唐丹后手迎战高懿屏的比赛是两盘棋中的重中之重。高懿屏此前和唐丹交手的机会不多，这应该是两人首度交手，这盘棋对两人的考验很大。

1. 炮二平五 马8进7　　2. 马二进三 车9平8

3. 车一平二 马2进3　　4. 兵七进一 卒7进1

5. 马八进七 ……

这是本届赛事第二轮的一盘棋，高懿屏与唐丹都是全国个人赛冠军的获得者，因此这盘棋也被视为本轮比赛的焦点之战。红方没有选择过河车的变化，而是先跳正马缓攻，把布局的选择权交给黑方，黑方可以选择双方炮过河也可以选择补象的变化。

5. …… 象3进5

面对红方的中炮七路马，唐丹没有选择流行的"双炮过河"，而是选择了老式的象3进5，应该是想要避开高懿屏的赛前准备。

6. 炮八平九 ……

红方再平九路炮较为冷僻。国内流行的下法是炮八进二，形成中炮巡河炮对屏风马补右象的变例。

6. …… 车1平2　　7. 车九平八 炮2进4

黑方另有炮8进4的下法，以下车八进六，士6进5，炮五平四，炮2平1，车八进三，马3退2，车二进一，卒3进1，车一平八，以下黑方有马2进4和卒3进1弃子抢攻两种走法，演变下去都是红方保持先手。举一例：卒3进1，车八进八，卒3进1，马七退八，炮8平5，炮四进七，将5平6，马三进五，红方稍好。

8. 车二进四 ……

红方进车巡河略显保守。可以考虑车二进六，炮8退1，兵三进一，卒7进1，车二平三，炮8进5，车三退二，炮8平7，马三退五，马7进6，车三平四，车8进4，炮五平四，马6退8，马七进六，红方主动。

8. …… 炮2平7　　9. 车八进九 炮7进3

打相简明。如卒7进1，车二进三，车8进2，车八退二，炮7进3，仕四进五，卒7进1，马七进六，炮7平9，车八平七，卒7进1，炮九平三，车8进7，仕五退四，车8平7，炮三进七，象5退7，马六进五，双方对攻。

10. 帅五进一 马3退2　　11. 马三进四 马2进4

12. 炮九进四 ……

炮打边卒好棋。红虽帅位不佳，但黑方子力不能及时跟进，因此红方有足够的时间与黑方展开对攻。

12. ……	士 4 进 5	**13. 马七进六**	卒 7 进 1
14. 车二平三	马 7 进 8	**15. 炮五平六**	马 8 进 6

坏棋。应炮 7 平 4，炮六进六，炮 4 退 8，马六进七，炮 4 退 1，炮九平五，马 8 进 6，车三平四，炮 8 进 7，大体均势。

16. 车三平四	炮 8 进 7	**17. 炮六进六**	车 8 进 8
18. 帅五进一	炮 7 退 2		

19. 炮九平五（图 113） ……

此时红方优势很大，高懿屏在优势下弈出随手棋，导致败局，殊为可惜。此时应车四平三，车 8 平 2，马六退四，车 2 退 5，车三退二，车 2 平1，车三退二，炮 8 退 1，车三进六，红方优势。

19. …… 炮 8 平 9

平炮成夹车炮杀势，红方认负。

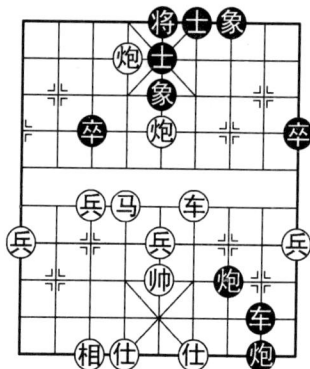

図 113

第 8 局　中国香港林嘉欣 胜 日本池田彩歌

1. 炮八平四　炮 2 平 7

以金钩炮对过宫炮鲜见于对局。池田彩歌学棋的时间不长，对于布局创造力和理解能力也有别于久浸棋坛的棋手。布局选择上别具一格，这也是棋手创造力的体现，打破了一些条条框框（棋理、经验）的限制，更有助于我们发现棋的奥妙之处。此外，黑方选择金钩炮的战略意图是希望双方都走到一个相对陌生的散手局面，这样可以避开红方事先准备的开局套路，在战略上是可取的。

2. 马八进七　车 1 进 2

高车流行下法，以后伺机平肋车，曲径通幽。如卒 3 进 1，车九平八，马2进3，马二进一，车1进1，仕六进五，象7进5，炮二平三，车1平8，车一平二，炮8进4，车八进四，红方先手。

3. 仕四进五 ……

如车九平八，车1平6，仕四进五，马2进3，车八进四，象7进5，黑方可以抗衡。

3. …… 车1平6　　　　4. 车九平八 马2进3

5. 车八进四 马8进9

如象7进5，兵一进一，卒3进1，马二进一，马8进9，相三进五，车9进1，炮二退二，车6进2，炮二平四，车6平8，马一退三，车9平4，马三进四，红方稍好。

6. 兵一进一 车6进2

进车巡河是黑方改进的着法。在2009年第14届亚洲象棋个人赛上，林嘉欣对高懿屏时，高曾走炮7进4，以下相七进五，象7进5，炮二进二，车6进4，炮二退一，炮7退2，炮二进一，士6进5，黑方占优。池田彩歌本局率先变着，力争主动。

7. 马二进一 炮8进4

进炮被红方利用，不如先走车6平4占肋稳健。

8. 马一进二 车6平4　　　　9. 车八平四 ……

红方重兵集结在黑方左翼，黑方形势严峻。

9. …… 士6进5

10. 相三进五 炮7进4

炮勿轻发。此时黑方可以考虑炮7平8，炮二平一，后炮平5，较实战优。

11. 兵七进一 象7进5

12. 车四进一 ……

兑车巧着。

12. …… 卒3进1（图114）

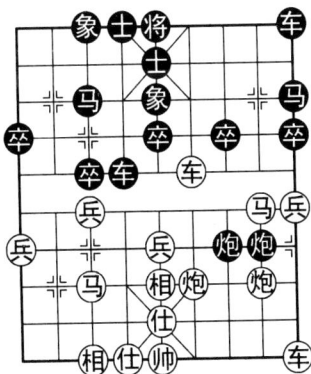

图114

黑方如车4平6，则马二进四，炮7平1，马七进九，炮8平1，炮二进五，红方占优。此时，黑方可以考虑车4平5，兵一进一，车9进1，兵五进一，车5平6，马二进四，炮7平4，黑方尚可周旋。

13. 兵七进一　　车4平3　　　　　**14. 兵九进一　……**

挺边卒，不让黑炮右移，调整子力位置。

14. ……　　马3进4

进马过于勉强。不如车3平5静观其变。

15. 兵一进一　　马4进5

败着。应卒9进1消除隐患，以下车四平一，象5退7，马二进三，象3进5，较实战顽强。

16. 车四平七　　象5进3　　　　　**17. 兵一进一　马9退7**

18. 车一平三　　炮7退2

如马5进3，炮四平七，炮7平3，车三进三，黑方也是失子。

19. 马七进五　……

红方得子，黑方不好应付。

19. ……　　　　车9平6

失子以后池田彩歌方寸已乱，平肋车再次成为红方打击的目标。

20. 马五进四　　马7进6

速败。如改走车6平9虽不至失车，但是也很难应对。红方有马四进六的凶着，以下士5进4，马二进三，红方也是胜势。

21. 马四进六　　车6进2　　　　　**22. 马六进七　将5平6**

23. 炮四进五　　……

吃子以后，黑方净少两子，虽然顽强地坚持到终局，但是双方实力相差太大，于事无补。不过也显示了池田彩歌的顽强作风。

23. ……　　　　士5进6　　　　　**24. 车三平四　炮8平3**

25. 车四进六　　炮3退5　　　　　**26. 车四进一　将6平5**

27. 车四平七　　炮3平1　　　　　**28. 车七退二　炮1进4**

29. 马二进三　　炮7进2　　　　　**30. 马三进一　炮7平6**

31. 马一进三　　炮6退5　　　　　**32. 炮二进六　将5平6**

33. 车七平四

吃死炮，红胜。

第9局　日本池田彩歌 负 中国王琳娜

1. 炮二平五　马8进7　　　　**2.** 马二进三　车9平8

3. 车一平二　马2进3　　　　**4.** 兵七进一　卒7进1

5. 车二进六　马7进6

双方以中炮过河车对屏风马左马盘河开局。王琳娜在近几年的全国大赛上很少走这个变化，也有出其不意的味道吧。

6. 车二平四　……

平车捉马是20世纪50年代的走法，现在多走马八进七。

6. ……　马6进7　　　　**7.** 炮八平六　……

平炮是红方临场走出的即兴之着。这手棋看似厚实，实则定位讨早。不如马八进七，以下卒7进1，车四平二，炮2进4，车三退二，马7进5，相七进五，炮8平6，马七进八，红方先手。

7. ……　车1进1　　　　**8.** 马八进七　车1平4

9. 仕六进五　车8进1

再升横车，灵活。

10. 车四退二　……

红方可能顾忌黑方有车8平6强行兑车的手段，所以选择了退车。这是一手明显的软着，如果红方担心黑方兑车，只需炮五平四即可，以后还可补相调整阵型。

10. ……　车8平7

平7路车准备强进7卒，着法强硬。

11. 车四平六　车4进4　　　　**12.** 马七进六　卒7进1

13. 车九平八　炮2平1

14. 车八进六（图115）　……

进车是一步"非典型"失误，通常很多初学者习惯性认为，出直车最好的位置就是占据对方卒（兵）林线，伺机平车压马。所以临场红方毫不犹豫选择这种下法。其实，红方如果再细致地审局可以发现，此时可以选择炮五进四简化一下局势更为稳妥。

14. ……　　　　象 3 进 5

15. 炮六平七　……

红方仍然可以考虑炮五进四。

15. ……　　　　马 7 进 5　　　　**16. 相七进五　卒 7 进 1**

17. 马三退一　……

同样退马，应马三退二，边马不好，易受控制。

17. ……　　　　车 7 进 3　　　　**18. 炮七平六**　……

整盘棋红方都采取消极保守的战术，给人以一种草木皆兵的感觉。红方平炮防止黑车 7 平 4，显然是很被动的构思。改走马六进七更好一点。以下炮 1 进 4，车八退三，炮 1 退 1，炮七平九，较实战顽强。

18. ……　　　　卒 3 进 1　　　　**19. 兵七进一　车 7 平 3**

20. 炮六平七　车 3 平 4　　　　**21. 车八退二　炮 1 进 4**

黑方这几手棋走得很有功力，兑卒活马，再挥炮过河，红方完全处于被动挨打的局面。

22. 炮七平九　卒 1 进 1　　　　**23. 马六退七　炮 1 平 3**

24. 炮九退二　车 4 进 4

进车不给红方炮九平七简化局势的机会。

25. 车八平七　马 3 进 4　　　　**26. 兵五进一　炮 8 进 5**

27. 仕五进四　……

速败。应马七进五，炮 3 平 2，马五进三，红方较实战顽强。

27. ……　　　　车 4 平 9　　　　**28. 仕四退五　炮 8 平 3**

29. 炮九平七　前炮退 2　　　　**30. 炮七进四　车 9 退 2**

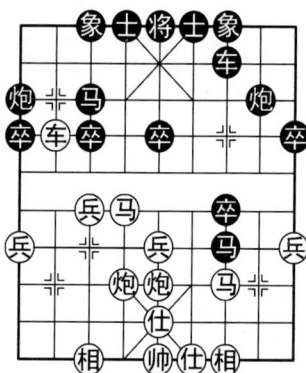

图 115

黑净多一车一马，红方认负。

第 10 局　越南黄氏海平 负 中华台北高懿屏

1. 兵七进一　马 8 进 7　　　　　**2.** 兵三进一　……

红方进七兵投石问路，黑方起马也在窥测对方的动向，现在红方再挺三兵形成两头蛇的阵型，目的是压制对方马路和开通己方的马路，暂时不暴露作战意图，再等一手，是较含蓄的着法。

2. ……　　　　炮 2 平 3

再平卒底炮是争取主动的下法，另有象 3 进 5，车 9 进 1 等选择，另有攻守。

3. 马二进三　卒 3 进 1

冲 3 卒准备对攻，如改走马 2 进 1，则炮八平五，双方另有攻守。

4. 马八进九　卒 3 进 1　　　　**5.** 车九平八　……

平车是红方的常见的下法，也有相七进五的走法。出车加快大子的出动，飞相降低黑方卒底的效率，各有所长。

5. ……　　　　象 3 进 5

国内流行马 2 进 1 的走法，以下相七进五，马 1 进 3，炮八进五，象 7 进 5，相五进七，马 3 进 5，车一进一，车 9 进 1，相七退五，马 5 进 6，炮二进四，车 9 平 6，马九进七，红方稍好。

6. 相七进五　……

飞相不如炮二进二主动，以下马 2 进 4，炮二平七，车 1 平 2，相七进五，红优。

6. ……　　　　卒 3 平 4　　　　**7.** 车一进一　车 9 进 1

8. 车一平七　车 9 平 4　　　　**9.** 仕六进五　……

缓着。可以考虑炮八平六，卒 4 平 3，炮六平七，卒 7 进 1（卒 3 平 4，炮七平六，卒 4 平 3，炮六平七，卒 3 平 4，形成红方一打一闲对黑方二打的棋例，黑方要变着），炮七进五，马 2 进 3，车七进三，马 3 进 4，兵三进一，象 5 进 7，车八进五，炮 8 进 2，车七平六，红方先手。

9. ……　　　卒 4 进 1　　　　**10. 车八平六** ……

出肋车以后，车路不通畅，不如兵九进一，炮 8 进 4，车七进五，车 4 进 4，炮八进六，车 1 进 2，车八进四，车 4 退 3（车 4 平 2，马九进八，车 1 平 2，马八进九，红方先手），车八进一，马 2 进 4，马九进八，红方先手。

10. ……　　　炮 8 进 4

进炮保卒，把红方肋车结结实实封在里面。

11. 车七进三　炮 3 进 2　　　**12. 兵九进一**　卒 1 进 1
13. 兵九进一　车 1 进 4　　　**14. 马九进八**　马 2 进 3

至此，黑方子力活跃，凭借深厚的功力反夺先手。

15. 车七平四　车 1 进 1　　　**16. 马八退六**　车 1 平 6
17. 马三进四　车 4 进 4

18. 兵五进一（图 116）……

不如炮八平九，以下黑方有三种应法：①马 3 进 1，兵五进一，炮 8 退 1，马四进三，炮 8 平 5，马六退四，车 4 进 4，帅五平六，双方较为平稳；②车 4 平 6，马六进七，象 5 进 3，车六进七，象 7 进 5，炮九进七，将 5 进 1，车六平七，红方稍好；③炮 8 平 4，马四退六，炮 3 进 2，炮九进一，马 3 进 2，炮九平八，大体均势。

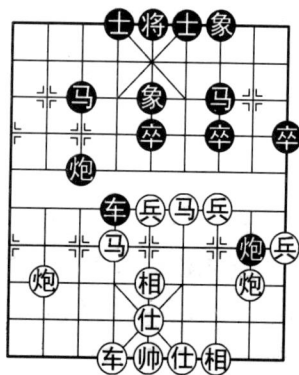

图 116

18. ……　　　炮 8 平 5　　　**19. 马四退三**　炮 5 平 7
20. 马六退四　车 4 进 4　　　**21. 仕五退六**　马 3 进 4

黑方进马以后，子力结构及位置都很有弹性。红方双炮双马平行于宫城线，显得呆板了很多。

22. 炮二退一　马 4 进 3　　　**23. 炮二平九**　马 7 退 5
24. 马三退二　炮 7 平 6　　　**25. 马二进一** ……

进边马希望以后可以兑子简化局面，从实战的结果来看，红方计算有误。此时应仕六进五先补一手，以下马3退5，再马二进一，红方可以抗衡。

25. ……　　　马3退5　　　26. 马一退三　……

退马踩炮是红方计划好的着法，误以为黑方必须接受交换。

26. ……　　　前马进4

进马叫将，红方计划落空。

27. 炮九平六　炮6平5　　　28. 仕六进五　马5进3

29. 炮八平七　……

如帅五平六，马4进2，炮六平七，马3进2，马三进二，炮5平3，相五进七，前炮平9，相七退五，后马进3，黑方大优。

29. ……　　　马3进2　　　30. 帅五平六　马2进1

31. 炮七退一　马4退2　　　32. 炮七退一　炮3平4

33. 帅六平五　马2进3

进马卧槽，控制住红炮，红方已经很难防守。

34. 马三进二　炮5平4　　　35. 仕五进六　前炮进2

36. 帅五进一　马3退2

黑方净得一炮，取胜只是时间问题。

37. 马二进四　前炮平2

伏马2进3的杀棋。红方如解杀要走帅五平四，则马2进3，仕四进五，马3退5，帅四退一，马5退6，黑方再得一子。

红方投子认负。

第11局　中国唐丹 胜 中国香港林嘉欣

1. 炮二平五　炮8平5　　　2. 马二进三　车9进1

3. 车一平二　马8进7　　　4. 马八进七　车9平4

5. 兵三进一　马2进1

双方以顺炮直车对横车开局。黑方跳边马也是常见的选择，如马2进3，则兵七进一，车1进1，形成顺炮直车两头蛇对双横车的阵型。黑方跳边马与跳正马相比，优势在于边马较正马灵活，劣势在于边马没有正马厚重，对中心区域的控制力偏弱。

6. 炮五平四 ……

卸中炮较为冷僻，马三进四、仕六进五两种着法比较常见。

6. …… 炮2平3 **7. 相七进五** ……

红方另有车九平八的下法，以下卒3进1，相七进五，车1平2，炮八进四，车4进2，炮八进二，卒5进1，仕四进五，红方稍好。唐丹为什么没有选择这路变化呢？原来亚洲规则与国内的规则略有不同。黑方这里还有一个变化，就是黑方不走卒5进1，改走车4退2，以下炮八退二，车4进2，炮八进二，车4退2，根据亚洲棋规第三节第6条：长捉真根子作和，双方不变作和，如果红方强变，红炮位置不好处理。

7. …… 车1平2

也可以考虑卒3进1，以下车九平八，车1平2，炮八进四，车4进2，黑方仍有利用规则谋和的机会。

8. 炮八平九 车2进4 **9. 车二进六** 车4平6
10. 仕六进五 车6进5 **11. 车二平三** 车6平7
12. 马三退二 卒1进1（图117）

进边卒不明显的缓着。可以考虑先走车7平9，以下车九平六，士6进5，马二进一，炮5平4，车六进四，卒1进1，大体均势。

13. 车九平六 士6进5
14. 兵一进一 炮5平4
15. 马二进一 车7平8
16. 车三退一 象7进5

补象不如车2进3积极。以下相

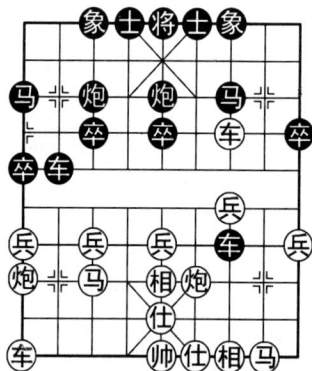

图 117

五进七，车2进1，车三平九，炮3退1，相七退五，象7进5，黑方易走。

17. 车三平八 马1进2 **18. 兵七进一** 车8退2
19. 车六进三 ……

进车防住黑马的前进路线，以后可以伺机冲中兵，支援右马。

19. ……	炮 3 平 1	**20.** 马一退三	卒 1 进 1
21. 炮九进二	炮 1 进 2	**22.** 炮九平八	卒 3 进 1
23. 兵七进一	炮 1 平 3	**24.** 兵五进一	……

黑方在河口严防死守，红方挺中兵灵活机动。

24. ……	炮 3 退 3	**25.** 炮八退三	马 2 退 3
26. 车六平八	车 8 平 4		

平车造成子力拥塞，不如马 3 进 4 更灵活机动。

27. 马三进四	士 5 退 6	**28.** 兵三进一	炮 3 平 7

平炮华而不实，不如象 5 进 7，马七进五，象 7 退 5 简明。

29. 兵三平四	士 4 进 5

如随手马 7 进 6，则兵五进一，红方得子。黑方补士的思路是可取的，但方向有误，应士 6 进 5 较好。

30. 兵五进一	卒 5 进 1	**31.** 兵四平五	车 4 退 1
32. 仕五进六	车 4 平 8	**33.** 马四进六	马 3 进 1
34. 车八平五	……		

平中车准备强进中兵，着法强硬。

34. ……	车 8 平 2	**35.** 炮八平九	车 2 平 6
36. 仕四进五	马 1 进 3	**37.** 兵五平六	马 3 退 2

改走马 3 退 1 较好。

38. 车五平八	马 2 退 4	**39.** 兵六平五	车 6 平 4
40. 炮九平六	炮 4 进 3		

如车 4 平 8，炮六平七，象 3 进 1，兵九进一，象 1 进 3，兵九进一，红方大优。

41. 马七进六	车 4 平 7	**42.** 马六进四	象 5 进 3

如马 4 进 3，车八进三，马 7 退 9，炮四进二，炮 7 平 8，炮四平九，红方大优。

43. 炮四进二	马 7 退 9	**44.** 炮四平五	马 4 进 3

如马 9 进 7，炮六平七，黑方也不好应对。

45. 兵五平六	马 3 退 5	**46.** 车八进六	象 3 退 1

47. 马四进五

黑方失子，认负。

第12局　中华台北彭柔安 负 越南吴兰香

1. 炮二平五　　马8进7	**2.** 马二进三　　卒3进1
3. 车一平二　　车9平8	**4.** 兵三进一　　马2进3
5. 马八进九　　卒1进1	**6.** 炮八平七　　马3进2

7. 马三进四　……

双方以五七炮进三兵对屏风马进3卒开局。

7. ……　　　车1进3

8. 马四进五（图118）　……

马踏中兵，本局红方失利的起点。常见的走法是车九进一或者车二进六。试演变如下：①车九进一，象3进5，车九平六，马2进1，车二进六，马1进3，马九进八，车1平2，马八退七，士4进5，马七退五，炮8平9，车二进三，马7退8，马五进三，马8进7，大体均势；②车二进六，车1平4，车九进一，象3进5，车九平四，炮8退1，炮七进三，炮8平6，车二进三，马7退8，马四进三，炮6平3，车四进四，马8进7，大体均势。

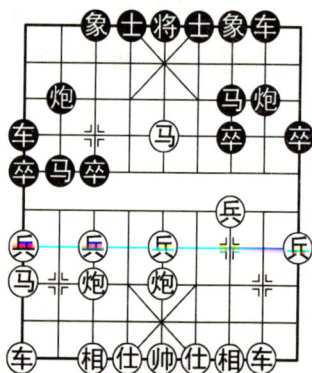

8. ……　　　马7进5	**9.** 炮五进四　　车1平5

10. 炮七平五　　车5退2

退车好棋，先弃后取，黑方大优。

11. 炮五进六　　炮8平5	**12.** 相三进五　　车8进9
13. 炮五平八　　马2退3	**14.** 车九平八　　车8退8

15. 炮八进一　　车8平2

平车捉炮，简化局势，稳健。

图118

16. 炮八退二　车2进1　　17. 车八进七　炮5平2

至此，黑方净多一子，红方防守起来很困难。

18. 马九退七　马3进2　　19. 马七进六　象3进5

20. 马六进五　马2进3　　21. 马五进三　炮2进4

22. 马三进二　炮2平5　　23. 仕四进五　炮5平1

24. 马二退一　炮1平9

形成马炮双卒对马兵的胜势残局。

25. 马一进三　马3退5　　26. 马三退四　炮9平2

27. 马四退六　炮2平4　　28. 相七进九　卒1进1

29. 马六进八　炮4退2　　30. 马八进九　士6进5

31. 帅五平四　炮4平6　　32. 帅四平五　将5平6

33. 马九退七　卒1进1　　34. 相九退七　马5退4

35. 帅五平四　卒1平2　　36. 帅四进一　卒2平3

37. 仕五进六　前卒平4　　38. 仕六进五　炮6退1

39. 帅四退一　马4进5　　40. 帅四进一　卒3进1

41. 马七退五　卒3进1　　42. 兵三进 ……

如马五进三，卒3进1，马三进二，将6进1，马二退一，卒4平5，黑方胜定。

42. ……　　　马5退7　　43. 马五退三　将6平5

44. 帅四退一　炮6进2　　45. 帅四平五　卒3进1

46. 帅五平四　马7进5　　47. 帅四平五　卒3进1

48. 相七进九　象5进7　　49. 相九退七　卒3平4

50. 相七进九　后卒进1

一卒换双仕，简明有力。

51. 仕五进六　马5进4　　52. 相九退七　将5平6

53. 相七进九　炮6平5　　54. 相五退三　炮5退2

55. 相九退七　马4退5　　56. 马三进五　马5进6

57. 帅五平四　炮5平6　　58. 马五退四　卒4平5

红方认负。

第四轮 2010年11月16日于广州

第13局 越南吴兰香 胜 日本池田彩歌

1. 相三进五 炮2平5

以右中炮对抗飞相局，在20世纪60～70年代较为流行，由于战绩较差，80年代后在重大比赛中已较少出现，取而代之的是以左中炮对抗飞相局。左中炮较右中炮更有弹性，因而被大量使用。

2. 马八进七 马2进3   **3.** 车九平八 车1平2

4. 炮八进四 ……

进炮封车取得空间上优势。另有马二进三的下法，注重两翼均衡出动子力。以下车2进4，炮八平九，车2进5，马七退八，卒3进1，兵三进一，马8进9，马八进七，红方稍好。

4. ……   卒5进1

冲中卒虚浮，不如卒3进1较好。以下红方有两种下法：①马二进三，马3进4，炮二进四，士4进5，炮二平五，马4进6，炮五退二，马8进7［马6进7，炮五平八（诱黑方车2进3，炮八平三得子的手段），炮8进7，仕四进五，车2平1，前炮进三，象3进1，后炮平三，红大优］，车一平二，车9平8，车二进四，马6进7，炮五平三，前马退9，炮三进三，卒1进1，大体均势；②炮八平七，车2进9，马七退八，炮5进4，仕四进五，象7进5，黑方稍好。

5. 仕四进五 炮8平6

冲卒以后可以考虑炮5进1兑炮，以下炮八平五，车2进9，马七退八，马3进5，马二进三，炮8平5，炮二进四，马8进7，黑方可以抗衡。

6. 马二进三 马8进7   **7.** 炮二进四 炮5退1

退炮值得商榷。黑方应车9平8，炮二平七，卒7进1，炮七平三，象7进9，炮八平五，士6进5，车八进九，马3退2，黑方可战。现在退炮，目标不明确，有自乱阵脚的感觉。

8. 车一平四　炮6平4　　　　　**9.** 兵七进一　……

冲兵不给黑方冲3卒调整阵型的机会。

9. ……　　　　象7进5　　　　**10.** 兵三进一　炮5平7

从整个棋型来看，黑方双炮双马的位置很尴尬，活动空间很小。

11. 马三进四　卒3进1（图119）

败着。还应车9平8出动大子。以下炮二平七，士4进5，炮八平三，车2进9，马七退八，炮7进2，马四进三，车8进4，黑方形势有所松透。

12. 兵七进一　象5进3

13. 马四退六　象3退5

14. 马六进五　士6进5

15. 马五进六　士5进4

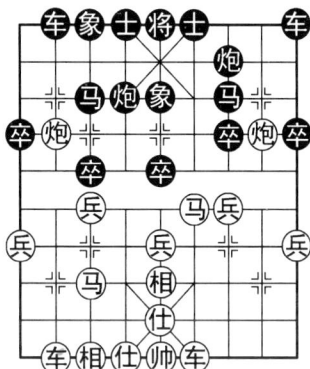

图 119

16. 车四进八　炮7平9

如车9平7保炮，则炮八平五，马7进5，车八进九，马3退2，炮二平五，士4退5，马七进六，红方大优。

17. 马七进六　车9平6　　　　**18.** 车四进一　将5平6

兑车以后，黑子力位置散乱，红方进攻的空间更大。

19. 马六进四　马7退8　　　　**20.** 炮二退三　炮9平6

平炮自阻将门，速败。

21. 炮八平一　……

平炮打卒，巧妙摆脱黑车的牵制。

21. ……　　　　马8进9

如车2进9，炮一进三，马8进9，炮二进六，红胜。

22. 车八进九　马3退2　　　　**23.** 炮二进四　……

进炮明为打士，更主要的作用是卡住黑方边马，好棋。

23. ……　　　　士4退5　　　　**24.** 兵一进一　士5进6

应将 6 平 5 较为顽强。

25. 马四进三	炮 6 平 7	**26.** 兵一进一	士 4 进 5
27. 炮一平二	马 2 进 3	**28.** 兵一进一	马 3 进 4
29. 兵五进一	……		

死子不急吃，先进中兵，加强对黑方的威胁。

29. ……	卒 1 进 1	**30.** 兵一进一	……

红方得子，控制住局势。

30. ……	将 6 平 5	**31.** 前炮进二	将 5 平 4
32. 前炮平一	将 4 进 1	**33.** 炮二进二	马 4 退 6
34. 炮一退一	将 4 退 1	**35.** 炮一平三	……

现得一子，取胜已经是时间问题了。

35. ……	士 5 退 6	**36.** 炮二进一	象 5 退 7
37. 炮三退二	象 3 进 5	**38.** 兵五进一	将 4 进 1

走马 6 退 4 较为顽强。

39. 兵五进一	将 4 平 5	**40.** 兵五平四	

红方净多三个大子，黑方认负。

第 14 局　中国唐丹 胜 越南黄氏海平

1. 炮二平五	马 8 进 7	**2.** 马二进三	卒 3 进 1
3. 车一平二	车 9 平 8	**4.** 马八进九	马 2 进 3
5. 车二进六	卒 1 进 1		

挺边卒冷僻下法，黑方准备套用五七炮对屏风马的下法。黑方走象 3 进 5 较为工整。试演变如下：象 3 进 5，炮八平六，炮 8 平 9，车二平三，马 3 进 4，车三退二，车 8 进 4，黑方主动。

6. 炮八平六　……

唐丹选择五六炮的下法，灵活。

6. ……　　　炮 2 进 1

进炮保守，不如马 3 进 4 积极。举一例：马 3 进 4，车二平三，象 7 进 5，车九平八，马 4 进 6，车三平四，马 6 进 5，相七进五，炮2平4，车八进四，士6进5，黑方可以抗衡。

7. 车九平八　车1平2　　　　**8.** 兵七进一　卒7进1

如卒3进1，车二退二，炮2进3，车二平七，炮2平7，相三进一，车2进9，马九退八，炮8平9，兵五进一，红方先手。

9. 车二退二　炮8进2

进炮在河口构筑一道防线。如卒3进1，车二平七，炮2进3，兵五进一，士4进5，炮六平七，车2进2（马3退1，车七退一，炮2进2，车七进五，炮8退1，车七退二，红优），兵五进一，卒5进1，车七退一，炮2进2，车七进三，红方优。

10. 炮六平七　炮2平3　　　　**11.** 车八进九　马3退2

12. 兵三进一　卒7进1　　　　**13.** 车二平三　车8进2

进车保马无奈。如马7进6，炮五进四，马2进3，炮五退二，马6退4，炮七进三，马4进5，车三平五，炮3平5，炮七进四，士4进5，相七进五，红方大优。

14. 炮七退一　……

退炮生根，稳健。

14. ……　　　　象7进5

15. 兵七进一　炮3进5

16. 马九退七　象5进3

17. 兵五进一　……

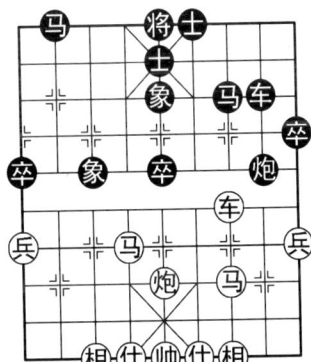

图 120

黑方中路空虚，红方冲中兵准备在黑方中路发动攻势。也可马三进二，象3退5，车三进二，马2进3，马二进四，马7退8，马四进六，红优。

17. ……　　　　象3进5　　　　**18.** 兵五进一　卒5进1

19. 马七进六　士4进5（图120）

败着，黑方犯了一个方向的错误。应士6进5，以下马六进五，炮8平6，车三进二，炮6退3，黑方尚可周旋。

20. 马六进五　马7进6　　　　**21.** 马五进六　将5平4

22. 马六进八　将4平5　　　　**23.** 车三平八　……

平车叫杀，强硬。

23. ……　　马 2 进 4　　24. 马八退六　……

退马简明。如马八退七，马 4 进 5，车八进五，士 5 退 4，马七进六，马 6 进 4，马六退五，马 4 退 5，车八退三，车 8 平 7，马三进四，车 7 进 3，马四进五，炮 8 平 5，仕六进五，士 6 进 5，车八平六，红方虽占优势，但不如实战紧凑。

24. ……　　将 5 平 4　　25. 炮五平六　马 6 退 4

26. 马六退八　将 4 平 5

如车 8 进 1，仕六进五，车 8 平 5，马三进四，炮 8 平 6，相七进五，红方大优。

27. 炮六进六　炮 8 平 5

黑方以一马的代价换得一个空头炮。从中可以看出黄氏海平的棋风还是比较凶悍的。

28. 车八平六　车 8 进 1

如马 4 退 2，车六进一，炮 5 进 1，炮六平八，车 8 进 1，马三进四，红方大优。

29. 车六进一　马 4 退 6

速败。改走炮 5 进 1 较好，以下炮六平八，马 4 退 2，马三进四，车 8 平 3，要比实战顽强得多。

30. 炮六退二　士 5 进 4

如士 5 退 4，马八进七，将 5 进 1，炮六平八，黑方也不好应对。

31. 马八进六　将 5 进 1　　32. 马三进四　将 5 平 6

33. 炮六平五　士 6 进 5　　34. 马六退五

交换以后红方净多两个大子，胜定。黑方认负。

第 15 局　中国香港林嘉欣 负 中国王琳娜

1. 炮二平四　……

仕角炮是 20 世纪 80 年代初期兴起的布局，发展至今，其攻防变化已自成体系。首着平炮仕角，是一种试探性的灵活打法，它可根据形势的需要演变成反宫马、单提马及五四炮等阵势。使用仕角炮布局战线较长，其胜负通常由中、残局水平高低来决定。因此，它的战术质量要求很高，机会往往稍纵即逝。如果布局不当，容易一蹶不振。

1. …… 　　　马 8 进 7

进马灵活，另有炮 2 平 5、卒 7 进 1 等变化，另有攻守。

2. 马八进七　车 9 平 8　　　　**3.** 马二进三　卒 7 进 1

4. 兵七进一　炮 2 进 4

黑方没有选择马 2 进 3 的下法，而是右炮过河，进攻的节奏明快。

5. 炮四平六　……

此时红方有三种选择：①马七进六，炮 2 平 7，车九平八，马 2 进 3，炮八平七，炮 8 平 9，大体均势；②车一平二，炮 8 进 4，车九进一，马 2 进 1，均势；③相七进五，马 2 进 3，仕六进五，炮 2 平 7，马七进八，红方稍好。而实战的走法明显有违棋理，等于净让黑方一先棋。

5. …… 　　　炮 2 平 7　　　**6.** 相三进五　马 2 进 3

7. 车九平八　车 1 平 2　　　　**8.** 炮八进四　象 3 进 5

9. 仕四进五　士 4 进 5

补士稳健。也可炮 8 进 2，车一平二，卒 3 进 1，车二进四，卒 3 进 1，车二平七，马 3 进 4，黑方易走。

10. 车一平四　炮 8 平 9　　　　**11.** 车四进三　……

进车捉炮，以后可以兵五进一守住兵林线。

11. …… 　　　车 8 进 6　　　**12.** 车四进一　……

进车防止黑方卒 7 进 1 略显保守。不如马七进六，卒 3 进 1，兵七进一，象 5 进 3，车八进四，象 7 进 5，炮六平七，马 3 进 4，大体均势。

12. …… 　　　卒 9 进 1　　　**13.** 炮八退二　……

退炮准备平车邀兑。面对内地第一高手，红方下得很保守。

13. …… 　　　炮 9 进 4

14. 车四平二（图 121）　……

败着。应车四退四守一着，较为顽强。举一例：车四退四，车2进4，马七进六，炮9退1，马六进七，炮9平2，车八进四，车2进1，马七退八，红方可以抗衡。

14. …… 车8退1
15. 炮八平二 车2进9
16. 马七退八 炮9进3

交换以后，红方子力位置不好，黑方优势明显。

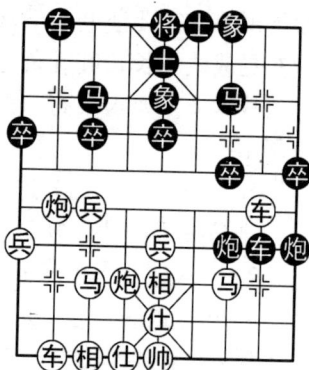

图 121

17. 炮二退三 ……

如马八进七，卒9进1，炮二进二，卒9平8，黑优。

17. …… 卒3进1 　　**18.** 兵七进一 象5进3
19. 兵九进一 ……

挺边兵无趣。不如兵五进一，马3进4，马八进七，马4进3，炮六进一，较实战顽强。

19. …… 马3进4 　　**20.** 马八进七 卒9进1
21. 马七进六 马4进6 　　**22.** 炮二平四 卒7进1

进卒紧凑。

23. 帅五平四 ……

如炮四平二，卒9平8，帅五平四，卒8进1，黑方大优。

23. …… 卒9平8 　　**24.** 炮四进二 象3退5

红方子力团在一起，黑方退象先等一手。

25. 兵五进一 炮7平8 　　**26.** 马三进四 卒7平6
27. 炮四平九 卒6平5 　　**28.** 马六进八 马7进6

这一段黑方下得很有耐心，平淡中见功夫。交换一马后，巧取红方中兵，黑棋净多三卒，优势不可动摇。

29. 仕五进四 象5进3 　　**30.** 炮九进三 炮8平6
31. 帅四平五 炮6平5 　　**32.** 仕六进五 炮9平3

得相以后，红方已经很难抵抗。

33. 帅五平六　马 6 进 4　　　　**34.** 相五进七　马 4 进 3

　35. 帅六进一　炮 5 平 4

以下炮六平五，炮 3 退 4，炮五进四，象 7 进 5，帅六进一，炮 3 平 4，帅六平五，卒 5 进 1，绝杀。

红方认负。

第 16 局　中华台北高懿屏 胜 中华台北彭柔安

1. 兵七进一　炮 8 平 5　　　　**2.** 马二进三　马 8 进 7

3. 车一平二　车 9 平 8　　　　**4.** 马八进七　马 2 进 3

5. 炮二进四　卒 7 进 1　　　　**6.** 车九进一　……

王琳娜对彭柔安时，王曾走炮八平九的变化，现在高懿屏抢先变着，显然是有备而来。

6. ……　　　炮 2 平 1　　　　**7.** 马七进六　车 1 平 2

8. 炮八平七　车 2 进 4　　　　**9.** 马六进七　车 2 进 3

进车捉炮显然是一步废棋。如怕红方得子可马 3 退 2 避一手，以下车九平二，车 2 进 3，炮七平五，炮 1 平 3，黑方可战。

10. 车九进一　车 2 平 1（图 122）

兑车以后，黑方仍然没有办法解决面临失子的危险，不如车 2 退 5 再忍一手。举一例：车 2 退 5，兵七进一，炮 1 退 1，兵七平八，马 3 退 5，车九平八，车 2 平 4，马七进八，车 4 进 4，黑方虽处下风，但尚可坚持。

11. 相七进九　马 7 进 6

12. 马七进五　炮 1 平 5

13. 炮七进五　卒 7 进 1

这样红方净得一子，黑方处境艰难。冲卒也是黑方当前最顽强的下法。

14. 车二进五　……

不如炮二平九简明。

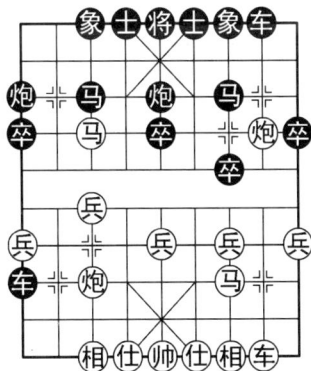

图 122

14. ……　　　　卒 7 进 1

如车 8 进 3，车二平四，与实战下法殊途同归。

15. 车二平四　车 8 进 3　　　**16. 马三退五　炮 5 进 4**

17. 马五进七　炮 5 平 9

改走炮 5 退 2，保留空头炮对红方的牵制力更大。

18. 相九退七　象 7 进 5　　　**19. 相七进五　炮 9 进 3**

20. 仕六进五　士 6 进 5

如卒 7 进 1，车四退四，卒 5 进 1（车 8 平 7，车四平一，炮 9 平 8，车一进三，红优），马七进五，车 8 平 7，马五进三，红优。

21. 马七进五　车 8 进 4　　　**22. 马五进六　……**

进马好棋，红方在此故意卖了一个破绽，黑方如不察，误走车 8 平 5，则马六进八，红速胜。

22. ……　　　　士 5 进 6　　　**23. 马六进八　车 8 退 6**

24. 车四进二　车 8 平 2　　　**25. 马八退六　卒 5 进 1**

26. 炮七退一　士 4 进 5　　　**27. 车四平二　将 5 平 4**

如车 2 进 8，相五退七，象 5 退 7，车二进二，炮 9 退 5，车二平三，士 5 进 6，车三退四，红大优。

28. 车二进二　将 4 进 1　　　**29. 车二平七　……**

得象以后，红方车马炮兵四子临门，黑方残士象，败局已定。

29. ……　　　　车 2 进 8　　　**30. 相五退七　炮 9 退 4**

31. 车七退一　将 4 退 1　　　**32. 车七平五　车 2 退 7**

33. 炮七平八　炮 9 平 5　　　**34. 相三进五　车 2 平 4**

35. 兵七进一　……

弃兵简明，黑方如果不理，则炮八退五，红方优势更大。

35. ……　　　　象 5 进 3　　　**36. 车五退三　炮 5 平 2**

37. 炮八退一　卒 7 平 6　　　**38. 仕五进六　……**

扬士准备利用白脸将做杀。

38. ……　　　　将 4 进 1　　　**39. 相五进七　将 4 退 1**

40. 马六进七

绝杀，黑方认负。

第五轮 2010年11月17日于广州

第17局 日本池田彩歌 负 中华台北高懿屏

1. 炮二平五	马2进3	**2.** 兵七进一	车9进1
3. 马二进三	马8进9	**4.** 马八进七	车9平4
5. 车一平二	炮8平6		

双方以中炮对单提马开局，黑方平士角炮稳健。另有车4进3的下法，以下车二进四，士4进5，马七进六，卒9进1，炮八平六，车4平2，兵七进一，车2平3，车九平八，红方先手。

6. 仕四进五 ……

红方补左仕较为合理。举一例：仕六进五，车4进5，炮五平四，士4进5，相七进五，象3进5，兵三进一，红方保留出肋车的机会，稍好。

6. …… 　车4进5

7. 相七进九　士4进5

8. 车二进四（图123）……

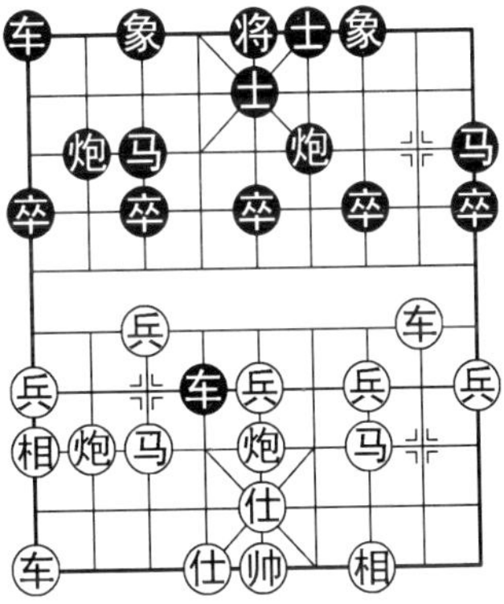

红方左车位置欠佳，现在升车巡河目标不明。不如兵三进一，象3进

图 123

5，马三进四，车4平3，车九平七，这样演变较好。

8. ……	象3进5	**9.** 马七进六	炮2进3

进炮俗称"丝线牵牛"。

10. 炮五平六	车4退1	**11.** 车二平六	炮2平4

黑方得子。

12. 炮八平七	车1平2	**13.** 相九退七	卒9进1
14. 相三进五	……		

红方调整双相的位置，阵型显得比较厚实，但是红车位置尴尬。

14. …… 　马 9 进 8　　　　　**15. 兵三进一** 　卒 9 进 1

16. 兵五进一 　卒 9 进 1　　　　**17. 兵九进一** 　车 2 进 6

黑方显然不能让红方车九进三占据这条兵林线。

18. 兵九进一 　卒 9 平 8

不理红方九路兵的挑衅，让红方出车的计划落空。

19. 兵九进一 　卒 8 平 7　　　　**20. 马三退四** 　马 8 进 9

21. 马四进三 　……

送吃？但如兵九平八，车 2 退 3，炮七进一，马 9 退 8，车九进五，卒 3 进 1，兵七进一，车 2 平 1，车九进一，马 3 进 1，兵七平六，马 8 退 6，黑方大优。

21. …… 　前卒进 1　　　　　**22. 炮六平三** 　马 9 进 7

23. 炮七平三 　车 2 平 7　　　　**24. 炮三平四** 　炮 6 平 9

25. 炮四平一 　炮 9 进 3　　　　**26. 兵五进一** 　……

红方在连失两子的情况下，仍然顽强应战，勇气可嘉。现在进中兵不让黑方炮 9 平 5 立中炮，下得也很有意思。

26. …… 　　炮 4 平 5

黑右炮立中，与左炮立中是同样的效果，可见上一着兵五进一是治标不治本的下法。

27. 帅五平四 　车 7 平 6　　　　**28. 炮一平四** 　卒 5 进 1

29. 兵九平八 　炮 9 退 4　　　　**30. 兵八平七** 　炮 9 平 6

31. 帅四进一 　车 6 进 1

绝杀。

第 18 局　越南黄氏海平　和　中国香港林嘉欣

1. 兵七进一 　炮 8 平 4　　　　**2. 炮二平五** 　马 8 进 7

3. 马二进三 　车 9 平 8　　　　**4. 车一进一** 　……

双方以仙人指路对过宫炮开局，红方起横车灵活。此外另有马八进七的下法，以下车 8 进 4，车一平二，车 8 平 6，炮八平九，象 3 进 5，车九平八，马 2 进 4，兵五进一，红先。

4. ……　　　车 8 进 4　　　　**5.** 车一平六　士 4 进 5

6. 马八进九　……

跳边马稳健。如马八进七，马 2 进 3，兵五进一，卒 3 进 1，车六进五，卒 3 进 1，车六平七，卒 3 进 1，双方对攻。

6. ……　　　卒 1 进 1　　　　**7.** 车九进一　马 2 进 3

8. 车六进五　炮 4 平 6

平炮可行，以后便于调整阵型。也可车 1 进 3，炮八平六，车 1 平 2，兵三进一，炮 4 进 5，车六退四，象 3 进 5，大体均势。

9. 车九平四　象 3 进 5

10. 车四进五　车 8 平 7（图 124）

平车保卒略显笨拙。不如卒 3 进 1 灵活，以下车四平三，卒 3 进 1，车六平七（如随手走车三进一，马 3 进 2，车六平八，炮 6 进 5，车八进一，炮 6 平 2，车八退二，车 8 平 2，黑优），马 7 退 8，兵三进一，马 8 进 9，兵三进一，马 9 进 7，兵三平二，车 1 平 4，黑方易走。

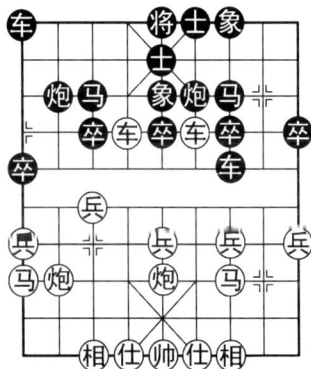

图 124

11. 炮五退一　车 1 平 4　　　**12.** 车六进三　将 5 平 4

13. 炮五平三　卒 3 进 1　　　**14.** 兵三进一　车 7 平 4

15. 仕四进五　炮 2 进 1

稍缓，不如卒 3 进 1 紧凑。举分析如下：卒 3 进 1，车四平三，马 7 退 8，车三平二，马 8 进 7，相三进五，炮 2 进 1，车二退二，车 4 进 1，黑先。

16. 车四退二　马 7 退 8　　　**17.** 相三进五　马 8 进 9

18. 兵一进一　卒 9 进 1　　　**19.** 兵七进一　车 4 平 3

20. 车四平六　将 4 平 5　　　**21.** 兵三进一　卒 7 进 1

22. 兵一进一　马 9 进 7

面对红方边兵的突破，黑方显得有些慌乱。此时应车3进3，车六退二，车3平4，仕五进六，炮6平7，仕六退五，马3进4，黑方优势。

23. 兵一平二	卒7进1	**24.** 兵二进一	马7进5
25. 兵五进一	马5退3	**26.** 炮三进三	……

坏棋。红方优势意识很浓，没有客观的判断局面。此时应马三进五，车3进5，车六退二，车3退3，马五进七，后马退1，兵二平三，红方稍好。

26. ……　　　车3进3

缓着。应车3平2，车六退二（车六平七，炮2进4，车七进二，炮2平7，马九进七，车2平8，黑优），炮2进4，马三进五，前马退1，马五进七，炮2进1，黑方大优。

27. 车六平七	车3平2	**28.** 车七进二	炮2退3
29. 马三进五	炮2平3	**30.** 车七平六	……

红方仍然有一个过河兵的优势。

30. ……	车2退3	**31.** 马五进七	炮6进1
32. 车六进二	车2平7	**33.** 车六平七	马3进4
34. 车七平六	马4进6	**35.** 马七退五	车7平8
36. 仕五退四	车8退1		

退车稳健有余，激情不足。不如车8进2，马五进七，炮6进6，炮三退四（如误走帅五平四，马6进7，帅四平五，车8进3，相五退三，炮3进9，仕六进五，炮3平7，黑胜势），炮6退2，马七进八，炮6平9，黑方优势。

37. 车六退三	车8进3	**38.** 马五进七	马6进7
39. 车六平四	炮6平9	**40.** 车四平一	炮9平8
41. 车一退三	马7退8		

不如马7退5较好。以下马七退五（马七进九，马5退7），车8平5，车一平二，炮8平9，黑方稍好。

42. 车一平四	炮3进4	**43.** 仕六进五	炮8平9
44. 兵五进一	卒5进1	**45.** 马七进五	车8平5

46. 车四平二　车5退2

交换以后，红方兵种略好，总体来看仍是势均力敌。黑方如求变可走炮9进6，炮三退四，马8进6，马五退四，车5平6，车二平一，炮9平8，车一退二，炮8退2，黑方优势，局势较为复杂。

47. 车二进二　炮9平5　　　　**48.** 车二退一　车5进1

49. 炮三退二　炮5进4　　　　**50.** 相七进五　车5进2

51. 炮三进四　车5平1

黑方取得一定物质优势，但是从局势来看，双方仍是两难进取，和味较浓。

52. 车二平六　车1平5　　　　**53.** 炮三平九　车5退4

54. 炮九进三　车5平1　　　　**55.** 炮九平八　车1平2

56. 炮八平九　车2进1　　　　**57.** 车六进二　车2进5

58. 仕五退六　车2退6　　　　**59.** 仕六进五　车2平1

60. 炮九平八　卒1进1　　　　**61.** 兵九进一　车1进2

兑掉边卒，和局已定，以下双方又对弈几个回合，解说略。

62. 帅五平六　士5进6　　　　**63.** 炮八退三　车1平5

64. 车六进四　将5进1　　　　**65.** 车六平四　车5平4

66. 帅六平五　炮3平5　　　　**67.** 仕五进六　将5平4

68. 车四退二　车4进2　　　　**69.** 帅五进一　车4进1

70. 帅五进一　车4退5　　　　**71.** 车四退二　车4平5

72. 炮八退五　炮5平3　　　　**73.** 帅五平四　车5平4

74. 炮八进二　车4进6　　　　**75.** 帅四退一

双方同意作和。

第19局　中国王琳娜 胜 越南吴兰香

这是本轮的焦点之战，在两国女子象棋第一人之间展开。开赛以后，王琳娜取得了4战4胜积8分的成绩。吴兰香则取得了3胜1负积6分的成绩。两人此前交手2次，王琳娜全部取胜，最近一次交手是在2008年世界智力运动会上，王琳娜后手战胜吴兰香。

1. 兵七进一　卒7进1　　　　**2.** 炮八平五　马2进3

3. 马八进七　车1平2　　　　**4.** 车九平八　马8进7

双方由对兵局转成中炮进七兵对屏风马进7卒的常见阵型。

5. 马二进一　象7进5　　　　**6.** 车一进一　……

起横车灵活，可平三或者平四，各有攻击要点。红方另有炮二进四的下法，以下卒9进1，炮二平三，车9平8，车一平二，炮8进4，车八进六，红方稍好。

6. ……　　　　士6进5　　　**7.** 车一平三　……

也可车一平四，车9平6，车四进八，士5退6，兵一进一，炮2进6，炮二进二，卒3进1，兵七进一，象5进3，炮二平八，炮2平8，马一进二，红方主动。

7. ……　　　　马7进6

面对方红准备在7路线的突破，黑方另有一种应对方案，即炮2进2，炮二进四，卒3进1，兵七进一，象5进3，炮二平三，车9平6，兵三进一，卒7进1，车三进三，车6进3，车八进四，炮8进5，马七进六，象3退5，大体均势。

8. 炮二进四　卒3进1

黑方另有炮2进4的下法。以下炮二平七，卒9进1，兵七进一，象3进1，车三平四，车9平6，车四进三，象1进3，大体均势。

9. 兵七进一　象5进3　　　**10.** 炮二退一　车9平6

11. 车三平四　炮2进2　　　**12.** 炮二平四　车6进4

13. 炮五进四　……

也可先走车四进四，炮2平6，车八进九，马3退2，炮五进四，与实战演变结果相同。

13. ……　　　　炮8平5

临场黑方有误，应象3进5，以下车四进四，炮2平6，车八进九，马3退2，兵一进一，卒9进1，兵一进一，炮6平9，马一进二，马2进3，炮五退二，马3进4，黑方可战。

14. 车四进四　炮2平6　　　**15.** 车八进九　马3退2

16. 仕六进五　……

补仕稳健。如炮五退一，红方中路空虚，以后也得补棋。

16. ……	马2进3	**17.** 炮五平七	象3退1
18. 兵一进一	卒9进1	**19.** 马一进二	炮6平3

20. 马七进六　……

不如兵一进一简明，以下炮3平9，马七进六，炮5平8，兵五进一，红优。

20. ……	卒9进1	**21.** 马二退四	炮5平7

22. 相七进五　炮7进4

黑方利用红方的两步缓手，调整子力结构，大体均势。此时黑方可以考虑象3进5阵型较为工整。现在炮打三兵虽然取得物质优势，但是子力松散，有冒进之感。

23. 马四进三	卒9平8	**24.** 马三进一	炮7平1

25. 兵五进一　炮1退2

保守。不如炮1进3，以下帅五平六，卒8进1，兵五进一，卒1进1，双方都有进取的机会。

26. 马一进二	卒8进1	**27.** 马二退三	炮1进5
28. 仕五进六	卒1进1	**29.** 兵五进一	卒1进1

30. 马六进八　卒1平2

应炮1平2，兵五平六，炮3进4，马八进七，炮3进1，帅五进一，炮3退7，双方均势。

31. 兵五平六　炮3进5

32. 帅五进一　炮3退3

33. 马八进六　马3进1（图125）

败着。应马3退2，炮七平九，炮3退3，相五退七，象3进5，马六进七（马三进五，士5进4，马六进四，将5进1，兵六进一，象1退3，黑方可战），马2进4，马三进五，将5平6，相七进五，炮3平5，兵六平五，

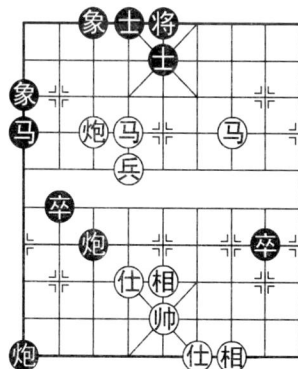

图125

炮5平6，黑方足可抗衡。

34. 相五进七　将5平6　　　　**35.** 马三进二　将6进1

36. 炮七退三　炮1平7　　　　**37.** 炮七平四

平炮不如马二退三简明。举一例：马二退三，将6退1，炮七平四，卒8平7，炮四进三，炮7退6，马六进四，绝杀。现在红方平炮以后，黑方有两种应法：①卒8平7，炮四进一，伏有马六进四的绝杀；②炮7退8，马六退四，士5进6，马四进二，士6退5，后马进三，红方得子之后，仍是杀势。

至此，黑方认负。

第20局　中华台北彭柔安 负 中国唐丹

1. 炮二平五　马8进7　　　　**2.** 马二进三　车9平8

3. 车一平二　卒3进1　　　　**4.** 兵三进一　马2进3

5. 炮八平六　……

红方此时选择了平仕角炮，形成五六炮的变化，这是彭柔安比较喜欢的下法。

5. ……　　　车1平2

出车简明。如炮8进2，马八进七，车1进1，炮六进四，马3进2，炮六平三，象7进5，兵三进一，象5进7，车二进四，黑方阵型略显松散，红方先手。

6. 马八进七　炮8进4　　　　**7.** 马三进四　炮2进4

面对红方兵三进一巧过兵的手段，唐丹并没有理会，现在进炮盯住红方中兵，着法强硬。

8. 兵三进一　炮8平3　　　　**9.** 车二进九　马7退8

10. 兵三进一　……

红方虽然三兵过河，但是后续子力没有进跟，黑方已经取得之反先之势。

10. ……　　　象7进5

黑方先补了一手象，保留跳拐角马的机会。如炮2平5，仕六进五，士6进5，车九平八，车2进9，马七退八，炮5平1，马八进九，卒3进1，炮五平一，双方进入无车局的争斗中，战线较长。

11. 马四进二　　车2进5　　　**12.** 车九平八　　马8进6

13. 马二进一　　……

跳边马保兵，反映出红方位置感较差。此时应兵三进一，车2退1，仕六进五，卒3进1，炮六进四，车2平8，车八进三，车8平7，兵三平四，马6进8，车八进四，红方先手。

13. ……　　　士6进5　　　**14.** 炮六进一　　炮2进2

15. 兵三进一　　马3进4　　　**16.** 兵三进一　　马4进6

17. 炮六退二（图126）　　……

以上一段着法，双方展开对攻，红方退炮软着。应炮六进三较好，以下前马进8，炮六退五，马8进7，炮六平四，炮3进3，仕六进五，车2平6，车八进一，车6进3，帅五平六，卒3进1，兵三平四，车6退7，车八进四，红优。

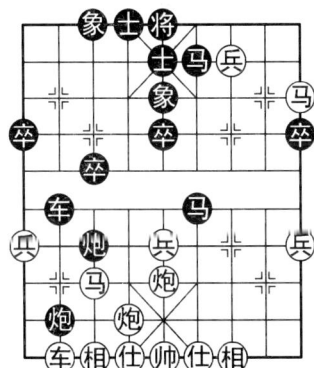

图126

17. ……　　　后马进7

18. 马一退三　　马6退7

19. 炮五进四　　马7进6　　　**20.** 炮五平七　　卒3进1

21. 炮六平七　　……

平炮急于简化局面，由此失去主动权。不如兵五进一，车2退2，炮七退三，卒3进1，马七进五，炮2退2，马五进七，车2平5，仕六进五，大体均势。

21. ……　　　车2进2　　　**22.** 后炮进二　　……

败着。应前炮退三，卒3进1，马七退五，马6进8，马五进四，卒3进1，炮七平四，红方尚可周旋。

22. ……　　　卒3进1　　　**23.** 马七退五　　马6进8

24. 马五进四　　马8进6　　　**25.** 帅五进一　　卒3进1

26. 帅五平四　……

无奈。如炮七平二，卒 3 进 1，车八进一，车 2 进 1，黑方得子胜定。

26. ……　　马 6 进 4　　　　**27.** 车八进一　马 4 退 5

28. 相七进五　车 2 进 1

黑方得子，胜定。

29. 仕四进五　车 2 退 4　　　　**30.** 马四进二　车 2 平 8

31. 马二退一　车 8 退 1　　　　**32.** 炮七退二　车 8 平 7

红方投子认负。

第21局　越南黄氏海平 胜 中华台北彭柔安

1. 兵七进一　炮8平5　　　　　**2.** 马二进三　马8进7

3. 马八进七　车9平8　　　　　**4.** 车一平二　车8进4

5. 炮二平一　车8进5

双方以仙人指路对左中炮开局。黑方兑车稳健，如车8平4，相七进五，马2进1，仕六进五，车1进1，车二进四，红方主动。

6. 马三退二　卒7进1

中国大陆棋手多走马2进1，两翼均衡出动子力。以下相七进五，炮2平3，车九平八，卒7进1，炮八平九，车1平2，车八进九，马1退2，炮九进四，炮3退1，大体均势。

7. 相七进五　马2进3

不如马2进1更灵活。以下马二进三，车1进1，仕六进五，车1平4，大体均势。

8. 仕六进五　马7进6　　　　　**9.** 车九平六　炮2平1

10. 马二进三　车1平2　　　　**11.** 炮八进二　马6进7

12. 炮一进四　炮5平7　　　　**13.** 炮一平三　象7进5

14. 车六进三　……

进车准备闪击黑7路马。

14. ……　　　　马7退8

软着。应车2进4静观其变。如红方续走兵五进一，则马7退8，车六平二，卒7进1，相五进三，炮7平8，车二平六，卒3进1，兵七进一，车2平3，马七进五，马3进4，黑易走。

15. 马三进四　卒7进1　　　　**16.** 马四进六　马8进6

17. 马六退四　卒7平6　　　　**18.** 炮八平四　车2进7

还应车 2 进 4 较为稳健。

19. 炮三平七　　炮 7 进 4

20. 车六进五　　士 4 进 5

21. 炮四平二　　炮 1 进 4

以上一段着法，双方展开对攻。

22. 仕五退六　　炮 7 进 1

23. 炮二退二　　炮 1 进 1（图 127）

进炮画蛇添足，被红方利用。应
炮 7 退 6，车六退五，炮 1 退 2，兵七
进一，象 5 进 3，车六进三，卒 5 进
1，相五退七，车 2 退 4，黑方局势尚可。

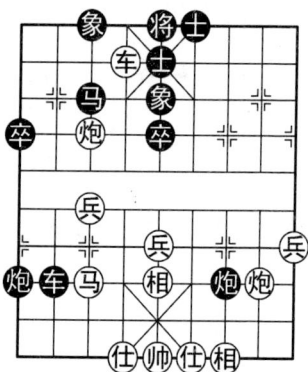

图 127

24. 相五退七　　炮 1 平 3

如炮 1 退 3，兵七进一，炮 7 退 6，车六退二，车 2 进 1，仕四
进五，卒 5 进 1，炮二进五，马 3 退 2，炮二进二，炮 7 退 1，车六
平三，红方大优。

25. 炮七退四　　马 3 进 2　　　　**26. 炮七平五　　……**

也可炮七进七，车 2 退 1，炮二进七，炮 7 退 7，相七进五，
车 2 平 5，炮七平九，红方大优。

26. ……　　　　车 2 退 1　　　　**27. 炮二进七　　炮 7 退 7**

28. 车六平八　　……

平车牵住黑方车马，好棋。

28. ……　　　　卒 1 进 1　　　　**29. 炮二退四　　……**

伏有兵七进一得子手段。

29. ……　　　　车 2 进 2　　　　**30. 炮二平九　　士 5 退 4**

31. 炮五进四　　士 6 进 5　　　　**32. 炮九进四　　将 5 平 6**

33. 炮九平八　　车 2 退 2　　　　**34. 兵五进一　　炮 7 进 1**

35. 车八退二　　车 2 平 9　　　　**36. 车八退一　　……**

红方得子，净多双兵，胜定。

36. ……　　　　车 9 平 6　　　　**37. 仕六进五　　车 6 退 1**

38. 相七进五　　……

补相稳健。也可考虑炮五进二，将6平5，炮五平八，车6平5，车八平六，红方大优。

38. …… 车6平5　　　　**39. 车八平四** 将6平5

40. 车四进一 炮7进5　　　**41. 车四平三** 将5平6

42. 炮五进二 象5进7　　　**43. 车三退一** 车5退4

44. 车三进四 将6进1　　　**45. 车三退六** ……

双方再次兑子转换，红方在这次转换中破去对方一士一象，大占优势。

45. …… 车5进2　　　　**46. 车三进五** 将6进1

47. 炮八平六 车5平4　　　**48. 炮六平二** 车4平6

49. 炮二退七 车6进1　　　**50. 车三平五** 象3进1

51. 炮二平四 车6平8　　　**52. 仕五退六**

以后红方相五进三，白脸将杀。黑方认负。

第22局　中国唐丹 胜 日本池田彩歌

1. 兵七进一 卒7进1　　　**2. 炮二平三** 象3进5

双方以对兵局开局，黑方飞象稳健，另有炮2平5或炮8平5的变化，另有攻守。

3. 马二进一 马8进7

进马堂堂正正。如炮8进4，马八进七，马8进7，相七进五，马2进1，兵九进一，红方先手。

4. 炮八平五 ……

还架中炮着法强硬。另有车一平二，车9平8，车二进四，炮8平9，车二进五，马7退8，炮八平五，士4进5的下法，演变下去，大体均势。

4. …… 马2进3

红方已经挺七兵，再跳正马位置欠佳。可以考虑车9平8，车一平二，炮8进4，马八进七，炮2平4，黑方可以抗衡。

5. 车一平二 车9平8　　　**6. 马八进七** 车1平2

7. 车九平八　　士4进5

补士缓着，不如炮8进4取得空间优势。

8. 兵三进一　　炮2进2（图128）

进炮试图马7进8打车抢先，随手还应炮8进4，以下兵三进一，象5进7，仕四进五，象7进9，车八进六，马7进6，黑棋可战。

9. 兵七进一　　卒3进1

10. 兵三进一　　炮8平9

图 128

平炮无奈。如卒3进1，炮三进五，马3进4，马七退五，卒3平2，车八平九，马4进5，马五进三，马5进3，虽然较实战顽强，但仍属红优局面。

11. 炮三进五	车8进9	**12. 马一退二**	象5进7
13. 车八进四	卒5进1	**14. 马七进六**	炮2平1

可以考虑炮9进4，马二进三，炮9退2，较实战顽强。

15. 车八进五　　……

红方净多一子，乐于接受兑子简化。

15. ……	马3退2	**16. 马六进八**	卒3进1

冲卒误以为可以护住中卒，黑方计算能力有待提高。

17. 兵九进一	马2进4	**18. 兵九进一**	马4进5

19. 炮五进三　　……

进炮打中卒，不仅顺势得卒，而且牵制住黑方中马，黑棋已经崩溃。

19. ……	象7退5	**20. 炮三退六**	士5退4
21. 马二进三	士6进5	**22. 马八进六**	炮9退1
23. 马六退七	卒1进1	**24. 马七进六**	卒1进1
25. 相七进五	卒1平2	**26. 炮三进八**	象5退7
27. 马三进四	象7进5	**28. 马四进五**	……

红方先弃后取，再吃一马，黑方已经没有能力再周旋下去。

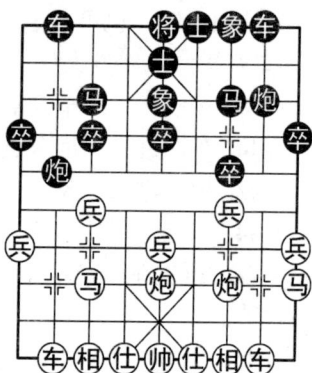

28. ……　　将 5 平 6　　　　　**29.** 炮五进二　士 5 进 6

30. 马五进三　炮 9 平 7　　　　**31.** 炮五退三　士 4 进 5

32. 炮五平三

红方再得一子，黑方认负。

第 23 局　中国香港林嘉欣 负 越南吴兰香

1. 炮八平四　马 2 进 3　　　　　**2.** 马八进七　车 1 平 2

3. 马二进一　……

双方以过宫炮对进马开局，红方跳边马定型过早，可以考虑兵七进一或者兵三进一，活通马路较好。举一例：兵七进一，炮 2 平 1，马二进三，卒 7 进 1，炮二平一，马 8 进 7，车一平二，车 9 平 8，双方都可接受。

3. ……　　马 8 进 9

黑方也没有走卒 3 进 1，而是同样选择了跳边马，构思独特。

4. 兵一进一　卒 3 进 1　　　　　**5.** 仕六进五　炮 2 平 1

平炮亮车可行之着。也可以士 6 进 5，相七进五，象 7 进 5，车九平六，车 9 平 6，黑方满意。

6. 相七进五　车 2 进 6　　　　　**7.** 兵七进一　……

冲兵邀兑，以后再飞相吃兵再退相还原，红方的效率很低，可见大局观欠佳。应车九平六较好。

7. ……　　卒 3 进 1　　　　　**8.** 相五进七　炮 8 平 5

9. 马一进二　炮 5 进 4

此时交换略早，不如车 9 进 1 较为灵活。

10. 马七进五　车 2 平 5　　　　**11.** 炮四平七　……

红方平炮攻马的另一个目的是准备补相调整，利用担子炮的防守作用对黑方抗衡。此时红方更为准确的下法就在车九平六，车 5 退 1，马二进四，红方先手。

11. ……　　车 5 平 3　　　　　**12.** 相三进五　车 9 进 1

13. 兵一进一　卒 9 进 1　　　　**14.** 车一进五　卒 7 进 1

冲卒阻止红车左移。

15. 车一平三　……

红方针锋相对，硬吃黑卒，强硬。

15. ……　　　**象 3 进 5**

冲卒的后续手段。

16. 车三退一　车 9 平 7

兑车稳健。也可车 9 平 2 加强右翼进攻力量。

17. 车三进四　马 9 退 7　　　　**18. 马二进四　卒 5 进 1**

19. 车九平七　……

红方已经有担子炮防守，再平车效率很差。

19. ……　　　**车 3 平 6**　　　**20. 马四退二　车 6 退 1**

21. 兵三进一　马 3 进 2　　　**22. 炮七平八　炮 1 进 4**

23. 车七平六　车 6 平 4

黑方已经取得多卒之利，兑车简化局势正确。

24. 炮二平三　马 7 进 9　　　**25. 车六进四　马 2 进 4**

26. 兵三进一　象 5 进 7　　　**27. 炮三进七　将 5 进 1**

28. 炮八进二　马 4 退 3　　　**29. 炮八进一　象 7 退 5**

也可将 5 平 4，炮八平三，马 9 进 8，前炮退三，马 3 进 4，前炮平一，炮 1 平 4，黑方易走。

30. 炮三平六　将 5 平 4　　　**31. 炮六平七　炮 1 退 1**

32. 马二进四　……

不如马二进一较为扎实。以下士 6 进 5，马一进三，马 3 进 4，炮七退一，马 4 进 6，炮八平六，红方可战。

32. ……　　　**马 9 进 7**　　　**33. 炮八退四　士 6 进 5**

34. 炮八平六　将 4 退 1　　　**35. 仕五进六　将 4 平 5**

36. 炮七平八　马 3 进 4

黑方不怕红方交换，交换以后黑方双卒的威胁很大，红方不好应付。

37. 马四进二　马 4 进 6　　　**38. 马二进三　将 5 平 6**

39. 仕四进五　……

改走仕六退五较为工整。以下卒 5 进 1，炮六进五，马 7 进 5，马三退五，卒 5 平 4，炮六平五，红方可战。

39. ……　　　炮 1 平 2　　　　**40.** 炮八退三　卒 5 进 1

41. 马三退四　马 7 进 6　　　　**42.** 马四进五　卒 5 进 1

43. 马五退三　将 6 进 1　　　　**44.** 马三退四　象 5 进 7

45. 炮八平四　前马退 8

如象 7 退 9，相五退三，卒 1 进 1，相七退九，后马退 8，炮四平二，马 8 进 6，马四进六，卒 5 平 4，马六退五，卒 4 平 5，炮二平四，红方可以抗衡。

46. 相五进三　马 8 进 7　　　　**47.** 仕五进四　卒 5 平 4

48. 炮六平四（图 129）……

坏棋。不如炮四退二交换，以下炮 2 平 6（马 7 退 6，炮六平四，红方得子），炮六进二，炮 6 进 1，炮六平五，马 7 退 6，马四退六，马 6 退 4，双方互有顾忌。

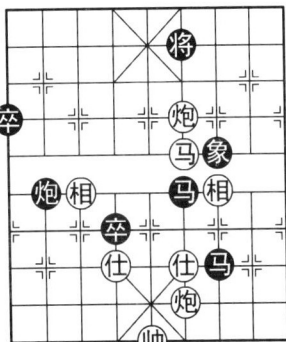

48. ……　　　卒 4 进 1

49. 相七退九　马 6 退 4

50. 前炮平六　炮 2 平 6

51. 仕四退五　马 4 进 5

52. 炮四进二　马 5 退 6

图 129

也可卒 4 进 1，马四进三，炮 6 平 2，炮六平四，炮 2 平 6，后炮退一，马 5 退 7，黑方先手。

53. 仕五进六　马 7 退 5　　　　**54.** 炮六退二　将 6 平 5

55. 炮四进二　炮 6 平 5　　　　**56.** 帅五平四　炮 5 退 1

57. 炮六平五　将 5 平 4　　　　**58.** 炮四退二　卒 1 进 1

59. 相九退七　卒 1 进 1　　　　**60.** 相七进五　……

以上一段着法，红方防守得非常顽强，仍是一盘很细的棋。

60. ……　　　卒 1 平 2　　　　**61.** 帅四进一　……

上帅不如帅四平五，上帅被黑方利用。

61. ……	卒 2 平 3	62. 炮四进一	卒 3 进 1
63. 炮四退一	马 5 进 3	64. 炮五退一	马 3 进 4
65. 帅四平五	马 4 退 2	66. 炮四平七	马 2 退 3

双方形成马炮单象对炮单缺仕的残局，这个局面下，红方有谋和的机会。

67. 帅五平四	炮 5 进 1	68. 仕六退五	马 3 退 4
69. 炮五平二	……		

也可炮五平三，象 7 退 5，炮三平六，马 4 进 6，炮六平五，炮 5 退 2，炮五平四，黑方没有必胜的把握。

69. ……	炮 5 退 2	70. 炮二平六	马 4 进 6
71. 炮六平四	炮 5 进 2	72. 炮四平二	炮 5 退 5
73. 炮二平四	炮 5 平 7	74. 炮四退一	马 6 进 7
75. 仕五进六	炮 7 平 4	76. 相三退一	将 4 平 5
77. 帅四平五	马 7 退 6	78. 相一进三	马 6 进 4
79. 炮四平二	马 4 退 5	80. 相三退一	……

败着。应相五退三牵制黑马，将 5 平 4，炮二退二，马 5 进 6，帅五退一，马 6 进 4，帅五进一，大体均势。

80. ……	马 5 进 6	81. 炮二平四	炮 4 平 6
82. 帅五平四	马 6 退 8	83. 炮四平二	马 8 进 9

黑方白吃一相，取胜希望大大增加。

84. 相五进三	马 9 进 8	85. 帅四进一	马 8 退 7
86. 帅四退一	马 7 退 6	87. 炮二平四	马 6 退 4
88. 炮四平五	马 4 退 6	89. 帅四平五	马 6 进 7

再得一相，黑方胜势。

90. 帅五平六	将 5 平 4

红方认负。

第 24 局　中华台北高懿屏 和 中国王琳娜

高懿屏同王琳娜都是取得过全国个人赛冠军、亚洲杯冠军、世

界锦标赛冠军的大满贯级棋手，实力相差无几，双方近年来的交锋
记录显示，王琳娜取得2胜2平1负的成绩，略占上风。本届赛事
的第2轮唐丹后手战胜高懿屏，为夺冠扫清一个障碍。本轮王琳娜
执黑，能否战胜高懿屏对她是一个不小的考验。

1. 炮二平五　马8进7　　　　　**2.** 马二进三　车9平8

3. 车一平二　卒7进1　　　　　**4.** 炮八平六　炮8进4

5. 马八进七　炮2平5

双方以五六炮对左炮封车列手炮开局。黑方之所以选择这个开
局，是因为此前唐丹与高懿屏对阵时，唐丹取胜，王琳娜只有取胜
才能在积分上紧咬唐丹，所以王选择了同样的布局，考验高懿屏的
应变能力。

6. 仕六进五　……

补仕稳健。红方另有车九平八的下法，以下马2进3，兵七进
一，炮8平5，仕六进五，车8进9，马三退二，车1平2，车八进
九，马3退2，马二进三，前炮平3，双方平稳。

6. ……　马2进3　　　　　**7.** 车九平八　车1平2

兑车平稳。如士4进5，车八进五，炮5平4，兵三进一，卒7
进1，车八平三，象3进5，车三退一，车1平2，兵七进一，红方
稍好。

8. 车八进九　马3退2　　　　　**9.** 兵七进一　士4进5

补士先把阵型补厚。另有马2进3的下法，以下马七进六，车
8进5，马六进七，马7进6，炮六进一，炮5平7，兵五进一，炮
8进2，兵五进一，马6进7，兵五进一，士4进5，兵五平四，炮
7平5，兵七进一，红优。

10. 马七进六　马2进1　　　　　**11.** 炮六平八　……

平炮准备进炮打马，对黑方阵型骚扰。

11. ……　卒1进1　　　　　**12.** 炮八进五　士5进4

13. 炮八平五　……

如马六进五，马7进5，与实战殊途同归。

13. ……　象3进5　　　　　**14.** 马六进五　马7进5

15. 炮五进四　士 4 退 5　　　　**16.** 相三进五　……

改走兵五进一更紧凑。

16. ……　　马 1 进 2　　　　**17.** 兵五进一　车 8 进 3

18. 炮五退一　……

如炮五平一，车 8 平 9，车二进三，车 9 平 5，兵三进一，卒 7 进 1，相五进三，车 5 进 2，相七进五，车 5 退 1，黑方可以抗衡。

18. ……　　马 2 进 3　　　　**19.** 车二进二　马 3 退 5

20. 炮五平八　马 5 进 7

进马踩兵取得物质优势，以后在残局有更多的进攻机会。

21. 炮八退二　炮 8 退 2

不如马 7 退 6 有力。以下马三进五，马 6 进 5，车二进一，车 8 进 3，炮八平二，卒 7 进 1，相五进三，马 5 退 3，黑优。

22. 车二进一　马 7 退 6　　　　**23.** 马三进四　炮 8 进 1

24. 马四退三　卒 7 进 1　　　　**25.** 马三进五　马 6 进 5

26. 车二平五　炮 8 进 4　　　　**27.** 相五退三　卒 7 平 8

平卒细腻，防止红车捉炮。

28. 相七进五　炮 8 平 9（图 130）

平炮不如车 8 进 1，车五进一，卒 8 进 1，车五退一，卒 8 平 9，炮八平一，卒 9 进 1，炮一平三，卒 9 进 1，黑方边卒过河助战，形势占优。

29. 炮八平七　卒 9 进 1

30. 炮七平八　车 8 进 1

31. 炮八平七　车 8 退 1

32. 炮七平八　炮 9 退 1

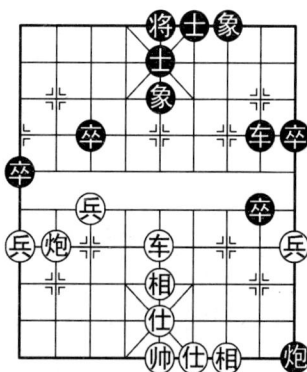

图 130

33. 炮八平七　炮 9 平 6　　　　**34.** 车五平四　炮 6 平 7

35. 车四平三　炮 7 平 6　　　　**36.** 车三平四　炮 6 平 7

37. 车四平三　炮 7 平 6　　　　**38.** 车三平四　炮 6 平 7

39. 车四平五　炮 7 退 4

以上一段着法，黑方竭力保持多卒之利，把局面复杂化。

40. 车五进二　卒8平7　　　41. 车五退二　卒7平6

42. 炮七平八　炮7平2　　　43. 炮八进一　车8平6

44. 车五平六　炮2平5　　　45. 帅五平六　炮5平2

防止红方炮八进五沉底，黑方不好调整。

46. 帅六平五　士5进6　　　47. 车六进二　象5进3

48. 车六退一　卒6进1　　　49. 车六退一　炮2退3

50. 帅五平六　炮2平8　　　51. 炮八退一　卒6进1

52. 仕五进四　车6进4　　　53. 仕四进五　炮8进8

54. 帅六进一　车6退3

在红方顽强的防守下，黑方一卒换一仕，不是十分理想。

55. 车六进六　将5进1　　　56. 车六退一　将5退1

57. 车六进一　将5进1　　　58. 车六退六　象3退5

59. 相五进三　车6平5　　　60. 炮八退一　炮8退1

61. 帅六退一　炮8退3

如车5进4，炮八平五，象5进7，车六平五，象7进5，车五平二，象5退7，车二进五，将5退1，车二退五，炮8平6，和势。

62. 炮八平五　炮8平3　　　63. 车六进三　将5平6

64. 车六平七　车5平4　　　65. 帅六平五　炮3平5

66. 车七退三　士6进5　　　67. 车七平五

兑死炮，和棋。

第25局　日本池田彩歌 负 越南黄氏海平

1. 炮二平五　马8进7　　　　**2.** 马二进三　车9平8

3. 车一平二　卒3进1　　　　**4.** 车二进四　马2进3

5. 兵七进一　……

双方以中炮巡河车对屏风马进3卒开局。红方此时兑七兵可以充分发挥巡车的效率，这手棋较早见于《梅花谱》中，是一个非常经典的变例。

5. ……　　　卒3进1　　　**6.** 车二平七　炮2退1

《梅花谱》中记载着有卒7进1的变化，以下炮八平七，马3进2，车七进一，炮8进2，另有攻守。随着棋手们不断地研究改进，炮2退1这一更具弹性的变例较多地出现在棋坛，并成为主流变例。

7. 炮八平七　炮2平3　　　**8.** 车七平八　……

此时红方还有三种下法：①车七平二，马3进4，马八进九，炮8进2，车二平六，卒7进1，马九进七，炮3平4（炮3进6，马三退五，象3进5，马五进七，车1平3，前马进六，炮8平4，车六进一，车3进7，车九平八，红方稍好），车六进一，炮8平4，马七进六，红方一车换双后，子力位置较好，略占上风；②车七平六，马3进2，车六平七，马2退3，车七平六，炮3进6，马八进七，红先；③车七平三，卒7进1，车三进一，象3进5，车三进二，马3退5，炮五进四，炮3进8，帅五进一，炮3平1，黑好。

8. ……　　　炮3平7

黑方也有马3进4的下法，以下车八平七，炮3进6，马八进七，炮8进5，车九进一，炮8平5，相三进五，车8进7，马三退五，象3进5，均势。

9. 马八进九　卒7进1　　　10. 车八平二　……

平车不如车九进一灵活，以下象7进5，车九平四，马7进8，马九进七，红优。

10. ……　　　马3进4　　　11. 车九平八　象7进5

12. 车二平六　炮8进2　　　13. 马九进七　炮7平4

14. 车六平七　马4进3

黑方也可先走炮4平7，暂不交换。

15. 车七退一　炮4平7　　　16. 兵五进一　……

可以考虑车七进一更加含蓄。

16. ……　　　卒1进1　　　17. 车八进六　……

进车好棋。如果让黑方车1进3开动右车，红方较为尴尬。

17. ……　　　士6进5　　　18. 炮五进四　马7进5

19. 车八平五　车1平2　　　20. 相三进五　……

补相缓着。可以考虑车五平三，炮7退1，车七进二，车2进4，相三进五，红优。

20. ……　　　炮8进3　　　21. 兵五进一　……

红方的大局观欠佳。应先走车五平三，炮7退1，再兵五进一，红优。

21. ……　　　炮8平9　　　22. 马三进五　……

还是车五平三较好。

22. ……　　　炮9进2　　　23. 相五退三　车8进9

24. 相七进五　车2进8　　　25. 仕六进五　……

补仕软着。不如车五平四，车8退1，兵五进一，车8平4，车七进四，士5进4，车四进二，炮7进5，车四平二，炮9平6，马五进四，红先。

25. ……　　　车2平4

26. 马五进四（图131）　……

败着。应马五退三守一着，以下车8退1，车五平三，炮7平

8，车三进三，士 5 退 6，车三平二，炮 8 进 5，兵三进一，车 8 平 6，炮七退二，红方可以坚持。

26. ……　　　车 8 退 1

27. 炮七退一　……

如仕五进六，车 4 平 6，黑方胜势。

27. ……　　　车 8 平 6

28. 马四进五　　车 4 平 5

大刀剜心，绝杀。

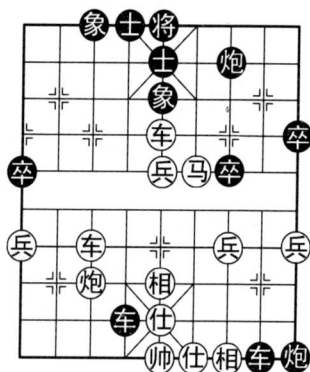

图 131

第 26 局　越南吴兰香 和 中华台北高懿屏

这盘棋是本届亚运会女子组三、四名之间的争夺。

1. 炮二平五　马 2 进 3　　　2. 马二进三　卒 7 进 1

3. 车一平二　炮 8 平 6　　　4. 车二进八　……

红方见黑棋准备走成反宫马阵型，决定进车压马，打乱黑方的布局计划。

4. ……　　　士 4 进 5　　　5. 炮八平六　……

平仕角炮稳健。也有马八进七，炮 2 退 1，车二退二，马 8 进 7，炮八平九，车 9 平 8，车二平三，车 8 进 2 的下法，均势。

5. ……　　　象 3 进 5　　　6. 马八进七　车 1 平 4

7. 仕六进五　炮 2 退 1　　　8. 车二退一　……

红方退一步车，不让黑方跳正马，很有针对性的一着棋。如车二退二，马 8 进 7，车九平八，炮 2 平 1，车二平三，车 9 进 2，黑方可以抗衡。

8. ……　　　马 8 进 9　　　9. 车九平八　炮 2 平 1

10. 兵三进一　卒 7 进 1　　11. 车二平三　车 9 进 1

12. 车三退三　车 9 平 7　　13. 车八进四　车 4 进 4

也可以卒 3 进 1 活马。

14. 马三进二　车4平7　　　　**15.** 车三平六　炮1平3

16. 炮五平三　前车平8　　　　**17.** 相七进五　炮3退1

18. 炮三平二　车8平9

19. 炮六进一（图132）……

保守。不如兵七进一，卒3进1，
兵一进一，车9平5，兵七进一，车5
平3，炮六退二，马3进2，炮六平
七，车3平5，车六平三，炮3进9，
相五退七，车7进4，车八平三，红方
先手。

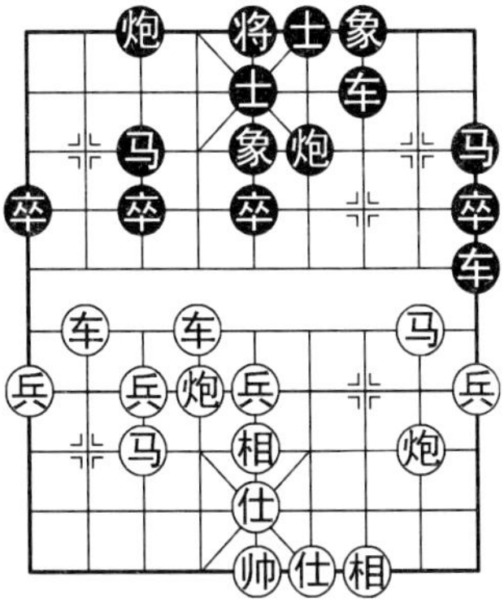

图132

19. ……　　　　卒3进1

20. 炮二平一　车9平8

21. 炮一平二　车8平9　　　　**22.** 炮二平一　车9平8

23. 兵一进一　马9进7　　　　**24.** 马二退四　马7退9

黑方没有卒9进1，兵一进一，马7进9，马四进二，炮6平
8，马二退四，炮3平4的变化，而是退马等一着，看红方有什么
样的手段。

25. 车六平二　车8平4　　　　**26.** 车八平六　车4进1

27. 车二平六　炮3平4　　　　**28.** 炮六进六　士5退4

双方交换以后，红方子力活跃，略好。

29. 马四进二　车7进5　　　　**30.** 马二进四　车7退2

31. 马四进六　车7退3

如炮6退1，炮一进四，士4进5，兵七进一，马9进7，兵七
进一，车7平3，马七进八，红方先手很大。

32. 炮一进四　车7平4　　　　**33.** 兵七进一　卒3进1

34. 车六平七　马9进7　　　　**35.** 车七平六　炮6平9

36. 炮一平二　车4平8　　　　**37.** 帅五平六　……

出帅暗伏杀机。黑方如随手车8进2，马六进七，将5进1，
车六进四，将5退1，车六平四，绝杀。

37. ……　　　　炮9退1　　　　**38.** 炮二平一　马7进8

39. 炮一平四　　马8退6　　　　**40.** 车六平七　　马3进4

41. 炮四平三　　马6退4　　　　**42.** 炮三平六　……

双方再交换一子，大体和势。

42. ……　　　　车8平4　　　　**43.** 车七进二　　炮9进2

44. 炮六平一　　马4进2　　　　**45.** 帅六平五　　马2退3

46. 炮一平七　　车4进5　　　　**47.** 马七进八　　车4平5

双方同意作和。这样高懿屏取得第三名。

第27局　中国王琳娜 负 中国唐丹

王琳娜只有取胜才能夺冠，而唐丹守和就夺冠。好在这盘棋王琳娜执红先行，这对王琳娜来说是一个很好的机会，这盘棋的形势还是很微妙的。

1. 炮二平五　　马8进7　　　　**2.** 马二进三　　车9平8

3. 车一平二　　马2进3　　　　**4.** 兵七进一　　卒7进1

5. 车二进六　　炮8平9　　　　**6.** 车二平三　　炮9退1

7. 兵五进一　……

由于王琳娜的积分比唐丹少半分，这盘棋王琳娜只有取胜才能夺冠。因此，王琳娜选择了激烈的急进中兵变化。

7. ……　　　　士4进5　　　　**8.** 兵五进一　　炮9平7

9. 车三平四　　卒7进1

黑急冲7卒从红三路线展开反击，是当前经典的反击战术，效果不错。老式下法的卒5进1和象3进5，因着法消极，被束之高阁。

10. 兵三进一　……

红方没有选择近期流行的马三进五的下法，而是选择用兵三进一缓攻下法，应是有备而来。

10. ……　　　　象3进5　　　　**11.** 兵五平四　……

横兵四路，准备平三形成"前后叠兵"，对黑方7路线施加压力。

11. ……　　　　车8进6　　　　**12.** 兵四平三　……

红方叠兵，阵型厚实。

12. ……　　　卒 3 进 1　　　　**13.** 兵七进一　车 8 平 3

14. 炮八平七　　……

平七路炮正着，如炮八平六红方进攻节奏缓慢。

14. ……　　　炮 2 进 1　　　　**15.** 车四进二　……

也有车四退二的下法。以下车 3 退 2，炮七进五，车 3 退 2，马八进九，象 5 进 7，车九平八，炮 2 平 4，兵三进一，炮 7 进 3，马三进五，炮 7 平 5，仕四进五，红方得一象，稍好。

15. ……　　　炮 2 退 2　　　　**16.** 车四退二　车 3 退 2

如车 1 平 4，车九进二，车 4 进 5，车四退二，红方先手。

17. 炮七进五　车 3 退 2　　　　**18.** 马八进九　车 1 平 3

强硬。黑方准备强行吃掉红方底相，在红棋左翼制造出一个弱点来。

19. 车九平八　前车进 7　　　　**20.** 车八进三　后车平 4

21. 仕四进五　炮 2 平 3　　　　**22.** 前兵进一　车 3 退 5

改走车 3 退 4 更好一些。以下仕五退四，车 3 平 7，兵二进一，车 7 平 4，仕六进五，炮 1 进 6，马九进七，炮 7 退 1，马七进五，前车平 3，黑方优势明显。

23. 仕五退四　车 3 进 5　　　　**24.** 仕四进五　车 3 退 5

25. 帅五平四　……

按亚洲规则，双方不变作和，红棋只有主动变着。

25. ……　　　炮 7 平 6　　　　**26.** 帅四平五　炮 6 平 7

27. 帅五平四　炮 7 平 6　　　　**28.** 炮五平四　炮 6 进 6

29. 车四退四　……

交换以后，黑方优势很大。

29. ……　　　马 7 退 8　　　　**30.** 前兵平四　马 8 进 7

31. 兵四平三　马 7 退 8　　　　**32.** 车八进三　车 4 进 5

33. 相三进一　……

红方如相三进五，担心四路车的效率降低，以后边马易受制。

33. ……　　　车 3 平 8　　　　**34.** 马九进七　车 4 进 1

35. 车八进三　　炮 3 退 1　　　**36.** 马七进八　　车 8 平 3

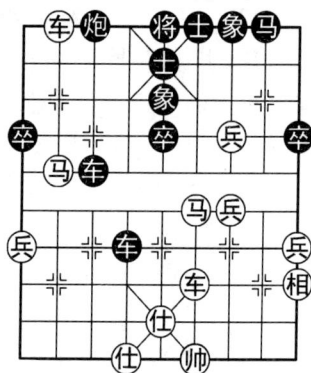

37. 马三进四（图 133）……

败着。可以考虑兵九进一，卒 5
进 1，车四平六，车 4 平 7，马八进
九，车 3 退 2，车六进六，车 7 平 3，
车六平九，红方尚可周旋。

37. ……　　　　　车 4 平 8

平车好棋，伏有车 3 平 2 白吃马
的手段。

38. 马八进九　　车 3 退 2

39. 马四进六　　车 3 平 1

40. 车四进六　　炮 3 平 4　　　**41.** 马六进八　　车 1 平 3

平车守一着，稳健，这样黑方胜利在望。

图 133

42. 车八退一　　……

伏有马八进七绝杀的手段。红方的计划是马八进七，炮 4 进 1，
车八进一，士 5 退 4，车八平六，绝杀。这也是王琳娜最后的希望。

42. ……　　　　　车 8 进 3　　　**43.** 帅四进一　　车 8 退 1

44. 帅四退一　　车 8 进 1　　　**45.** 帅四进一　　炮 4 进 8

唐丹走得很稳健，先进车打了几将，再进炮解杀还杀，至此，
红方投子认负。唐丹取得冠军。

第 28 局　　中华台北彭柔安 负 中国香港林嘉欣

1. 炮二平五　　炮 8 平 5　　　**2.** 马二进三　　车 9 进 1

3. 车一平二　　马 8 进 7　　　**4.** 马八进七　　车 9 平 4

5. 兵三进一　　马 2 进 1　　　**6.** 兵七进一　　……

双方以顺炮直车进三兵对横车开局。此时红方挺七兵形成两头
蛇阵型。就棋而论，红方的进七兵看起来很有气势，但效率不高，
不如马三进四或仕六进五较好。

6. ……　　　　　炮 2 平 3　　　**7.** 车九平八　　……

　　如马七进八，车4进4，马八进九，炮3平4，仕四进五，车4平3，炮五平六，车1平2，炮八平九，车3平7，相七进五，车7进1，黑方主动。

　　7.……　　　　车4进3

　　如卒3进1，车二进五，卒3进1，车二平七，车4平3，炮八进四，炮5退1，双方攻防复杂。

　　8.马七进八　卒1进1　　　9.马八进九　……

　　进马孤军深入，不如车二进六较好。

　　9.……　　　　炮3平4　　　10.仕四进五　……

　　补士软着。还应炮八平九，以下炮4进7，车八进八，车4退2，车二进五，红方稍先。

　　10.……　　　　车4平2

　　平车牵住红方无根车炮，黑方先手很大。

　　11.马三进四　马1退3　　　12.兵七进一　卒3进1

　　13.马九退七　车2平3

　　黑方得子，红方局势困顿。

　　14.炮八平六　士4进5　　　15.马四进五　马7进5

　　16.炮五进四　车3平5　　　17.炮五平一　车5进2

　　18.炮六平五　炮5进5

　　黑方已经得子占优，选择了兑子简化局面。也可车5平9，炮一平二，卒1进1，黑方也是优势。

　　19.相三进五　车5平9　　　20.炮一平二　炮4平8

　　21.车二平四　卒1进1　　　22.兵九进一　车1进5

　　23.车八进九　象7进5　　　24.车四进六　马3进1

　　25.车八退三　车9平8　　　26.车四平三　炮8平9

　　27.炮二平一　车1退1　　　28.车三平二　车1平8

　　29.车二退一　车8退2　　　30.炮一平五　……

　　红方少子，平中炮不如车八平九全力防守。

　　30.……　　　　车8平4

　　很本分的一手棋。其实应车8进5，仕五退四，炮9进7，炮五平三，车8退4，仕四进五，马1进2，这样黑方优势更大。

31. 仕五进四　将5平4

以后有平中炮的手段。

32. 仕六进五　炮9进2

33. 车八退四　车4平5　　**34.** 车八平六　将4平5

35. 车六进四　马1进2　　**36.** 车六平七　将5平4

37. 炮五平一　士5进6

坏棋。不如车5平8紧凑有力。

38. 炮一进三　士6进5　　**39.** 车七平一　炮9平8

40. 车一平二　炮8平9　　**41.** 车二进三　将4进1

42. 车二平七　……

不如炮一平七，车5平3，炮七平九，炮9平5，帅五平四，炮5平6，帅四平五，马2进3，车二退三，较实战顽强。

42. ……　　　炮9进5　　**43.** 炮一退一　士5进4

44. 车七退一　将4退1　　**45.** 车七平二　车5进2

46. 车二进一　将4进1　　**47.** 炮一平三　……

平炮空着。本意是防守黑方车5平7的棋，但是这样一来，红方对黑棋失去牵制力，完全被动防守。可以考虑帅五平四更顽强。

47. ……　　　马2进4　　**48.** 车二退三　马4进2

49. 车二平七　象5进3　　**50.** 车七平六　马2进3

51. 帅五平六　马3退4

52. 炮三退一　……

不如车六平一先盯住黑炮，以下炮9退3，车一平二，象3退5，仕五进六，红方还可坚守。

52. ……　　　士6退5（图134）

临场林嘉欣也没有走出最好的应着。应车5平8！以下兵三进一，马4进2，车六进一，将4平5，帅六平五，车8进3，仕五退四，车8退5，仕四进五，车8平7，黑大优。

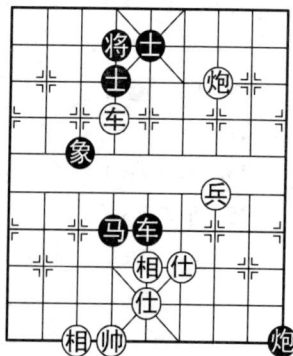

图134

53. 炮三进一　士 5 进 6　　　54. 车六平一　炮 9 平 8
55. 车一平六　车 5 平 8　　　56. 车六平一　象 3 退 5
57. 炮三退一　马 4 进 3　　　58. 车一平六　士 6 退 5
59. 炮三进一　将 4 退 1　　　60. 仕五进六　车 8 平 6
61. 仕六退五　炮 8 平 9　　　62. 车六退五　马 3 退 4
63. 车六平九　士 5 进 6　　　64. 车九进八　将 4 进 1
65. 车九退一　将 4 退 1　　　66. 车九退一　马 4 退 3
67. 车九进二　将 4 进 1　　　68. 车九退一　将 4 退 1
69. 车九进一　将 4 进 1　　　70. 车九平一　车 6 平 4
71. 帅六平五　炮 9 退 3

红方久攻不下，黑方也迟迟找不到入局的手段。

72. 炮三平二　车 4 平 8　　　73. 相五退三　马 3 进 2
74. 帅五平四　车 8 平 3

红方投子认负。

图书在版编目(CIP)数据

亚运会舞象英雄谱/周晓朴,刘锦祺,马天越编著.—北京:经济管理出版社,2011.7

ISBN 978－7－5096－1537－9

Ⅰ.①亚…　Ⅱ.①周…　②刘…　③马…　Ⅲ.①中国象棋－对局(棋类运动)　Ⅳ.①G891.2

中国版本图书馆 CIP 数据核字(2011)第 142724 号

出版发行:**经济管理出版社**

北京市海淀区北蜂窝 8 号中雅大厦 11 层

电话:(010)51915602　　邮编:100038

印刷:北京广益印刷有限公司　　经销:新华书店

组稿编辑:郝光明　　责任编辑:郝光明　史岩龙

责任印制:黄　铄　　责任校对:陈　颖

880mm×1230mm/32　　12 印张　　332 千字

2011 年 10 月第 1 版　　2011 年 10 月第 1 次印刷

定价:27.00 元

书号:ISBN 978－7－5096－1537－9